NCS
핵심영역

단기완성.zip +무료 NCS 특강

의사소통능력 · 수리능력
문제해결능력 · 자원관리능력

SD에듀
(주)시대고시기획

Always **with you**

사람의 인연은 길에서 우연하게 만나거나 함께 살아가는 것만을 의미하지는 않습니다.
책을 펴내는 출판사와 그 책을 읽는 독자의 만남도 소중한 인연입니다.
SD에듀는 항상 독자의 마음을 헤아리기 위해 노력하고 있습니다.
늘 독자와 함께하겠습니다.

의사소통능력 · 수리능력 · 문제해결능력 · 자원관리능력은 대다수의 공사 · 공단에서 출제하고 있다. NCS(국가직무능력표준)는 산업현장에서 직무를 수행하기 위해 요구되는 내용들을 평가하기 위해 국가가 체계화한 것이다. 직업인으로서 기본적으로 갖추어야 할 공통 능력을 평가하는 시험이기 때문에 NCS 10개 영역을 모두 평가하기보다 핵심영역을 위주로 평가하는 기관이 많다. 또한 핵심영역인 만큼 난이도도 높아 문제를 푸는 데 많은 시간이 소요될 뿐만 아니라, 고득점 압박감에 많은 수험생이 어려움을 겪고 있다. 이러한 상황에서 필기시험에 합격하기 위해서는 다양한 문제를 많이 풀어보는 등의 전략을 세워야 하며, 특히 핵심영역만 뽑아서 집중적으로 공부할 필요가 있다.

이에 따라 SD에듀에서는 공사 · 공단 NCS 필기시험 합격을 목표로 하는 취업 준비생들의 요구를 완벽히 충족시켜 줄 수 있는 다음과 같은 특징을 가진 도서를 출간하게 되었다.

도서의 특징

첫　째 ┃ 기출복원문제를 통한 출제 유형 파악!
- 2022년 주요 공기업 NCS 핵심영역 기출복원문제를 통해 공기업별 필기 유형을 확인할 수 있도록 하였다.

둘　째 ┃ 핵심영역별 모듈이론＋대표유형＋기출예상문제로 실력 상승!
- 방대한 양의 NCS 모듈이론에서 꼭 출제되는 핵심을 압축 수록하여 필기시험에 완벽히 대비할 수 있도록 하였다.
- NCS 핵심영역별 대표유형과 기출예상문제를 수록하여 문제의 접근 방법을 익힐 수 있도록 하였다.

셋　째 ┃ 최종점검 모의고사로 실전 대비!
- NCS 핵심영역 영역통합형, 영역분리형 모의고사를 각 2회씩 수록하여 실전처럼 제한된 시간에 문제를 풀 수 있도록 하였다.

넷　째 ┃ 다양한 콘텐츠로 최종 합격까지!
- 온라인 모의고사와 AI면접 응시 쿠폰을 제공하여 채용 전반을 대비할 수 있도록 하였다.

끝으로 본 도서를 통해 공사 · 공단 채용을 준비하는 모든 수험생 여러분이 합격의 기쁨을 누리기를 진심으로 기원한다.

NCS직무능력연구소 씀

핵심영역 출제 공사·공단

기관명＼영역	의사소통능력	수리능력	문제해결능력	자원관리능력
건강보험심사평가원	○	○	○	–
국가철도공단	○	○	○	○
국민건강보험공단	○	○	○	–
국민연금공단	○	○	○	–
근로복지공단	○	○	○	○
기술보증기금	○	○	○	–
도로교통공단	○	○	○	–
부산항만공사	○	○	○	○
서울교통공사	○	○	○	○
서울시설공단	○	○	○	○
신용보증기금	○	○	○	–
안전보건공단	○	○	○	○
울산항만공사	○	○	○	○
예금보험공사	○	○ ※ 고졸 채용에 해당	○	–
인천교통공사	○	○	○	–
인천국제공항공사	○	○	○	○
인천항만공사	○	○	○	○
주택도시보증공사	○	○	○	–
한국가스공사	○	○	○	○
한국가스기술공사	–	○	○	○
한국공항공사	○	○	○	○

한국교통안전공단	○	○	○	○
한국국토정보공사	○	○	○	○
한국남동발전	○	–	○	○
한국농어촌공사	○	○	○	○
한국도로공사	○	○	○	○
한국동서발전	○	○	○	–
한국산업인력공단	○	○	○	○
한국서부발전	○	○	○	○
한국수력원자력	○	○	○	○
한국수자원공사	○	○	○	○
한국전기안전공사	○	○	○	○
한국전력공사	○	○	○	○
한국중부발전	○	○	○	○
한국지역난방공사	○	○	○	○
한국철도공사	○	○	○	–
한국토지주택공사	○	○	○	–
한전KDN	○	○	○	–
한전KPS	○	○	○	○
해양환경공단	○	○	○	–

❖ 위 출제영역 안내는 2022년(2022년 채용 미실시 기업의 경우 2021년) 채용공고를 기준으로 작성하였으나, 세부내용은 반드시 확정된 채용공고의 영역을 확인하시기 바랍니다.

NCS(국가직무능력표준)란 무엇인가?

❖ 국가직무능력표준(NCS; National Competency Standards)

산업현장에서 직무 수행에 요구되는 능력(지식, 기술, 태도 등)을 국가가 산업 부문별, 수준별로 체계화한 설명서

❖ 직무능력

직무능력 = 직업기초능력 + 직무수행능력

▶ **직업기초능력** : 직업인으로서 기본적으로 갖추어야 할 공통 능력
▶ **직무수행능력** : 해당 직무를 수행하는 데 필요한 역량(지식, 기술, 태도)

❖ NCS의 필요성

❶ 산업현장과 기업에서 인적자원관리 및 개발의 어려움과 비효율성이 발생하는 대표적 요인으로 산업 전반의 '기준' 부재에 주목함
❷ 직업교육훈련과 자격이 연계되지 않은 상태로 산업현장에서 요구하는 직무수행능력과 괴리되어 실시됨에 따라 인적자원개발과 개인의 경력개발에 비효율적이며 효과성이 부족하다는 비판을 받음
❸ NCS를 통해 인재육성의 핵심 인프라를 구축하고, 산업장면의 HR 전반에서 비효율성을 해소하여 경쟁력을 향상시키는 노력이 필요함

NCS = 직무능력 체계화 + 산업현장에서 HR 개발, 관리의 표준 적용

✸ NCS 분류

▶ 일터 중심의 체계적인 NCS 개발과 산업현장 전문가의 직종구조 분석결과를 반영하기 위해 산업현장 직무를 한국고용직업분류(KECO)에 부합하게 분류함

▶ 2021년 기준 : 대분류(24개), 중분류(80개), 소분류(257개), 세분류(1,022개)

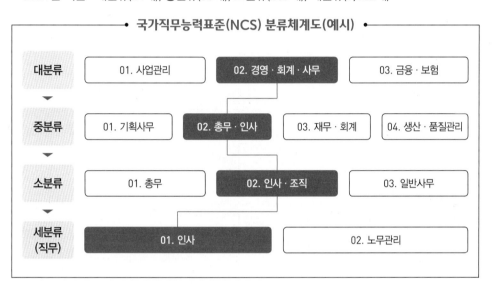

국가직무능력표준(NCS) 분류체계도(예시)

대분류	01. 사업관리	02. 경영 · 회계 · 사무	03. 금융 · 보험
중분류	01. 기획사무	02. 총무 · 인사 / 03. 재무 · 회계	04. 생산 · 품질관리
소분류	01. 총무	02. 인사 · 조직	03. 일반사무
세분류 (직무)	01. 인사	02. 노무관리	

✸ 직업기초능력 영역

모든 직업인들에게 공통적으로 요구되는 기본적인 능력 10가지

❶ **의사소통능력** : 타인의 생각을 파악하고, 자신의 생각을 글과 말을 통해 정확하게 쓰거나 말하는 능력

❷ **수리능력** : 사칙연산, 통계, 확률의 의미를 정확하게 이해하는 능력

❸ **문제해결능력** : 문제 상황을 창조적이고 논리적인 사고를 통해 올바르게 인식하고 해결하는 능력

❹ **자기개발능력** : 스스로 관리하고 개발하는 능력

❺ **자원관리능력** : 자원이 얼마나 필요한지 파악하고 계획하여 업무 수행에 할당하는 능력

❻ **대인관계능력** : 사람들과 문제를 일으키지 않고 원만하게 지내는 능력

❼ **정보능력** : 정보를 수집, 분석, 조직, 관리하여 컴퓨터를 사용해 적절히 활용하는 능력

❽ **기술능력** : 도구, 장치를 포함하여 필요한 기술에 대해 이해하고 업무 수행에 적용하는 능력

❾ **조직이해능력** : 국제적인 추세를 포함하여 조직의 체제와 경영에 대해 이해하는 능력

❿ **직업윤리** : 원만한 직업생활을 위해 필요한 태도, 매너, 올바른 직업관

NCS 구성

능력단위

▶ 직무는 국가직무능력표준 분류의 세분류를 의미하고, 원칙상 세분류 단위에서 표준이 개발됨

▶ 능력단위는 국가직무능력표준 분류의 하위단위로, 국가직무능력 표준의 기본 구성요소에 해당되며 능력단위 요소(수행준거, 지식 · 기술 · 태도), 적용범위 및 작업상황, 평가지침, 직업기초능력으로 구성됨

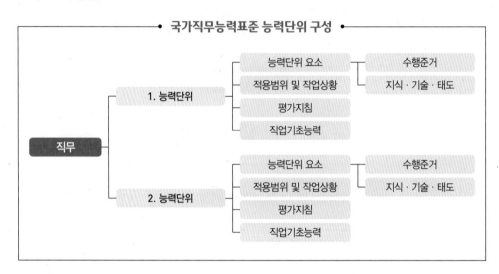

NCS의 활용

활동 유형	활용범위
채용 (블라인드 채용)	채용 단계에 NCS를 활용하여 NCS 매핑 및 직무분석을 통한 공정한 채용 프로세스 구축 및 직무 중심의 블라인드 채용 실현
재직자 훈련 (근로자 능력개발 지원)	NCS 활용 패키지의 '평생경력개발경로' 기반 사내 경력개발경로와 수준별 교육훈련 이수체계도 개발을 통한 현장직무 중심의 재직자 훈련 실시
배치 · 승진	현장직무 중심의 훈련체계와 배치 · 승진 · 체크리스트를 활용한 근로자 배치 · 승진으로 직급별 인재에 관한 회사의 기대와 역량 간 불일치 해소
임금 (직무급 도입)	NCS 기반 직무분석을 바탕으로 기존 관리직 · 연공급 중심의 임금체계를 직무급(직능급) 구조로 전환

시험 전 CHECK LIST — D-1

체크	리스트
☐	수험표를 출력하고 자신의 수험번호를 확인하였는가?
☐	수험표나 공지사항에 안내된 입실 시간 및 유의사항을 확인하였는가?
☐	신분증을 준비하였는가?
☐	컴퓨터용 사인펜 · 수정테이프 · 여분의 필기구를 준비하였는가?
☐	시험시간에 늦지 않도록 알람을 설정해 놓았는가?
☐	고사장 위치를 파악하고 교통편을 확인하였는가?
☐	고사장에서 볼 수 있는 자료집을 준비하였는가?
☐	인성검사에 대비하여 지원한 공사 · 공단의 인재상을 확인하였는가?
☐	확인 체크표의 × 표시한 문제를 한 번 더 확인하였는가?
☐	자신이 취약한 영역을 두 번 이상 학습하였는가?
☐	도서의 모의고사를 통해 자신의 실력을 확인하였는가?

시험 유의사항 — D-DAY

체크	리스트
☐	시험 전 화장실을 미리 가야 한다.
☐	통신기기(휴대폰, 태플릿PC, 무선호출기, 스마트워치, 스마트밴드, 블루투스 이어폰 등)를 가방에 넣어야 한다.
☐	휴대폰의 전원을 꺼야 한다.
☐	시험 종료 후 시험지와 답안지는 제출해야 한다.

시험 후 CHECK LIST — D+1

체크	리스트
☐	시험 후기를 작성하였는가?
☐	상 · 하의와 구두를 포함한 면접복장이 준비되었는가?
☐	지원한 직무의 분석을 하였는가?
☐	단정한 헤어와 손톱 등 용모관리를 깔끔하게 하였는가?
☐	자신의 자기소개서를 다시 한 번 읽어보았는가?
☐	1분 자기소개를 준비하였는가?
☐	도서 내 면접 기출질문을 확인하였는가?
☐	자신이 지원한 직무의 최신 이슈를 정리하였는가?

도서 200% 활용하기

01 주요 공기업 기출복원문제로 최근 출제 경향 파악

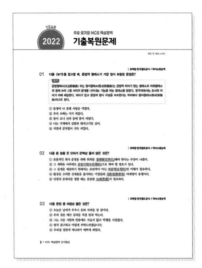

▶ 2022년 주요 공기업 NCS 핵심영역 기출복원문제를 통해 주요 공기업의 최신 출제 경향을 파악할 수 있도록 하였다.

02 상세한 모듈이론으로 NCS 핵심영역 완벽 이해

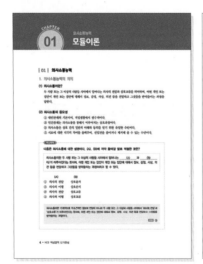
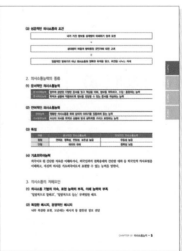

▶ NCS 핵심영역에 대한 상세한 모듈이론을 수록하여 의사소통능력, 수리능력, 문제해결능력, 자원관리능력의 기본을 다질 수 있도록 하였다.

03 대표유형 + 기출예상문제로 영역별 단계적 학습

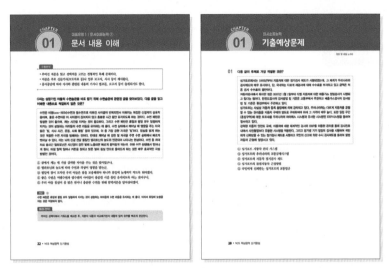

▶ 출제되는 NCS 핵심영역에 대한 대표유형을 수록하여 기본을 다지고, 영역별 기출예상문제를 통해 문제유형과 접근 전략을 파악할 수 있도록 하였다.

04 최종점검 모의고사 + OMR을 활용한 실전 연습

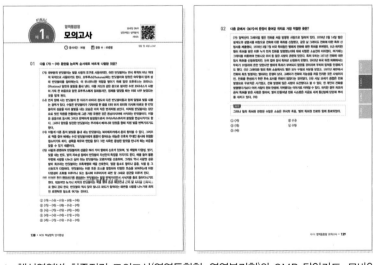

▶ 핵심영역별 최종점검 모의고사(영역통합형, 영역분리형)와 OMR 답안카드, 모바일 OMR 답안채점 / 성적분석 서비스를 통해 실제로 시험을 보는 것처럼 최종 마무리 연습을 할 수 있도록 하였다.

주요 공기업 적중 문제

◀ 회의실 배치 ▶ 유형

12 기획팀 A사원은 다음 주 금요일에 열릴 세미나 장소를 섭외하라는 부장의 지시를 받았다. 세미나에 참여할 인원은 총 17명이며, 모든 인원이 앉을 수 있는 테이블과 의자, 발표에 사용할 빔프로젝터 1개가 필요하다. A사원은 모든 회의실의 잔여상황을 살펴보고 가장 적합한 대회의실을 선택하였고, 필요한 비품은 회의실과 창고에서 확보한 후 부족한 물건을 주문하였다. 주문한 비품이 도착한 후 물건을 확인했지만 수량을 착각해 빠트린 것이 있었다. 다시 주문을 하게 된다면 A사원이 주문할 물품 목록으로 알맞은 것은?

구분	대회의실	1회의실	2회의실	3회의실	4회의실
테이블(2인용)	1	1	2	–	–
의자	3	2	–	–	4
빔프로젝터	–	–	–	–	–
화이트보드	–	–	–	–	–
보드마카	2	3	1	–	2

구분	테이블(2인용)	의자	빔프로젝터	화이트보드	보드마카
창고	–	2	1	5	2

〈1차 주문서〉

2021년 1월 11일

1. 테이블 4개
2. 의자 1개
3. 화이트보드 1개

◀ 참, 거짓 논증 ▶ 유형

23 A, B, C, D, E 5명에게 지난 달 핸드폰 통화 요금이 가장 많이 나온 사람을 1위에서 5위까지 그 순위를 추측하라고 하였더니 각자 예상하는 두 사람의 순위를 다음과 같이 대답하였다. 각자 예상한 순위 중 하나는 참이고, 다른 하나는 거짓이다. 이들의 대답으로 판단할 때 실제 핸드폰 통화 요금이 가장 많이 나온 사람은?

A : D가 두 번째이고, 내가 세 번째이다.
B : 내가 가장 많이 나왔고, C가 두 번째로 많이 나왔다.
C : 내가 세 번째이고, B가 제일 적게 나왔다.
D : 내가 두 번째이고, E가 네 번째이다.
E : A가 가장 많이 나왔고, 내가 네 번째이다.

① A
② B
③ C
④ D
⑤ E

코레일 한국철도공사

◀ **공공재** ▶ 키워드 ▶

02 다음 글에서 추론할 수 있는 것은?

> 많은 재화나 서비스는 경합성과 배제성을 지닌 '사유재'이다. 여기서 경합성이란 한 사람이 어떤 재화나 서비스를 소비하면 다른 사람의 소비를 제한하는 특성을 의미하며, 배제성이란 공급자에게 대가를 지불하지 않으면 그 재화를 소비하지 못하는 특성을 의미한다. 반면 '공공재'란 사유재와는 반대로 비경합적이면서도 비배제적인 특성을 가진 재화나 서비스를 말한다.
>
> 그러나 우리 주위에서는 이렇듯 순수한 사유재나 공공재와는 또 다른 특성을 지닌 재화나 서비스도 많이 찾아볼 수 있다. 예를 들어 영화 관람이라는 소비 행위는 비경합적이지만 배제가 가능하다. 왜냐하면 영화는 사람들과 동시에 즐길 수 있으나 대가를 지불하지 않고서는 영화관에 입장할 수 없기 때문이다. 마찬가지로 케이블 TV를 즐기기 위해서는 시청료를 지불해야 한다.
>
> 비배제적이지만 경합적인 재화들도 찾아낼 수 있다. 예를 들어 출퇴근 시간대의 무료 도로를 생각해 보자. 자가용으로 집을 출발해서 직장에 도달하는 동안 도로로 진입하는 데에 요금을 지불하지 않으므로 도로의 소비는 비배제적이다. 하지만 출퇴근 시간대의 체증이 심한 도로는 내가 그 도로에 존재함으로 인해서 다른 사람의 소비를 제한하게 된다. 따라서 출퇴근 시간대의 도로 사용은 경합적인 성격을 갖는다. 이러한 내용을 표로 정리하면 다음과 같다.

경합성 ＼ 배제성	배제적	비배제적
경합적	a	b
비경합적	c	d

① 체증이 심한 유료 도로 이용은 a에 해당한다.
② 케이블 TV 시청은 b에 해당한다.
③ 사먹는 아이스크림과 같은 사유재는 b에 해당한다.
④ 국방 서비스와 같은 공공재는 c에 해당한다.
⑤ 영화 관람이라는 소비 행위는 d에 해당한다.

서울교통공사 9호선

◀ **멤버십 유형별 특징(소외형, 순응형)** ▶ 키워드 ▶

32 다음은 멤버십 유형별 특징을 정리한 자료이다. 다음 자료를 참고하여 각 유형의 멤버십을 가진 사원에 대한 리더의 대처방안으로 가장 적절한 것은?

〈멤버십 유형별 특징〉

소외형	순응형
• 조직에서 자신을 인정해주지 않음 • 적절한 보상이 없음 • 업무 진행에 있어 불공정하고 문제가 있음	• 기존 질서를 따르는 것이 중요하다고 생각함 • 리더의 의견을 거스르는 것은 어려운 일임 • 획일적인 태도와 행동에 익숙함

실무형	수동형
• 조직에서 규정준수를 강조함 • 명령과 계획을 빈번하게 변경함	• 조직이 나의 아이디어를 원치 않음 • 노력과 공헌을 해도 아무 소용이 없음 • 리더는 항상 자기 마음대로 함

① 소외형 사원은 팀에 협조하는 경우에 적절한 보상을 주도록 한다.
② 소외형 사원은 팀을 위해 업무에서 배제시킨다.
③ 순응형 사원에 대해서는 조직을 위해 순응적인 모습을 계속 권장한다.
④ 실무형 사원에 대해서는 징계를 통해 규정준수를 강조한다.
⑤ 수동형 사원에 대해서는 의견 존중을 통해 자신감을 가지도록 한다.

국민건강보험공단

◀ 환율 적용한 금액 계산 ▶ 유형 ▶

30 A씨는 무역회사에 재직하고 있으며, 해외 출장을 자주 다닌다. 최근 무역계약을 위해 홍콩에 방문할 계획이 잡혔다. A씨는 여러 나라를 다니면서 사용하고 남은 화폐를 모아 홍콩달러로 환전하고자 한다. 다음 자료를 토대로 했을 때 A씨가 받을 수 있는 금액은 얼마인가?(단, 환전에 따른 기타 수수료는 발생하지 않는다)

[은행상담내용]

A씨 : 제가 가지고 있는 외화들을 환전해서 홍콩달러로 받고 싶은데요. 절차가 어떻게 진행되나요?

행원 : A고객님. 외화를 다른 외화로 환전하실 경우에는 먼저 외화를 원화로 환전한 뒤, 다시 원하시는 나라의 외화로 환전해야 합니다. 그렇게 진행할까요?

A씨 : 네. 그렇게 해주세요. 제가 가지고 있는 외화는 미화 $1,000, 유로화 €500, 위안화 ¥10,000, 엔화 ¥5,000입니다. 홍콩달러로 얼마나 될까요?

〈환율 전광판〉

통화명	매매 기준율	현찰		송금	
		살 때	팔 때	보낼 때	받을 때
미국 USD	1,211.60	1,232.80	1,190.40	1,223.40	1,199.80
유럽연합 EUR	1,326.52	1,356.91	1,300.13	1,339.78	1,313.26
중국 CNY	185.15	198.11	175.90	187.00	183.30
홍콩 HKD	155.97	159.07	152.87	157.52	154.42
일본 JPY100	1,065.28	1,083.92	1,046.64	1,075.71	1,054.85

※ 환전 시 소수점 단위 금액은 절사함

① HK$ 20,184 ② HK$ 21,157

③ HK$ 22,957 ④ HK$ 23,888

한전KPS

◀ 소금물 농도 ▶ 유형 ▶

15 6%의 소금물 700g에서 한 컵의 소금물을 퍼내고, 퍼낸 양만큼 13%의 소금물을 넣었더니 9%의 소금물이 되었다. 이때, 퍼낸 소금물의 양은?

① 300g ② 320g

③ 350g ④ 390g

⑤ 450g

한국수자원공사

◀ **3C 분석 방법** ▶ 유형 ▶

06 K공사는 필리핀의 신재생에너지 시장에 진출하려고 한다. 전략기획팀의 M대리는 3C 분석 방법을 통해 다음과 같은 결과를 도출하였다. K공사의 필리핀 시장 진출에 대한 판단으로 가장 적절한 것은?

3C	상황분석
고객(Customer)	• 아시아국가 중 전기요금이 높은 편에 속함 • 태양광, 지열 등 훌륭한 자연환경 조건 기반 • 신재생에너지 사업에 대한 정부의 적극적 추진 의지
경쟁사(Competitor)	• 필리핀 민간 기업의 투자 증가 • 중국 등 후발국의 급속한 성장 • 체계화된 기술 개발 부족
자사(Company)	• 필리핀 화력발전사업에 진출한 이력 • 필리핀의 태양광 발전소 지분 인수 • 현재 미국, 중국 등 4개국에서 풍력과 태양광 발전소 운영 중

① 필리핀은 전기요금이 높아 국민들의 전력 사용량이 많지 않을 것으로 예상되며, 열악한 전력 인프라로 신재생에너지 시장의 발전 가능성 또한 낮을 것으로 예상되므로 자사의 필리핀 시장 진출은 바람직하지 않다.

② 필리핀은 정부의 적극적 추진 의지로 신재생에너지 시장이 급성장하고 있으나, 민간 기업의 투자와 다른 아시아국가의 급속한 성장으로 경쟁이 치열하므로 자사는 비교적 경쟁이 덜한 중국 시장으로 진출하는 것이 바람직하다.

③ 풍부한 자연환경 조건을 가진 필리핀 신재생에너지 시장의 성장 가능성은 높지만, 경쟁사에 비해 체계적이지 못한 자사의 기술 개발 역량이 필리핀 시장 진출에 걸림돌이 될 것이다.

④ 훌륭한 자연환경 조건과 사업에 대한 정부의 추진 의지를 바탕으로 한 필리핀의 신재생에너지 시장에서는 필리핀 민간 기업이나 후발국과의 치열한 경쟁이 예상되나, 자사의 진출 이력을 바탕으로 경쟁력을 확보할 수 있을 것이다.

◀ **글의 전개 방식** ▶ 유형 ▶

※ 다음은 블록체인 기술에 관한 글이다. 다음 글을 읽고 이어지는 질문에 답하시오. [17~18]

블록체인 기술은 익명의 '사토시 나카모토'란 인물이 「Bitcoin: A Peer-to-Peer Electronic Cash」라는 연구를 공개함으로써 대중에 알려졌다. 이 논문을 바탕으로 블록체인 기반의 비트코인이 만들어졌고 이는 가상화폐 붐으로 이어졌다. 이러한 블록체인은 중개 기관에 의존적인 기존의 거래방식에서 벗어나 거래 당사자 간의 직접적인 거래를 통해 신뢰성을 보장한다. 이는 기존 중앙 통합형 거래시스템에서 발생하는 데이터 및 트랜잭션 관리 비용과 보안 문제를 개선시킬 수 있는 방안이 되었다.

블록체인은 P2P(Peer-to-Peer) 네트워크, 암호화, 분산장부, 분산합의의 크게 4가지 기반기술로 구성되어 있다. P2P 네트워크는 기존의 클라이언트 – 서버 방식에서 탈피한 동등한 레벨의 참여자들로 이루어지는 네트워크로, 모든 정보를 참여자들이 공통적으로 소유하고 있어 정보를 관리하고 있는 시스템 1대가 정지해도 시스템 운영에 영향을 주지 않는 특징을 가진다. 암호화는 데이터의 무결성을 검증하는 해시트리와 거래의 부인 방지를 위한 공개키 기반 디지털 서명 기법을 사용한다. 분산장부는 참여자들 간의 공유를 통해 동기화된 정보의 기록 저장소이다. 마지막으로 분산합의는 참여자 간의 합의를 통해서 발생하는 적합한 거래와 정보만 블록체인으로 유지하는 기술로, 대표적으로 비트코인의 작업증명(Proof-of-Work)이 있다. 이는 참여자들의 거래 데이터를 블록으로 생성하기 위한 작업으로, 참여자 간의 블록에 대한 무결성을 이끌어낸다. 이 외에도 거래자 간의 계약소건이 자동으로 실행되는 스마트계약기술을 이용한 거래의 신뢰성 및 무결성 보장기술을 포함하고 있다.

이러한 블록체인 기술은 중개 기관을 배제한 거래에 적용할 수 있는 부분부터 그 활용이 확대되고 있다. 가상화폐 기능 및 거래수수료를 절감할 수 있는 금융거래에서 사물인터넷, 자율주행 자동차 등 다양한 응용 분야에서 화두로 부상하고 있다. 또한 에너지 분야에서도 다양한 프로젝트가 진행 중이며, 상용화될 경우 기존의 전력거래 및 공급 시스템의 많은 변화가 예상된다. 실제로 미국에서는 태양광 전력 생산 후 이에 대한 보상을 가상화폐(Solar Coin)로 보상하는 거래 시스템, 태양광 에너지를 생산하고 남은 전기를 이웃 간에 거래하는 프로슈머 거래 시스템, 전기차 충전소 인증 및 과금 체계에 블록체인 기반의 기술 적용이 연구 중에 있다.

이 책의 차례

2022년 주요 공기업
NCS 핵심영역 기출복원문제

❙ 코레일 한국철도공사 / 의사소통능력

01 다음 〈보기〉를 참고할 때, 문법적 형태소가 가장 많이 포함된 문장은?

> **보기**
>
> 문법형태소(文法形態素) 또는 형식형태소(形式形態素)는 문법적 의미가 있는 형태소로 어휘형태소와 함께 쓰여 그들 사이의 관계를 나타내는 기능을 하는 형태소를 말한다. 한국어에서는 조사와 어미가 이에 해당한다. 의미가 없고 문장의 형식 구성을 보조한다는 의미에서 형식형태소(形式形態素)라고도 한다.

① 동생이 나 몰래 사탕을 먹었다.
② 우리 오빠는 키가 작았다.
③ 봄이 오니 산과 들에 꽃이 피었다.
④ 나는 가게에서 김밥과 돼지고기를 샀다.
⑤ 지천에 감자꽃이 가득 피었다.

❙ 코레일 한국철도공사 / 의사소통능력

02 다음 중 밑줄 친 단어가 문맥상 옳지 않은 것은?

① 효율적인 회사 운영을 위해 회의를 <u>정례화(定例化)</u>해야 한다는 주장이 나왔다.
② 그 계획은 아무래도 <u>중장기적(中長期的)</u>으로 봐야 할 필요가 있다.
③ 그 문제를 해결하기 위해서는 표면적이 아닌 <u>피상적(皮相的)</u>인 이해가 필요하다.
④ 환경을 고려한 신제품을 출시하는 기업들의 <u>친환경(親環境)</u> 마케팅이 유행이다.
⑤ 인생의 중대사를 정할 때는 충분한 <u>숙려(熟慮)</u>가 필요하다.

❙ 코레일 한국철도공사 / 의사소통능력

03 다음 문장 중 어법상 옳은 것은?

① 오늘은 날씨가 추우니 옷의 지퍼를 잘 잠거라.
② 우리 집은 매년 김치를 직접 담궈 먹는다.
③ 그는 다른 사람의 만류에도 서슴지 않고 악행을 저질렀다.
④ 염치 불구하고 이렇게 부탁드리겠습니다.
⑤ 우리집 뒷뜰에 개나리가 예쁘게 피었다.

04 다음 제시된 문단을 논리적 순서대로 바르게 나열한 것은?

> (가) 천일염 안전성 증대 방안 5가지가 '2022 K-농산어촌 한바당'에서 소개됐다. 첫째, 함수(농축한 바닷물)의 청결도를 높이기 위해 필터링(여과)을 철저히 하고, 둘째, 천일염전에 생긴 이끼 제거를 위해 염전의 증발지를 목제 도구로 완전히 뒤집는 것이다. 그리고 셋째, 염전의 밀대·운반 도구 등을 식품 용기에 사용할 수 있는 소재로 만들고, 넷째, 염전 수로 재료로 녹 방지 기능이 있는 천연 목재를 사용하는 것이다. 마지막으로 다섯째, 염전 결정지의 바닥재로 장판 대신 타일(타일염)이나 친환경 바닥재를 쓰는 것이다.
>
> (나) 한편, 천일염과 찰떡궁합인 김치도 주목을 받았다. 김치를 담글 때 천일염을 사용하면 김치의 싱싱한 맛이 오래 가고 식감이 아삭아삭해지는 등 음식궁합이 좋다. 세계김치연구소는 '발효과학의 중심, 김치'를 주제로 관람객을 맞았다. 세계김치연구소 이창현 박사는 "김치는 중국·일본 등 다른 나라의 채소 절임 식품과 채소를 절이는 단계 외엔 유사성이 전혀 없는 매우 독특한 식품이자 음식 문화"라고 설명했다.
>
> (다) K-농산어촌 한마당은 헬스경향·한국농수산식품유통공사에서 공동 주최한 박람회이다. 해양수산부 소속 국립수산물품질관리원은 천일염 부스를 운영했다. 대회장을 맡은 국회 농림축산식품해양수산위원회 소속 서삼석 의원은 "갯벌 명품 천일염 생산지인 전남 신안을 비롯해 우리나라의 천일염 경쟁력은 세계 최고 수준"이라며 "이번 한마당을 통해 국산 천일염의 우수성이 더 많이 알려지기를 기대한다."라고 말했다.

① (가) - (나) - (다) ② (가) - (다) - (나)
③ (나) - (다) - (가) ④ (다) - (가) - (나)
⑤ (다) - (나) - (가)

05 K교수는 실험 수업을 진행하기 위해 화학과 학생들을 실험실에 배정하려고 한다. 실험실 한 곳에 20명씩 입실시키면 30명이 들어가지 못하고, 25명씩 입실시키면 실험실 2개가 남는다. 이를 만족하기 위한 최소한의 실험실은 몇 개인가?(단, 실험실의 개수는 홀수이다)

① 11개 ② 13개
③ 15개 ④ 17개
⑤ 19개

06 2022년 새해를 맞아 K공사에서는 직사각형의 사원증을 새롭게 제작하려고 한다. 기존의 사원증은 개당 제작비가 2,800원이고 가로와 세로의 비율이 1 : 2이다. 기존의 디자인에서 크기를 변경할 경우, 가로의 길이가 0.1cm 증감할 때마다 제작비용은 12원이 증감하고, 세로의 길이가 0.1cm 증감할 때마다 제작비용은 22원이 증감한다. 새로운 사원증의 길이가 가로 6cm, 세로 9cm이고, 제작비용은 2,420원일 때, 디자인을 변경하기 전인 기존 사원증의 둘레는 얼마인가?

① 30cm
② 31cm
③ 32cm
④ 33cm
⑤ 34cm

07 K사는 동일한 제품을 A공장과 B공장에서 생산한다. A공장에서는 시간당 1,000개의 제품을 생산하고, B공장에서는 시간당 1,500개의 제품을 생산하며, 이 중 불량품은 A공장과 B공장에서 매시간 45개씩 발생한다. 지난 한 주간 A공장에서는 45시간, B공장에서는 20시간 동안 이 제품을 생산하였을 때, 생산된 제품 중 불량품의 비율은 얼마인가?

① 3.7%
② 3.8%
③ 3.9%
④ 4.0%
⑤ 4.1%

08 K강사는 월요일부터 금요일까지 매일 4시간 동안 수업을 진행한다. 다음 〈조건〉에 따라 주간 NCS 강의 시간표를 짤 때, 가능한 경우의 수는 모두 몇 가지인가?(단, 4교시 수업과 다음날 1교시 수업은 연속된 수업으로 보지 않는다)

> 조건
> • 문제해결능력 수업은 4시간 연속교육으로 진행해야 하며, 주간 총 교육시간은 4시간이다.
> • 수리능력 수업은 3시간 연속교육으로 진행해야 하며, 주간 총 교육시간은 9시간이다.
> • 자원관리능력 수업은 2시간 연속교육으로 진행해야 하며, 주간 총 교육시간은 4시간이다.
> • 의사소통능력 수업은 1시간 교육으로 진행해야 하며, 주간 총 교육시간은 3시간이다.

① 40가지
② 80가지
③ 120가지
④ 160가지
⑤ 200가지

09 다음 기사의 내용으로 미루어 볼 때, 청년 고용시장에 대한 〈보기〉의 정부 관계자들의 태도로 가장 적절한 것은?

> 정부가 향후 3 ~ 4년을 청년실업 위기로 판단한 것은 에코세대(1991 ~ 1996년생・베이비부머의 자녀세대)의 노동시장 진입 때문이었다. 에코세대가 본격적으로 취업전선에 뛰어들면서 일시적으로 청년실업 상황이 더 악화될 것이라고 생각했다.
>
> 2021년을 기점으로 청년인구가 감소하기 시작하면 청년실업 문제가 일부 해소될 것이라는 정부의 전망도 이런 맥락에서 나왔다. 고용노동부 임서정 고용정책실장은 "2021년 이후 인구문제와 맞물리면 청년 고용시장 여건은 좀 더 나아질 것이라 생각한다."라고 말했다.
>
> 그러나 청년인구 감소가 청년실업 문제 완화로 이어질 것이란 생각은 지나치게 낙관적이라는 지적도 나오고 있다. 한국노동연구원 김유빈 부연구위원은 "지금의 대기업과 중소기업, 정규직과 비정규직 간 일자리 질의 격차를 해소하지 않는 한 청년실업 문제는 더 심각해질 수 있다."라고 우려했다. 일자리 격차가 메워지지 않는 한 질 좋은 직장을 구하기 위해 자발적 실업상황조차 감내하는 현 청년들의 상황이 개선되지 않을 것이기 때문이다.
>
> 한국보다 먼저 청년실업 사태를 경험한 일본을 비교대상으로 거론하는 것도 적절하지 않다는 지적이 나온다. 일본의 경우 청년인구가 줄면서 청년실업 문제는 상당 부분 해결됐다. 하지만 이는 '단카이 세대(1947 ~ 1949년에 태어난 일본의 베이비부머)'가 노동시장에서 빠져나오는 시점과 맞물렸기 때문에 가능했다. 베이비부머가 1 ~ 2차에 걸쳐 넓게 포진된 한국과는 상황이 다르다는 것이다. 김 부연구위원은 "일본에서도 (일자리) 질적 문제는 나타나고 있다."며 "일자리 격차가 큰 한국선 문제가 더 심각하게 나타날 수 있어 중장기적 대책이 필요하다."고 말했다.

보기

- 기재부 1차관 : '구구팔팔(국내 사업체 중 중소기업 숫자가 99%, 중기 종사자가 88%란 뜻)'이란 말이 있다. 중소기업을 새로운 성장동력으로 만들어야 한다. 취업에서 중소기업 선호도는 높지 않다. 여러 가지 이유 중 임금 격차도 있다. 청년에게 중소기업에 취업하고자 하는 유인을 줄 수 있는 수단이 없다. 그 격차를 메워 의사 결정의 패턴을 바꾸자는 것이다. 앞으로 에코세대의 노동시장 진입하는 4년 정도가 중요한 시기이다.
- 고용노동부 고용정책실장 : 올해부터 3 ~ 4년은 인구 문제가 크고, 그로 인한 수요・공급 문제가 있다. 개선되는 방향으로 가더라도 '에코세대' 대응까지 맞추기 쉽지 않다. 때문에 집중투자를 해야 한다. 3 ~ 4년 후에는 격차를 줄여가기 위한 대책도 병행하겠다. 이후부터는 청년의 공급이 줄어들기 때문에 인구 측면에서 노동시장에 유리한 조건이 된다.

① 올해를 가장 좋지 않은 시기로 평가하고 있다.
② 현재 회복국면에 있다고 판단하고 있다.
③ 실제 전망은 어둡지만, 밝은 면을 강조하여 말하고 있다.
④ 에코세대의 노동시장 진입을 통해 청년실업 위기가 해소될 것으로 기대하고 있다.
⑤ 한국의 상황이 일본보다 낫다고 평가하고 있다.

10 다음 중 제시된 보도자료의 내용으로 가장 적절한 것은?

이용자도 보행자도 안전하게, 전동킥보드 관련 규정 강화

개인형 이동장치 관련 강화된 도로교통법 시행
무면허 운전 10만 원, 안전모 미착용 2만 원, 2인 이상 탑승 4만 원 범칙금 부과
안전한 이용 문화 정착 위해 캠페인·교육 등 집중홍보 및 단속 실시

국무조정실, 국토부, 행안부, 교육부, 경찰청은 전동킥보드 등 개인형 이동장치 운전자의 안전을 강화한 도로교통법개정안이 시행됨에 따라, 개인형 이동장치의 안전한 이용문화 정착을 위해 범정부적으로 안전단속 및 홍보활동 등을 강화해 나간다고 밝혔습니다.

정부는 개인형 이동장치(PM; Personal Mobility)가 최근 새로운 교통수단으로 이용자가 증가함에 따라 안전한 운행을 유도하기 위해 지난해부터 안전기준을 충족한 개인형 이동장치에 한해 자전거 도로통행을 허용했고, 그에 맞춰 자전거와 동일한 통행방법과 운전자 주의의무 등을 적용해 왔습니다. 다만, 청소년들의 개인형 이동장치 이용 증가에 대한 우려와 운전자 주의의무 위반에 대한 제재가 없어 실효성이 없다는 문제 제기가 있었고, 지난해 강화된 도로교통법이 국회를 통과하였습니다. 이번에 시행되는 개인형 이동장치와 관련된 법률의 세부 내용은 다음과 같습니다.

- (운전 자격 강화) 원동기 면허 이상 소지한 운전자에 대해서만 개인형 이동장치를 운전할 수 있도록 하고, 무면허 운전 시 10만 원의 범칙금을 부과합니다.
- (처벌 규정 신설) 인명 보호 장구 미착용(범칙금 2만 원), 승차정원 초과 탑승(범칙금 4만 원) 및 어린이(13세 미만) 운전 시 보호자(과태료 10만 원)에게 범칙금·과태료를 부과함으로써 개인형 이동장치 운전자 주의의무에 대한 이행력을 강화하였습니다.

정부는 강화된 법률의 시행을 계기로 안전한 개인형 이동장치 이용문화가 정착될 수 있도록 단속 및 캠페인 등 대국민 홍보를 강화해 나갈 계획입니다. 관계부처 - 지자체 - 유관기관 등과 함께 개인형 이동장치 이용이 많은 지하철 주변, 대학교, 공원 등을 중심으로 안전 캠페인을 실시하고, 경찰청을 중심으로 보도 통행 금지, 인명 보호 장구 미착용, 승차정원 초과 등 주요 법규 위반 행위에 대해 단속과 계도를 병행함과 동시에 홍보 활동을 진행할 예정입니다. 그리고 초·중·고 학생을 대상으로 '찾아가는 맞춤형 교육'을 실시하고, 학부모 대상 안내문을 발송하는 등 학생들이 강화된 도로교통법을 준수할 수 있도록 학교·가정에서 교육을 강화해 나갈 계획입니다. 또한, 공유 개인형 이동장치 앱 내에 안전수칙 팝업 공지, 주·정차 안내 등 개인형 이동장치 민·관 협의체와의 협력을 강화해 나갈 예정입니다. 아울러, 개인형 이동장치 안전 공익광고 영상을 TV·라디오 등에 송출하고, 카드뉴스·웹툰 등 온라인 홍보물을 제작하여 유튜브·SNS 등을 통해 확산해 나가는 한편, KTX·SRT역, 전광판, 아파트 승강기 모니터 등 국민 생활 접점 매체를 활용한 홍보도 추진해 나갈 예정입니다.

정부 관계자는 새로운 교통수단으로 개인형 이동장치의 이용객이 증가함에 따라 관련 사고*도 지속적으로 증가하는 만큼 반드시 안전수칙을 준수할 것을 당부하였습니다. 특히, 개인형 이동장치는 친환경적이고 편리한 교통수단으로 앞으로도 지속해서 이용자가 증가할 것으로 전망되는 만큼 개인형 이동장치의 안전한 이용문화 확립이 무엇보다 중요하며, 올바른 문화가 정착할 수 있도록 국민들의 많은 관심과 참여를 강조하였습니다.

* 최근 3년 PM 관련 사고(사망) 건수 : 2018년 : 225건(4명) → 2019년 : 447건(8명) → 2020년 : 897건(10명)

---

① 산업부는 지난해부터 안전기준을 충족한 개인형 이동장치의 자전거도로 주행을 허용하였다.
② 개인형 이동장치 중 전동킥보드는 제약 없이 자전거도로를 자유롭게 이용할 수 있다.
③ 개인형 이동장치로 인한 사망사고는 점차 감소하고 있다.
④ 13세 이상인 사람은 모두 개인형 이동상치를 운선할 수 있나.
⑤ 일반인을 대상으로 한 전동킥보드 운행 규정 관련 홍보를 진행할 예정이다.

11 다음 글의 내용으로 적절하지 않은 것은?

> 전남 나주시가 강소연구개발특구 운영 활성화를 위해 한국전력, 특구기업과의 탄탄한 소통 네트워크 구축에 나섰다. 나주시는 혁신산업단지에 소재한 에너지신기술연구원에서 전남도, 한국전력공사, 강소특구 44개 기업과 전남 나주 강소연구개발특구 기업 커뮤니티 협약을 체결했다고 밝혔다. 이번 협약은 각 주체 간 정보 교류, 보유 역량 활용 등을 위해 특구기업의 자체 커뮤니티 구성에 목적을 뒀다. 협약 주체들은 강소특구 중장기 성장모델과 전략수립 시 공동으로 노력을 기울이고, 적극적인 연구개발(R&D) 참여를 통해 상호 협력의 밸류체인(Value Chain)을 강화하기로 했다. 커뮤니티 구성에는 총 44개 기업이 참여해 강소특구 주력사업인 지역특성화육성사업에 부합하는 에너지효율화, 특화사업, 지능형 전력그리드 등 3개 분과로 운영된다. 또한 ㈜한국항공조명, ㈜유진테크노, ㈜미래이앤아이가 분과 리더기업으로 각각 지정돼 커뮤니티 활성화를 이끌 예정이다. 나주시와 한국전력공사는 협약을 통해 기업 판로확보와 에너지산업 수요·공급·연계 지원 등 특구기업과의 동반성장 플랫폼 구축에 힘쓸 계획이다.
> 한국전력공사 기술기획처장은 "특구사업의 선택과 집중을 통한 차별화된 지원을 추진하고, 기업 성장단계에 맞춘 효과적 지원을 통해 오는 2025년까지 스타기업 10개사를 육성하겠다."라는 계획을 밝혔다.
> 나주시장 권한대행은 "이번 협약을 통해 기업 수요 기반 통합정보 공유로 각 기업의 성장단계별 맞춤형 지원을 통한 기업 경쟁력 확보와 동반성장 인프라 구축에 힘쓰겠다."라고 말했다.

① 나주시와 한국전력공사는 협약을 통해 기업의 판로 확보와 에너지산업 연계 지원 등을 꾀하고 있다.
② 나주시의 에너지신기술연구원은 혁신산업단지에 위치해 있다.
③ 협약 주체들은 한국전력공사와 강소특구의 여러 기업들이다.
④ 협약의 커뮤니티 구성은 총 3개 분과로 이루어져 있고, 각 분과마다 2개의 리더 그룹이 분과를 이끌어갈 예정이다.
⑤ 협약에 참여한 기업들은 연구 개발 활동에 적극적으로 참여해야 한다.

12 다음 글을 읽고 추론할 수 있는 내용으로 적절하지 않은 것은?

현재 화성을 탐사 중인 미국의 탐사 로버 '퍼시비어런스'는 방사성 원소인 플루토늄이 붕괴하면서 내는 열을 전기로 바꿔 에너지를 얻는다. 하지만 열을 전기로 바꾸는 변환 효율은 4 ~ 5%에 머물고 있다. 전기를 생산하기 어려운 화성에서는 충분히 쓸만하지만 지구에서는 효율적인 에너지원이 아니다. 그러나 최근 국내 연구팀이 오랫동안 한계로 지적된 열전 발전의 효율을 20% 이상으로 끌어올린 소재를 개발했다. 지금까지 개발된 열전 소재 가운데 세계에서 가장 효율이 높다는 평가다. 서울대 화학생물공학부 교수팀은 메르쿠리 카나치디스 미국 노스웨스턴대 화학부 교수 연구팀과 공동으로 주석과 셀레늄을 이용한 다결정 소재를 이용해 세계 최초로 열전성능지수(zT) 3을 넘기는데 성공했다고 밝혔다.

전 세계적으로 생산된 에너지의 65% 이상은 사용되지 못하고 열로 사라진다. 온도차를 이용해 전기를 생산하는 열전 기술은 이러한 폐열을 전기에너지로 직접 변환할 수 있다. 하지만 지금까지 개발된 소재들은 유독한 납과 지구상에서 8번째로 희귀한 원소인 텔루늄을 활용하는 등 상용화에 어려움이 있었다. 발전 효율이 낮은 것도 문제였다. 때문에 퍼시비어런스를 비롯한 화성탐사 로버에 탑재된 열전소재도 낮은 효율을 활용할 수밖에 없었다.

카나치디스 교수팀은 이를 대체하기 위한 소재를 찾던 중 2014년 셀레늄화주석 단결정 소재로 zT 2.6을 달성해 국제학술지 '네이처'에 소개했다. 그러나 다이아몬드처럼 만들어지는 단결정 소재는 대량 생산이 어렵고 가공도 힘들어 상용화가 어렵다는 점이 문제로 꼽혔다. 이를 다결정으로 만들면 열이 결정 사이를 오가면서 방출돼 열전효율이 낮아지는 문제가 있었다. 또 결과가 재현되지 않아 네이처에 셀레늄화 주석 소재의 열전성능에 대해 반박하는 논문이 나오기도 했다.

연구팀은 셀레늄화주석의 구조를 분석해 원인을 찾았다. 주석을 활용하는 소재인 페로브스카이트 전고체 태양전지를 세계 처음으로 만든 교수팀은 순도 높은 주석이라도 표면이 산화물로 덮인다는 점을 주목했다. 열이 전도성 물질인 산화물을 따라 흐르면서 열전효율이 떨어진 것이다. 연구팀은 주석의 산화물을 제거한 후 셀레늄과 반응시키고 이후로도 추가로 순도를 높이는 공정을 개발해 문제를 해결했다.

연구팀이 개발한 주석셀레늄계(SnSe) 신소재는 기존 소재보다 월등한 성능을 보였다. 신소재는 섭씨 510도에서 zT가 3.1인 것으로 나타났고 소재 중 처음으로 3을 돌파했다. 납 텔루늄 소재 중 지금까지 최고 성능을 보인 소재의 zT가 2.6이었던 것을 감안하면 매우 높은 수치다. 에너지 변환효율 또한 기존 소재들이 기록한 5 ~ 12%보다 높은 20% 이상을 기록했다. 연구팀은 "지도교수였던 카나치디스 교수에게도 샘플을 보내고 열전도도를 측정하는 회사에도 소재를 보내 교차검증을 통해 정확한 수치를 얻었다."라고 말했다.

① 화성 탐사 로버 '퍼시비어런스'는 열을 전기로 바꿔 에너지원으로 삼지만, 그 효율은 5퍼센트 정도에 그쳤다.

② 현재까지 한국에서 개발한 열전소재가 가장 열전효율이 높다.

③ 주석셀레늄계 신소재는 어떤 환경에서든 열전발전의 효율 지수(zT)가 3.1을 넘는다.

④ 열전소재에 전기가 통하는 물질이 있다면 열전효율이 저하될 수 있다.

⑤ 주석셀레늄계 신소재는 열전발전의 효율이 기존보다 4배 이상 높다.

13 다음 글을 읽고 '넛지효과'의 예시로 적절하지 않은 것은?

우리 대다수는 이메일을 일상적으로 사용하면서 가끔 첨부 파일을 깜빡 잊는 실수를 종종 범한다. 만약 이메일 서비스 제공 업체가 제목이나 본문에 '파일 첨부'란 단어가 있음에도 사용자가 파일을 첨부하지 않을 경우 '혹시 첨부해야 할 파일은 없습니까?'라고 발송 전 미리 알려주면 어떨까? 예시로 안전벨트 미착용 문제를 해결하기 위해 지금처럼 경찰이 단속하고 과태료를 물리는 것보다 애초에 안전벨트를 착용하지 않으면 주행이 되지 않게 설계하는 것은 어떨까? 이처럼 우리 인간의 선택과 행동을 두고 규제, 단속, 처벌보다는 부드럽게 개입하는 방식은 어떨까?

넛지(Nudge)는 강압적이지 않은 방법으로 사람들의 행동을 바꾸는 현상을 의미한다. 넛지의 사전적 의미는 '팔꿈치로 슬쩍 찌르다.', '주위를 환기하다.'인데, 시카고대 교수인 행동경제학자 리처드 탈러(Richard H. Thaler)와 하버드대 로스쿨 교수 캐스 선스타인(Cass R. Sunstein)은 2008년 "Nudge; Improving Decisions about Health, Wealth, and Happiness"라는 책을 내놓으면서 넛지를 '사람들의 선택을 유도하는 부드러운 개입'이라고 정의하였다. 이 책은 세계 여러 나라에서 번역되었는데, 특히 한국에서는 2009년 봄 "넛지; 똑똑한 선택을 이끄는 힘"이라는 제목으로 출간된 이후 대통령이 여름휴가 때 읽고 청와대 직원들에게 이 책을 선물하면서 화제가 되었다.

부드러운 간섭을 통한 넛지효과를 활용해 변화를 이끌어낸 사례는 많다. 그중에서 기업마케팅 전략으로 '넛지마케팅'이 최근 각광받고 있다. 예를 들어, 제품을 효율적으로 재배치만 해도 특정 상품의 판매를 늘릴 수 있다는 연구결과가 속속 나오고 있다. 그렇다면 설탕을 줄인 제품을 잘 보이는 곳에 진열하면 어떨까? 최근 각국에서 비만의 사회적 비용을 줄이기 위한 설탕세(Soda Tax, Sugar Tax, Sugary Drinks Tax) 도입을 두고 찬반 논쟁이 치열한데 징벌적 성격의 세금부과보다 넛지효과를 이용해 설탕 소비 감소를 유도하는 것은 어떤가? 우리나라 미래를 이끌 20 ~ 30대 청년의 초고도비만이 가파르게 증가하는 현실에서 소아비만과 청년비만 대응책으로 진지하게 생각해 볼 문제이다.

이처럼 공익적 목적으로 넛지효과를 사용하는 현상을 '넛지 캠페인'이라 한다. 특히 개인에게 '넛지'를 가할 수 있는 "선택 설계자(Choice Architecture)"의 범위를 공공영역으로 확대하는 것은 공공선을 달성하기 위해 매우 중요하다.

① 계단을 이용하면 10원씩 기부금이 적립되어 계단 이용을 장려하는 '기부 계단'
② 쓰레기통에 쓰레기를 집어넣도록 유도하기 위해 농구 골대 형태로 만든 '농구대 쓰레기통'
③ 금연율을 높이기 위해 직접적이고 재미있는 'No담배' 문구를 창작한 캠페인
④ 계단을 오르내리면 피아노 소리가 나와 호기심으로 계단 이용을 장려하는 '피아노 계단'
⑤ 아이들의 손씻기를 장려하기 위해 비누 안에 장난감을 집어넣은 '희망 비누'

14 다음 글을 읽고 추론할 수 있는 내용으로 적절하지 않은 것은?

> 해외여행을 떠날 때, 필수품 중의 하나는 여행용 멀티 어댑터라고 볼 수 있다. 나라마다 사용 전압과 콘센트 모양이 다르기 때문에 여행자들은 어댑터를 이용해 다양한 종류의 표준전압에 대처하고 있다. 일본·미국·대만은 110V를 사용하고, 유럽은 220 ~ 240V를 사용하는 등 나라마다 이용 전압도 다르고, 주파수·플러그 모양·크기도 제각각으로 형성되어 있다.
>
> 그렇다면 세계 여러 나라는 전압을 통합해 사용하지 않고, 우리나라는 왜 220V를 사용할까? 한국도 처음 전기가 보급될 때는 11자 모양 콘센트의 110V를 표준전압으로 사용했다. 1973년부터 2005년까지 32년에 걸쳐 1조 4,000억 원을 들여 220V로 표준전압을 바꾸는 작업을 진행했다. 어렸을 때, 집에서 일명 '도란스(Trance)'라는 변압기를 사용했던 기억이 있다.
>
> 한국전력공사 승압 작업으로 인해 110V의 가전제품을 220V의 콘센트·전압에 이용했다. 220V 승압 작업을 진행했던 이유는 전력 손실을 줄이고 같은 굵기의 전선으로 많은 전력을 보내기 위함이었다. 전압이 높을수록 저항으로 인한 손실도 줄어들고 발전소에서 가정으로 보급하는 데까지의 전기 전달 효율이 높아진다. 쉽게 말해서 수도관에서 나오는 물이 수압이 높을수록 더욱더 강하게 나오는 것에 비유하면 되지 않을까 싶다.
>
> 한국전력공사에 따르면 110V에서 220V로 전압을 높임으로써 설비의 증설 없이 기존보다 2배 정도의 전기 사용이 가능해지고, 전기 손실도 줄어 세계 최저 수준의 전기 손실률을 기록하게 됐다고 한다. 물론 220V를 이용할 때 가정에서 전기에 노출될 경우 위험성은 더 높을 수 있다.
>
> 110V를 표준전압으로 사용하는 일본·미국은 비교적 넓은 대지와 긴 송전선로로 인해 220V로 전압을 높이려면 전력설비 교체 비용과 기존의 전자제품 이용으로 엄청난 비용과 시간이 소요되므로 승압이 어려운 상황이다. 또 지진이나 허리케인과 같은 천재지변으로 인한 위험성이 높고 유지 관리에 어려운 점, 다수의 민영 전력회사로 운영된다는 점도 승압이 어려운 이유라고 생각한다.
>
> 국가마다 표준전압이 달라서 조심해야 할 사항도 있다. 콘센트 모양만 맞추면 사용할 수 있겠다고 생각하겠지만 110V 가전제품을 우리나라로 가져와서 220V의 콘센트에 연결 후 사용하면 제품이 망가지고 화재나 폭발이 일어날 수도 있다. 반대로 220V 가전제품을 110V에 사용하면 낮은 전압으로 인해 정상적으로 작동되지 않는다. 해외에 나가서 가전제품을 이용하거나 해외 제품을 직접 구매해 가정에서 이용할 때는 꼭 주의하여 사용하기 바란다.

① 한국에 처음 전기가 보급될 때는 110V를 사용했었다.

② 일본과 미국에서는 전력을 공급하는 사기업들이 있을 것이다.

③ 1조 4,000억 원 가량의 예산을 들여 220V로 전환한 이유는 가정에서의 전기 안전성을 높이기 위함이다.

④ 220V로 전압을 높이면 전기 전달 과정에서 발생하는 손실을 줄여 효율적으로 가정에 전달할 수 있다.

⑤ 전압이 다른 가전제품을 변압기 없이 사용하면 위험하거나 제품의 고장을 초래할 수 있다.

15 다음 문단을 논리적 순서대로 바르게 나열한 것은?

(가) 이 플랫폼은 IoT와 클라우드 기반의 빅데이터 시스템을 통해 수소경제 전 주기의 데이터를 수집·활용해 안전관련 디지털 트윈 정보와 인프라 감시, EMS, 수소·전력 예측 서비스 등을 제공하는 '통합 안전관리 시스템'과 수집된 정보를 한전KDN이 운영하는 마이크로그리드 전력관리시스템(MG – EMS)과 에너지 집중 원격감시 제어시스템(SCADA, Supervisory Control and Data Acquisition)으로부터 제공받아 실시간 인프라 감시정보를 관리자에게 제공하는 '에너지 통합감시 시스템'으로 구성된 솔루션이다.

특히, 수소도시의 주요 설비를 최상의 상태로 운영하고자 안전 포털 서비스, AI 예측 서비스, 에너지 SCADA, 디지털트윈, 수소설비 데이터 수집 및 표준화 기능을 제공하는 것이 특징이다. 한전KDN 관계자는 "한전KDN은 에너지 ICT 전문 공기업의 역할을 성실히 수행하며 올해 창립 30주년이 됐다."면서 "안정적 전력산업 운영 경험을 통한 최신 ICT 기술력을 국제원자력산업전 참가로 널리 알리고 사업 다각화를 통한 기회의 장으로 삼을 수 있도록 노력할 것"이라고 밝혔다.

(나) 국내 유일의 에너지 ICT 공기업인 한전KDN은 이번 전시회에 원전 전자파 감시시스템, 수소도시 통합관리 플랫폼 등 2종의 솔루션을 출품·전시했다.

'원전 전자파 감시시스템'은 올해 새롭게 개발되고 있는 신규솔루션으로 국내 전자파 관련 규제 및 지침 법규에 따라 원자력발전소 내 무선통신 기반 서비스 운영설비의 전자파를 감시·분석해 안정성을 확보하고 이상 전자파로부터 원자력의 안전 운용을 지원하는 시스템이다.

특히, 이상 전자파 검증기준에 따라 지정된 배제구역(출입통제구역)에 설치된 민감기기의 경우 무단 출입자에 따른 안정을 확보하기 어렵다는 점을 극복하고자 현장 무선기기의 전자파 차단과 함께 실시간으로 민감기기 주변 전자파를 감시해 이상 전자파 감지 시 사용자 단말기에 경보 알람을 발생시키는 등 안정적인 발전소 관리에 기여할 것으로 기대된다.

한전KDN이 함께 전시하는 수소도시 통합관리 플랫폼은 정부가 추진하는 수소시범도시의 안전관리를 위한 것으로 수소 생산시설, 충전소, 파이프라인, 튜브 트레일러, 연료전지, 수소버스까지 다양한 수소도시의 설비운영과 안전관리를 위해 개발된 솔루션이다.

(다) 한전KDN이 4월 부산 벡스코(BEXCO)에서 열리는 2022 부산 국제원자력산업전에 참가했다.

올해 6회째를 맞는 국내 최대 원자력분야 전문 전시회인 부산 국제원자력산업전은 국내외 주요 원자력발전사업체들이 참가해 원전 건설, 원전 기자재, 원전 해체 등 원자력 산업 관련 전반과 함께 전기·전자통신 분야의 새로운 기술과 제품을 선보이며, 12개국 126개사 356부스 규모로 개최됐다.

① (가) – (나) – (다)
② (나) – (가) – (다)
③ (나) – (다) – (가)
④ (다) – (가) – (나)
⑤ (다) – (나) – (가)

16 G사는 직원들의 다면평가를 실시하고, 평가항목별 점수의 합으로 상대평가를 실시하여 성과급을 지급한다. 상위 25% 직원에게는 월급여의 200%, 상위 25 ~ 50% 이내의 직원에게는 월급여의 150%, 나머지는 월급여의 100%를 지급한다. 주어진 자료를 참고할 때, 수령하는 성과급의 차이가 A와 가장 적은 직원은?

〈경영지원팀 직원들의 평가 결과〉

(단위 : 점, 만 원)

직원	업무전문성	조직친화력	책임감	월급여
A	37	24	21	320
B	25	29	20	330
C	24	18	25	340
D	21	28	17	360
E	40	18	21	380
F	33	21	30	370

〈전체 직원의 평가 결과〉

구분	합산점수 기준
평균	70.4
중간값	75.5
제1사분위 수	50.7
제3사분위 수	79.8
표준편차	10.2

① B
② C
③ D
④ E
⑤ F

17 다음은 입사지원자 5명의 정보와 G사의 서류전형 평가기준이다. 5명의 지원자 중 서류전형 점수가 가장 높은 사람은 누구인가?

〈입사지원자 정보〉

지원자	전공	최종학력	제2외국어	관련 경력	자격증	특이사항
A	법학	석사	스페인어	2년	변호사	장애인
B	경영학	대졸	일본어	–	–	다문화가족
C	기계공학	대졸	–	3년	변리사	국가유공자
D	–	고졸	아랍어	7년	정보처리기사	–
E	물리학	박사	독일어	–	–	–

〈평가기준〉

1. 최종학력에 따라 대졸 10점, 석사 20점, 박사 30점을 부여한다.
2. 자연과학 및 공학 석사 이상 학위 취득자에게 가산점 10점을 부여한다.
3. 일본어 또는 독일어 가능자에게 20점을 부여한다. 기타 구사 가능한 제2외국어가 있는 지원자에게는 5점을 부여한다.
4. 관련업무 경력 3년 이상인 자에게 20점을 부여하고, 3년을 초과하는 추가 경력에 대해서는 1년마다 10점을 추가로 부여한다.
5. 변호사 면허 소지자에게 20점을 부여한다.
6. 장애인, 국가유공자, 보훈보상대상자에 대해 10점을 부여한다.

① A지원자
② B지원자
③ C지원자
④ D지원자
⑤ E지원자

18 흰색, 빨간색, 노란색, 초록색, 검은색의 5가지 물감이 주어졌다. 다음의 물감 조합표를 참고할 때, 주어진 5가지 물감으로 만들어 낼 수 없는 색상은?

〈물감 조합표〉

연분홍색＝흰색(97)＋빨간색(3)	황토색＝노(90)＋검(2)＋빨(8)	진보라색＝보라색(90)＋검은색(10)
분홍색＝흰색(90)＋빨간색(10)	살구색＝흰색(90)＋주황색(10)	고동색＝검은색(20)＋빨간색(80)
진분홍색＝흰색(80)＋빨간색(20)	옥색＝흰색(97)＋초록색(3)	카키색＝초록색(90)＋검은색(10)
진노란색＝흰색(98)＋노란색(2)	연두색＝노란색(95)＋파란색(5)	연하늘색＝흰색(97)＋파란색(3)
주황색＝노란색(80)＋빨간색(20)	초록색＝노란색(70)＋파란색(30)	하늘색＝흰색(90)＋파란색(10)
연회색＝흰색(98)＋검은색(2)	청록색＝노란색(50)＋파란색(50)	진하늘색＝흰색(80)＋파란색(20)
회색＝흰색(95)＋검은색(5)	고동색＝빨간색(80)＋검은색(20)	소라색＝흰(90)＋파(7)＋빨(3)
진회색＝흰색(90)＋검은색(10)	연보라색＝흰색(90)＋보라색(10)	－
밝은황토색＝갈색(98)＋노란색(2)	보라색＝빨간색(70)＋파란색(30)	－

※ 괄호 안의 숫자는 비율을 뜻한다.

① 고동색 ② 연보라색
③ 살구색 ④ 카키색
⑤ 옥색

19 G공사는 인사이동에 앞서 각 직원들의 근무 희망부서를 조사하였다. 각 직원의 기존 근무부서, 이동 희망부서, 배치부서와 〈조건〉이 다음과 같을 때, 희망한 부서에 배치된 사람은 몇 명인가?

구분	기존부서	희망부서	배치부서
A	회계팀	인사팀	?
B	국내영업팀	해외영업팀	?
C	해외영업팀	?	?
D	홍보팀	?	홍보팀
E	인사팀	?	해외영업팀

조건

- A ~ E 다섯 사람은 각각 회계팀, 국내영업팀, 해외영업팀, 홍보팀, 인사팀 중 한 곳을 희망하였다.
- A ~ E 다섯 사람은 인사이동 후 회계팀, 국내영업팀, 해외영업팀, 홍보팀, 인사팀에 각 1명씩 근무한다.
- 본인이 근무하던 부서를 희망부서로 제출한 사람은 없다.
- B는 다른 직원과 근무부서를 서로 맞바꾸게 되었다.

① 0명 ② 1명
③ 2명 ④ 3명
⑤ 4명

20 G공사는 다음과 같은 기준으로 국내출장여비를 지급한다. 국내출장여비 지급 기준과 김차장의 국내출장 신청서를 참고할 때, 김차장이 받을 수 있는 여비는?

〈국내출장여비 지급 기준〉

- 직급은 사원 – 대리 – 과장 – 차장 – 부장 순이다.
- 사원을 기준으로 기본 교통비는 2만 원이 지급되며, 직급이 올라갈 때마다 기본 교통비에 10%씩 가산하여 지급한다. … ㉠
- 출장지까지의 거리가 50km 미만인 지역까지는 기본 교통비만 지급하며, 50km 이상인 지역은 50km를 지나는 순간부터 매 50km 구간마다 5천 원을 추가 지급한다. 예를 들어 출장지까지의 거리가 120km라면 기본 교통비에 1만 원을 추가로 지급받는다. … ㉡
- 출장지가 광주광역시, 전라남도인 경우에는 기본 교통비에 ㉠, ㉡이 적용된 금액을 그대로 지급받으며, 출장지가 서울특별시, 인천광역시, 경기도 남부인 경우 10%, 경기도 북부인 경우 15%, 강원도인 경우 20%, 제주특별자치도인 경우 25%의 가산율을 기본 교통비와 추가 여비의 합산 금액에 적용하여 교통비를 지급받는다. 기타 지역에 대해서는 일괄적으로 5%의 가산율을 기본 교통비와 추가 여비의 합산 금액에 적용한다.
- 지급금액은 백 원 단위에서 올림한다.

〈국내출장 신청서〉

- 성명 : 김건우
- 직급 : 차장
- 출장지 : 산업통상자원부(세종특별자치시 한누리대로 402)
- 출장지까지의 거리(자동계산) : 204km
- 출장목적 : 스마트그리드 추진 민관협의체 회의 참석

① 49,000원
② 50,000원
③ 51,000원
④ 52,000원
⑤ 53,000원

21 다음 중 토론의 정의에 대한 설명으로 가장 적절한 것은?

① 주어진 주제에 대하여 찬반을 나누어, 서로 논리적인 의견을 제시하면서 상대방의 의견이 이치에 맞지 않다는 것을 명확하게 하는 논의이다.

② 주어진 주제에 대하여 찬반을 나누어, 서로의 주장에 대한 논리적인 근거를 제시하면서, 상호 간의 타협점을 찾아가는 논의 방식이다.

③ 주어진 주제에 대한 자신의 의견을 밝히고 이에 대한 추론적인 근거를 들어가면서, 상대방과 청중을 설득하는 말하기이다.

④ 주어진 주제에 대하여 찬성하는 측과 반대하는 측이 다양한 의견을 제시하고, 제시된 의견에 대해 분석하면서 해결방안을 모색하는 말하기 방식이다.

⑤ 주어진 주제에 대하여 제시된 다양한 의견을 인정하고 존중하되, 자신의 의견에 대한 논리적인 근거를 제시하며 말하는 논의이다.

22 다음 중 개인차원에서의 인적자원관리에 대한 설명으로 가장 적절한 것은?

① 정치적, 경제적 또는 학문적으로 유대관계가 형성된 사람들과의 관계만을 국한적으로 관리하는 것을 의미한다.

② 자신과 직접적으로 관계가 형성된 사람들 또는 그런 사람들을 통해 관계가 형성된 사람들을 핵심 인맥, 그 밖의 우연한 계기로 관계가 형성된 사람들을 파생 인맥이라 지칭한다.

③ 개인은 핵심 인맥을 통하여 다양한 정보를 획득하고, 파생 인맥을 통하여 다양한 정보를 전파할 수 있다.

④ 개인의 인맥은 파생 인맥을 통해 끝없이 생겨날 수 있기 때문에, 한 개인의 인맥은 계속하여 확장될 수 있다.

⑤ 개인은 인적자원관리를 위해 핵심 인맥 및 파생 인맥의 능동성, 개발가능성, 전략적 자원을 고려하여 인맥 관리를 진행하여야 한다.

23 다음 중 인적자원의 특성에 대한 설명으로 옳은 것을 〈보기〉에서 모두 고르면?

> **보기**
>
> ㄱ. 인적자원은 가지고 있는 양과 질에 따라 공적에 기여하는 정도가 달라지는 수동적 성격의 자원에 해당한다.
> ㄴ. 기업의 관리 여하에 따라 인적자원은 기업의 성과에 천차만별적으로 반응한다.
> ㄷ. 인적자원은 자연적으로 성장하며, 짧은 기간 안에 개발될 수 있다.
> ㄹ. 기업은 효율적인 인적자원의 활용을 위해 전략적으로 자원을 활용하여야 한다.

① ㄱ, ㄴ   ② ㄱ, ㄹ
③ ㄴ, ㄷ   ④ ㄴ, ㄹ
⑤ ㄷ, ㄹ

24 다음 중 미러링에 대한 설명으로 옳지 않은 것은?

① 호감이 있는 대상의 언어적 또는 비언어적 행위를 의식하여 모방하는 것을 말한다.
② 미러링은 상대방의 언어적 또는 비언어적 행위 중 일부 또는 전체를 모방하는 것을 말한다.
③ 미러링을 통해 상호간의 유대감을 형성할 수 있다.
④ 미러링을 통해 형성된 라포는 상호 간의 이해를 돕고 대화의 몰입도를 향상시킨다.
⑤ 상대방의 행동이 자신에 행동에도 영향을 주는 동조효과에 해당한다.

25 다음 중 〈보기〉에 제시된 두 사람의 경청유형을 바르게 나열한 것은?

> **보기**
>
> • A는 상대방과 대화할 때 상대방이 무엇을 전달하기 위해 말을 하는지, 또 말을 하는 상대방의 기분은 현재 어떤지에 대해 생각하며 듣는다.
> • B는 상대방이 어떠한 것에 대해 설명하거나 전달할 때, 그 말이 논리적으로 옳은지 또는 그른지를 생각하며 듣는다.

	A	B
①	공감적 경청	비판적 경청
②	공감적 경청	사실적 경청
③	사실적 경청	비판적 경청
④	사실적 경청	공감적 경청
⑤	비판적 경청	사실적 경청

26 다음 글을 읽고 추론할 수 있는 내용으로 적절하지 않은 것은?

> 혈액을 통해 운반된 노폐물이나 독소는 주로 콩팥의 사구체를 통해 일차적으로 여과된다. 사구체는 모세 혈관이 뭉쳐진 덩어리로, 보먼주머니에 담겨 있다. 사구체는 들세동맥에서 유입되는 혈액 중 혈구나 대부분의 단백질은 여과시키지 않고 날세동맥으로 흘려보내며, 물·요소·나트륨·포도당 등과 같이 작은 물질들은 사구체막을 통과시켜 보먼주머니를 통해 세뇨관으로 나가게 한다. 이 과정을 '사구체 여과'라고 한다.
>
> 사구체 여과가 발생하기 위해서는 사구체로 들어온 혈액을 사구체막 바깥쪽으로 밀어주는 힘이 필요한데, 이 힘은 주로 들세동맥과 날세동맥의 직경 차이에서 비롯된다. 사구체로 혈액이 들어가는 들세동맥의 직경보다 사구체로부터 혈액이 나오는 날세동맥의 직경이 작다. 이에 따라 사구체로 유입되는 혈류량보다 나가는 혈류량이 적기 때문에 자연히 사구체의 모세 혈관에는 다른 신체 기관의 모세 혈관보다 높은 혈압이 발생하고, 이 혈압으로 인해 사구체의 모세 혈관에서 사구체 여과가 이루어진다. 사구체의 혈압은 동맥의 혈압에 따라 변화가 일어날 수 있지만 생명 유지를 위해 일정하게 유지된다.
>
> 사구체막은 사구체 여과가 발생하기 위해 적절한 구조를 갖추고 있다. 사구체막은 모세 혈관 벽과 기저막, 보먼주머니 내층으로 구성되어 있다. 모세 혈관 벽은 편평한 내피세포 한 층으로 이루어져 있다. 이 내피세포들에는 구멍이 있으며 내피세포들 사이에도 구멍이 있다. 이 때문에 사구체의 모세 혈관은 다른 신체 기관의 모세 혈관에 비해 동일한 혈압으로도 100배 정도 높은 투과성을 보인다. 기저막은 내피세포와 보먼주머니 내층 사이의 비세포성 젤라틴 층으로, 콜라겐과 당단백질로 구성된다. 콜라겐은 구조적 강도를 높이고, 당단백질은 내피세포의 구멍을 통과할 수 있는 알부민과 같이 작은 단백질들의 여과를 억제한다. 이는 알부민을 비롯한 작은 단백질들이 음전하를 띠는데 당단백질 역시 음전하를 띠기 때문에 가능한 것이다. 보먼주머니 내층은 문어처럼 생긴 발세포로 이루어지는데, 각각의 발세포에서는 돌기가 나와 기저막을 감싸고 있다. 돌기 사이의 좁은 틈을 따라 여과액이 빠져나오면 보먼주머니 내강에 도달하게 된다.

① 내피세포에 나있는 구멍보다 입자가 작은 단백질은 전하의 성질을 이용하여 여과할 수 있다.
② 효율적인 여과를 위해서는 사구체의 혈압이 혈액 속 성분에 따라 유동적으로 변화하는 것이 필요하다.
③ 사구체를 통과하는 혈류는 신체의 다른 부분보다 높은 압력을 받게 될 것이다.
④ 콩팥의 사구체라는 기관이 우리 몸의 여과를 전적으로 담당하는 것은 아니다.

27 다음 글을 읽고 밑줄 친 물음에 대한 답변으로 가장 적절한 것은?

> 한 장의 종이를 반으로 계속해서 접어 나간다면 과연 몇 번이나 접을 수 있을까? 얼핏 생각하면 수 없이 접을 수 있을 것 같지만, 실제로는 그럴 수 없다. 그 이유는 무엇일까?
>
> 먼저, 종이를 접는 횟수에 따라 종이의 넓이와 두께의 관계가 어떻게 변하는지를 생각해 보자. 종이를 한 방향으로 접을 경우, 한 번, 두 번, 세 번 접어 나가면 종이의 넓이는 계속해서 반으로 줄어들게 되고, 두께는 각각 2겹, 4겹, 8겹으로 늘어나 두꺼워진다. 이런 식으로 두께 0.1mm의 종이를 10번 접으면 1,024겹이 되어 그 두께는 약 10cm나 되고, 42번을 접는다면 그 두께는 439,805km로 지구에서 달에 이를 수 있는 거리에 이르게 된다. 물론 이때 종이를 접으면서 생기는 종이의 두께는 종이의 길이를 초과할 수 없으므로 종이 접기의 횟수 역시 무한할 수 없다.
>
> 다음으로, 종이를 접는 횟수에 따라 종이의 길이와 종이가 접힌 모서리 부분에서 만들어지는 반원의 호 길이가 어떻게 변하는지 알아보자. 종이의 두께가 t이고 길이가 L인 종이를 한 번 접으면, 접힌 모서리 부분이 반원을 이루게 된다. 이때 이 반원의 반지름 길이가 t이면 반원의 호 길이는 πt가 된다. 결국 두께가 t인 종이를 한 번 접기 위해서는 종이의 길이가 최소한 πt보다는 길어야 한다. 예를 들어 두께가 1cm인 종이를 한 번 접으려면, 종이의 길이가 최소 3.14cm보다는 길어야 한다는 것이다.
>
> 그런데 종이를 한 방향으로 두 번 접는 경우에는 접힌 모서리 부분에 반원이 3개 나타난다. 그래서 모서리에 생기는 반원의 호 길이를 모두 합하면, 가장 큰 반원의 호 길이인 $2\pi t$와 그 반원 속의 작은 반원의 호 길이인 πt, 그리고 처음 접힌 반원의 호 길이인 πt의 합, 즉 $4\pi t$가 된다. 그러므로 종이를 한 방향으로 두 번 접으려면 종이는 최소한 $4\pi t$보다는 길어야 한다. 종이를 한 번 더 접었을 뿐이지만 모서리에 생기는 반원의 호 길이의 합은 이전보다 훨씬 커진다. 결국, 종이 접는 횟수는 산술적으로 늘어나는 데 비해 이로 인해 생기는 반원의 호 길이의 합은 기하급수적으로 커지기 때문에 종이의 길이가 한정되어 있다면 계속해서 종이를 접는 것은 불가능하다는 것을 알 수 있다.

① 종이의 면에 미세하게 존재하는 입자들이 종이를 접는 것을 방해하기 때문이다.

② 종이에도 미약하지만 탄성이 있어 원래 모양대로 돌아가려고 하기 때문이다.

③ 종이가 충분히 접힐 수 있도록 힘을 가하는 것이 힘들기 때문이다.

④ 접는 종이의 길이는 제한되어 있는데, 접은 부분에서 생기는 반원의 길이가 너무 빠르게 증가하기 때문이다.

28 다음 글을 읽고 추론할 수 있는 내용으로 적절하지 않은 것은?

> 다음은 부동산 경매 중에서 강제 경매 절차의 진행 과정에 대한 설명이다.
>
> • 채권자가 경매 신청을 하면 법원은 경매개시결정을 하여 매각할 부동산을 압류하고 관할 등기소에 경매개시결정의 기입등기를 촉구하여 경매개시결정 사실을 등기 기록에 기입하도록 한다. 이 과정에서 법원은 경매개시결정 정본을 채무자에게 송달한다.
> • 매각할 부동산이 압류되면, 집행 법원은 채권자들이 배당 요구를 할 수 있는 기간을 첫 매각 기일 이전으로 정한다. 법원은 경매개시결정에 따른 압류의 효력이 생긴 때부터 일주일 안에 경매개시결정을 한 취지와 배당 요구의 종기를 법원 경매정보 홈페이지의 법원 경매공고란 또는 법원 게시판에 게시하는 방법으로 공고한다.
> • 법원은 집행관에게 매각할 부동산의 현상, 점유관계, 차임 또는 보증금의 액수, 기타 현황에 관하여 조사를 명하고, 감정인에게 매각할 부동산을 평가하게 한다. 법원은 감정인의 평가액을 참작하여 최저 매각 가격을 결정한다.
> • 매각 방법으로는 크게 두 가지가 있는데, 매수 신청인이 매각 기일에 매각 장소에서 입찰표를 제출하는 기일입찰방법과 매수 신청인이 지정된 입찰 기간 안에 직접 또는 우편으로 입찰표를 제출하는 기간입찰방법이 있다. 법원은 두 방법 중 하나를 선택하여 매각 기일 등을 지정하여 통지, 공고한다.
> • 기일 입찰의 경우, 집행관이 미리 지정된 매각 기일에 매각 장소에서 입찰을 실시하여 최고가 매수 신고인과 차순위 매수 신고인을 정한다. 기간 입찰의 경우, 집행관이 입찰 기간 동안 입찰 봉투를 접수하여 보관하다가 매각 기일에 입찰 봉투를 개봉하여 최고가 매수 신고인과 차순위 매수 신고인을 정한다. 기일 입찰과 달리 매각 기일에는 입찰을 실시하지 않는다.
> • 매각 허가 결정이 확정되면 법원은 매각 대금의 지급기한을 정하여 매수인에게 매각 대금의 납부를 명령한다. 매수인은 지정된 지급 기한 안에는 언제든지 매각 대금을 납부할 수 있다. 매수인이 지정된 지급 기한까지 매각 대금을 모두 납부하지 않으면, 법원은 차순위 매수 신고인이 있는 때는 그에 대해 매각을 허가할 것인지 여부를 결정하고 차순위 매수 신고인이 없는 때에는 재매각을 명한다.
> • 매수인이 대금을 모두 납부한 시점에서 부동산의 소유권을 취득할 수 있다. 법원은 매수인 명의의 소유권 이전 등기를 촉구할 수 있다. 매수인은 대금을 모두 납부하면 부동산의 인도명령을 신청할 수 있다.

① 강제 부동산 경매는 채권자의 신청과 채무자의 동의로 시작될 수 있다.
② 채무자에게 경매가 개시되었음을 알리는 과정이 없었다면, 경매 절차가 제대로 진행되고 있다고 보기 어렵다.
③ 법원이 기일입찰방법을 채택하였다면, 매수하고자 하는 신청인은 지정된 장소로 가서 경매에 참여해야 할 것이다.
④ 법원이 기간입찰방법을 채택하였다면, 매수 신청인이 매각 기일에 특정 장소로 이동할 필요는 없다.

29 다음 문단을 논리적 순서대로 바르게 나열한 것은?

> (가) 한편 지난 1월에 개최된 '제1회 물벗 나눔장터'는 안동, 영주, 영천, 장수, 청송, 충주 등 6개 댐 주변 지역이 참여해 사과 및 사과 가공품을 판매했으며 약 5,000만 원 가량의 제품이 판매되는 등 성황리에 진행됐다. 수자원공사는 "코로나19 장기화로 어려움을 겪는 지역 농가를 돕고 지역사회 이웃들에게 온정을 전달하기 위해 임직원이 함께 나섰다."라며 "앞으로도 수자원공사는 다양한 지역사회와의 상생활동을 지속하고 K-ESG 경영을 실천해 공기업의 사회적 책임을 다하겠다."라고 말했다.
>
> (나) 한국수자원공사는 7일 대전시 대덕구 본사에서 딸기 농가와 함께 '제2회 물벗 나눔 장터, 딸기 팝업 스토어' 행사를 진행했다. '물벗 나눔장터'는 한국수자원공사가 2022년 창립 55주년 맞이해 새롭게 추진 중인 지역상생형 K-ESG 경영 실천 프로젝트이다. 온·오프라인 장터 운영을 통해 사업장이 위치한 전국 각지의 농가에서 생산하는 주요 농산물 판로확보에 기여하고 일부는 직접 구매 후 취약계층에게 전달하는 적극적 나눔을 실천하는 연간 프로젝트이다.
>
> (다) 이번 행사는 지난겨울 작황 부진과 재배면적 감소 등으로 어려움을 겪은 금강유역 대표 딸기 산지인 충남 논산시와 전북 완주군의 딸기 재배 농가를 돕기 위한 직거래 장터로 진행했다. 이번 장터에서 딸기 재배 농가는 대표적 국산 품종인 '설향' 뿐만 아니라 하이베리, 비타베리, 킹스베리 등 최근 개발된 우수한 국산 품종 딸기를 저렴한 가격으로 판매해 행사 참가자들의 호응을 얻었다. 수자원공사는 이번 행사와 연계해 총 400만 원 상당의 딸기를 추가로 구매해 논산시와 전북 사회복지공동모금회의 협조를 통해 지역사회 이웃들에게 전달돼 지역 상생 및 나눔을 이어갈 계획이다.

① (가) - (나) - (다) 　　　　② (나) - (가) - (다)
③ (나) - (다) - (가) 　　　　④ (다) - (가) - (나)

30 A사원은 연회장 좌석을 배치하려고 하는데, 연회장은 좌우 대칭으로 구성되어 있으며 총 테이블 수의 수는 짝수이다. 한 테이블에 3명씩 앉게 할 경우, 15명의 자리가 모자라고 5명씩 앉게 할 경우 테이블이 2개가 남는다. 참석자 수는 총 몇 명인가?

① 54명 　　　　② 57명
③ 60명 　　　　④ 63명

31 K초등학교의 체육대회에서 학생 가 ~ 바 6명이 달리기 경주를 하여 결승선을 빠르게 통과한 순서대로 1등부터 6등을 결정하였다. 순위가 다음 〈조건〉을 모두 만족한다고 할 때, 학생들의 달리기 순위로 옳은 것은?

> **조건**
> • 동시에 결승선을 통과한 학생은 없다.
> • 마는 1등 혹은 6등이다.
> • 라는 다보다 먼저 결승선을 통과하였다.
> • 다와 바의 등수는 2등 이상 차이가 난다.
> • 가는 나의 바로 다음에 결승선을 통과하였다.
> • 가는 6등이 아니다.

① 가 – 나 – 바 – 마 – 라 – 다
② 바 – 나 – 다 – 가 – 라 – 마
③ 마 – 라 – 다 – 나 – 가 – 바
④ 마 – 다 – 바 – 나 – 라 – 가

32 K여행사에서 배에 승선할 승객 가 ~ 사 7명의 자리를 배정해주려고 한다. 다음 〈조건〉을 모두 만족하여 자리를 배정할 때, 옳은 배정은?

> **조건**
> • 배의 좌석 한 줄에는 세 개의 섹션이 있다.
> • 한 줄에 2명, 3명, 2명씩 앉을 수 있고, 2명이 앉는 섹션에는 창문이 있다.
> • 가와 라는 다른 섹션에 앉아야 한다.
> • 사는 뱃멀미가 있어 창문이 있는 섹션에 앉아야 한다.
> • 나와 라는 같은 섹션에 앉아야 한다.
> • 바와 마는 같은 섹션에 앉아야 하지만, 나란히 앉지 않을 수도 있다.
> • 다는 3명 있는 섹션에 배정받아야 한다.

① (가, 다) (나, 마, 사) (라, 바)
② (가, 사) (나, 마, 다) (라, 바)
③ (가, 사) (나, 다, 라) (바, 마)
④ (나, 마) (가, 바, 사) (다, 라)

33 한국수자원공사는 2주간 사업부문별로 직원들의 보안교육을 실시하고자 한다. 다음 공지문과 회신 내용을 참고하여 6월 2일에 교육이 진행되는 사업부문으로 옳은 것은?

〈보안교육 일자〉

일	월	화	수	목	금	토
5/29	5/30	5/31	6/1	6/2	6/3	6/4
6/5	6/6	6/7	6/8	6/9	6/10	6/11

〈전 직원 보안교육 실시에 대한 공지〉

우리 한국수자원공사는 최근 국내외적으로 빈번하게 벌어지고 있는 랜섬웨어 감염 등의 보안사고에 대한 대응역량 향상을 위해 전 직원 대상 보안교육을 실시할 예정입니다. 교육은 월요일부터 금요일까지의 기간 중 공휴일을 제외한 업무일을 활용하여 하루에 한 사업부문씩 교육을 진행할 예정입니다. 금번 교육은 기획부문, 경영부문, 수자원환경부문, 수도부문, 그린인프라부문의 5개 사업부문을 대상으로 이루어지며, 기획부문과 경영부문의 경우 최소한의 관리업무를 위해 이틀에 나누어 절반의 인원씩 교육을 진행합니다. 공휴일인 6월 1일 전국지방선거일과 6월 6일 현충일에는 교육을 진행하지 않습니다. 각 사업부문에서는 교육 선호 일정 및 교육 진행이 어려운 일정을 작성하여 회신해주시기 바랍니다.

〈부서별 회신내용〉

- 기획부문 : 매주 첫 업무일에는 환경부, 국토교통부와의 통화량이 많아 교육 진행이 어렵습니다. 두 차례의 교육은 각각 다른 주에 이루어져야 할 것 같습니다.
- 경영부문 : 5월 31일과 6월 2일은 회계업무가 많을 것으로 예상되므로 타부서 교육을 진행해주십시오. 아울러 6월 10일은 전 직원 걷기행사를 계획 중에 있으므로 모든 부서 교육 진행이 불가능할 것으로 예상됩니다.
- 수자원환경부문 : 팀 내 업무 특성상 매주 수요일만 교육이 가능합니다.
- 수도부문 : 6월 3일까지는 출장자가 많아 교육 진행이 어렵습니다.
- 그린인프라부문 : 6월 중 모든 날짜에 교육 진행이 가능합니다.

① 기획부문
② 경영부문
③ 수자원환경부문
④ 그린인프라부문

34 다음은 K공사의 2021년도 직급별 임금과 2022년 임금 수준을 결정하기 위해 대표이사와 근로자 측이 2021년 말에 협상한 내용이다. 2022년 K공사가 매달 지출하게 되는 임직원 1인당 평균 인건비는?

〈2021년 K공사 직급별 임금표〉

직급	구분	1인당 인건비(월급)	인원
대표이사	임원	6,000,000원	1명
부장	직원	4,400,000원	1명
차장	직원	3,800,000원	2명
과장	직원	3,300,000원	3명
대리	직원	3,000,000원	3명
사원	직원	2,800,000원	1명
사원보	직원	2,600,000원	1명

〈대화 내용〉

대표이사 : 경기침체가 심각한 상황이라 인건비를 늘리기 어렵습니다. 이번만큼은 임금동결에 협조해주시면 좋겠습니다.

근로자 대표 : 직원들의 형편도 어렵습니다. 경기가 어렵다고는 하지만 작년에 물가는 5%가 올랐어요. 그만큼도 보상을 해주지 않으면 사실상의 임금 삭감이므로 받아들일 수 없습니다.

대표이사 : 물가상승률에 맞추어 5% 인상을 하기에는 유동성에 여유가 많지 않을 것으로 예상되는 상황입니다. 그 절반까지는 최대한 고려해보겠습니다.

근로자 대표 : 물가상승률의 절반은 받아들이기 어려운 조건입니다. 아무리 못해도 임금상승률이 물가상승률의 60%는 되어야 합니다.

대표이사 : 그러면 임원 급여는 동결하고, 직원들의 급여는 말씀하신 조건에 맞추어 보겠습니다.

① 3,525,000원

② 3,615,750원

③ 3,630,750원

④ 3,666,000원

35 다음 신입직원 정보와 〈조건〉을 참고할 때, 영업팀에 배속될 직원을 모두 고르면?

〈신입직원 정보〉

지원자	나이	전공
A	32	경영학
B	?	경영학
C	28	법학
D	?	법학
E	27	전자전기공학
F	31	경영학
G	34	전자전기공학

조건

1. 신입직원 A ~ G 중 2명이 영업팀으로 배속될 예정이다.
2. A ~ G는 모두 20대 또는 30대이며, 20대가 30대보다 많다.
3. B ~ F는 남자이다.
4. A ~ G 중 나이가 가장 많은 사람은 인사팀에 배속될 예정이다.
5. 영업팀으로 배속될 직원 두 사람의 전공은 같으며 남녀 각 1명이고, 남자는 30대이다.

① A, B
② C, D
③ A, F
④ B, F

36 다음 글을 읽고 용어와 그 설명이 바르게 연결되지 않은 것은?

완전경쟁시장은 다수의 수요자와 공급자가 존재하고 상품의 동질성을 전제로 하기 때문에 공급자와 수요자는 시장 전체의 수요와 공급에 의해 결정된 가격을 그대로 받아들이게 된다. 이와 달리 독점시장은 한 재화나 용역의 공급이 단일 기업에 의하여 이루어지는 시장을 말한다. 이 경우 독점기업은 시장 전체에서 유일한 공급자이기에 공급량 조절을 통해 가격 결정을 할 수 있어 시장 지배력이 크다. 독점기업이 동일한 조건에서 생산된 똑같은 상품을 서로 다른 소비자에게 서로 다른 가격으로 판매하는 것을 '가격차별'이라고 하는데, 이는 기업이 이익을 극대화하기 위하여 가격을 설정하는 방법이다.

1급 가격차별은 독점기업이 어떤 재화에 대하여 개별 소비자들이 지불할 수 있는 금액인 지불용의 금액을 알고 있어 소비자 각각에게 최대 가격을 받고 판매를 하는 것을 말한다. 이 경우 소비자잉여까지 모두 독점기업에게 귀속된다. 하지만 현실에서 독점기업이 개별 소비자의 지불용의금액에 대한 정확한 정보를 알기가 어렵기 때문에 1급 가격차별을 실시하는 독점기업을 발견하는 것은 불가능하다.

2급 가격차별은 독점기업이 소비자에게 몇 가지 대안을 제시하여 소비자 스스로 자신의 지불용의금액에 따라 하나를 선택하게 함으로써 가격차별을 하는 것이다. 예를 들어 구입량을 몇 개의 구간으로 나누고, 각 구간별로 다른 가격을 부과하여 소비자가 그중 하나를 선택하게 하는 경우이다. 또한 소비자가 상품을 소량 구매할 때보다 대량 구매할 때 단위당 가격을 깎아주는 방식이 2급 가격차별에 해당한다.

3급 가격차별은 소비자의 특징에 따라 소비자를 2개 이상의 그룹으로 구분하여 가격차별을 실시하는 것이다. 이 방법은 각 소비자 그룹의 수요곡선을 예측하여 가격차별을 하는 것이다. 소비자들을 특징에 따라 몇 개의 그룹으로 나눈다는 것은 곧 시장을 몇 개로 분할한다는 것을 의미하므로 이는 시장 분할에 의한 가격차별이라고 할 수 있다.

① 완전경쟁시장 : 동질성을 띠는 상품을 판매하는 공급자와 수요자가 다수 존재하는 시장이다.
② 1급 가격차별 : 소비자 개개인의 지불용의 금액을 기업에서 모두 파악하고 개개인의 지불용의 최대 금액으로 판매하는 것이다.
③ 2급 가격차별 : 소비자가 대량 구매할 때, 소량 구매할 때보다 가격을 낮춰서 판매하는 것이다.
④ 3급 가격차별 : 기업이 고객을 상대로 몇 가지 대안을 제시하는 것이다.
⑤ 독점기업 : 공급자인 기업이 공급량 조절을 스스로 할 수 있는, 유일한 공급자의 위치에 있는 것이다.

37 다음 글의 내용으로 적절하지 않은 것은?

> 국토교통부에서 부동산 관련 직무를 맡고 있는 공무원은 이달부터 토지, 건물 등 부동산 신규 취득이 제한된다. 주택정책 담당 공무원은 조정대상지역 내 집을 살 수 없고, 토지정책 담당 공무원은 토지거래허가구역과 택지개발지구 내 주택 구매가 금지된다.
>
> 5일 국토부에 따르면 이 같은 내용이 담긴 '국토부 공무원의 부동산 신규취득 제한에 대한 지침'이 지난달 25일 국토부 훈령으로 제정돼 이달 1일부터 시행됐다. 해당 지침에는 '국토부 소속 공무원은 직무상 알게 된 부동산에 대한 정보를 이용해 재물이나 재산상 이익을 취득하거나 그 이해관계자에게 재물이나 재산상 이익을 취득하게 해서는 안 된다.'라고 명시됐다.
>
> 따라서 제한대상 부서에 근무하는 국토부 소속 공무원과 그 업무를 지휘·감독하는 상급감독자, 배우자와 직계존비속 등 이해관계자들은 앞으로 직무 관련 부동산을 새로 취득할 수 없다. 다만 이해관계자 중 관련법에 따라 재산등록사항의 고지거부 허가를 받은 사람은 제외한다. 제한부서는 국토도시실 국토정책관 소속 지역정책과·산업입지정책과·복합도시정책과와 건축정책관 소속 건축정책과, 주택토지실 주택정책관 소속 주택정책과 등 총 29개다. 제한부동산의 범위는 소관법령에 따라 국토부 장관이 지정하는 지역·지구·구역 내의 건물, 토지 등 모든 부동산이다.
>
> 각 부서별로 제한받는 부동산은 다르다. 주택정책과는 분양가상한제적용지역, 투기과열지구, 조정대상지역 내 주택, 준주택 및 부속토지가 대상이다. 토지정책과는 토지거래허가구역 내, 부동산개발정책과는 택지개발지구 내 부동산 취득이 제한된다. 도로정책과는 도로구역 내 부동산, 철도정책과는 역세권 개발구역 내 부동산 취득이 금지된다. 감사담당관은 제한대상자의 직무 관련 부동산 취득 사실을 조사 과정에서 적발할 경우 6개월 이내 자진 매각 권고, 직위변경 및 전보 등 조치 요구, 이해충돌 방지에 필요한 조치를 할 수 있다. 다만 증여나 담보권 행사 및 대물변제 수령, 근무 또는 결혼 등 일상생활에 필요한 부동산은 취득이 예외적으로 허용된다.

① 동일하게 국토교통부에서 부동산 업무를 맡은 공무원이더라도 근무 부서가 다르면 부동산 관련 다른 제재를 받을 수 있다.

② 결혼으로 인한 부동산 마련은 일상생활에 필요한 부동산 취득으로 인정하고 있다.

③ 국토교통부 소속 부동산 관련 업무를 담당하는 공무원 본인은 제재의 대상이지만, 공무원의 가족은 제재 대상에 해당되지 않는다.

④ 이 같은 훈령이 시행된 것은, 공무원이 업무 중 알게 된 사실을 통해 이익을 얻는 것이 부당하다는 판단이 전제된 것이다.

⑤ 감사담당관은 공무원의 부당한 부동산 이익 취득을 적발할 경우 적절한 조치를 취할 권한이 있다.

38 다음은 연도별 임대주택 입주자의 근로 형태를 나타낸 자료이다. 이에 대한 설명으로 옳지 않은 것은?(단, 소수점 첫째 자리에서 반올림한다)

<연도별 임대주택 입주자의 근로 형태>

구분	2017년	2018년	2019년	2020년	2021년
전업	68%	62%	58%	52%	46%
겸직	8%	11%	15%	21%	32%
휴직	6%	15%	18%	23%	20%
무직	18%	12%	9%	4%	2%
입주자 수(명)	300,000	350,000	420,000	480,000	550,000

① 전년 대비 전업자의 비율은 감소하는 반면, 겸직자의 비율은 증가하고 있다.

② 2021년 휴직자 수는 2020년 휴직자 수보다 많다.

③ 전업자 수가 가장 적은 연도는 2017년이다.

④ 2020년 겸직자 수는 2017년의 4.2배이다.

⑤ 2017년 휴직자 수는 2021년 휴직자 수의 약 16%이다.

39 다음은 연도별 한국토지주택공사 입사자의 최종학력 현황을 나타낸 자료이다. 이에 대한 설명으로 옳은 것은?(단, 소수점 첫째 자리에서 반올림한다)

<연도별 입사자 최종학력 현황>

구분	2017년		2018년		2019년		2020년		2021년	
	남성	여성	남성	여성	남성	여성	남성	여성	남성	여성
고등학교	10	28	2	32	35	10	45	5	60	2
전문대학	24	15	8	28	15	14	10	9	4	7
대학교	80	5	75	12	96	64	100	82	102	100
대학원	36	2	55	8	14	2	5	4	4	1
전체	150	50	140	80	160	90	160	100	170	110

① 남성 입사자 수와 여성 입사자 수는 매년 증가하고 있다.

② 전년 대비 전체 입사자 수가 가장 많이 증가한 연도는 2021년이다.

③ 전체 입사자 중 여성이 차지하는 비율이 가장 높은 연도는 2020년이다.

④ 남성 입사자 수와 여성 입사자 수 중 대학교 졸업자의 수는 매년 증가하고 있다.

⑤ 전체 입사자 중 고등학교 졸업자 수와 대학원 졸업자 수의 증감은 반비례하고 있다.

40 다음은 성별 및 연령대별 자차 보유현황을 나타낸 자료이다. 이에 대한 설명으로 옳지 않은 것은? (단, 소수점 둘째 자리에서 반올림한다)

〈성별 및 연령대별 자차 보유현황〉

(단위 : 천 명)

구분		2017년	2018년	2019년	2020년	2021년
20세 이상 30세 미만	남성	200	320	450	550	680
	여성	120	180	220	300	380
30세 이상 40세 미만	남성	280	300	480	420	640
	여성	150	200	350	330	300
40세 이상 50세 미만	남성	320	520	500	420	580
	여성	300	320	450	300	400
50세 이상 60세 미만	남성	350	680	560	620	550
	여성	380	330	300	280	200
60세 이상	남성	420	580	510	500	520
	여성	480	170	230	280	250
전체		3,000	3,600	4,050	4,000	4,500

① 20대 남성과 여성의 자차 보유자 수의 차이는 매년 증가하고 있다.

② 남성의 자차 보유자 수는 2017년에는 연령대가 증가할수록 높은 반면, 2021년에는 연령대가 증가할수록 낮아지고 있다.

③ 2020년 20·30대의 자차 보유자 수는 2018년의 1.5배이다.

④ 2018년 전체 자차 보유자 중 여성의 비율은 약 33.3%이다.

⑤ 전체 자차 보유자 중 40대 여성의 비율이 가장 높은 연도는 가장 낮은 연도보다 3.6%p 더 높다.

41 다음 글을 읽고 추론할 수 있는 내용으로 적절하지 않은 것은?

> 한국중부발전이 2025년까지 재생에너지 전력중개자원을 4GW까지 확보하겠다는 목표를 세웠다. 중부발전에 따르면, 재생에너지 발전사업자 수익향상과 전력계통 안정화를 위해 100MW 새만금세 빛발전소(태양광)를 비롯해 모두 130개소 230MW규모 전력중개자원을 확보하는 등 에너지플랫폼 신시장을 개척하고 있다.
>
> 전력중개사업은 가상발전소(VPP; Virtual Power Plant)의 첫걸음으로 중개사업자가 전국에 분산 돼 있는 태양광이나 풍력자원을 모아 전력을 중개거래하면서 발전량 예측제도에 참여하고 수익을 창출하는 에너지플랫폼 사업이다. 설비용량 20MW 이하 소규모 전력자원은 집합자원으로, 20MW 초과 개별자원은 위탁을 통한 참여가 각각 가능하다.
>
> 앞서 지난해 중부발전은 전력중개사업 및 발전량 예측제도 시행에 맞춰 분산자원 통합관리시스템을 도입했고, 분산에너지 통합 관제를 위한 신재생모아센터를 운영하고 있다. 특히 날씨 변동이 심해 발전량 예측이 어려운 제주지역에서 발전사 최초로 중개자원을 모집해 발전량 예측제도에 참여하고 있으며, 향후 제주지역의 태양광자원 모집에 역량을 집중할 계획이다.
>
> 올해 1월부터는 전력중개 예측제도에 참여한 발전사업자 대상으로 첫 수익을 지급하였으며, 기대수 익은 1MW 발전사업자 기준 연간 약 220만 원씩 20년간 약 4,400만 원이다.
>
> 중부발전은 2025년까지 소규모 태양광 자원 및 풍력 발전량 예측성 향상을 통해 약 4GW의 VPP자 원을 모집하는 한편 빅데이터 플랫폼이나 신재생통합관제센터를 활용한 신사업 영역을 확대한다고 발표했다.
>
> 한국중부발전의 사장은 "전력중개사업은 VPP 사업의 기초모델로, 재생에너지 자원확보와 기술개 발을 통해 에너지전환을 리드하고 새로운 비즈니스 모델이 창출될 수 있도록 최선을 다할 예정"이라 고 말했다.

① 올해 전력중개 예측제도에 참여한 발전사업자들은 수익을 받을 수 있을 것이다.

② 올해에는 분산되어 있는 에너지를 통합하여 관리할 수 있는 센터를 신설할 예정이다.

③ 제주지역은 날씨 변동이 심해 에너지 생산량을 예측하기가 쉽지 않다.

④ 전력중개를 통해 수익을 창출하는 사업은 기본적으로 에너지플랫폼에 기반하고 있다.

42 다음은 J사 총무팀에서 정리한 4월과 5월의 회사 지출 내역이다. 이를 참고할 때, J사의 4월 대비 5월 직접비용의 증감액은 얼마인가?

	4월			5월	
번호	항목	금액(원)	번호	항목	금액(원)
1	원료비	680,000	1	원료비	720,000
2	재료비	2,550,000	2	재료비	2,120,000
3	사무비품비	220,000	3	사무비품비	175,000
4	장비 대여비	11,800,000	4	장비 대여비	21,500,000
5	건물 관리비	1,240,000	5	건물 관리비	1,150,000
6	통신비	720,000	6	통신비	820,000
7	가스·수도·전기세	1,800,000	7	가스·수도·전기세	1,650,000
8	사내 인건비	75,000,000	8	사내 인건비	55,000,000
9	광고비	33,000,000	9	외부 용역비	28,000,000
10	–	–	10	광고비	42,000,000

① 17,160,000원 증액
② 17,310,000원 증액
③ 29,110,000원 증액
④ 10,690,000원 감액

43 다음은 국민건강보험공단에서 제공한 외국인 유학생 건강보험 관련 자료이다. 이에 대한 설명으로 옳지 않은 것은?

〈외국인 유학생 건강보험 안내〉

- 가입 대상

  유학생, 외국인 및 재외국민
- 가입 시기

체류자격 구분	적용시기
유학, 초중고생	최초입국 시 → 외국인등록일
	외국인등록 후 재입국 시 → 재입국일
초중고생 외의 일반연수	입국일로부터 6개월 후 가입
재외국민 · 재외동포 유학생	입국 후 학교 입학일로 가입 (재학증명서 제출하는 경우)

※ 국내 체류 유학생 중 건강보험에 가입하지 않은 유학생은 2021.3.1로 당연가입됨

- 가입 절차

  유학생이 공단에 별도로 신고하지 않아도 자동 가입처리

  국내 체류지(거소지)로 건강보험증과 가입안내증 발송

  다만, 아래의 경우 반드시 가까운 지사에 방문하여 신고

  1. 가족(배우자 및 미성년 자녀)과 함께 보험료를 납부하고자 하는 경우
  2. 국내에서 유학 중인 재외국민 또는 재외동포가 가입하는 경우
  3. 체류지(거소지), 여권번호, 체류자격 등에 변경사항이 있는 경우

  ※ 외국의 법령, 외국의 보험, 사용자와의 계약으로 건강보험 급여에 상당하는 의료보장을 받아 건강보험이 필요하지 않는 경우 건강보험 가입 제외 신청 가능
- 건강보험료 부과

  전자고지 · 자동이체 및 환급사전계좌 신청 : 전화, 홈페이지, 외국인민원센터, 공단지사에서 신청

  ※ 우편 대신 이메일 고지서 또는 모바일 고지서 신청 가능

  ※ 자동이체 신청으로 편리한 납부 · 환급사전계좌 등록으로 빠른 지급

---

① 외국인이 건강보험료를 납부하는 경우, 우편, 이메일, 모바일을 통해 고지서를 받아 볼 수 있다.
② 유학생은 본인의 의사에 따라 건강보험 적용을 받지 않을 수 있다.
③ 학업이 끝나고 직장인이 되어 체류자격에 변동이 생긴 경우, 인근 건강보험공단 지사에 방문하여 신고하여야 한다.
④ 외국인이 건강보험에 가입하기 위해서는 거소지의 지방자치단체에 신고하여야 한다.

44 다음은 국민건강보험공단 홈페이지에 게시된 민원요기요의 서비스 항목 중 일부이다. 〈보기〉의 설명 중 옳은 것을 모두 고르면?

대분류	세부업무	
증명서 발급 및 확인	• 자격확인서 • 자격득실확인서 • 보험료 완납증명서 • 보험료 납부확인서	• 건강보험증 발급 신청 • 증명서 진위확인 • 차상위본인부담경감증명서 • 기타징수금 납부확인서
보험료 조회	• 지역보험료조회 • 직장보험료조회 • 홈페이지 납부 보험료 • 사회보험료완납조회	• 4대보험료 계산 • 고지내역조회 • 연말정산내역
보험료 납부	• 보험료 납부 • 보험료 대납	• 자동이체신청
보험료 고지서	• 고지서 신청 • 고지서 송달지 변경신청	• 보험료 고지서 재발급 • 홈페이지 고지내역 조회

보기

ㄱ. 보험료 납부확인서 및 4대보험료 계산도 민원요기요에서 가능하다.
ㄴ. 보험료 고지서를 재발급 받기 위해서는 국민건강보험공단 홈페이지의 민원요기요가 아니라 지자체에서 발급받아야 한다.
ㄷ. 민원요기요 페이지를 통해 고지서 송달지 변경과 증명서의 진위확인도 가능하다.

① ㄱ
② ㄷ
③ ㄱ, ㄷ
④ ㄴ, ㄷ

45 다음 〈보기〉 중 공문서 작성 방법에 대한 설명으로 옳지 않은 것의 개수는?

보기

ㄱ. 회사 외부 기관에 송달되는 문서인 만큼 육하원칙에 따라 명확하게 작성하여야 한다.
ㄴ. 날짜의 연도와 월일을 함께 작성하며, 날짜 다음에 마침표를 반드시 찍는다.
ㄷ. 내용이 복잡하게 얽혀 있는 경우, '–다음–' 또는 '–아래–'와 같은 표기를 통해 항목을 나누어 서술하도록 한다.
ㄹ. 대외 문서인 공문서는 특성상 장기간 보관되므로 정확한 기술을 위해 여러 장을 사용하여 세부적인 내용까지 기술하도록 한다.
ㅁ. 공문서 작성 후 마지막에는 '내용 없음'이라는 문구를 표기하여 마무리하도록 한다.

① 1개
② 2개
③ 3개
④ 4개

46 다음 중 인사관리의 법칙에 대한 설명과 원칙의 연결로 옳지 않은 것은?

① 적재적소 배치의 원리 : 해당 업무에 있어 가장 적격인 인재를 배치하여야 한다.

② 공정 보상의 원칙 : 모든 근로자에게 근로의 대가를 평등하게 보상하여야 한다.

③ 종업원 안정의 원칙 : 종업원이 근로를 계속할 수 있다는 신뢰를 줌으로써 근로자가 안정을 갖고 근로를 할 수 있도록 하여야 한다.

④ 창의력 계발의 원칙 : 근로자가 새로운 것을 생각해낼 수 있도록 다양한 기회를 제공함은 물론 이에 상응하는 보상을 제공하여야 한다.

47 시간낭비 요인은 외적 시간낭비 요인과 내적 시간낭비 요인으로 분류할 수 있다. 다음 중 그 성격이 다른 하나는?

① 타인의 요청을 거절하지 못하는 성격

② 업무를 한꺼번에 몰아서 하는 경향

③ 주변에서 발생하는 소음에 영향 받는 성격

④ 불성실한 동료 직원의 근무 태도

48 H공사의 직원 A ~ E는 주요 시장인 미국, 일본, 중국, 독일에 직접 출장을 가서 시장조사업무를 수행하기로 결정하였다. 4곳의 출장지에는 각각 최소 1명의 직원이 방문해야 하며, 각 직원은 1곳만 방문한다. 다음 〈조건〉에 따라 출장지를 결정하였을 때, 항상 옳은 것은?

> **조건**
> ㄱ. A는 중국에 방문하지 않는다.
> ㄴ. B는 다른 한 명과 함께 미국을 방문한다.
> ㄷ. C는 일본, 중국 중 한 국가를 방문한다.
> ㄹ. D는 미국, 중국 중 한 국가를 방문한다.
> ㅁ. E는 미국 또는 독일을 방문하지 않는다.

① A가 B와 함께 미국을 방문한다.

② A는 일본을 방문한다.

③ C는 일본을 방문하고, D는 중국을 방문한다.

④ C와 E는 중국 또는 일본을 방문한다.

⑤ D는 중국을 방문하고, E는 일본을 방문한다.

49 H씨는 6개월 전 이사를 하면서 전세보증금 5억 원을 납입하기 위해 전세자금대출을 받았다. H씨는 최대한도로 대출을 신청하였으며, 당시 신청한 상품의 약관은 다음과 같다. 6개월간 H씨가 지불한 이자는 얼마인가?

- 개요
  - 최대 5억 원까지, 아파트 전세대출
- 특징
  - 영업점 방문 없이, 신청에서 실행까지
- 대출대상
  - 부동산중개업소를 통해 신규 주택임대차계약을 체결하고, 임차보증금의 5% 이상을 지급한 세대주 또는 세대원
  - 현재 직장에서 3개월 이상 근무 중인 직장인(재직기간은 건강보험 직장자격 취득일 기준으로 확인)
  - 무주택(기혼자인 경우 배우자 합산)으로 확인된 고객
    ※ 갱신계약이나 개인사업자는 가까운 H은행 영업점에서 상담 부탁드립니다.
    ※ 개인신용평점 및 심사기준에 따라 대출이 제한될 수 있습니다.
- 대출한도금액
  - 최대 5억 원(임대차계약서상 임차보증금의 80% 이내)
- 대출기간
  - 임대차계약 종료일 이내에서 1년 이상 2년 이내(단, 보험증권 기일이 연장된 경우 그 기일까지 연장가능)
- 기본금리
  - 기준금리 : 연 3.6%
- 우대금리
  - 부수거래 감면 우대금리 조건 없음
- 상환방법
  - 만기일시상환
    ㄱ. 매달 대출이자만 납부
    ㄴ. 대출기간이 종료되는 날까지 대출상환 필요
    ㄷ. 마이너스통장방식(한도대출) 불가

---

① 540만 원　　　　　　　　② 630만 원
③ 720만 원　　　　　　　　④ 810만 원
⑤ 900만 원

50 다음 글의 내용으로 적절하지 않은 것은?

습관의 힘은 아무리 강조해도 지나치지 않죠. 사소한 습관 하나가 미래를 달라지게 합니다. 그러니 많은 부모들이 어려서부터 자녀에게 좋은 습관을 들이게 하려고 노력하는 것이겠죠. 공부두뇌연구원장 박사는 '잘'하는 것보다 조금이라도 '매일'하는 게 중요하다고 강조합니다. 그러면 싫증을 잘 내는 사람도 습관 만들기를 통해 '스스로 끝까지 하는 힘'을 체득할 수 있다고 말이죠.

'물건 관리'라는 말을 들었을 때, 어떤 의미부터 떠올리셨나요? 혹시 정리 정돈 아니었나요? 하지만 물건 관리란 단지 정리의 의미에 한정되어 있지 않습니다.

물건을 구매할 때는 '필요'와 '욕심'을 구분할 줄 알아야 한다는 의미입니다. 지금 사려는 그 물건은 꼭 필요한 물건인지, 그냥 갖고 싶은 욕심이 드는 물건인지 명확하게 구분해야 한다는 거죠. 물건을 구매하기 전 스스로에게 질문하는 것을 습관화하면 충동구매를 줄일 수 있습니다. 만약 저녁 늦게 쇼핑을 많이 한다면, 바로 결제하지 말고 장바구니에 담아두고, 그 다음날 아침에 한 번 더 생각해 보는 것도 좋은 방법입니다.

돈이 모이는 습관 두 번째는 '생활습관 관리'입니다. 아무리 돈을 모으고 있다고 해도 한쪽에서 돈이 줄줄 새는 습관을 바로잡지 못한다면 돈을 모으는 의미가 없어지니까요. 혹시 보상심리로 스스로에게 상을 주거나 스트레스를 해소하기 위해 돈을 썼던 경험이 있으신가요?

돈을 쓰면서 스트레스를 풀고 싶어지고, 음식을 먹으면서 스트레스를 푼다면 돈을 모으기 쉽지 않습니다. 사회생활은 스트레스의 연속이니까요. 야식이나 외식 빈도가 잦은 것도 좋지 않은 소비 습관입니다. 특히 요즘에는 배달음식을 많이 시켜 먹게 되죠.

필요하다면 스트레스 소비 금액이나, 외식 금액의 한도를 정해 놓아 보세요. 단, 실현 가능한 한도를 정하는 것이 중요합니다. 예를 들어, '다음 주부터 배달음식 안 먹을 거야'라고 하면, 오히려 역효과가 나게 됩니다. 이번 주에 4번 배달음식을 먹었다면, 3번으로 줄이는 등 실천할 수 있도록 조정해가는 것이 필요합니다.

돈을 모으는 것이 크게 어렵지 않을 수도 있습니다. 절약을 이기는 투자는 없다고 하죠. 소액 적금은 수입 규모와 상관없이 절약하는 것만으로도 성공시킬 수 있는 수 있는 작은 목표입니다.

확고한 목표와 끈기를 가지고 끝까지 저축을 하는 것이 중요합니다. 소액 적금이 성공적으로 진행된다면 규모를 조금씩 늘려 저축하는 습관을 기르면 됩니다. 이자가 크지는 않아도 일정 기간 동안 차곡차곡 납입해 계획한 금액이 모두 모이는 기쁨을 맛보는 것이 중요합니다.

① 돈을 모으는 습관을 만들기 위해서는 꾸준히 하는 것이 중요하다.
② 사고자 하는 물건을 바로 결제하지 않는 것만으로도 충동구매를 어느 정도 막을 수 있다.
③ 소액 적금이라도 돈을 저금하는 습관을 들이는 것이 중요하다.
④ 돈을 모으는 생활 습관을 만들기 위해서는 점진적으로 소비 습관을 개선하기보다는 행동을 완전히 바꾸는 것이 도움이 된다.
⑤ 스트레스를 해소하기 위해 소비를 하는 행동은 돈을 모으는 데는 좋지 않은 행동이다.

PART 1

핵심영역 분석

CHAPTER 01

의사소통능력

의사소통능력은 평가하지 않는 공사·공단이 없을 만큼 필기시험에서 중요도가 높은 영역이다. 또한, 의사소통능력의 문제 출제 비중은 가장 높은 편이다. 이러한 점을 볼 때, 의사소통능력은 NCS를 준비하는 수험생이라면 반드시 정복해야 하는 과목이다.

국가직무능력표준에 따르면 의사소통능력의 세부 유형은 문서이해, 문서작성, 의사표현, 경청, 기초 외국어로 나눌 수 있다. 문서이해·문서작성과 같은 제시문에 대한 주제, 일치 문제의 출제 비중이 높으며, 공문서·기획서·보고서·설명서 등 문서의 특성을 파악하는 문제도 출제되고 있다. 따라서 이러한 분석을 바탕으로 전략을 세우는 것이 매우 중요하다.

01 문제에서 요구하는 바를 먼저 파악하라!

의사소통능력에서 가장 중요한 것은 제한된 시간 안에 빠르고 정확하게 답을 찾아내는 것이다. 그러기 위해서는 우리가 의사소통능력을 공부하는 이유를 잊지 말아야 한다. 우리는 지식을 쌓기 위해 의사소통능력 지문을 보는 것이 아니다. 의사소통능력에서는 지문이 아니라 문제가 주인공이다! 지문을 보기 전에 문제를 먼저 파악해야 한다. 주제 찾기 문제라면 첫 문장과 마지막 문장 또는 접속어를 주목하자! 내용일치 문제라면 지문과 문항의 일치 / 불일치 여부만 파악한 뒤 빠져 나오자! 지문에 빠져드는 순간 소중한 시험 시간은 속절없이 흘러 버린다!

02 잠재되어 있는 언어능력을 발휘하라!

의사소통능력에는 끝이 없다! 의사소통의 방대함에 포기한 적이 있는가? 세상에 글은 많고 우리가 학습할 수 있는 시간은 한정적이다. 이를 극복할 수 있는 방법은 다양한 글을 접하는 것이다. 실제 시험장에서 어떤 내용의 지문이 나올지 아무도 예측할 수 없다. 따라서 평소에 신문, 소설, 보고서 등 여러 글을 접하는 것이 필요하다. 잠재되어 있는 글에 대한 안목이 시험장에서 빛을 발할 것이다.

03 상황을 가정하라!

업무 수행에 있어 상황에 따른 언어 표현은 중요하다. 같은 말이라도 상황에 따라 다르게 해석될 수 있기 때문이다. 그런 의미에서 자신의 의견을 효과적으로 전달할 수 있는 능력을 평가하는 것은 당연하다. 따라서 다양한 상황에서의 언어표현능력을 함양하기 위한 연습의 과정이 요구된다. 업무를 수행하면서 발생할 수 있는 여러 상황을 가정하고 그에 따른 올바른 언어표현을 정리하는 것이 필요하다. 의사표현 영역의 경우 출제 빈도가 높지는 않지만 상황에 따른 판단력을 평가하는 문항인 만큼 대비하는 것이 필요하다.

04 말하는 이의 입장에서 생각하라!

잘 듣는 것 또한 하나의 능력이다. 상대방의 이야기에 귀 기울이고 공감하는 태도는 업무를 수행하는 관계 속에서 필요한 요소이다. 그런 의미에서 다양한 상황에서의 듣는 능력을 평가하는 것이다. 말하는 이가 요구하는 듣는 이의 태도를 파악하고, 이에 따른 판단을 할 수 있도록 언제나 말하는 사람의 입장이 되는 연습이 필요하다.

05 반복만이 살길이다!

학창 시절 외국어를 공부하던 때를 떠올려 보자! 셀 수 없이 많은 표현들을 익히기 위해 얼마나 많은 반복의 과정을 거쳤는가? 의사소통능력 역시 그러하다. 하나의 문제 유형을 마스터하기 위해 가장 중요한 것은 바로 여러 번, 많이 풀어 보는 것이다.

| 01 | 의사소통능력

1. 의사소통능력의 의의

(1) 의사소통이란?

두 사람 또는 그 이상의 사람들 사이에서 일어나는 의사의 전달과 상호교류를 의미하며, 어떤 개인 또는 집단이 개인 또는 집단에 대해서 정보, 감정, 사상, 의견 등을 전달하고 그것들을 받아들이는 과정을 말한다.

(2) 의사소통의 중요성

① 대인관계의 기본이며, 직업생활에서 필수적이다.
② 인간관계는 의사소통을 통해서 이루어지는 상호과정이다.
③ 의사소통은 상호 간의 일반적 이해와 동의를 얻기 위한 유일한 수단이다.
④ 서로에 대한 지각의 차이를 좁혀주며, 선입견을 줄이거나 제거해 줄 수 있는 수단이다.

〈 핵심예제 〉

다음은 의사소통에 대한 설명이다. (A), (B)에 각각 들어갈 말로 적절한 것은?

> 의사소통이란 두 사람 또는 그 이상의 사람들 사이에서 일어나는 _____(A)_____과 _____(B)_____
> 이/가 이루어진다는 뜻이며, 어떤 개인 또는 집단이 개인 또는 집단에 대해서 정보, 감정, 사상, 의견 등을 전달하고 그것들을 받아들이는 과정이라고 할 수 있다.

	(A)	(B)
①	의사의 전달	상호분석
②	의사의 이행	상호분석
③	의사의 전달	상호교류
④	의사의 이행	상호교류

의사소통이란 기계적으로 무조건적인 정보의 전달이 아니라 두 사람 또는 그 이상의 사람들 사이에서 '의사의 전달'과 '상호교류'가 이루어진다는 뜻이며, 어떤 개인 또는 집단이 개인 또는 집단에 대해서 정보, 감정, 사상, 의견 등을 전달하고 그것들을 받아들이는 과정이다.

정답 ③

---

(3) 성공적인 의사소통의 조건

내가 가진 정보를 상대방이 이해하기 쉽게 표현

\+

상대방이 어떻게 받아들일 것인가에 대한 고려

\=

일방적인 말하기가 아닌 의사소통의 정확한 목적을 알고, 의견을 나누는 자세

2. 의사소통능력의 종류

(1) 문서적인 의사소통능력

문서이해능력	업무와 관련된 다양한 문서를 읽고 핵심을 이해, 정보를 획득하고, 수집·종합하는 능력
문서작성능력	목적과 상황에 적합하도록 정보를 전달할 수 있는 문서를 작성하는 능력

(2) 언어적인 의사소통능력

경청능력	원활한 의사소통을 위해 상대의 이야기를 집중하여 듣는 능력
의사표현능력	자신의 의사를 목적과 상황에 맞게 설득력을 가지고 표현하는 능력

(3) 특징

구분	문서적인 의사소통능력	언어적인 의사소통능력
장점	권위감, 정확성, 전달성, 보존성 높음	유동성 높음
단점	의미의 곡해	정확성 낮음

(4) 기초외국어능력

외국어로 된 간단한 자료를 이해하거나, 외국인과의 전화응대와 간단한 대화 등 외국인의 의사표현을 이해하고, 자신의 의사를 기초외국어로서 표현할 수 있는 능력을 말한다.

3. 의사소통의 저해요인

(1) 의사소통 기법의 미숙, 표현 능력의 부족, 이해 능력의 부족

'일방적으로 말하고', '일방적으로 듣는' 무책임한 태도

(2) 복잡한 메시지, 경쟁적인 메시지

너무 복잡한 표현, 모순되는 메시지 등 잘못된 정보 전달

(3) 의사소통에 대한 잘못된 선입견

'말하지 않아도 아는 문화'에 안주하는 태도

(4) 기타요인

정보의 과다, 메시지의 복잡성, 메시지의 경쟁, 상이한 직위와 과업지향성, 신뢰의 부족, 의사소통을 위한 구조상의 권한, 잘못된 의사소통 매체의 선택, 폐쇄적인 의사소통 분위기

《 핵심예제 》

다음 중 의사소통의 저해요인으로 적절하지 않은 것은?

① 표현능력의 부족
② 평가적이며 판단적인 태도
③ 상대방을 배려하는 마음가짐
④ 선입견과 고정관념

의사소통 시 '상대방을 배려하는 마음가짐'은 성공적인 대화를 위해 필수적으로 갖춰야 하는 마음가짐이다. 그러므로 의사소통의 저해요인이 될 수 없다.

정답 ③

---

4. 키슬러의 대인관계 의사소통 유형

유형	특징	제안
지배형	자신감이 있고 지도력이 있으나, 논쟁적이고 독단이 강하여 대인 갈등을 겪을 수 있음	타인의 의견을 경청하고 수용하는 자세 필요
실리형	이해관계에 예민하고 성취지향적으로, 경쟁적이며 자기중심적임	타인의 입장을 배려하고 관심을 갖는 자세 필요
냉담형	이성적인 의지력이 강하고 타인의 감정에 무관심하며 피상적인 대인관계를 유지함	타인의 감정상태에 관심을 가지고 긍정적 감정을 표현하는 것이 필요
고립형	혼자 있는 것을 선호하고 사회적 상황을 회피하며 지나치게 자신의 감정을 억제함	대인관계의 중요성을 인식하고 타인에 대한 비현실적인 두려움의 근원을 성찰하는 것이 필요
복종형	수동적이고 의존적이며 자신감이 없음	적극적인 자기표현과 주장이 필요
순박형	단순하고 솔직하며 자기주관이 부족함	자기주장을 적극적으로 표현하는 것이 필요
친화형	따뜻하고 인정이 많고 자기희생적이나 타인의 요구를 거절하지 못함	타인과의 정서적인 거리를 유지하는 노력이 필요
사교형	외향적이고 인정하는 욕구가 강하며 타인에 대한 관심이 많고 쉽게 흥분함	심리적으로 안정을 취할 필요가 있으며 지나친 인정욕구에 대한 성찰 필요

5. 의사소통능력의 개발

(1) 사후검토와 피드백의 활용
직접 말로 물어보거나 표정, 기타 표시 등을 통해 정확한 반응을 살핀다.

(2) 언어의 단순화
명확하고 쉽게 이해 가능한 단어를 선택하여 이해도를 높인다.

(3) 적극적인 경청
감정을 이입하여 능동적으로 집중하며 경청한다.

(4) 감정의 억제
감정에 치우쳐 메시지를 곡해하지 않도록 침착하게 의사소통한다.

6. 입장에 따른 의사소통전략

화자의 입장	• 의사소통에 앞서 생각을 명확히 할 것 • 문서를 작성할 때는 주된 생각을 앞에 쓸 것 • 평범한 단어를 쓸 것 • 편견 없는 언어를 사용할 것 • 사실 밑에 깔린 감정을 의사소통할 것 • 어조, 표정 등 비언어적인 행동이 미치는 결과를 이해할 것 • 행동을 하면서 말로 표현할 것 • 피드백을 받을 것
청자의 입장	• 세세한 어휘를 모두 들으려고 노력하기보다는 요점, 즉 의미의 파악에 집중할 것 • 말하고 있는 바에 관한 생각과 사전 정보를 동원하여 말하는 바에 몰입할 것 • 모든 이야기를 듣기 전에 결론에 이르지 말고 전체 생각을 청취할 것 • 말하는 사람의 관점에서 진술을 반복하여 피드백할 것 • 들은 내용을 요약할 것

| 02 | 문서이해능력

1. 문서이해능력의 의의

(1) 문서이해능력이란?

다양한 종류의 문서에서 전달하고자 하는 핵심 내용을 요약·정리하여 이해하고, 문서에서 전달하는 정보의 출처를 파악하고 옳고 그름을 판단하는 능력을 말한다.

(2) 문서이해의 목적

문서이해능력이 부족하면 직업생활에서 본인의 업무를 이해하고 수행하는 데 막대한 지장을 끼친다. 따라서 본인의 업무를 제대로 수행하기 위해 문서이해능력은 필수적이다.

2. 문서의 종류

(1) 공문서

- 정부 행정기관에서 대내적·대외적 공무를 집행하기 위해 작성하는 문서
- 정부 기관이 일반회사, 단체로부터 접수하는 문서 및 일반회사에서 정부 기관을 상대로 사업을 진행할 때 작성하는 문서 포함
- 엄격한 규격과 양식에 따라 정당한 권리를 가진 사람이 작성
- 최종 결재권자의 결재가 있어야 문서로서의 기능 성립

(2) 보고서

특정 업무에 대한 현황이나 진행 상황 또는 연구·검토 결과 등을 보고할 때 작성하는 문서

종류	내용
영업보고서	영업상황을 문장 형식으로 기재해 보고하는 문서
결산보고서	진행됐던 사안의 수입과 지출결과를 보고하는 문서
일일업무보고서	매일의 업무를 보고하는 문서
주간업무보고서	한 주간에 진행된 업무를 보고하는 문서
출장보고서	출장을 다녀와 외부 업무나 그 결과를 보고하는 문서
회의보고서	회의 결과를 정리해 보고하는 문서

(3) 설명서

상품의 특성이나 사물의 성질과 가치, 작동 방법이나 과정을 소비자에게 설명하는 것을 목적으로 작성한 문서

종류	내용
상품소개서	• 일반인들이 친근하게 읽고 내용을 쉽게 이해하도록 하는 문서 • 소비자에게 상품의 특징을 잘 전달해 상품을 구입하도록 유도
제품설명서	• 제품의 특징과 활용도에 대해 세부적으로 언급하는 문서 • 제품의 사용법에 대해 알려주는 것이 주목적

(4) 비즈니스 메모

업무상 필요한 중요한 일이나 앞으로 체크해야 할 일이 있을 때 필요한 내용을 메모형식으로 작성하여
전달하는 글

종류	내용
전화 메모	• 업무적인 내용부터 개인적인 전화의 전달사항들을 간단히 작성하여 당사자에게 전달하는 메모 • 스마트폰의 발달로 현저히 줄어듦
회의 메모	• 회의에 참석하지 못한 구성원에게 회의 내용을 간략하게 적어 전달하거나 참고자료로 남기기 위해 작성한 메모 • 업무 상황 파악 및 업무 추진에 대한 궁금증이 있을 때 핵심적인 역할을 하는 자료
업무 메모	개인이 추진하는 업무나 상대의 업무 추진 상황을 메모로 적는 형태

(5) 비즈니스 레터(E-mail)

- 사업상의 이유로 고객이나 단체에 편지를 쓰는 것
- 직장업무나 개인 간의 연락, 직접 방문하기 어려운 고객관리 등을 위해 사용되는 비공식적 문서
- 제안서나 보고서 등 공식적인 문서를 전달하는 데도 사용

(6) 기획서

하나의 프로젝트를 문서형태로 만들어, 상대방에게 기획의 내용을 전달하여 해당 기획안을 시행하도록
설득하는 문서

(7) 기안서

회사의 업무에 대한 협조를 구하거나 의견을 전달할 때 작성하며 흔히 사내 공문서로 불림

(8) 보도자료

정부 기관이나 기업체, 각종 단체 등이 언론을 상대로 하여 자신들의 정보가 기사로 보도되도록 하기
위해 보내는 자료

(9) 자기소개서

개인의 가정환경과 성장과정, 입사 동기와 근무자세 등을 구체적으로 기술하여 자신을 소개하는 문서

3. 문서의 이해

(1) 문서이해의 절차

1. 문서의 목적을 이해하기

⬇

2. 이러한 문서가 작성되게 된 배경과 주제를 파악하기

⬇

3. 문서에 쓰인 정보를 밝혀내고, 문서가 제시하고 있는 현안을 파악하기

⬇

4. 문서를 통해 상대방의 욕구와 의도 및 내게 요구되는 행동에 관한 내용을 분석하기

⬇

5. 문서에서 이해한 목적 달성을 위해 취해야 할 행동을 생각하고 결정하기

⬇

6. 상대방의 의도를 도표나 그림 등으로 메모하여 요약·정리해보기

《 핵심예제 》

다음 문서이해를 위한 구체적인 절차 중 가장 먼저 행해져야 할 사항은 무엇인가?

① 문서의 목적을 이해하기
② 문서가 작성된 배경과 주제를 파악하기
③ 현안을 파악하기
④ 내용을 요약하고 정리하기

문서를 이해하기 위해 가장 먼저 행해져야 할 것은 문서의 목적을 먼저 이해하는 것이다. 목적을 명확히 해야 문서의 작성 배경과 주제, 현안을 파악할 수 있다. 궁극적으로 문서에서 이해한 목적달성을 위해 취해야 할 행동을 생각하고 결정할 수 있게 된다.

정답 ①

(2) 내용종합능력의 배양

① 주어진 모든 문서를 이해했다 하더라도 그 내용을 모두 기억하기란 불가능하므로 문서내용을 요약하는 문서이해능력에 더해 내용종합능력의 배양이 필요하다.
② 이를 위해서는 다양한 종류의 문서를 읽고, 구체적인 절차에 따라 이해하고, 정리하는 습관을 들여야 한다.

| 03 | 문서작성능력

1. 문서작성능력의 의의

(1) 문서작성능력이란?

① 문서의 의미

제안서・보고서・기획서・편지・메모・공지사항 등 문자로 구성된 것을 지칭하며 일상생활뿐만 아니라 직업생활에서도 다양한 문서를 자주 사용한다.

② 문서작성의 목적

치열한 경쟁상황에서 상대를 설득하거나 조직의 의견을 전달하고자 한다.

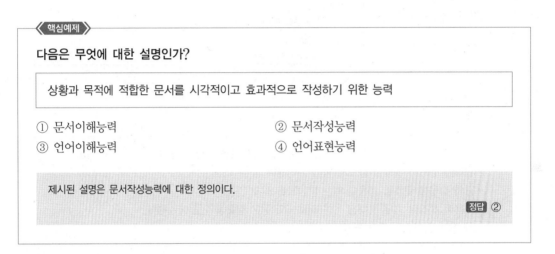

◀핵심예제▶

다음은 무엇에 대한 설명인가?

상황과 목적에 적합한 문서를 시각적이고 효과적으로 작성하기 위한 능력

① 문서이해능력   ② 문서작성능력
③ 언어이해능력   ④ 언어표현능력

제시된 설명은 문서작성능력에 대한 정의이다.

정답 ②

(2) 문서작성 시 고려사항

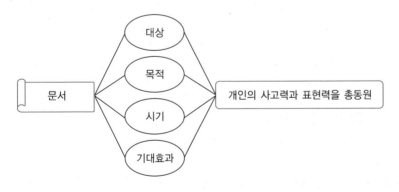

2. 문서작성의 실제

(1) 상황에 따른 문서의 작성

상황	내용
요청이나 확인을 위한 경우	• 공문서 형식 • 일정한 양식과 격식을 갖추어 작성
정보제공을 위한 경우	• 홍보물, 보도자료, 설명서, 안내서 • 시각적인 정보의 활용 • 신속한 정보 제공
명령이나 지시가 필요한 경우	• 업무 지시서 • 명확한 지시사항이 필수적
제안이나 기획을 할 경우	• 제안서, 기획서 • 종합적인 판단과 예견적인 지식이 필요
약속이나 추천을 위한 경우	• 제품의 이용에 대한 정보 • 입사지원, 이직 시 상사가 작성

(2) 문서의 종류에 따른 작성법

① 공문서

- • '누가, 언제, 어디서, 무엇을, 어떻게(왜)'가 드러나도록 작성해야 함
- • 날짜는 연도와 월일을 반드시 함께 기입해야 함
- • 날짜 다음에 괄호를 사용할 때는 마침표를 찍지 않음
- • 내용이 복잡할 경우 '-다음-', '-아래-'와 같은 항목을 만들어 구분함
- • 한 장에 담아내는 것이 원칙
- • 마지막엔 반드시 '끝' 자로 마무리함
- • 대외문서이고 장기간 보관되는 문서이므로 정확하게 기술해야 함

② 설명서

- • 간결하게 작성함
- • 전문용어의 사용은 가급적 삼갈 것
- • 복잡한 내용은 도표화
- • 명령문보다 평서형으로, 동일한 표현보다는 다양한 표현으로 작성함
- • 글의 성격에 맞춰 정확하게 기술해야 함

③ 기획서

- • 무엇을 위한 기획서인지 핵심 메시지가 정확히 도출되었는지 확인
- • 상대가 요구하는 것이 무엇인지 고려하여 작성
- • 글의 내용이 한눈에 파악되도록 목차를 구성
- • 분량이 많으므로 핵심 내용의 표현에 유념할 것
- • 효과적인 내용전달을 위해 표나 그래프를 활용
- • 제출하기 전에 충분히 검토할 것
- • 인용한 자료의 출처가 정확한지 확인

④ 보고서

> • 핵심내용을 구체적으로 제시
> • 간결하고 핵심적인 내용의 도출이 우선이므로 내용의 중복을 피할 것
> • 독자가 궁금한 점을 질문할 것에 대비할 것
> • 산뜻하고 간결하게 작성
> • 도표나 그림은 적절히 활용
> • 참고자료는 정확하게 제시
> • 개인의 능력을 평가하는 기본 자료이므로 제출하기 전 최종점검을 할 것

〈 핵심예제 〉

다음 중 설명서의 올바른 작성법으로 적절하지 않은 것은?

① 정확한 내용 전달을 위해 명령문으로 작성한다.
② 상품이나 제품에 대해 설명하는 글의 성격에 맞춰 정확하게 기술한다.
③ 정확한 내용전달을 위해 간결하게 작성한다.
④ 소비자들이 이해하기 어려운 전문용어는 가급적 사용을 삼간다.

설명서는 명령문이 아닌 평서형으로 작성해야 한다.

 정답 ①

3. 문서작성의 원칙

(1) 문장 구성 시 주의사항

> • 간단한 표제를 붙일 것
> • 결론을 먼저 작성
> • 상대방이 이해하기 쉽게
> • 중요하지 않은 경우 한자의 사용은 자제
> • 문장은 짧고, 간결하게
> • 문장은 긍정문의 형식으로

(2) 문서작성 시 주의사항

> • 문서의 작성 시기를 기입
> • 제출 전 반드시 최종점검
> • 반드시 필요한 자료만 첨부
> • 금액, 수량, 일자는 정확하게 기재

다음 중 문서작성의 원칙으로 적절하지 않은 것은?

① 문장을 짧고, 간결하게 작성하도록 한다.
② 정확한 의미전달을 위해 한자어를 최대한 많이 사용한다.
③ 간단한 표제를 붙인다.
④ 문서의 주요한 내용을 먼저 쓰도록 한다.

문서의미의 전달에 그다지 중요하지 않은 경우에는 한자사용을 최대한 자제하도록 하며, 상용한자의 범위 내에서 사용하는 것이 상대방의 문서이해에 도움이 될 것이다.

정답 ②

4. 문서표현의 시각화

(1) 시각화의 구성요소

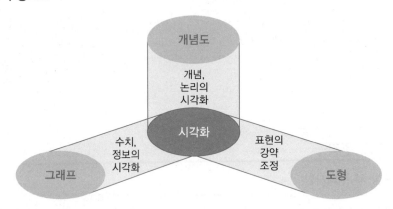

문서의 내용을 시각화하기 위해서는 전하고자 하는 내용의 개념이 명확해야 하고, 수치 등의 정보는 그래프 등을 사용하여 시각화하며, 특히 강조하여 표현하고 싶은 내용은 도형을 이용할 수 있다.

(2) 시각화 방법

① **차트 시각화** : 데이터 정보를 쉽게 이해할 수 있도록 시각적으로 표현하며, 주로 통계 수치 등을 도표나 차트를 통해 명확하고 효과적으로 전달한다.
② **다이어그램 시각화** : 개념이나 주제 등 중요한 정보를 도형, 선, 화살표 등 여러 상징을 사용하여 시각적으로 표현한다.
③ **이미지 시각화** : 전달하고자 하는 내용을 관련 그림이나 사진 등으로 표현한다.

| 04 | 경청능력

1. 경청능력의 의의

(1) 경청능력이란?

① 경청의 의미

상대방이 보내는 메시지에 주의를 기울이고 이해를 위해 노력하는 행동으로, 대화의 과정에서 신뢰를 쌓을 수 있는 최고의 방법이다.

② 경청의 효과

대화의 상대방이 본능적으로 안도감을 느끼게 되어 무의식적인 믿음을 갖게 되며, 이 효과로 인해 말과 메시지, 감정이 효과적으로 상대방에게 전달된다.

(2) 경청의 중요성

경청을 통해	+	대화의 상대방을(의)	⇨	• 한 개인으로 존중하게 된다. • 성실한 마음으로 대하게 된다. • 입장에 공감하며 이해하게 된다.

2. 효과적인 경청방법

(1) 적극적 경청과 소극적 경청

① 적극적 경청

상대의 말에 집중하고 있음을 행동을 통해 표현하며 듣는 것으로 질문, 확인, 공감 등으로 표현된다.

② 소극적 경청

상대의 말에 특별한 반응 없이 수동적으로 듣는 것을 말한다.

(2) 적극적 경청을 위한 태도

- 비판적·충고적인 태도를 버린다.
- 상대방이 말하고자 하는 의미를 이해한다.
- 단어 이외에 보여지는 표현에 신경쓴다.
- 경청하고 있다는 것을 표현한다.
- 흥분하지 않는다.

(3) 경청의 올바른 자세

- 상대를 정면으로 마주하여 의논할 준비가 되었음을 알린다.
- 손이나 다리를 꼬지 않는 개방적 자세를 취한다.
- 상대를 향해 상체를 기울여 경청하고 있다는 사실을 강조한다.
- 우호적인 눈빛 교환을 한다.
- 편안한 자세를 취한다.

(4) 효과적인 경청을 위한 트레이닝

종류	내용
준비	미리 나누어준 계획서 등을 읽어 강연 등에 등장하는 용어에 친숙해질 필요가 있음
집중	말하는 사람의 속도와 말을 이해하는 속도 사이에 발생한 간격을 메우는 방법을 학습해야 함
예측	대화를 하는 동안 시간 간격이 있으면, 다음에 무엇을 말할 것인가를 추측하려고 노력해야 함
연관	상대방이 전달하려는 메시지가 무엇인가를 생각해보고 자신의 삶, 목적, 경험과 관련지어 보는 습관이 필요함
질문	질문에 대한 답이 즉각적으로 이루어질 수 없다고 하더라도 질문을 하려고 하면 경청하는 데 적극적이 되고 집중력이 높아지게 됨
요약	대화 도중에 주기적으로 대화의 내용을 요약하면 상대방이 전달하려는 메시지를 이해하고, 사상과 정보를 예측하는 데 도움이 됨
반응	상대방에 대한 자신의 지각이 옳았는지 확인할 수 있으며, 상대방에게 자신이 정확하게 의사소통을 하였는가에 대한 정보를 제공함

《 핵심예제 》

다음 중 효과적인 경청방법으로 적절하지 않은 것은?

① 주의를 집중한다.
② 나와 관련지어 생각해 본다.
③ 상대방의 대화에 적절히 반응한다.
④ 상대방의 말을 적당히 걸러내며 듣는다.

> 경청을 방해하는 요인으로 상대방의 말을 듣기는 하지만 듣는 사람이 임의로 그 내용을 걸러내며 들으면 상대방의 의견을 제대로 이해할 수 없는 경우가 있다. 효과적인 경청자세는 상대방의 말을 전적으로 수용하며 듣는 태도이다.
>
> 정답 ④

3. 경청의 방해요인

요인	내용
짐작하기	상대방의 말을 듣고 받아들이기보다 자신의 생각에 들어 맞는 단서들을 찾아 자신의 생각을 확인하는 것
대답할 말 준비하기	자신이 다음에 할 말을 생각하기에 바빠서 상대방이 말하는 것을 잘 듣지 않는 것
걸러내기	상대의 말을 듣기는 하지만 상대방의 메시지를 온전하게 듣지 않는 것
판단하기	상대방에 대한 부정적인 판단 때문에, 또는 상대방을 비판하기 위해 상대방의 말을 듣지 않는 것
다른 생각하기	상대방이 말을 할 때 다른 생각을 하는 것으로, 현실이 불만스럽지만 이러한 상황을 회피하고 있다는 신호임
조언하기	본인이 다른 사람의 문제를 지나치게 해결해 주고자 하는 것을 말하며, 말끝마다 조언하려고 끼어들면 상대방은 제대로 말을 끝맺을 수 없음
언쟁하기	단지 반대하고 논쟁하기 위해서만 상대방의 말에 귀를 기울이는 것
자존심 세우기	자존심이 강한 사람에게서 나타나는 태도로 자신의 부족한 점에 대한 상대방의 말을 듣지 않으려 함
슬쩍 넘어가기	문제를 회피하려 하거나 상대방의 부정적 감정을 회피하기 위해서 유머 등을 사용하는 것으로 이로 인해 상대방의 진정한 고민을 놓치게 됨
비위 맞추기	상대방을 위로하기 위해서 너무 빨리 동의하는 것을 말하며, 상대방에게 자신의 생각이나 감정을 충분히 표현할 시간을 주지 못하게 됨

> **핵심예제**
>
> **다음 중 경청을 방해하는 요인으로 적절하지 않은 것은?**
>
> ① 상대방의 말을 짐작하면서 듣기
> ② 대답할 말을 미리 준비하며 듣기
> ③ 상대방의 마음상태를 이해하며 듣기
> ④ 상대방의 말을 판단하며 듣기
>
> 상대방의 마음상태를 이해하며 듣는 것은 올바른 경청방법으로, 방해요인에 해당하지 않는다.
>
> **정답** ③

4. 경청훈련

(1) 대화법을 통한 경청훈련

① **주의 기울이기**

바라보기, 듣기, 따라하기가 이에 해당하며, 산만한 행동은 중단하고 비언어적인 것, 즉 상대방의 얼굴과 몸의 움직임뿐만 아니라 호흡하는 자세까지도 주의하여 관찰해야 한다.

② **상대방의 경험을 인정하고 더 많은 정보 요청하기**

화자가 인도하는 방향으로 따라가고 있다는 것을 언어적·비언어적인 표현을 통하여 상대방에게 알려주는 것은 상대방이 더 많은 것을 말할 수 있는 수단이 된다.

③ **정확성을 위해 요약하기**

상대방에 대한 이해의 정확성을 확인할 수 있게 하며, 자신과 상대방의 메시지를 공유할 수 있도록 한다.

④ **개방적인 질문하기**

단답형의 대답이나 반응보다 상대방의 다양한 생각을 이해하고, 상대방으로부터 보다 많은 정보를 얻기 위한 방법이다.

⑤ **'왜?'라는 질문 피하기**

'왜?'라는 질문은 보통 진술을 가장한 부정적·추궁적·강압적인 표현이므로 사용하지 않는 것이 좋다.

(2) 경청능력을 높이는 공감하는 태도

① **공감적 태도**

성숙된 인간관계를 유지하기 위해서는 서로의 의견을 공감하고 존중하며 의견 조율이 필요하다. 이를 위해 깊이 있는 대화가 필요하며 이때 필요한 것이 공감적 태도이다. 즉, 공감이란 상대방이 하는 말을 상대방의 관점에서 이해하고 느끼는 것이다.

② **공감적 반응**

㉠ 상대방의 이야기를 자신의 관점이 아닌 그의 관점에서 이해한다.
㉡ 상대방의 말 속에 담겨 있는 감정과 생각에 민감하게 반응한다.

| 05 | 의사표현능력

1. 의사표현능력의 의의

(1) 의사표현능력이란?

① 의사표현의 의미

　　말하는 이가 자신의 생각과 감정을 듣는 이에게 음성언어나 신체언어로 표현하는 행위로서 말하는
　　이의 목적을 달성하는 데 효과가 있다고 생각하는 말하기를 말한다.

② 의사표현의 종류

종류	내용
공식적 말하기	• 사전에 준비된 내용을 대중을 상대로 하여 말하는 것 • 연설, 토의, 토론 등
의례적 말하기	• 정치적·문화적 행사에서와 같이 의례 절차에 따라 말하는 것 • 식사, 주례, 회의 등
친교적 말하기	• 매우 친근한 사람들 사이에서 이루어지는 것으로 자연스러운 상황에서 떠오르는 대로 주고받는 말하기

(2) 의사표현의 중요성

　　언어에 의해 그려지는 이미지로 인해 자신의 이미지가 형상화될 수 있다. 즉, 자신이 자주 하는 말로써
자신의 이미지가 결정된다는 것이다.

2. 의사표현에 영향을 미치는 비언어적 요소

(1) 연단공포증

　　청중 앞에서 이야기를 해야 하는 상황일 때 정도의 차이는 있지만 누구나 가슴이 두근거리는 등의 현상
을 느끼게 된다. 이러한 연단공포증은 소수가 경험하는 심리상태가 아니라, 90% 이상의 사람들이 호소
하는 불안이므로 이를 걱정할 필요는 없으며, 오히려 이러한 심리현상을 잘 통제하면서 표현을 한다면
청자는 그것을 더 인간다운 것으로 생각하게 된다.

(2) 말

① 장단

　　표기가 같은 말이라도 소리가 길고 짧음에 따라 전혀 다른 뜻이 되는 단어의 경우 긴 소리와 짧은
　　소리를 구분하여 정확하게 발음해야 한다.

② 발음

　　발음이 분명하지 못하면 듣는 이에게 정확하게 의사를 전달하기 어렵다. 천천히 복식호흡을 하며 깊
　　은 소리로 침착하게 이야기하는 습관을 가져야 한다.

③ 속도

　　발표할 때의 속도는 10분에 200자 원고지 15장 정도가 적당하다. 이보다 빠르면 청중이 내용에 대
　　해 생각할 시간이 부족하고 놓친 메시지가 있다고 느끼며, 말하는 사람이 바쁘고 성의 없는 느낌을
　　주게 된다. 반대로 느리게 말하면, 분위기가 처지게 되어 청중이 내용에 집중을 하지 못한다. 발표에

능숙하게 되면 청중의 반응을 감지하면서 분위기가 처질 경우 좀 더 빠르게, 내용상 중요한 부분을 짚고 넘어가고자 할 경우는 조금 여유 있게 말하는 등의 조절을 할 수 있다.

④ 쉼

의도적으로 쉼을 잘 활용함으로써 논리성, 동질감 등을 확보할 수 있다.

(3) 몸짓

① 몸의 방향

몸의 방향을 통해 대화 상대를 향하는가, 피하는가가 판단된다. 예를 들어 대화 도중에 끼어든 제3자가 있다고 상상했을 때, 말하는 이가 제3자를 불편하게 생각하는 경우 살짝 몸을 돌릴 수 있다. 몸의 방향은 의도적일 수도 있고, 비의도적일 수도 있으나 말하는 이가 그 사람을 '피하고' 있음을 표현하는 방식이 된다.

② 자세

특정 자세를 보고 그 사람의 분노, 슬픔, 행복과 같은 일부 감정들을 맞히는 것은 90% 이상 일치한다는 연구 결과가 있다. 자신뿐 아니라 지금 대화를 나누고 있는 상대방의 자세에 주의를 기울임으로써 우리는 언어적 요소와는 다른 중요한 정보를 얻을 수 있다.

③ 몸짓

몸짓의 가장 흔한 유형은 몸동작으로 화자가 말을 하면서 자연스럽게 동반하는 움직임이다. 누군가 우리에게 길을 물어볼 때 자연스럽게 말과 함께 손가락과 몸짓을 통해 길을 알려준다. 몸동작은 말로 설명하기는 어려운 것들을 설명하는 데 자주 사용되며, 몸동작이 완전히 배제된 의사표현은 때로 어색함을 줄 수 있다. 또 "최고다."라는 긍정적 신호를 보내기 위해 엄지를 들어 올리는 등의 상징적 동작은 말을 동반하지 않아도 의사표현이 가능하게 한다. 상징적 동작은 문화권에 따라 다를 수 있으므로, 다른 문화권의 사람들과 의사소통을 해야 할 경우에는 문화적 차이를 고려해야 한다.

④ 유머

유머는 의사표현을 더욱 풍요롭게 도와준다. 하지만 하루아침에 유머를 포함한 의사표현을 할 수 있는 것은 아니며, 평소 일상생활 속에서 부단히 유머 감각을 훈련하여야만 자연스럽게 상황에 맞는 유머를 즉흥적으로 구사할 수 있다.

3. 효과적인 의사표현법

상황	내용
지적	• 충고나 질책의 형태로 나타난다. • '칭찬 – 질책 – 격려'의 샌드위치 화법을 사용한다. • 충고는 최후의 수단으로 은유적으로 접근한다.
칭찬	• 대화 서두의 분위기 전환용으로 사용한다. • 상대에 어울리는 중요한 내용을 포함한다.
요구	• 부탁 : 상대의 상황을 확인한 후 응하기 쉽도록 구체적으로 부탁하며, 거절을 당해도 싫은 내색을 하지 않는다. • 업무상 지시, 명령 : 강압적 표현보다는 청유식 표현이 효과적이다.
거절	• 거절에 대한 사과와 함께 응할 수 없는 이유를 설명한다. • 요구를 들어주는 것이 불가능할 경우 단호하게 거절하지만, 정색하는 태도는 지양한다.
설득	• 강요는 금물이다. • 문 안에 한 발 들여놓기 기법 • 얼굴 부딪히기 기법

| 06 | 기초외국어능력

1. 기초외국어능력의 의의

(1) 기초외국어능력이란?

일 경험에 있어 우리만의 언어가 아닌 세계의 언어로 의사소통을 가능하게 하는 능력을 말하며, 일 경험 중에 필요한 문서이해나 문서작성, 의사표현, 경청 등 기초적인 의사소통을 기초적인 외국어로 가능하게 하는 능력을 말한다.

(2) 기초외국어능력의 중요성

외국인들과의 업무가 잦은 특정 직무뿐만 아니라 컴퓨터 활용 및 공장의 기계사용, 외국산 제품의 사용법을 확인하는 경우 등 기초외국어를 모르면 불편한 경우가 많다.

2. 외국인과의 비언어적 의사소통

(1) 표정으로 알아채기

외국인과 마주하여 대화할 때 그들의 감정이나, 생각을 가장 쉽게 알 수 있는 것이 표정이다. 웃는 표정은 행복과 만족, 친절을 표현하는 데 비해, 눈살을 찌푸리는 표정은 불만족과 불쾌를 나타낸다. 또한 눈을 마주 쳐다보는 것은 흥미와 관심이 있음을, 그리고 그렇게 하지 않음은 무관심을 말해준다.

(2) 음성으로 알아채기

어조가 높으면 적대감이나 대립감을 나타내고, 낮으면 만족이나 안심을 나타낸다. 또한 목소리가 커졌으면 내용을 강조하는 것이거나 흥분, 불만족 등의 감정 상태를 표현하는 것이다. 또한 말의 속도와 리듬이 매우 빠르거나 짧게 얘기하면 공포나 노여움을 나타내는 것이며, 너무 자주 말을 멈추면 결정적인 의견이 없음을 의미하거나 긴장 또는 저항을 의미한다.

(3) 외국인과의 의사소통에서 피해야 할 행동

- 상대를 볼 때 흘겨보거나, 아예 보지 않는 것
- 팔이나 다리를 꼬는 것
- 표정이 없는 것
- 다리를 흔들거나 펜을 돌리는 것
- 맞장구를 치지 않거나, 고개를 끄덕이지 않는 것
- 생각 없이 메모하는 것
- 자료만 들여다보는 것
- 바르지 못한 자세로 앉는 것
- 한숨, 하품, 신음을 내는 것
- 다른 일을 하며 듣는 것
- 상대방에게 이름이나 호칭을 어떻게 부를지 묻지 않고 마음대로 부르는 것

다음 중 기초외국어능력을 대하는 마음가짐으로 적절하지 않은 것은?

① 상대방과 목적을 공유하라.

② 외국어를 너무 어렵게만 생각하지 마라.

③ 자신을 극복하라.

④ 자신의 부족한 외국어 실력을 의식하여, 실수하지 않도록 한다.

외국어에 대한 자신감이 부족한 사람들이 가지는 특징은 외국어를 잘 못한다는 지나친 의식, 불명확한 의사표현, 의견정리의 어려움, 표현력의 저하 등이다. 그러므로 이러한 마음상태를 극복하고, 자신만의 기초외국어로의 의사소통 방법을 만들어나가는 것도 기초외국어능력을 높이는 좋은 방법이라 할 수 있다.

정답 ④

문서 내용 이해

- 주어진 지문을 읽고 선택지를 고르는 전형적인 독해 문제이다.
- 지문은 주로 신문기사(보도자료 등)나 업무 보고서, 시사 등이 제시된다.
- 공사공단에 따라 자사와 관련된 내용의 기사나 법조문, 보고서 등이 출제되기도 한다.

G씨는 성장기인 아들의 수면습관을 바로 잡기 위해 수면습관에 관련된 글을 찾아보았다. 다음 글을 읽고 이해한 내용으로 적절하지 않은 것은?

수면은 비렘(non-REM)수면과 렘수면으로 이뤄진 사이클이 반복되면서 이뤄지는 복잡한 신경계의 상호작용이며, 좋은 수면이란 이 사이클이 끊어지지 않고 충분한 시간 동안 유지되도록 하는 것이다. 수면 패턴은 일정한 것이 좋으며, 깨는 시간을 지키는 것이 중요하다. 그리고 수면 패턴은 휴일과 평일 모두 일정하게 지키는 것이 성장하는 아이들의 수면 리듬을 유지하는 데 좋다. 수면 상태에서 깨어날 때 영향을 주는 자극들은 '빛, 식사 시간, 운동, 사회 활동' 등이 있으며, 이 중 가장 강한 자극은 '빛'이다. 침실을 밝게 하는 것은 적절한 수면 자극을 방해하는 것이다. 반대로 깨어날 때 강한 빛 자극을 주면 수면 상태에서 빠르게 벗어날 수 있다. 이는 뇌의 신경 전달 물질인 멜라토닌의 농도와 연관되어 나타나는 현상이다. 수면 중 최대치로 올라간 멜라토닌은 시신경이 강한 빛에 노출되면 빠르게 줄어들게 되는데, 이때 수면 상태에서 벗어나게 된다. 아침 일찍 일어나 커튼을 젖히고 밝은 빛이 침실 안으로 들어오게 하는 것은 매우 효과적인 각성 방법인 것이다.

① 잠에서 깨는 데 가장 강력한 자극을 주는 것은 빛이었구나.
② 멜라토닌의 농도에 따라 수면과 각성이 영향을 받는군.
③ 평일에 잠이 모자란 우리 아들은 잠을 보충해줘야 하니까 휴일에 늦게까지 자도록 둬야겠다.
④ 좋은 수면은 비렘수면과 렘수면의 사이클이 충분한 시간 동안 유지되도록 하는 것이구나.
⑤ 우리 아들 침실이 좀 밝은 편이니 충분한 수면을 위해 암막커튼을 달아줘야겠어.

정답 ③

수면 패턴은 휴일과 평일 모두 일정하게 지키는 것이 성장하는 아이들의 수면 리듬을 유지하는 데 좋다. 따라서 휴일에 늦잠을 자는 것은 적절하지 않다.

풀이 전략!

주어진 선택지에서 키워드를 체크한 후, 지문의 내용과 비교해가면서 내용의 일치 유무를 빠르게 판단한다.

유형분석

- 주어진 지문을 파악하여 전달하고자 하는 핵심 주제를 고르는 문제이다.
- 정보를 종합하고 중요한 내용을 구별하는 능력이 필요하다.
- 설명문부터 주장, 반박문까지 다양한 성격의 지문이 제시되므로 글의 성격별 특징을 알아두는 것이 좋다.

다음 글의 주제로 가장 적절한 것은?

> 표준화된 언어는 의사소통을 효과적으로 하기 위하여 의도적으로 선택해야 할 공용어로서의 가치가 있다. 반면에 방언은 지역이나 계층의 언어와 문화를 보존하고 드러냄으로써 국가 전체의 언어와 문화를 다양하게 발전시키는 토대로서의 가치가 있다. 이러한 의미에서 표준화된 언어와 방언은 상호 보완적인 관계에 있다. 표준화된 언어가 있기에 정확한 의사소통이 가능하며, 방언이 있기에 개인의 언어생활에서나 언어 예술 활동에서 자유롭고 창의적인 표현이 가능하다. 결국 우리는 표준화된 언어와 방언 둘 다의 가치를 인정해야 하며, 발화(發話) 상황(狀況)을 잘 고려해서 표준화된 언어와 방언을 잘 가려서 사용할 줄 아는 능력을 길러야 한다.

① 창의적인 예술 활동에서는 방언의 기능이 중요하다.
② 표준화된 언어와 방언에는 각각 독자적인 가치와 역할이 있다.
③ 정확한 의사소통을 위해서는 표준화된 언어가 꼭 필요하다.
④ 표준화된 언어와 방언을 구분할 줄 아는 능력을 길러야 한다.
⑤ 표준화된 언어는 방언보다 효용가치가 있다.

정답 ②

마지막 문장의 '표준화된 언어와 방언 둘 다의 가치를 인정'하고, '잘 가려서 사용할 줄 아는 능력을 길러야 한다.'는 내용을 바탕으로 ②와 같은 주제를 이끌어낼 수 있다.

풀이 전략!

'결국', '즉', '그런데', '그러나', '그러므로' 등의 접속어 뒤에 주제가 드러나는 경우가 많다는 것에 주의하면서 지문을 읽는다.

문장 배열

- 각 문단의 내용을 파악하고 논리적 순서에 맞게 배열하는 복합적인 문제이다.
- 전체적인 글의 흐름을 이해하는 것이 중요하며, 각 문장의 지시어나 접속어에 주의한다.

다음 문장을 논리적 순서대로 바르게 나열한 것은?

(가) 그중에서도 우리나라의 나전칠기는 중국이나 일본보다 단조한 편이지만, 옻칠의 질이 좋고 자개 솜씨가 뛰어나 우리나라 칠공예만의 두드러진 개성을 가진다. 전래 초기에는 주로 백색의 야광패를 사용하였으나, 후대에는 청록 빛깔을 띤 복잡한 색상의 전복껍데기를 많이 사용하였다. 우리나라의 나전칠기는 일반적으로 목제품의 표면에 옻칠을 하고 그것에다 한층 치레 삼아 첨가한다.

(나) 이러한 나전칠기는 특히 통영의 것이 유명하다. 이는 예로부터 통영에서는 나전의 원료가 되는 전복이 많이 생산되었으며, 인근 내륙 및 함안지역의 질 좋은 옻이 나전칠기가 발달하는 데 주요 원인이 되었기 때문이다. 이에 통영시는 지역 명물 나전칠기를 널리 알리기 위해 매년 10월 통영 나전칠기축제를 개최하여 400년을 이어온 통영지방의 우수하고 독창적인 공예법을 소개하고 작품도 전시하고 있다.

(다) 제작방식은 우선 전복껍데기를 얇게 하여 무늬를 만들고 백골에 모시 천을 바른 뒤, 칠과 호분을 섞어 표면을 고른다. 그 후 칠죽 바르기, 삼베 붙이기, 탄회 칠하기, 토회 칠하기를 통해 제조과정을 끝마친다. 문양을 내기 위해 나전을 잘라내는 방법에는 주름질(자개를 문양 형태로 오려낸 것), 이음질(문양구도에 따라 주름대로 문양을 이어가는 것), 끊음질(자개를 실같이 가늘게 썰어서 문양 부분에 모자이크 방법으로 붙이는 것)이 있다.

(라) 나전칠기는 기물에다 무늬를 나타내는 대표적인 칠공예의 장식기법 중 하나로, 얇게 깐 조개껍데기를 여러 가지 형태로 오려내어 기물의 표면에 감입하여 꾸미는 것을 통칭한다. 우리나라는 목기와 더불어 칠기가 발달했는데, 이러한 나전기법은 중국 주대(周代)부터 이미 유행했고 당대(唐代)에 성행하여 한국과 일본에 전해진 것으로 보인다. 나전기법은 여러 나라를 포함한 아시아 일원에 널리 보급되어 있고 지역에 따라 독특한 성격을 가진다.

① (나) - (다) - (가) - (라)
② (나) - (가) - (다) - (라)
③ (다) - (나) - (라) - (가)
④ (라) - (가) - (다) - (나)

정답 ④

제시문은 나전칠기의 개념을 제시하고 우리나라 나전칠기의 특징, 제작방법 그리고 더 나아가 국내의 나전칠기 특산지에 대해 설명하고 있다. 따라서 (라) 나전칠기의 개념 → (가) 우리나라 나전칠기의 특징 → (다) 나전칠기의 제작방법 → (나) 나전칠기 특산지 소개의 순서대로 연결하는 것이 적절하다.

풀이 전략!

상대적으로 시간이 부족하다고 느낄 때는 선택지를 참고하여 문장의 순서를 생각해 본다.

대표유형 4 | 문서작성능력

문서작성 및 수정

유형분석

- 기본적인 어휘력과 어법에 대한 지식을 필요로 하는 문제이다.
- 글의 내용을 파악하고 문맥을 읽을 줄 알아야 한다.

다음 글에서 ㉠ ~ ㉤의 수정 방안으로 적절하지 않은 것은?

학부모들을 상대로 설문조사를 한 결과, 사교육비 절감에 가장 큰 도움을 준 제도는 바로 교과교실제(영어, 수학 교실 등 과목전용교실 운영)였다. 사교육비 중에서도 가장 ㉠ 많은 비용이 차지하는 과목이 영어와 수학이라는 점을 고려해보면 공교육에서 영어, 수학을 집중적으로 가르쳐주는 것이 사교육비 절감에 큰 도움이 되었다는 점을 이해할 수 있다. 한때 사교육비 절감을 기대하며 도입했던 '방과 후 학교'는 사교육비를 절감하지 못했는데, 이는 학생들을 학교에 묶어놓는 것만으로는 사교육을 막을 수 없다는 점을 시사한다. 학생과 학부모가 적지 않은 비용을 지불하면서도 사교육을 찾게 되는 이유는 ㉡ 입시에 도움이 된다. 공교육에서는 정해진 교과 과정에 맞추어 수업을 해야 하고 실력 차이가 나는 학생들을 ㉢ 개별적으로 가르쳐야 하기 때문에 입시에 초점을 맞추기가 쉽지 않다. 따라서 공교육만으로는 입시에 뒤처진다고 생각하는 사람들이 많은 것이다. ㉣ 그래서 교과교실제에 이어 사교육비 절감에 도움이 되었다고 생각하는 요인이 '다양하고 좋은 학교의 확산'이라는 점을 보면 공교육에도 희망이 있다고 할 수 있다. 인문계, 예체능계, 실업계, 특목고 정도로만 학교가 나눠졌던 과거에 비해 지금은 학생의 특기와 적성에 맞는 다양하고 좋은 학교가 많이 생겨났다. 좋은 대학에 입학하려는 이유가 대학의 서열화와 그에 따른 취업경쟁 때문이라는 것을 생각해보면 고등학교 때부터 ㉤ 미래를 위해 공부할 수 있는 학교는 사교육비 절감과 더불어 공교육의 강화, 과도한 입시 경쟁 완화에 도움이 될 것이다.

① ㉠ : 조사가 잘못 쓰였으므로 '많은 비용을 차지하는'으로 수정한다.
② ㉡ : 호응 관계를 고려하여 '입시에 도움이 되기 때문이다.'로 수정한다.
③ ㉢ : 문맥을 고려하여 '집중적으로'로 수정한다.
④ ㉣ : 앞 내용과 상반된 내용이 이어지므로 '하지만'으로 수정한다.
⑤ ㉤ : 앞 내용을 고려하여 '미래를 위해 공부할 수 있는 학교의 확산은'으로 수정한다.

정답 ③

제시문의 내용에 따르면 공교육에서는 학생들의 실력 차이를 모두 고려할 수가 없다. 따라서 '한꺼번에'로 수정하는 것이 적절하다.

풀이 전략!

문장에서 주어와 서술어의 호응 관계가 적절한지 주어와 서술어를 찾아 확인해 보는 연습을 하며, 문서작성의 원칙과 주의사항은 미리 알아두는 것이 좋다.

경청 태도 및 자세

- 주로 특정 상황을 제시한 뒤 올바른 경청 방법을 묻는 형태의 문제이다.
- 경청과 관련한 이론에 대해 묻거나 몇 개의 대화문 중에서 올바른 경청 자세로 이루어진 것을 고르는 유형으로도 출제된다.

다음 중 효과적인 경청 방법으로 옳지 않은 것은?

① 말하는 사람의 모든 것에 집중해서 적극적으로 들어야 한다.
② 상대방의 의견에 동조할 수 없더라도 일단 수용한다.
③ 질문에 대한 답이 즉각적으로 이루어질 때만 질문을 한다.
④ 대화의 내용을 주기적으로 요약한다.
⑤ 상대방이 전달하려는 메시지를 자신의 삶, 목적, 경험과 관련시켜 본다.

정답 ③

질문에 대한 답이 즉각적으로 이루어질 수 없는 상황이라고 하더라도 질문을 하면 경청하는 데 적극적인 자세가 되고 집중력 또한 높아진다.

풀이 전략!

별다른 암기 없이도 풀 수 있는 문제가 대부분이지만, 올바른 경청을 방해하는 요인이나 경청훈련 등에 대한 내용은 미리 숙지하고 있는 것이 좋다.

대표유형 6 | 의사표현능력

의사표현 방법

유형분석

• 제시된 상황이나 보기에서 적절하거나 적절하지 않은 의사표현 방식을 고르는 문제가 주로 출제된다.

의사표현에서는 화자가 말하는 순간 듣는 사람이 바로 알아들을 수 있어야 하므로 어떠한 언어를 사용하는
지가 매우 중요하다. 다음 〈보기〉에서 의사표현에 사용되는 언어로 적절하지 않은 것을 모두 고르면?

보기

㉠ 이해하기 쉬운 언어   ㉡ 상세하고 구체적인 언어
㉢ 간결하면서 정확한 언어   ㉣ 전문적 언어
㉤ 단조로운 언어   ㉥ 문법적 언어

① ㉠, ㉡   ② ㉡, ㉢
③ ㉢, ㉣   ④ ㉣, ㉤
⑤ ㉤, ㉥

정답   ④

상대방이 이해하기 어려운 전문적 언어(㉣)나 단조로운 언어(㉤)는 의사표현에 사용되는 언어로 적절하지 않다.

오답분석

의사표현에 사용되는 적절한 언어로는 이해하기 쉬운 언어(㉠), 상세하고 구체적인 언어(㉡), 간결하면서 정확한 언어(㉢), 문법적
언어(㉥), 감각적 언어 등이 있다.

풀이 전략!

상황에 따른 의사표현법과 원활한 의사표현을 위한 유의사항을 항상 유념한다.

01 다음 글의 주제로 가장 적절한 것은?

> 싱가포르에서는 1982년부터 자동차에 대한 정기검사 제도가 시행되었는데, 그 체계가 우리나라의 검사제도와 매우 유사하다. 단, 우리나라와는 다르게 재검사에 대해 수수료를 부과하고 있고 금액은 처음 검사 수수료의 절반이다.
>
> 자동차 검사에서 특이한 점은 2007년 1월 1일부터 디젤 자동차에 대한 배출가스 정밀검사가 시행되고 있다는 점이다. 안전도검사의 검사방법 및 기준은 교통부에서 주관하고 배출가스검사의 검사방법 및 기준은 환경부에서 주관하고 있다.
>
> 싱가포르는 사실상 자동차 등록 총량제에 의해 관리되고 있다. 우리나라와 달리 자동차를 운행할 수 있는 권리증을 자동차 구매와 별도로 구매하여야 하며 그 가격이 매우 높다. 또한 일정 구간(혼잡구역)에 대한 도로세를 우리나라의 하이패스 시스템과 유사한 시스템인 ERP시스템을 통하여 징수하고 있다.
>
> 싱가포르는 강력한 자동차 안전도 규제, 이륜차에 대한 체계적인 검사와 ERP를 이용한 관리를 통해 검사진로 내에서 사진촬영보다 유용한 시스템을 적용한다. 그리고 분기별 기기 정밀도 검사를 시행하여 국민에게 신뢰받을 수 있는 정기검사 제도를 시행하고 국민의 신고에 의한 수시 검사제도를 통하여 불법자동차 근절에 앞장서고 있다.

① 싱가포르의 자동차 관리 시스템
② 싱가포르와 우리나라의 교통규제시스템
③ 싱가포르의 자동차 정기검사 제도
④ 싱가포르의 불법자동차 근절방법
⑤ 국민에게 신뢰받는 싱가포르의 교통법규

02 다음 문단을 논리적 순서대로 바르게 나열한 것은?

> 서울에 사는 주부 김모 씨는 세탁기나 청소기 등의 가전기기를 사용하기 전에 집안에 설치된 원격검침을 꼭 확인한다. 하루 중 전기료가 가장 저렴한 시간에 가전기기를 사용해 비용을 조금이라도 줄이고자 함이다.
>
> (가) 이를 활용하여 전력 공급자는 전력 사용 현황을 실시간으로 파악하여 공급량을 탄력적으로 조절할 수 있고, 전력 소비자는 전력 사용 현황을 실시간으로 파악함으로써 이에 맞게 요금이 비싼 시간대를 피하여 사용 시간과 사용량을 조절할 수 있게 되는 것이다.
>
> (나) 비현실적으로 들리는 이 사례들은 이제 우리의 일상이 될 수 있다. 이미 스마트폰을 이용해 외부에서 원격으로 집 안의 가전기기를 조작하고, 사물인터넷을 이용해 어떤 가전기기가 언제 전기를 가장 많이 쓰는지도 스마트폰 하나로 파악할 수 있는 시대이기 때문이다.
>
> (다) 비슷한 사례로 직업상 컴퓨터 사용이 많은 웹디자이너 강모 씨 역시 전기료가 가장 저렴한 심야 시간을 활용해 작업을 하다 보니 어느새 낮과 밤이 바뀌는 지경에 이르렀다.
>
> (라) 이러한 사물인터넷과 스마트그리드가 정착이 되면 미래의 전기 사용 패턴은 지금과 완전히 달라질 것이다. 기존에 발전 – 송전 – 배전 – 판매의 단계로 이루어지던 단방향 전력망이 전력 공급자와 소비자의 양방향 실시간 정보교환이 가능해지는 지능형 전력망으로 변화되기 때문이다.

① (가) – (나) – (다) – (라) ② (가) – (다) – (나) – (라)
③ (나) – (다) – (가) – (라) ④ (다) – (나) – (가) – (라)
⑤ (다) – (나) – (라) – (가)

03 다음은 금융통화위원회가 발표한 통화정책 의결사항이다. 〈보기〉의 설명 중 이에 대한 추론으로 옳지 않은 것을 모두 고르면?

〈통화정책 방향〉

금융통화위원회는 다음 통화정책 방향 결정 시까지 한국은행 기준금리를 현 수준(1.75%)에서 유지하여 통화정책을 운용하기로 하였다.

세계 경제는 성장세가 다소 완만해지는 움직임을 지속하였다. 국제금융시장에서는 미 연방준비은행의 통화정책 정상화 속도의 온건한 조절 및 미·중 무역 협상 진전에 대한 기대가 높아지면서 전월의 변동성 축소 흐름이 이어졌다. 앞으로 세계 경제와 국제금융시장은 보호무역주의 확산 정도, 주요국 통화정책 정상화 속도, 브렉시트 관련 불확실성 등에 영향을 받을 것으로 보인다.

국내경제는 설비 및 건설투자의 조정이 이어지고 수출 증가세가 둔화되었지만 소비가 완만한 증가세를 지속하면서 잠재성장률 수준에서 크게 벗어나지 않는 성장세를 이어간 것으로 판단된다. 고용상황은 취업자 수 증가 규모가 소폭에 그치는 등 부진한 모습을 보였다. 앞으로 국내경제의 성장흐름은 지난 1월 전망경로와 대체로 부합할 것으로 예상된다. 건설투자 조정이 지속되겠으나 소비가 증가 흐름을 이어가고 수출과 설비투자도 하반기로 가면서 점차 회복될 것으로 예상된다.

소비자물가는 석유류 가격 하락, 농·축·수산물 가격 상승 폭 축소 등으로 오름세가 0%대 후반으로 둔화되었다. 근원인플레이션율(식료품 및 에너지 제외 지수)은 1% 수준을, 일반인 기대인플레이션율은 2%대 초중반 수준을 나타내었다. 앞으로 소비자물가 상승률은 지난 1월 전망경로를 다소 하회하여 당분간 1%를 밑도는 수준에서 등락하다가 하반기 이후 1%대 중반을 나타낼 것으로 전망된다. 근원인플레이션율도 완만하게 상승할 것으로 보인다.

금융시장은 안정된 모습을 보였다. 주가가 미·중 무역 분쟁 완화 기대 등으로 상승하였으며, 장기시장금리와 원/달러 환율은 좁은 범위 내에서 등락하였다. 가계대출은 증가세 둔화가 이어졌으며, 주택가격은 소폭 하락하였다.

금융통화위원회는 앞으로 성장세 회복이 이어지고 중기적 시계에서 물가상승률이 목표수준에서 안정될 수 있도록 하는 한편 금융안정에 유의하여 통화정책을 운용해 나갈 것이다. 국내경제가 잠재성장률 수준에서 크게 벗어나지 않는 성장세를 지속하는 가운데 당분간 수요 측면에서의 물가상승압력은 크지 않을 것으로 전망되므로 통화정책의 완화기조를 유지해 나갈 것이다. 이 과정에서 완화정도의 추가 조정 여부는 향후 성장과 물가의 흐름을 면밀히 점검하면서 판단해 나갈 것이다. 아울러 주요국과의 교역여건, 주요 중앙은행의 통화정책 변화, 신흥시장국 금융·경제 상황, 가계부채 증가세, 지정학적 리스크 등도 주의 깊게 살펴볼 것이다.

보기

ㄱ 미국 연방준비은행의 통화정책이 급변한다면 국제금융시장의 변동성은 증가할 것이다.
ㄴ 소비자물가는 앞으로 남은 상반기 동안 1% 미만을 유지하다가 하반기가 되어서야 1%를 초과할 것으로 예상된다.
ㄷ 국내산업의 수출이 하락세로 진입하였으나, 경제성장률은 잠재성장률 수준을 유지하는 추세를 보인다.
ㄹ 수요 측면에서 물가상승압력이 급증한다면 국내 경제성장률에 큰 변동이 없더라도 금융통화위원회는 기존의 통화정책 기조를 변경할 것이다.

① ㄱ, ㄴ
② ㄱ, ㄷ
③ ㄴ, ㄷ
④ ㄴ, ㄹ
⑤ ㄷ, ㄹ

04 다음 글에 나타난 필자의 주장을 강화할 수 있는 논거를 〈보기〉에서 모두 고르면?

에너지 빈곤 요인은 상호 복합적이기 때문에 에너지 복지 정책도 이에 따라 복합적인 형태로 접근해야 한다. 단순 가격보조 형태의 에너지 복지 대책을 확대하는 것은 낮은 에너지 효율성이라는 에너지 빈곤 요인을 제거하지 못하기 때문에 행정적 부담만 지속적으로 증가할 것이다. 따라서 에너지 빈곤 해소의 가장 중요한 포인트는 에너지 효율성을 높여 에너지 소비량을 줄이는 방향으로 정책을 설계하는 것이며, 이를 통해 가격보조 효과가 발생할 수 있도록 유도해야 하는 것이다.

에너지 복지 프로그램은 크게 '공급형, 효율형, 전환형' 세 가지로 유형화할 수 있다. 정부가 주로 활용하고 있는 '공급형'은 긴급 구호 형태를 띠는 연료비 보존 및 단전 유예 등을 들 수 있다. 그러나 공급형은 에너지 수요 관리를 해야 하는 에너지 정책과 상충하고, 복지 효과 역시 지속적이지 않다는 단점이 있다. 이를 발전시킨 것이 미국의 저소득층 에너지 효율화 집수리 서비스(WAP; Weatherization Assistance Program)와 같은 '효율형' 에너지 복지 대책이다. 이는 에너지 수요를 줄이면서도, 중장기적으로는 요금 절감 효과가 있어 '공급형'에 비해 훨씬 효과가 높은 것으로 평가받고 있다. 또한 저소득층을 에너지 효율화 집수리 사업에 고용하여 일자리 창출 효과도 높일 수 있다. 마지막으로 에너지원 자체를 재생 가능 에너지로 전환해 주는 '전환형' 방법이 있다. 앞의 두 유형보다 복지·환경 효과는 더 높은 데 비해 재원이 많이 소요되고, 법·제도적으로도 보완해야 할 점이 많다는 점에서 시기상조로 보는 시각도 존재한다.

따라서 중단기적으로는 '효율형' 에너지 복지 대책에 집중하되, '전환형' 에너지 복지 프로그램을 병행하는 단계적 접근 전략이 필요하다. 그러나 현재 우리나라의 에너지 복지 정책들은 에너지 비용을 지원하는 단기적이고, 화석 에너지 중심의 기본적인 수준에 머물고 있다. 이에 따라 복지 효과는 지속되지 못하고, 오히려 에너지 사용량이 늘어나 에너지 절감과 같은 환경 보호 효과는 다른 정책에 역행하는 양상을 나타내고 있다. 따라서 한국의 에너지 복지 정책 역시 단계적인 에너지 효율 개선과 에너지 전환을 위한 발전으로 확장할 필요가 있다.

보기

㉠ 저소득층에게 에너지 지원은 필수이다.
㉡ 현물이나 현금을 지원하는 것은 일시적 미봉책에 불과하다.
㉢ 에너지 복지 사업은 고용 창출과 환경 보호를 고려해야 한다.

---

① ㉠
② ㉠, ㉡
③ ㉡, ㉢
④ ㉠, ㉢
⑤ ㉠, ㉡, ㉢

05 다음 글의 요지로 가장 적절한 것은?

> 인지부조화는 한 개인이 가지는 둘 이상의 사고, 태도, 신념, 의견 등이 서로 일치하지 않거나 상반될 때 생겨나는 심리적인 긴장상태를 의미한다. 인지부조화는 불편함을 유발하기 때문에 사람들은 이것을 감소시키려고 한다. 인지부조화를 감소시키는 방법은 서로 모순관계에 있어서 양립할 수 없는 인지들 가운데 하나 이상의 인지가 갖는 내용을 바꾸어 양립할 수 있게 만들거나, 서로 모순되는 인지들 간의 차이를 좁힐 수 있는 새로운 인지를 추가하여 부조화된 인지상태를 조화된 상태로 전환하는 것이다.
>
> 그런데 실제로 부조화를 감소시키는 행동은 비합리적인 면이 있다. 그 이유는 그러한 행동들이 사람들로 하여금 중요한 사실을 배우지 못하게 하고 자신들의 문제에 대하여 실제적인 해결책을 찾지 못하도록 할 수 있기 때문이다. 부조화를 감소시키려는 행동은 자기방어적인 행동이고, 부조화를 감소시킴으로써 우리는 자신의 긍정적인 이미지, 즉 자신이 선하고 현명하며 상당히 가치 있는 인물이라는 긍정적인 측면의 이미지를 유지하게 된다. 비록 자기방어적인 행동이 유용한 것으로 생각될 수 있지만, 이러한 행동은 부정적 결과를 초래할 수 있다.

① 인지부조화를 극복하기 위해 합리적인 사고가 필요하다.
② 인지부조화를 감소시키는 방법의 비합리성으로 인해 부정적 결과가 초래될 수 있다.
③ 인지부조화는 합리적인 사고에 도움을 준다는 점에서 긍정적이다.
④ 인지부조화는 자기방어적 행동을 유발하여 정신건강을 해친다.
⑤ 인지부조화를 감소시키는 과정은 긍정적인 자기 이미지 만들기에 효과적이다.

06 다음 중 (가) ~ (라) 문단을 논리적 순서대로 바르게 나열한 것은?

> (가) 앞으로도 A공단은 더욱 다양한 지원을 통해 지역 사회의 장애인에게 좋은 일자리를 제공함으로써 구성원들의 경제적 자립을 도와 공공기관의 사회적 가치 실현에 앞장설 것으로 기대하고 있다.
>
> (나) A공단의 경영지원실장은 "A공단 1사옥의 세탁소와 편의점 시설은 이미 지역 어르신들에게 맡겨 운영 중이며, 2사옥이 완공되면 지역 장애인들이 건강한 사회구성원으로 성장할 수 있도록 직업훈련의 기회와 일터를 제공하는 등 필요한 지원을 아끼지 않겠다."고 밝혔다.
>
> (다) A공단이 원주지역 장애인들의 사회 참여와 고용 확대를 위한 지원사업의 첫 삽을 떴다. A공단과 장애인부모연대 원주시 지회는 본원에서 '장애인 자립·자활 지원 협약식'을 가졌다. 협약식에는 A공단 경영지원실장, 장애인부모연대 원주시 지회 대표가 참석했다.
>
> (라) 이번 협약을 통해 A공단은 지역 장애인들이 돌봄 시설에서 벗어나 독립된 사회 구성원으로 역할을 할 수 있도록 교육 프로그램을 지원하고, 안정적인 일자리 및 환경을 제공하기로 했다. A공단은 장애인 자활을 위해 현재 건설 중인 2사옥 부지에 중증장애인들의 직무훈련을 위한 일터를 제공하고, 장애인부모연대는 바리스타 교육 등을 담당하여 장애인의 직업수행 역량을 키울 예정이다.

① (가) – (나) – (다) – (라) ② (가) – (다) – (나) – (라)
③ (다) – (나) – (라) – (가) ④ (다) – (라) – (나) – (가)
⑤ (라) – (나) – (가) – (다)

07 다음 글을 읽고 이에 대한 내용으로 가장 적절한 것은?

> 80대 20 법칙, 2대 8 법칙으로 불리기도 하는 파레토 법칙은 전체 결과의 80%가 전체 원인의 20%에서 일어나는 현상을 가리킨다. 결국 크게 수익이 되는 것은 20%의 상품군, 그리고 20%의 구매자이기에 이들에게 많은 역량을 집중할 필요가 있다는 것으로, 이른바 선택과 집중이라는 경영학의 기본 개념으로 자리 잡아 왔다.
>
> 하지만 파레토 법칙은 현상에 붙은 이름일 뿐 법칙의 필연성을 설명하진 않으며, 그 적용이 쉬운 만큼 내부의 개연성을 명확하게 파악하지 않으면 오용될 여지가 다분하다는 문제점을 지니고 있다. 예컨대 상위권 성적을 지닌 20%의 학생을 한 그룹으로 모아놓는다고 해서 그들의 80%가 갑작스레 공부를 중단하진 않을 것이며, 20%의 고객이 80%의 매출에 기여하므로 백화점 찾는 80%의 고객들을 홀대해도 된다는 비약으로 이어질 수 있기 때문이다.

① 파레토 법칙은 80%의 고객을 경원시하는 법칙이다.
② 파레토 법칙을 함부로 여러 사례에 적용해서는 안 된다.
③ 파레토 법칙은 20%의 주요 구매자를 찾아내는 데 유효한 법칙이다.
④ 파레토 법칙은 보다 효율적인 판매 전략을 세우는 데 도움을 준다.
⑤ 파레토 법칙을 제외하면 전반적인 사례를 분석하는 데 용이해진다.

08 다음 글의 요지로 가장 적절한 것은?

> 옛날에 어진 인재는 보잘것없는 집안에서 많이 나왔었다. 그때에도 지금 우리나라와 같은 법을 썼다면, 범중엄이 재상 때에 이룬 공업이 없었을 것이요, 진관과 반양귀는 곧은 신하라는 이름을 얻지 못하였을 것이며, 사마양저, 위청과 같은 장수와 왕부의 문장도 끝내 세상에서 쓰이지 못했을 것이다. 하늘이 냈는데도 사람이 버리는 것은 하늘을 거스르는 것이다. 하늘을 거스르고도 하늘에 나라를 길이 유지하게 해 달라고 비는 것은 있을 수 없는 일이다.

① 인재는 많을수록 좋다.
② 인재 선발에 투자하여야 한다.
③ 인재를 차별 없이 등용해야 한다.
④ 인재를 적재적소에 배치해야 한다.
⑤ 인재는 능력과 출신을 함께 고려하여 선발해야 한다.

다음 글의 내용으로 적절하지 않은 것은?

> 연방준비제도(이하 연준)가 고용 증대에 주안점을 둔 정책을 입안한다 해도 정책이 분배에 미치는 영향을 고려하지 않는다면, 그 정책은 거품과 불평등만 부풀릴 것이다. 기술 산업의 거품 붕괴로 인한 경기 침체에 대응하여 2000년대 초에 연준이 시행한 저금리 정책이 이를 잘 보여준다.
>
> 특정한 상황에서는 금리 변동이 투자와 소비의 변화를 통해 경기와 고용에 영향을 줄 수 있다. 하지만 다른 수단이 훨씬 더 효과적인 상황도 많다. 가령 부동산 거품에 대한 대응책으로는 금리 인상보다 주택 담보 대출에 대한 규제가 더 합리적이다. 생산적 투자를 위축시키지 않으면서 부동산 거품을 가라앉힐 수 있기 때문이다.
>
> 경기 침체라 하더라도, 금리 인하는 은행의 비용을 줄여주는 것 말고는 경기 회복에 별다른 도움이 되지 않을 수 있다. 대부분의 부문에서 설비 가동률이 낮은 상황이라면, 대출 금리가 낮아져도 생산적인 투자가 별로 증대하지 않는다. 2000년대 초가 바로 그런 상황이었기 때문에, 당시의 저금리 정책은 생산적인 투자 증가 대신에 주택 시장의 거품만 초래한 것이다.
>
> 금리 인하는 국공채에 투자했던 퇴직자들의 소득을 감소시켰다. 노년층에서 정부로, 정부에서 금융업으로 부의 대규모 이동이 이루어져 불평등이 심화되었다. 이에 따라 금리 인하는 다양한 경로로 소비를 위축시켰다. 은퇴 후의 소득을 확보하기 위해, 혹은 자녀의 학자금을 확보하기 위해 사람들은 저축을 늘렸다. 연준은 금리 인하가 주가 상승으로 이어질 것이므로 소비가 늘어날 것이라고 주장했다. 하지만 2000년대 초 연준의 금리 인하 이후 주가 상승에 따라 발생한 이득은 대체로 부유층에 집중되었으므로 대대적인 소비 증가로 이어지지 않았다.
>
> 2000년대 초 고용 증대를 기대하고 시행한 연준의 저금리 정책은 노동을 자본으로 대체하는 투자를 증대시켰다. 인위적인 저금리로 자본 비용이 낮아지자 이런 기회를 이용하려는 유인이 생겨났다. 노동력이 풍부한 상황인데도 노동을 절약하는 방향의 혁신이 강화되었고, 미숙련 노동자들의 실업률이 높은 상황인데도 가게들은 계산원을 해고하고 자동화 기계를 들여놓았다. 경기가 회복되더라도 실업률이 떨어지지 않는 구조가 만들어진 것이다.

① 금리 인상은 부동산 거품 대응 정책 가운데 가장 효과적인 정책이 아닐 수 있다.

② 2000년대 초 연준이 금리 인하 정책을 시행한 후 주택 가격과 주식 가격은 상승하였다.

③ 2000년대 초 기술 산업 거품의 붕괴로 인한 경기 침체기에 설비 가동률은 대부분의 부문에서 낮은 상태였다.

④ 2000년대 초 연준은 고용 증대를 기대하고 금리를 인하했지만, 결과적으로 고용 증대가 더 어려워지도록 만들었다.

⑤ 2000년대 초 연준의 금리 인하로 국공채에 투자한 퇴직자의 소득이 줄어들어 금융업으로부터 정부로 부가 이동하였다.

10 다음 중 경청 훈련을 위한 방법으로 옳지 않은 것은?

① 바라보고 듣고 따라하는 등 주의를 기울인다.
② 상대방의 경험을 인정하고 더 많은 정보를 요청한다.
③ 정확성을 위해 상대방의 말을 요약한다.
④ '왜?'라는 질문을 계속해서 시도한다.
⑤ 상대방에 대한 선입견을 버려야 한다.

11 다음 중 경청을 위한 방법으로 옳지 않은 것은?

① 대화 내용에 대해 질문할 것을 생각해본다.
② 대화 중 시간 간격이 있으면 상대가 무엇을 말할지 추측해본다.
③ 상대방의 메시지를 나와 관련지어 생각해본다.
④ 상대의 말을 들을 때는 말에만 집중해야 하므로 그 내용을 요약하지 않는다.
⑤ 대화에 집중하고 있음을 드러내기 위해 상대방과 눈을 자주 맞춘다.

12 다음 글의 요지를 관용적으로 표현한 속담으로 가장 적절한 것은?

> 우리가 처한 현실이 어렵다는 것은 사실입니다. 그러나 이럴 때일수록 우리가 할 수 있는 일이 무엇인가를 냉철히 생각해 보아야겠지요. 급한 마음에 표면적으로 나타나는 문제만 해결하려 했다가는 문제를 더 나쁘게 만들 수도 있는 일이니까요. 가령 말입니다. 우리나라에 닥친 경제 위기가 외환 위기라 하여 무조건 외제 상품을 배척하는 일은 옳지 않다는 겁니다. 물론 무분별한 외제 선호 경향은 이 기회에 우리가 뿌리 뽑아야겠지요. 그렇게 함으로써 불필요한 외화 유출을 막고, 우리의 외화 부족 사태를 해소할 수도 있을 테니까요.
> 그러나 우리나라는 경제 여건상 무역에 의존할 수밖에 없는 나라입니다. 다시 말해 수출을 하지 않으면 우리의 경제를 원활히 운영하기가 어려운 나라입니다. 그런데 우리가 무조건 외제 상품을 구매하지 않는다면, 다른 나라의 반발을 초래할 수가 있습니다. 즉, 그들도 우리의 상품을 구매하지 않는다는 것이죠. 그렇게 된다면 우리의 경제는 더욱 열악한 상황으로 빠져들게 된다는 것은 불을 보듯 뻔한 일입니다. 냉철하게 생각해서 건전한 소비를 이끌어 내는 것이 필요한 때라고 봅니다.

① 타산지석(他山之石)의 지혜가 필요한 때이다.
② 언 발에 오줌 누기식의 대응은 곤란하다.
③ 우물에서 숭늉 찾는 일은 어리석은 일이다.
④ 소 잃고 외양간 고치는 일은 없어야 하겠다.
⑤ 호랑이에게 잡혀가도 정신만 차리면 살 수 있다.

13 다음 글을 읽고 속담을 활용하여 이해한 내용으로 가장 적절한 것은?

최근 핀테크가 등장하면서 예금과 대출만이 아니라 투자, 자산 관리, 채무 보증, 파생 거래 등 수많은 금융서비스가 전통적인 금융회사들로부터 분리를 거듭하자 많은 사람들은 금융회사의 해체 과정에만 주목하고 있다. 은행의 해체라는 화두가 등장한 것도 이 때문이다. 하지만 전체적인 흐름에서 보면 분절 또는 해체의 과정만 일어나고 있는 것은 아니다.

넷스케이프(Netscape)의 전 CEO 짐 박스데일에 따르면 사업에서 돈을 버는 방법은 통합하는 것(Bundle)과 해체하는 것(Unbundle) 두 가지라고 했듯이 해체와 통합은 상시적으로 필요에 의해 일어난다. 예를 들면 은행으로부터 대출을 떼어 온 P2P들도 대출 이외에 더 많은 서비스를 고객에게 원스톱으로 제공하기 위해 새로운 서비스를 자신의 범주에 통합하려고 노력하고 있다. 지급결제로 홀로서기에 성공한 심플(Simple) 등 상당수 핀테크도 초기 성공을 바탕으로 은행업 면허를 받아 종합금융 서비스를 제공하려 하고 있다. 즉 핀테크들이 기존 금융회사보다 세분된 서비스를 빅데이터와 인공 지능의 도움을 받아 제공하면서 전통 금융회사들의 대안으로 떠올랐지만, 어느 임계점에 들어서 다른 금융 서비스를 추가하면서 종합금융서비스 기관으로 변신을 추진하고 있다. 이는 새로운 기술로 무장한 다른 핀테크들이 등장할 기회를 제공한다. 이처럼 통합과 해체의 사이클은 끊임없이 계속되는 것이다.

전통적인 금융회사들도 자신의 영역을 핀테크에 내주고 있는듯 하지만 이 또한 또 다른 통합을 지향하고 있음을 알아야 한다. 즉 은행들은 오픈 API(Application Programming Interfaces)를 통해 자신의 핵심 경쟁력을 공개하고 있지만, 이는 역으로 자신이 핀테크들의 플랫폼으로 자리 잡을 기회를 확보한 것이다. 결국 보는 관점에 따라 현재 금융시장에서 해체와 통합이 동시다발적으로 일어나고 있다고 볼 수 있다.

① 금융회사들은 핀테크를 강 건너 불구경하듯 하는구나.
② 핀테크는 금융업에 있어서 귀에 걸면 귀걸이 코에 걸면 코걸이로 볼 수 있겠군.
③ 핀테크에 대한 금융업의 모습을 보니 우물에 가 숭늉을 찾는 꼴이구나.
④ 될성부른 나무는 떡잎부터 알아본다더니, 핀테크의 발전은 예상된 것이었어.
⑤ 사공이 많으면 배가 산으로 간다던데 앞으로 핀테크의 방향이 걱정되는구나.

14 밑줄 친 ㉠~㉤ 중 단어의 쓰임이 적절하지 않은 것은?

> 컴퓨터가 인간의 지능 활동을 ㉠ 창조할 수 있도록 하는 것을 인공지능이라 한다. 즉, 인간의 지능이 할 수 있는 사고·학습·자기 계발 등을 컴퓨터가 할 수 있도록 연구하는 컴퓨터 공학 및 정보기술 분야를 말한다. 초기의 인공지능은 게임·바둑 등의 분야에 사용되는 정도였지만, 실생활에 ㉡ 응용되기 시작하면서 지능형 로봇 등 활용 분야가 ㉢ 비약적으로 발전하였다. 또한 인공지능은 그 자체만으로 존재하는 것이 아니라 컴퓨터 과학의 다른 분야와 직간접으로 많은 ㉣ 관련을 맺고 있다. 특히 현대에는 정보기술의 여러 분야에서 인공지능적 요소를 도입해 그 분야의 문제 해결에 활용하려는 ㉤ 시도가 활발히 이루어지고 있다.

① ㉠ 창조   ② ㉡ 응용
③ ㉢ 비약적   ④ ㉣ 관련
⑤ ㉤ 시도

15 다음 문단을 논리적 순서대로 바르게 나열한 것은?

> (가) 이에 따라 오픈뱅킹시스템의 기능을 확대하고, 보안성을 강화하기 위한 정책적 노력이 필요할 것으로 판단된다. 오픈뱅킹시스템이 금융 인프라로서 지속성, 안정성, 확장성 등을 가지기 위해서는 오픈뱅킹시스템에 대한 법적 근거가 필요하다. 법제화와 함께 오픈뱅킹시스템에서 발생할 수 있는 사고에 대한 신속하고 효율적인 해결 방안에 대해 이해관계자 간의 긴밀한 협의도 필요하다. 오픈뱅킹시스템의 리스크를 경감하고, 사고 발생 시 신속하고 효율적으로 해결하는 체계를 갖춰 소비자의 신뢰를 얻는 것이 오픈뱅킹시스템, 나아가 마이데이터업을 포함하는 오픈뱅킹의 성패를 좌우할 열쇠이기 때문이다.
>
> (나) 우리나라 정책 당국도 은행뿐만 아니라 모든 금융회사가 보유한 정보를 개방하는 오픈뱅킹을 선도해서 추진하고 있다. 먼저 은행권과 금융결제원이 공동으로 구축한 오픈뱅킹시스템이 지난해 전면 시행되었다. 은행 및 핀테크 사업자는 오픈뱅킹시스템을 이용해 은행계좌에 대한 정보 조회와 은행계좌로부터의 이체 기능을 편리하게 개발하였다. 현재 저축은행 등의 제2금융권 계좌에 대한 정보 조회와 이체 기능을 추가하는 방안이 논의 중이다.
>
> (다) 핀테크의 발전과 함께 은행이 보유한 정보를 개방하는 오픈뱅킹 정책이 각국에서 추진되고 있다. 오픈뱅킹은 은행이 보유한 고객의 정보에 해당 고객의 동의를 받아 다른 금융회사 및 핀테크 사업자 등 제3자가 접근할 수 있도록 허용하는 정부의 정책 또는 은행의 자발적인 활동을 의미한다.
>
> (라) 한편 올해 1월에 개정된 신용정보법이 7월에 시행됨에 따라 마이데이터 산업이 도입되었다. 마이데이터란 개인이 각종 기관과 기업에 산재하는 신용정보 등 자신의 개인정보를 확인하여 직접 관리하고 활용할 수 있는 서비스를 말한다. 향후 마이데이터 사업자는 고객의 동의를 받아 금융회사가 보유한 고객의 정보에 접근하는 오픈뱅킹업을 수행할 예정이다.

① (나) – (다) – (라) – (나)   ② (나) – (가) – (다) – (라)
③ (다) – (나) – (라) – (가)   ④ (다) – (나) – (가) – (라)
⑤ (다) – (가) – (라) – (나)

CHAPTER 02

수리능력

합격 CHEAT KEY

수리능력은 사칙연산·통계·확률의 의미를 정확하게 이해하고 이를 업무에 적용하는 능력으로, 기초연산과 기초통계, 도표분석 및 작성의 문제 유형으로 출제된다. 수리능력 역시 채택하지 않는 공사·공단이 거의 없을 만큼 필기시험에서 중요도가 높은 영역이다.

수리능력은 NCS 기반 채용을 진행한 거의 모든 기업에서 다루었으며, 문항 수는 전체의 평균 16% 정도로 많이 출제되었다. 특히, 난이도가 높은 공사·공단의 시험에서는 도표분석, 즉 자료해석 유형의 문제가 많이 출제되고 있고, 응용수리 역시 꾸준히 출제하는 공사·공단이 많기 때문에 기초연산과 기초통계에 대한 공식의 암기와 자료해석능력을 기를 수 있는 꾸준한 연습이 필요하다.

01 응용수리능력의 공식은 반드시 암기하라!

응용수리능력은 지문이 짧지만, 풀이 과정은 긴 문제도 자주 볼 수 있다. 그렇기 때문에 응용수리능력의 공식을 반드시 암기하여 문제의 상황에 맞는 공식을 적절하게 적용하여 답을 도출해야 한다. 따라서 문제에서 묻는 것을 정확하게 파악하여 그에 맞는 공식을 적절하게 적용하는 꾸준한 노력과 공식을 암기하는 연습이 필요하다.

02 통계에서의 사건이 동시에 발생하는지 개별적으로 발생하는지 구분하라!

통계에서는 사건이 개별적으로 발생했을 때, 경우의 수는 합의 법칙, 확률은 덧셈정리를 활용하여 계산하며, 사건이 동시에 발생했을 때, 경우의 수는 곱의 법칙, 확률은 곱셈정리를 활용하여 계산한다. 특히, 기초통계능력에서 출제되는 문제 중 순열과 조합의 계산 방법이 필요한 문제도 다수이므로 순열(순서대로 나열)과 조합(순서에 상관없이 나열)의 차이점을 숙지하는 것 또한 중요하다. 통계 문제에서의 사건 발생 여부만 잘 판단하여도 계산과 공식을 적용하기가 수월하므로 문제의 의도를 잘 파악하는 것이 중요하다.

03   자료의 해석은 자료에서 즉시 확인할 수 있는 지문부터 확인하라!

대부분의 취업준비생들이 어려워 하는 영역이 수리영역 중 도표분석, 즉 자료해석능력이다. 자료는 표 또는 그래프로 제시되고, 쉬운 지문은 증가 혹은 감소 추이, 간단한 사칙연산으로 풀이가 가능한 문제 등이 있고, 자료의 조사기간 동안 전년 대비 증가율 혹은 감소율이 가장 높은 기간을 찾는 문제들도 있다. 따라서 일단 증가·감소 추이와 같이 눈으로 확인이 가능한 지문을 먼저 확인한 후 복잡한 계산이 필요한 지문을 확인하는 방법으로 문제를 풀이한다면, 시간을 조금이라도 아낄 수 있다. 특히, 그래프와 같은 경우에는 그래프에 대한 특징을 알고 있다면, 그래프의 길이 혹은 높낮이 등으로 대강의 수치를 빠르게 확인이 가능하므로 이에 대한 숙지도 필요하다. 또한, 여러 가지 보기가 주어진 문제 역시 지문을 잘 확인하고 문제를 풀이한다면 불필요한 계산을 생략할 수 있으므로 항상 지문부터 확인하는 습관을 들이기를 바란다.

04   도표작성능력에서 지문에 작성된 도표의 제목을 반드시 확인하라!

도표작성은 하나의 자료 혹은 보고서와 같은 수치가 표현된 자료를 도표로 작성하는 형식으로 출제되는데, 대체로 표보다는 그래프를 작성하는 형태로 많이 출제된다. 지문을 살펴보면 각 지문에서 주어진 도표에도 소제목이 있는 경우가 대부분이다. 이때, 자료의 수치와 도표의 제목이 일치하지 않는 경우 함정이 존재하는 문제일 가능성이 높으므로 도표의 제목을 반드시 확인하는 것이 중요하다. 도표작성의 경우 대부분 비율 계산이 많이 출제되는데, 도표의 제목과는 다른 수치로 작성된 도표가 존재하는 경우가 있다. 그렇기 때문에 지문에서 작성된 도표의 소제목을 먼저 확인하는 연습을 하여 간단하지 않은 비율 계산을 두 번 하는 일이 없도록 해야 한다.

| 01 | 수리능력

1. 수리능력의 의의

(1) 수리능력이란?

직업생활에서 요구되는 사칙연산과 기초적인 통계를 이해하고, 도표의 의미를 파악하거나 도표를 이용해서 결과를 효과적으로 제시하는 능력을 의미한다.

(2) 수리능력의 분류

분류	내용
기초연산능력	기초적인 사칙연산과 계산방법을 이해하고 활용하는 능력
기초통계능력	평균, 합계와 같은 기초적인 통계기법을 활용하여 자료의 특성과 경향성을 파악하는 능력
도표분석능력	도표의 의미를 파악하고, 필요한 정보를 해석하는 능력
도표작성능력	자료를 이용하여 도표를 효과적으로 제시하는 능력

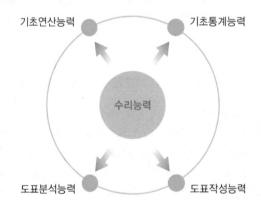

2. 수리능력의 중요성

(1) 수학적 사고를 통한 문제해결

수학 원리를 활용하면 업무 중 문제 해결이 더욱 쉽고 편해진다.

(2) 직업세계 변화에 적응

수리능력은 논리적이고 단계적 학습을 통해서만 향상된다. 수십 년에 걸친 직업세계의 변화에 적응하기 위해 수리능력을 길러야 한다.

(3) 실용적 가치의 구현

수리능력의 향상을 통해 일상생활과 업무수행에 필요한 수학적 지식을 습득하며, 생활 수준의 발전에 따라 실용성도 늘어난다.

3. 도표의 분석 및 작성

(1) 도표의 의의

내용을 선, 그림, 원 등으로 시각화하여 표현하는 것이며, 한눈에 내용을 파악할 수 있다는 데에 그 특징이 있다.

(2) 도표 작성의 목적

① 타인에 대한 보고·설명 : 회의에서의 설명, 상급자에게 보고
② 현재의 상황분석 : 상품별 매출액의 경향
③ 관리목적 : 진도표

(3) 도표 작성 시 주의사항

- 보기 쉽게 깨끗이 그린다.
- 하나의 도표에 여러 가지 내용을 넣지 않는다.
- 특별히 순서가 정해져 있지 않는 것은 큰 것부터, 왼쪽에서 오른쪽으로, 또는 위에서 아래로 그린다.
- 눈금의 간격을 부적절하게 설정할 경우 수치가 왜곡될 수 있으므로 주의한다.
- 수치를 생략할 경우에는 잘못 이해하는 경우가 생길 수 있으므로 주의한다.
- 컴퓨터에 의한 전산 그래프를 최대한 이용한다.

4. 일상생활에서 필요한 단위의 환산

종류	단위 환산
길이	$1cm=10mm$, $1m=100cm$, $1km=1,000m$
넓이	$1cm^2=100mm^2$, $1m^2=10,000cm^2$, $1km^2=1,000,000m^2$
부피	$1cm^3=1,000mm^3$, $1m^3=1,000,000cm^3$, $1km^3=1,000,000,000m^3$
들이	$1mL=1cm^3$, $1dL=100m^3=100mL$, $1L=1,000m^3=10dL$
무게	$1kg=1,000g$, $1t=1,000kg=1,000,000g$
시간	1분=60초, 1시간=60분=3,600초
할푼리	1푼=0.1할, 1리=0.01할, 1모=0.001할

1부터 200까지의 숫자 중 약수가 3개인 수는 몇 개인가?

① 5개   ② 6개

③ 7개   ④ 8개

1에서 200까지의 숫자 중 소수인 수는 약수가 2개이고, 소수의 제곱은 약수가 3개이므로 2, 3, 5, 7, 11, 13의 제곱인 4, 9, 25, 49, 121, 169 총 6개이다.

정답 ②

| 02 | 기초연산능력

1. 사칙연산과 검산

(1) 사칙연산의 의의

수에 관한 덧셈, 뺄셈, 곱셈, 나눗셈의 네 종류의 계산법으로 사칙계산이라고도 한다. 특히 업무를 원활하게 수행하기 위해서는 기본적인 사칙연산뿐만 아니라 복잡한 사칙연산까지도 수행할 수 있어야 한다.

(2) 기초연산능력이 요구되는 상황

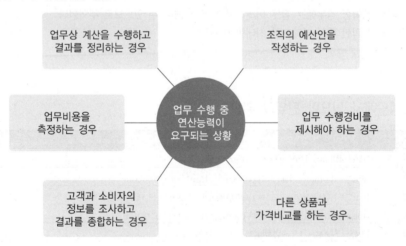

다음 식을 계산하면 얼마인가?

$$14-(3\times4)$$

① 2 ② 5
③ 7 ④ 44

$$\therefore\ 14-(3\times4)=14-12=2$$

정답 ①

(3) 검산

① 검산의 의의

연산의 결과를 확인하는 과정을 의미하며, 업무를 수행하는 데 있어서 연산의 결과를 확인하는 검산 과정을 거치는 것은 필수적이다.

② 검산방법의 종류

역연산법	본래의 풀이와 반대로 연산을 해가면서 본래의 답이 맞는지를 확인해나가는 방법이다.
구거법	원래의 수와 각자리 수의 합이 9로 나눈 나머지와 같다는 원리를 이용하는 것으로써, 각각의 수를 9로 나눈 나머지가 같은지를 확인하는 방법이다.

③ 구거법의 예

$3,456+341=3,797$에서 좌변의 $3+4+5+6$의 9로 나눈 나머지는 0, $3+4+1$의 9로 나눈 나머지는 8이고, 우변의 $3+7+9+7$을 9로 나눈 나머지는 8인데, 구거법에 의하면 좌변의 나머지의 합 (8)과 우변의 나머지(8)가 같으므로 이 계산은 옳은 것이 된다.

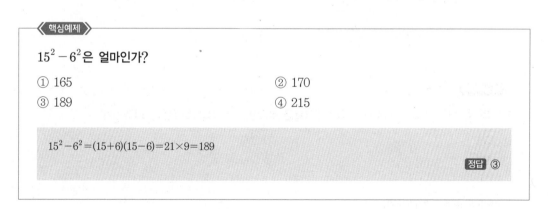

핵심예제

15^2-6^2은 얼마인가?

① 165 ② 170
③ 189 ④ 215

$$15^2-6^2=(15+6)(15-6)=21\times9=189$$

정답 ③

2. 응용수리

(1) 방정식 · 부등식의 활용

① 거리 · 속력 · 시간

$$(거리)=(속력)\times(시간), \quad (속력)=\frac{(거리)}{(시간)}, \quad (시간)=\frac{(거리)}{(속력)}$$

② 일

전체 작업량을 1로 놓고, 단위 시간 동안 한 일의 양을 기준으로 식을 세움

〈 핵심예제 〉

영미가 혼자 하면 4일, 민수가 혼자 하면 6일 걸리는 일이 있다. 영미가 먼저 2일 동안 일하고, 남은 양을 민수가 끝내려고 한다. 민수는 며칠 동안 일을 해야 하는가?

① 2일   ② 3일
③ 4일   ④ 5일

영미와 민수가 하루에 할 수 있는 일의 양은 각각 $\frac{1}{4}$, $\frac{1}{6}$이다. 민수가 x일 동안 일한다고 하면,

$$\frac{1}{4}\times2+\frac{1}{6}\times x=1 \rightarrow \frac{x}{6}=\frac{1}{2}$$

$$\therefore x=3$$

정답 ②

---

③ 농도

㉠ [소금물의 농도(%)]$=\dfrac{(소금의\ 양)}{(소금물의\ 양)}\times100$

㉡ (소금의 양)$=\dfrac{[소금물의\ 농도(\%)]}{100}\times(소금물의\ 양)$

〈 핵심예제 〉

10%의 소금물 100g과 25%의 소금물 200g을 섞으면, 몇 %의 소금물이 되겠는가?

① 15%   ② 20%
③ 25%   ④ 30%

$x\%$의 소금물이 된다고 하면

$$\frac{10}{100}\times100+\frac{25}{100}\times200=\frac{x}{100}\times(100+200)$$

$$\therefore x=20$$

정답 ②

---

④ 나이

문제에서 제시된 조건의 나이가 현재인지 과거인지를 확인한 후 구해야 하는 한 명의 나이를 변수로 잡고 식을 세움

⑤ 비율

x가 $a\%$ 증가 : $x \times \left(1 + \dfrac{a}{100}\right)$, x가 $a\%$ 감소 : $x \times \left(1 - \dfrac{a}{100}\right)$

⑥ 금액

㉠ (정가)＝(원가)＋(이익)

　※ (이익)＝(원가)×(이율)

㉡ a원에서 $b\%$ 할인한 가격＝$a \times \left(1 - \dfrac{b}{100}\right)$

㉢ 단리법·복리법(원금 : a, 이율 : r, 기간 : n, 원리합계 : S)

단리법	복리법
• 정의 : 원금에 대해서만 약정된 이자율과 기간을 곱해 이자를 계산 • $S = a \times (1 + r \times n)$	• 정의 : 원금에 대한 이자를 가산한 후 이 합계액을 새로운 원금으로 계산 • $S = a \times (1 + r)^n$

⑦ 날짜·요일

㉠ 1일＝24시간＝1,440(＝24×60)분＝86,400(＝1,440×60)초

㉡ 월별 일수 : 1, 3, 5, 7, 8, 10, 12월은 31일, 4, 6, 9, 11월은 30일, 2월은 28일 또는 29일

㉢ 윤년(2월 29일)은 4년에 1회

《 핵심예제 》

2월 5일이 수요일이라고 할 때, 8월 15일은 무슨 요일인가?(단, 2월은 29일까지이다)

① 토요일　　　　　　　　　　② 일요일

③ 월요일　　　　　　　　　　④ 화요일

2월 5일에서 8월 15일까지는 총 24＋31＋30＋31＋30＋31＋15＝192일이다. 이를 7로 나누면 192÷7=27 ⋯ 3이므로 8월 15일은 토요일이다.

정답 ①

---

⑧ 시계

㉠ 시침이 1시간 동안 이동하는 각도 : $\dfrac{360°}{12} = 30°$

㉡ 시침이 1분 동안 이동하는 각도 : $\dfrac{30°}{60} = 0.5°$

㉢ 분침이 1분 동안 이동하는 각도 : $\dfrac{360°}{60} = 6°$

《 핵심예제 》

12시 이후 처음으로 시침과 분침의 각도가 55°가 되는 시각은 12시 몇 분인가?

① 10분 　　　　　　　　　　　　　　② 11분

③ 12분 　　　　　　　　　　　　　　④ 13분

시침은 1시간에 30°, 1분에 0.5°씩 움직인다. 분침은 1분에 6°씩 움직이므로 시침과 분침은 1분에 5.5°씩 차이가 난다. 12시에 분침과 시침 사이의 각은 0°이고, 55°가 되려면 5.5°씩 10번 벌어지면 된다.

정답 ①

---

⑨ 수

ㄱ 연속한 두 자연수 : x, $x+1$

ㄴ 연속한 세 자연수 : $x-1$, x, $x+1$

ㄷ 연속한 두 짝수(홀수) : x, $x+2$

ㄹ 연속한 세 짝수(홀수) : $x-2$, x, $x+2$

ㅁ 십의 자릿수가 x, 일의 자릿수가 y인 두 자리 자연수 : $10x+y$

ㅂ 백의 자릿수가 x, 십의 자릿수가 y, 일의 자릿수가 z인 세 자리 자연수

　　: $100x+10y+z$

(2) 경우의 수와 확률

① 경우의 수

ㄱ 어떤 사건이 일어날 수 있는 모든 가짓수

ㄴ 합의 법칙 : 두 사건 A와 B가 동시에 일어나지 않을 때, 사건 A가 일어나는 경우의 수를 m, 사건 B가 일어나는 경우의 수를 n이라 하면, 사건 A 또는 B가 일어나는 경우의 수는 $(m+n)$이다.

ㄷ 곱의 법칙 : 사건 A가 일어나는 경우의 수를 m, 사건 B가 일어나는 경우의 수를 n이라 하면, 사건 A와 B가 동시에 일어나는 경우의 수는 $(m \times n)$이다.

《 핵심예제 》

A, B주사위 2개를 동시에 던졌을 때, A에서는 짝수의 눈이 나오고, B에서는 3 또는 5의 눈이 나오는 경우의 수는?

① 2가지 　　　　　　　　　　　　　　② 3가지

③ 5가지 　　　　　　　　　　　　　　④ 6가지

• A에서 짝수의 눈이 나오는 경우의 수 : 2, 4, 6 → 3가지

• B에서 3 또는 5의 눈이 나오는 경우의 수 : 3, 5 → 2가지

A, B 주사위는 동시에 던지므로 곱의 법칙에 의해 3×2=6가지이다.

정답 ④

② 순열 · 조합

순열	조합
㉠ 서로 다른 n개에서 r개를 순서대로 나열하는 경우의 수	㉠ 서로 다른 n개에서 r개를 순서에 상관없이 나열하는 경우의 수
㉡ $_nP_r = \dfrac{n!}{(n-r)!}$	㉡ $_nC_r = \dfrac{n!}{(n-r)! \times r!}$
㉢ $_nP_n = n!$, $0! = 1$, $_nP_0 = 1$	㉢ $_nC_r = {_nC_{n-r}}$, $_nC_0 = {_nC_n} = 1$

③ 확률

㉠ (사건 A가 일어날 확률)$= \dfrac{\text{(사건 A가 일어나는 경우의 수)}}{\text{(모든 경우의 수)}}$

㉡ 여사건의 확률 : 사건 A가 일어날 확률이 p일 때, 사건 A가 일어나지 않을 확률은 $(1-p)$이다.

㉢ 확률의 덧셈정리 : 두 사건 A, B가 동시에 일어나지 않을 때 A가 일어날 확률을 p, B가 일어날 확률을 q라고 하면, 사건 A 또는 B가 일어날 확률은 $(p+q)$이다.

㉣ 확률의 곱셈정리 : A가 일어날 확률을 p, B가 일어날 확률을 q라고 하면, 사건 A와 B가 동시에 일어날 확률은 $(p \times q)$이다.

《 핵심예제 》

서로 다른 2개의 주사위 A, B를 동시에 던졌을 때, 나온 눈의 곱이 홀수일 확률은?

① $\dfrac{1}{4}$

② $\dfrac{1}{5}$

③ $\dfrac{1}{6}$

④ $\dfrac{1}{8}$

- 두 개의 주사위를 던지는 경우의 수 : $6 \times 6 = 36$가지
- 나온 눈의 곱이 홀수인 경우(홀수$\times$홀수)의 수 : $3 \times 3 = 9$가지

∴ 주사위의 눈의 곱이 홀수일 확률 : $\dfrac{9}{36} = \dfrac{1}{4}$

정답 ①

일정한 규칙으로 수를 나열할 때, 빈칸에 들어갈 수로 옳은 것은?

31	71	27	64	( )	57	19	50

① 9 　　　　　　　　　　　　　② 23

③ 41 　　　　　　　　　　　　　④ 63

홀수항은 −4, 짝수항은 −7인 수열이다. 따라서 (　　)=27−4=23이다.

정답 ②

| 03 | 기초통계능력

1. 통계의 의의

(1) 통계란?
집단현상에 대한 구체적인 양적 기술을 반영하는 숫자를 의미하며, 특히 사회집단 또는 자연집단의 상황을 숫자로 나타낸 것을 말한다.

(2) 통계의 의의
사회적, 자연적인 현상이나 추상적인 수치를 포함한 모든 집단적 현상을 숫자로 나타낸 것을 말한다.

(3) 통계의 본질
① 구체적인 일정집단에 대한 숫자자료가 통계이며, 단일개체에 대한 숫자자료일 때에는 통계라고 하지 않는다.
② 통계의 요소인 단위나 표지를 어떻게 규정하는지에 따라 통계자료가 다르게 나타나게 되므로 이들에 대한 구체적 개념이나 정의를 어떻게 정하는가가 중요하다.
③ 통계의 필요성이나 작성능력의 측면에서 볼 때 대부분 정부나 지방자치단체 등에 의한 관청통계로 작성되고 있다.

(4) 통계의 기능

- 많은 수량적 자료를 처리가능하고 쉽게 이해할 수 있는 형태로 축소시킴
- 표본을 통해 연구대상 집단의 특성을 유추할 수 있게 함
- 의사결정의 보조수단으로 이용됨
- 관찰가능한 자료를 통해 논리적으로 결론을 추출·검증할 수 있게 함

(5) 통계의 속성

① 단위와 표지

집단을 구성하는 가 개체를 단위라 하며, 이 단위가 가지고 있는 공통의 성질을 표지라고 한다.

② 표지의 분류

속성통계	질적인 표지	남녀, 산업, 직업 등
변수통계	양적인 표지	연령, 소득금액 등

(6) 기본적인 통계치

종류	내용
빈도	어떤 사건이 일어나거나 증상이 나타나는 정도
빈도분포	빈도를 표나 그래프로 종합적이면서도 일목요연하게 표시하는 것
평균	모든 사례의 수치를 합한 후 총 사례 수로 나눈 값
백분율	백분비라고도 하며, 전체의 수량을 100으로 하여, 해당되는 수량이 그중 몇이 되는가를 가리키는 수를 %로 나타낸 것
범위	분포의 흩어진 정도를 가장 간단히 알아보는 방법으로, 최고값에서 최저값을 뺀 값
분산	각 관찰값과 평균값과의 차이의 제곱의 평균을 의미하며, 구체적으로는 각 관찰값과 평균값 차이의 제곱을 모두 합한 값을 개체의 수로 나눈 값
표준편차	분산의 제곱근 값을 의미하며, 개념적으로는 평균으로부터 얼마나 떨어져 있는가를 나타내는 개념으로서 분산과 개념적으로 동일함

2. 통계자료의 해석

(1) 다섯숫자 요약

종류	내용
최솟값(m)	원자료 중 값의 크기가 가장 작은 값
최댓값(M)	원자료 중 값의 크기가 가장 큰 값
중앙값(Q_2)	최솟값부터 최댓값까지 크기에 의하여 배열하였을 때 중앙에 위치하는 값
하위 25%값(Q_1)	원자료를 크기 순서로 배열하여 4등분한 값을 의미하며 백분위 수의 관점에서 25백분위수, 75백분위
상위 25%값(Q_3)	수로 표기

(2) 평균값과 중앙값

① 원자료에 대한 대푯값으로써 평균값과 중앙값은 엄연히 다른 개념이지만 모두 중요한 역할을 하게 되므로 통계값을 제시할 때에는 어느 수치를 이용했는지를 명확하게 제시해야 한다.

② 평균값이 중앙값보다 높다는 의미는 자료 중에 매우 큰 값이 일부 있음을 의미하며, 이와 같은 경우는 평균값과 중앙값 모두를 제시해줄 필요가 있다.

| 04 | 도표분석능력

1. 도표의 종류와 활용

(1) 도표의 종류

도표는 크게 목적별·용도별·형상별로 구분할 수 있는데, 실제로는 목적, 용도와 형상을 여러 가지로 조합하여 하나의 도표로 작성하게 된다.

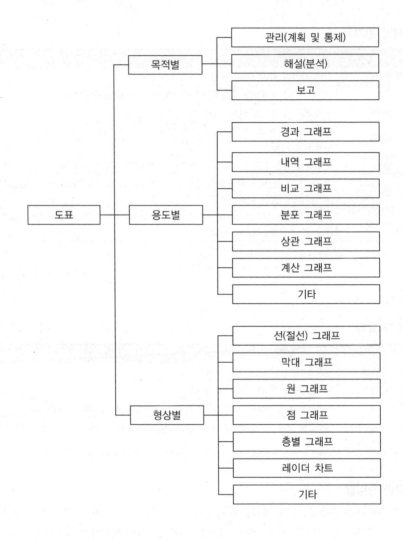

(2) 도표의 활용

종류	내용
선 그래프	시간적 추이(시계열 변화)를 표시하고자 할 때 적합 예 연도별 매출액 추이 변화
막대 그래프	수량 간의 대소관계를 비교하고자 할 때 적합 예 영업소별 매출액
원 그래프	내용의 구성비를 분할하여 나타내고자 할 때 적합 예 제품별 매출액 구성비
층별 그래프	합계와 각 부분의 크기를 백분율로 나타내고 시간적 변화를 보고자 할 때 적합 예 상품별 매출액 추이
점 그래프	지역분포를 비롯한 기업 등의 평가나 위치, 성격을 표시하고자 할 때 적합 예 광고비율과 이익률의 관계
방사형 그래프	다양한 요소를 비교하고자 할 때 적합 예 매출액의 계절변동

2. 도표의 형태별 특징

(1) 선 그래프

시간의 경과에 따라 수량에 의한 변화의 상황을 선의 기울기로 나타내는 그래프로, 시간적 변화에 따른 수량의 변화를 표현하기에 적합하다.

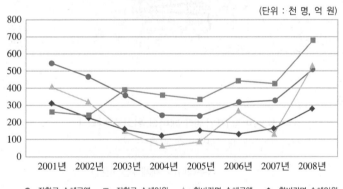

〈중학교 장학금, 학비감면 수혜현황〉

(단위 : 천 명, 억 원)

-●- 장학금 수혜금액 -■- 장학금 수혜인원 -▲- 학비감면 수혜금액 -◆- 학비감면 수혜인원

PART 1

PART 2

(2) 막대 그래프

비교하고자 하는 수량을 막대 길이로 표시하고 그 길이를 비교하여 각 수량 간의 대소관계를 나타내는 그래프로서, 전체에 대한 구성비를 표현할 때 다양하게 활용할 수 있다.

〈연도별 암 발생 추이〉

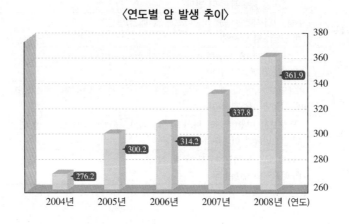

(3) 원 그래프

내용의 구성비를 원을 분할하여 작성하는 그래프로서, 전체에 대한 구성비를 표현할 때 다양하게 활용할 수 있다.

〈C국의 가계 금융자산 구성비〉

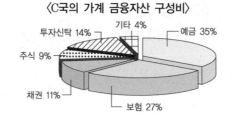

(4) 층별 그래프

선의 움직임보다는 선과 선 사이의 크기로써 데이터 변화를 나타내는 그래프로서, 시간적 변화에 따른 구성비의 변화를 표현하고자 할 때 활용할 수 있다.

〈우리나라 세계유산 현황〉

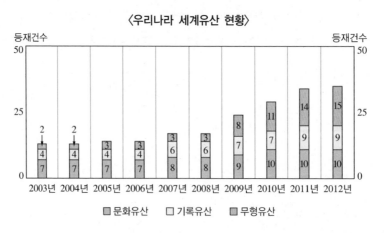

(5) 점 그래프

종축과 횡축에 두 개의 요소를 두고, 보고자 하는 것이 어떤 위치에 있는가를 알고자 하는 데 쓰인다.

〈OECD 국가의 대학졸업자 취업률 및 경제활동인구 비중〉

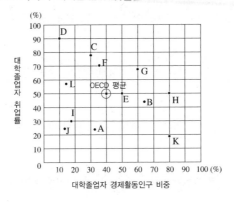

(6) 방사형 그래프(레이더 차트, 거미줄 그래프)

비교하는 수량을 직경 또는 반경으로 나누어 원의 중심에서의 거리에 따라 각 수량의 관계를 나타내는 그래프로서 대상들을 비교하거나 경과를 나타낼 때 활용할 수 있다.

〈외환위기 전후 한국의 경제상황〉

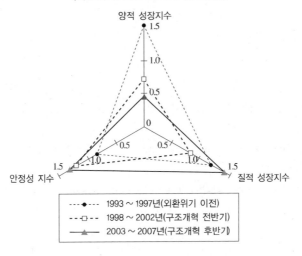

3. 도표 해석 시 유의사항

- 요구되는 지시의 수준을 넓혀야 한다.
- 도표에 제시된 자료의 의미를 정확히 숙지하여야 한다.
- 도표로부터 알 수 있는 것과 없는 것을 구별하여야 한다.
- 총량의 증가와 비율의 증가를 구분하여야 한다.
- 백분위수와 사분위수를 정확히 이해하고 있어야 한다.

| 05 | 도표작성능력

1. 도표의 작성절차

① 작성하려는 도표의 종류 결정

⬇

② 가로축과 세로축에 나타낼 것을 결정

⬇

③ 가로축과 세로축의 눈금의 크기 결정

⬇

④ 자료를 가로축과 세로축이 만나는 곳에 표시

⬇

⑤ 표시된 점에 따라 도표 작성

⬇

⑥ 도표의 제목 및 단위 표기

2. 도표 작성 시 유의사항

(1) 선 그래프

① 세로축에 수량(금액, 매출액 등), 가로축에 명칭구분(연, 월, 장소 등)을 표시하고 축의 모양은 L자형으로 하는 것이 일반적이다.

② 선의 높이에 따라 수치를 파악하는 경우가 많으므로 세로축의 눈금을 가로축의 눈금보다 크게 하는 것이 효과적이다.

③ 선이 두 종류 이상인 경우는 각각에 대해 명칭을 기입해야 하며, 중요한 선을 다른 선보다 굵게 하는 등의 노력을 기울일 필요가 있다.

(2) 막대 그래프

① 세로형이 보다 일반적이나 가로형으로 작성할 경우 사방을 틀로 싸는 것이 좋다.

② 가로축은 명칭구분(연, 월, 장소 등), 세로축은 수량(금액, 매출액)을 표시하는 것이 일반적이다.

③ 막대의 수가 많은 경우에는 눈금선을 기입하는 것이 알아보기에 좋다.

④ 막대의 폭은 모두 같게 하여야 한다.

(3) 원 그래프

① 정각 12시의 선을 시작선으로 하며, 이를 기점으로 하여 오른쪽으로 그리는 것이 보통이다.
② 분할선은 구성비율이 큰 순서로 그리되, '기타' 항목은 구성비율의 크기에 관계없이 가장 뒤에 그리는 것이 좋다.
③ 각 항목의 명칭은 같은 방향으로 기록하는 것이 일반적이나, 각도가 적어서 명칭을 기록하기 힘든 경우에는 지시선을 사용하여 기록한다.

(4) 층별 그래프

① 가로로 할 것인지 세로로 할 것인지는 작성자의 기호나 공간에 따라 판단하나, 구성비율 그래프는 가로로 작성하는 것이 좋다.
② 눈금은 선 그래프나 막대 그래프보다 적게 하고 눈금선을 넣지 않아야 하며, 층별로 색이나 모양이 모두 완전히 다른 것이어야 한다.
③ 같은 항목은 옆에 있는 층과 선으로 연결하여 보기 쉽도록 하여야 한다.
④ 세로 방향일 경우 위로부터 아래로, 가로 방향일 경우 왼쪽에서 오른쪽으로 나열하면 보기가 좋다.

대학 서적을 도서관에서 빌리면 10일간 무료이고, 그 이상은 하루에 100원의 연체료가 부과되며 한 달 단위로 연체료는 두 배로 늘어난다. 1학기 동안 대학 서적을 도서관에서 빌려 사용하는 데 얼마의 비용이 드는가?(단, 1학기의 기간은 15주이고, 한 달은 30일로 정한다)

① 18,000원
② 20,000원
③ 23,000원
④ 25,000원
⑤ 28,000원

정답 ④

- 1학기의 기간 : $15 \times 7 = 105$일
- 연체료가 부과되는 기간 : $105 - 10 = 95$일
- 연체료가 부과되는 시점에서부터 한 달 동안의 연체료 : $30 \times 100 = 3,000$원
- 첫 번째 달부터 두 번째 달까지의 연체료 : $30 \times 100 \times 2 = 6,000$원
- 두 번째 달부터 세 번째 달까지의 연체료 : $30 \times 100 \times 2 \times 2 = 12,000$원
- 95일(3개월 5일) 연체료 : $3,000 + 6,000 + 12,000 + 5 \times (100 \times 2 \times 2 \times 2) = 25,000$원

따라서 1학기 동안 대학 서적을 도서관에서 빌려 사용한다면 25,000원의 비용이 든다.

풀이 전략!

문제에서 묻는 바를 정확하게 확인한 후, 필요한 조건 또는 정보를 구분하여 신속하게 풀어 나간다. 단, 계산에 착오가 생기지 않도록 유의한다.

대표유형 2 | 기초통계능력

통계분석

유형분석

- 통계와 관련한 이론을 활용하여 계산하는 문제이다.
- 중·고등 수준의 통계 이론은 숙지하고 있어야 하며, 주로 상대도수, 평균, 표준편차, 최댓값, 최솟값, 가중치 등이 활용된다.

다음 중 직원 (가) ~ (바)의 사내 업무 평가 점수의 중앙값으로 옳은 것은?

직원	(가)	(나)	(다)	(라)	(마)	(바)
점수	83	76	75	85	91	79

① 79   ② 80

③ 81   ④ 83

⑤ 76

정답 ③

중앙값은 관찰값을 최솟값부터 최댓값까지 크기순으로 배열하였을 때 순서상 중앙에 위치하는 값을 말하며, 관찰값의 개수가 짝수인 경우 중앙에 위치하는 두 관찰값의 평균이 중앙값이 된다. 직원 (가) ~ (바)의 점수를 크기 순으로 나열하면 91, 85, 83, 79, 76, 75가 되며, 관찰값의 개수가 짝수이므로 중앙에 위치하는 두 관찰값 83과 79의 평균인 81이 중앙값이 된다.

풀이 전략!

통계와 관련된 기본적인 공식은 반드시 암기해 두도록 하며, 이를 활용한 다양한 문제를 풀어보면서 풀이방법을 습득하는 연습이 필요하다.

도표계산

유형분석

- 문제에 주어진 도표를 분석하여 각 선택지의 정답 유무를 판단하는 문제이다.
- 주로 그래프와 표로 제시되며, 경영·경제·산업 등과 관련된 최신 이슈를 많이 다룬다.
- 자료 간의 증감률·비율·추세 등을 자주 묻는다.

다음은 연도별 국민연금 급여수급자 현황을 나타낸 그래프이다. 이에 대한 내용으로 적절하지 않은 것은?

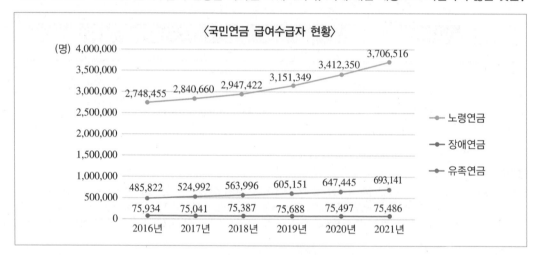

① 2016 ~ 2021년 동안 유족연금 수급자 수는 매년 증가했다.
② 2018년 노령연금 수급자 대비 유족연금 수급자 비율은 20% 미만이다.
③ 2017 ~ 2021년 동안 장애연금 수급자가 전년 대비 가장 많이 증가한 해는 2018년이다.
④ 노령연금 수급자 대비 유족연금 수급자 비율은 2016년이 2018년보다 높다.

정답 ④

2016년 노령연금 수급자 대비 유족연금 수급자 비율은 $\frac{485,822}{2,748,455} \times 100 ≒ 17.7\%$이며, 2018년 노령연금 수급자 대비 유족연금

수급자 비율은 $\frac{563,996}{2,947,422} \times 100 ≒ 19.1\%$이므로 2018년이 더 높다.

풀이 전략!

선택지를 먼저 읽고 필요한 정보를 도표에서 확인하도록 하며, 계산이 필요한 경우에는 실제 수치를 사용하여 복잡한 계산을 하는 대신, 대소 관계의 비교나 선택지의 옳고 그름만을 판단할 수 있을 정도로 간소화하여 계산해 풀이시간을 단축할 수 있도록 한다.

대표유형 4 | 도표분석능력 ②

자료이해

유형분석

- 제시된 표를 분석하여 선택지의 정답 유무를 판단하는 문제이다.
- 표의 수치 등을 통해 변화량이나 증감률, 비중 등을 비교하여 판단하는 문제가 자주 출제된다.
- 지원하고자 하는 기업이나 산업과 관련된 자료 등이 문제의 자료로 많이 다뤄진다.

다음은 A ~ E 5개국의 경제 및 사회 지표 자료이다. 이에 대한 설명으로 옳지 않은 것은?

〈주요 5개국의 경제 및 사회 지표〉

구분	1인당 GDP(달러)	경제성장률(%)	수출(백만 달러)	수입(백만 달러)	총 인구(백만 명)
A	27,214	2.6	526,757	436,499	50.6
B	32,477	0.5	624,787	648,315	126.6
C	55,837	2.4	1,504,580	2,315,300	321.8
D	25,832	3.2	277,423	304,315	46.1
E	56,328	2.3	188,445	208,414	24.0

※ (총 GDP)=(1인당 GDP)×(총 인구)

① 경제성장률이 가장 큰 나라가 총 GDP는 가장 작다.
② 총 GDP가 가장 큰 나라의 GDP는 가장 작은 나라의 GDP보다 10배 이상 더 크다.
③ 5개국 중 수출과 수입에 있어서 규모에 따라 나열한 순위는 서로 일치한다.
④ A국이 E국보다 총 GDP가 더 크다.
⑤ 1인당 GDP에 따른 순위와 총 GDP에 따른 순위는 서로 일치한다.

정답 ⑤

1인당 GDP 순위는 E>C>B>A>D이다. 그런데 1인당 GDP가 가장 큰 E국은 1인당 GDP가 2위인 C국보다 1% 정도밖에 높지 않은 반면, 인구는 C국의 $\frac{1}{10}$ 이하이므로 총 GDP 역시 C국보다 작다. 따라서 1인당 GDP 순위와 총 GDP 순위는 일치하지 않는다.

풀이 전략!

평소 빈도당이니 증감률, 비중 등을 구하는 공식을 알아두고 있어야 하며, 지원하는 기업이나 산업에 관한 자료 등을 확인하여 비교하는 연습 등을 한다.

- 문제에 주어진 자료를 도표로 변환하는 문제이다.
- 주로 자료에 있는 수치와 그래프 또는 표에 있는 수치가 서로 일치하는지 여부를 판단한다.

다음은 연도별 제주도 감귤 생산량 및 면적을 나타낸 자료이다. 〈보기〉에서 이를 올바르게 나타낸 그래프를 모두 고르면?(단, 그래프의 면적 단위가 만 ha일 때는 백의 자리에서 반올림한다)

〈연도별 제주도 감귤 생산량 및 면적〉

(단위 : 톤, ha)

구분	생산량	면적	구분	생산량	면적
2011년	19,725	536,668	2017년	17,921	480,556
2012년	19,806	600,511	2018년	17,626	500,106
2013년	19,035	568,920	2019년	17,389	558,942
2014년	18,535	677,770	2020년	17,165	554,007
2015년	18,457	520,350	2021년	16,941	573,442
2016년	18,279	655,046	-	-	-

보기

ㄱ. 2011 ~ 2016년 제주도 감귤 재배면적

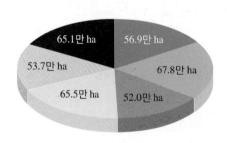

ㄴ. 2016 ~ 2021년 감귤 생산량

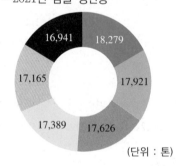

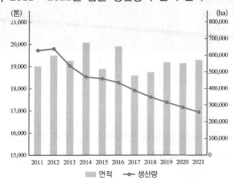

ㄷ. 2011~2021년 감귤 생산량과 면적 변화

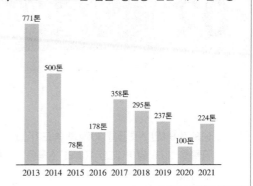

ㄹ. 2013~2021년 감귤 생산량 전년 대비 감소량

① ㄱ, ㄴ

② ㄱ, ㄷ

③ ㄴ, ㄷ

④ ㄴ, ㄹ

⑤ ㄷ, ㄹ

정답 ③

오답분석

ㄱ. 재배면적 수치가 제시된 표와 다르다.

ㄹ. 2020년 전년 대비 감소량은 2021년 전년 대비 감소량인 224톤과 같다.

풀이 전략!

각 선택지에 있는 도표의 제목을 먼저 확인한다. 그다음 제목에서 어떠한 정보가 필요한지 확인한 후, 문제에서 주어진
자료를 빠르게 확인하여 일치 여부를 판단한다.

01 농도가 9%인 A소금물 300g과 농도가 11.2%인 B소금물 250g을 합쳐서 C소금물을 만들었다. C소금물을 20% 덜어내고, 10g의 소금을 추가했을 때, 만들어진 소금물의 농도는?

① 12%   ② 13%

③ 14%   ④ 15%

⑤ 16%

02 우람이는 자전거로 집에서 출발하여 도서관에 갔다가 우체국에 가야 한다. 도서관은 우람이네 집을 기준으로 서쪽에 있고, 우체국은 집을 기준으로 동쪽에 있다. 집에서 도서관까지는 시속 5km로 이동하고, 도서관에서 집을 거쳐 우체국까지는 시속 3km로 이동한다. 집에서 우체국까지의 거리가 10km이고, 도서관에 갔다가 우체국에 갈 때까지 걸리는 시간이 4시간 이내라면 도서관은 집에서 최대 몇 km 이내에 있어야 하는가?

① 1km   ② $\dfrac{3}{2}$ km

③ 2km   ④ $\dfrac{7}{4}$ km

⑤ $\dfrac{5}{4}$ km

03 다이어트를 결심한 철수는 월요일부터 일요일까지 하루에 한 가지씩 운동을 하는 계획을 세우려 한다. 다음 〈조건〉에 따라 운동 계획을 세울 때, 가능한 경우의 수는?

> **조건**
> • 7일 중 4일은 수영을 한다.
> • 수영을 하지 않는 날 중 이틀은 농구, 야구, 테니스 중 매일 서로 다른 종목 하나씩을 하고 남은 하루는 배드민턴, 검도, 줄넘기 중 하나를 택한다.

① 630가지 ② 840가지
③ 1,270가지 ④ 1,680가지
⑤ 1,890가지

04 다음은 2021년 권역별 광고 경기 체감도를 점수화한 자료이다. 광고 경기 체감도가 80 ~ 99점이라 답한 수도권 업체 수는 체감도가 120점 이상이라 답한 경상권 업체 수의 몇 배인가?(단, 모든 계산은 소수점 첫째 자리에서 반올림한다)

〈권역별 광고 경기 체감도〉

(단위 : 개, %)

구분	사업체 수	60점 미만	60 ~ 79점	80 ~ 99점	100 ~ 119점	120점 이상	평균
전체	7,229	8.4	13.4	32.8	38.6	6.8	90.1
수도권	5,128	9.8	14.3	30.5	39.4	6.0	88.3
강원권	102	0	4.3	47.2	44.2	4.3	94.1
충청권	431	7.8	13.7	29.8	38.5	10.2	101.2
전라권	486	1.2	1.6	54.9	41.1	1.2	96
경상권	1,082	5.9	15.2	34.0	33.1	11.8	91.2

① 9배 ② 10배
③ 11배 ④ 12배
⑤ 13배

05 다음은 A ~ C대학교 입학 및 졸업자 인원 현황에 대한 자료이다. 빈칸에 들어갈 수치로 가장 적절한 것은?(단, 각 수치는 매년 일정한 규칙으로 변화한다)

〈대학교별 입학 및 졸업자 추이〉

(단위 : 명)

구분	A		B		C	
	입학	졸업	입학	졸업	입학	졸업
2018년	670	613	502	445	422	365
2019년	689	632	530	473	436	379
2020년	740	683	514		452	395
2021년	712	655	543	486	412	355
2022년	749	692	540	483	437	380

① 448
② 457
③ 462
④ 473
⑤ 487

06 평상시에 A아파트 12층까지 올라갈 때, 엘리베이터를 이용하면 1분 15초가 걸리고, 비상계단을 이용하면 6분 50초가 걸린다. A아파트는 저녁 8시부터 8시 30분까지 사람들이 몰려서, 엘리베이터 이용 시간이 2분마다 35초씩 늘어난다. 저녁 8시부터 몇 분이 지나면 계단을 이용할 때 엘리베이터를 이용하는 것보다 12층에 빨리 도착하는가?

① 12분
② 14분
③ 16분
④ 18분
⑤ 20분

07 다음은 2022년도 A지역 고등학교 학년별 도서 선호 분야 비율에 대한 자료이다. 취업 관련 도서를 선호하는 3학년 학생 수 대비 철학·종교 도서를 선호하는 1학년 학생 수의 비율로 옳은 것은?(단, 모든 계산은 소수점 첫째 자리에서 반올림한다)

〈A지역 고등학교 학년별 도서 선호 분야 비율〉

(단위 : 명, %)

구분	사례 수	장르 소설	문학	자기 계발	취업 관련	예술 · 문화	역사 · 지리	과학 · 기술	정치 · 사회	철학 · 종교	경제 · 경영	기타
소계	1,160	28.9	18.2	7.7	6.9	5.4	6.1	7.9	5.8	4.2	4.5	4.4
1학년	375	29.1	18.1	7	6.4	8.7	5.3	7.8	4.1	3	6.5	4
2학년	417	28.4	18.7	8.9	7.5	3.8	6.3	8.3	8.1	5	3.1	1.9
3학년	368	29.3	17.8	7.1	6.6	3.7	6.8	7.6	4.8	4.5	4.1	7.7

① 42%
② 46%
③ 54%
④ 58%
⑤ 72%

08 다음은 2022년도 성인의 독서프로그램 정보 획득 경로에 대한 자료이다. 관공서, 도서관 등의 안내에 따라 독서프로그램 정보를 획득한 여성 수 대비 스스로 탐색하여 독서프로그램 정보를 획득한 남성 수의 비율로 옳은 것은?(단, 인원은 소수점 첫째 자리에서, 비율은 소수점 둘째 자리에서 반올림한다)

〈성인의 독서프로그램 정보 획득 경로〉

(단위 : %)

구분	남성	여성
사례 수(명)	137	181
지인	23.4	20.1
스스로 탐색	22.0	27.6
소속 단체에서의 권장	28.8	23.0
관공서, 도서관 등의 안내	22.8	20.5
인터넷, 동호회, SNS	3.0	6.4
기타	0	2.4

① 72.6%
② 75.5%
③ 79.8%
④ 81.1%
⑤ 84.7%

09 다음은 A국에서 발표한 2017년부터 2022년까지의 헌혈인구 및 개인헌혈 비율이다. 자료에 대한 설명으로 옳은 것을 〈보기〉에서 모두 고르면?(단, 변화율은 절댓값으로 비교한다)

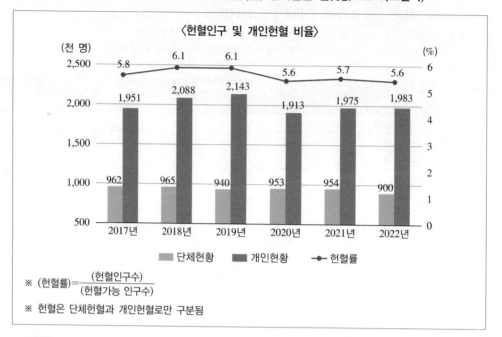

※ (헌혈률)= $\dfrac{(헌혈인구수)}{(헌혈가능\ 인구수)}$

※ 헌혈은 단체헌혈과 개인헌혈로만 구분됨

보기

㉠ 전체 헌혈 중 단체헌혈이 차지하는 비율은 조사기간 중 매년 20%를 초과한다.

㉡ 2018년부터 2021년 중 전년 대비 단체헌혈의 변화율이 가장 큰 해는 2019년이다.

㉢ 2019년 대비 2020년 개인헌혈의 감소율은 25% 이상이다.

㉣ 2020년부터 2022년까지 개인헌혈과 헌혈률은 전년 대비 증감추이가 같다.

① ㉠, ㉡
② ㉠, ㉢
③ ㉡, ㉢
④ ㉡, ㉣
⑤ ㉢, ㉣

10 다음은 2022년 1월 전년 대비 지역별·용도지역별 지가변동률에 대한 자료이다. 이에 대한 설명으로 옳은 것은?

〈2022년 1월 전년 대비 지역별·용도지역별 지가변동률〉

(단위 : %)

용도지역별 지역별	평균	주거지역	상업지역	공업지역	보전관리지역	농림지역
전국	3.14	3.53	3.01	1.88	2.06	2.39
서울특별시	3.88	3.95	3.34	5.3	0	0
부산광역시	3.79	4.38	5.28	−0.18	0	0
대구광역시	3.87	5	3.65	−0.97	0	1.4
인천광역시	3.39	3.64	3.37	3.35	2.78	2.82
광주광역시	4.29	4.59	3	1.6	1.92	6.45
대전광역시	2.38	2.84	1.68	1.09	1.28	0
울산광역시	1.01	1.46	1.16	−0.22	2.42	1.08
세종특별자치시	4.55	3.83	3.39	4.44	6.26	2.44
경기도	3.23	3.47	2.38	2.36	2.1	3.04
강원도	2.54	2.97	2.13	1.84	1.23	2.49
충청북도	2.08	1.64	1.64	2.06	1.53	1.8
충청남도	1.34	1.88	1.06	0.64	0.87	1.38
전라북도	2.23	2.21	1.83	−0.42	2.88	2.75
전라남도	3.61	4.02	3.14	3.12	3.52	3.57
경상북도	2.06	2.15	1.73	0.21	2.05	2.24
경상남도	0.8	0.22	0.67	−1.61	1.77	1.45
제주특별자치도	2.21	1.67	1.67	0.09	1.61	0

① 전년 대비 공업지역 지가가 감소한 지역의 농림지역 지가는 전년 대비 증가하였다.
② 전라북도의 상업지역의 지가변동률은 충청북도의 주거지역의 지가변동률보다 30% 이상 높다.
③ 대구광역시의 공업지역 지가변동률과 경상남도의 보전관리지역 지가변동률의 차이는 1.59%p 이다.
④ 전국 평균 지가변동률보다 평균 지가변동률이 높은 지역은 주거지역 지가변동률도 전국 평균보다 높다.
⑤ 보전관리지역 지가변동률 대비 농림지역 지가변동률의 비율은 경기도보다 강원도가 높다.

11 다음은 국가별 여성 국회의원 수 현황을 나타낸 자료이다. 〈보기〉에서 옳지 않은 내용은 모두 몇 개인가?

〈아시아 6개국 여성 국회의원 수 현황〉

(단위 : 명)

구분	2022년	2021년	2020년
한국	51	51	49
중국	709	699	699
인도	64	64	65
이란	19	17	9
일본	47	44	45
싱가포르	23	24	21

〈유럽 7개국 여성 국회의원 수 현황〉

(단위 : 명)

구분	2022년	2021년	2020년
오스트리아	63	56	56
벨기에	57	57	59
크로아티아	28	30	23
체코	44	40	40
덴마크	67	67	67
노르웨이	70	67	67
러시아	71	71	61

보기

㉠ 13개국 중 2022년 여성 국회의원 수가 전년도 대비 동일한 국가는 3개국이다.
㉡ 유럽 7개국에서 2020 ~ 2022년 동안 여성 국회의원 수가 적은 순서로 첫 번째부터 네 번째까지 변함없다.
㉢ 3년 동안 중국의 여성 국회의원 수는 한국, 인도, 일본의 인원보다 4배 이상이다.
㉣ 2021년 유럽 7개국 여성 국회의원 총인원은 아시아 6개국 여성 국회의원 총인원의 40% 미만을 차지한다.

① 없음
② 1개
③ 2개
④ 3개
⑤ 4개

12 어느 대학가에 있는 가게 A ~ C는 각각 음식점을 하고 있다. 여름휴가를 함께 가기 위해 쉬는 닐을 서로 맞추려고 한다. A식당은 11일을 일하고 3일을 쉬며, B식당은 5일을 일하고 하루를 쉬며, C식당은 6일을 일한 후 2일을 쉰다고 할 때, A ~ C의 휴일이 처음으로 같아지는 날은 며칠 후인가?

① 24일   ② 42일
③ 96일   ④ 128일
⑤ 240일

13 다음은 A의 집에 있는 반찬과 각 반찬의 칼로리를 표시한 것이다. A의 하루 식단이 아래와 같을 때, A가 하루에 섭취하는 총 열량으로 옳은 것은?

⟨A의 보유 반찬 및 칼로리 정보⟩

반찬	현미밥	미역국	고등어구이	시금치나물	버섯구이	블루베리
무게(g)	300	500	400	100	150	80
열량(kcal)	540	440	760	25	90	40
반찬	우유식빵	사과잼	된장찌개	갈비찜	깍두기	연근조림
무게(g)	100	40	200	200	50	100
열량(kcal)	350	110	176	597	50	96

⟨A의 하루 식단⟩

구분	식단
아침	우유식빵 80g, 사과잼 40g, 블루베리 60g
점심	현미밥 200g, 킬비찜 200g, 된장찌개 100g, 버섯구이 50g, 시금치나물 20g
저녁	현미밥 100g, 미역국 200g, 고등어구이 150g, 깍두기 50g, 연근조림 50g

① 1,940kcal   ② 2,120kcal
③ 2,239kcal   ④ 2,352kcal
⑤ 2,520kcal

※ 다음은 2013 ~ 2022년 기초생활보장 수급자 현황에 대한 그래프이다. 이어지는 질문에 답하시오.
[14~15]

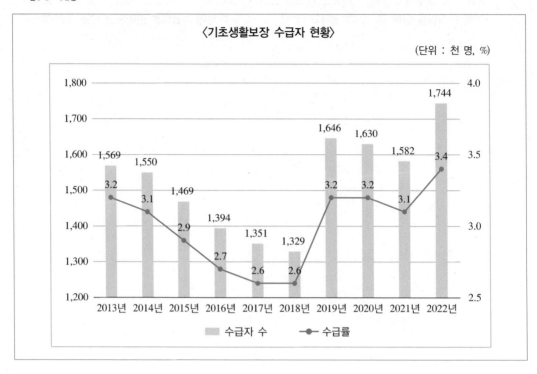

〈기초생활보장 수급자 현황〉

(단위 : 천 명, %)

14 다음 중 2015년 대비 2019년 수급자 수의 증가율로 옳은 것은?(단, 증가율은 소수점 둘째 자리에서 반올림한다)

① 4.5%
② 9.0%
③ 12.0%
④ 15.4%
⑤ 18.1%

15 다음 중 수급률 대비 수급자 수의 값이 가장 큰 해는?

① 2014년
② 2016년
③ 2018년
④ 2019년
⑤ 2022년

CHAPTER 03

문제해결능력

합격 CHEAT KEY

문제해결능력은 업무를 수행하면서 여러 가지 문제 상황이 발생하였을 때, 창의적이고 논리적인 사고를 통하여 이를 올바르게 인식하고 적절히 해결하는 능력을 말한다. 하위능력으로는 사고력과 문제처리능력이 있다.

문제해결능력은 NCS 기반 채용을 진행하는 대다수의 공사·공단에서 채택하고 있으며, 문항 수는 평균 24% 정도로 상당히 많이 출제되고 있다. 하지만 많은 수험생들은 더 많이 출제되는 다른 영역에 몰입하고 문제해결능력은 집중하지 않는 실수를 하고 있다. 다른 영역보다 더 많은 노력이 필요할 수는 있지만 그렇기에 차별화를 할 수 있는 득점 영역이므로 포기하지 말고 꾸준하게 노력해야 한다.

01 질문의 의도를 정확하게 파악하라!

문제해결능력은 문제에서 무엇을 묻고 있는지 정확하게 파악하여 먼저 풀이 방향을 설정하는 것이 가장 효율적인 방법이다. 특히, 조건이 주어지고 답을 찾는 창의적·분석적인 문제가 주로 출제되고 있기 때문에 처음에 정확한 풀이 방향이 설정되지 않는다면 시간만 허비하고 결국 문제도 풀지 못하게 되므로 첫 번째로 출제의도 파악에 집중해야 한다.

02 중요한 정보는 반드시 표시하라!

위에서 말한 출제의도를 정확히 파악하기 위해서는 문제의 중요한 정보는 반드시 표시나 메모를 하여 하나의 조건, 단서도 잊고 넘어가는 일이 없도록 해야 한다. 실제 시험에서는 시간의 압박과 긴장감으로 정보를 잘못 적용하거나 잊어버리는 실수가 많이 발생하므로 사전에 충분한 연습이 필요하다.
가령 명제 문제의 경우 주어진 명제와 그 명제의 대우를 본인이 한눈에 파악할 수 있도록 기호화, 도식화하여 메모하면 흐름을 이해하기가 더 수월하다. 이를 통해 자신만의 풀이 순서와 방향, 기준 또한 생길 것이다.

03 반복 풀이를 통해 취약 유형을 파악하라!

길지 않은 한정된 시간 동안 모든 문제를 다 푸는 것은 조금은 어려울 수도 있다. 따라서 고득점을 할 수 있는 효율적인 문제 풀이 방법을 찾아야 한다. 이때, 반복적인 문제 풀이를 통해 자신이 취약한 유형을 파악하는 것이 중요하다. 취약 유형 파악은 종료 시간이 임박했을 때 빛을 발할 것이다. 풀 수 있는 문제부터 빠르게 풀고 취약한 유형은 나중에 푸는 효율적인 문제 풀이를 통해 최대한의 고득점을 하는 것이 중요하다. 그러므로 본인의 취약 유형을 파악하기 위해서는 많은 문제를 풀어 봐야 한다.

04 타고나는 것이 아니므로 열심히 노력하라!

대부분의 수험생들이 문제해결능력은 공부해도 실력이 늘지 않는 영역이라고 생각한다. 하지만 그렇지 않다. 문제해결능력이야말로 노력을 통해 충분히 고득점이 가능한 영역이다. 정확한 질문 의도 파악, 취약한 유형의 반복적인 풀이, 빈출유형 파악 등의 방법으로 충분히 실력을 향상시킬 수 있다. 자신감을 갖고 공부하기 바란다.

| 01 | 문제해결능력

1. 문제의 의의

(1) 문제와 문제점

문제	업무를 수행함에 있어서 답을 요구하는 질문이나 의논하여 해결해야 하는 사항
문제점	문제의 원인이 되는 사항으로 문제해결을 위해서 조치가 필요한 대상

난폭운전으로 전복사고가 일어난 경우는 '사고의 발생'이 문제이며, '난폭운전'은 문제점이다.

(2) 문제의 유형

① 기능에 따른 분류 : 제조 문제, 판매 문제, 자금 문제, 인사 문제, 경리 문제, 기술상 문제
② 시간에 따른 분류 : 과거 문제, 현재 문제, 미래 문제
③ 해결방법에 따른 분류 : 논리적 문제, 창의적 문제

(3) 발생형 문제, 탐색형 문제, 설정형 문제

구분	내용
발생형 문제 (보이는 문제)	• 우리 눈앞에 발생되어 걱정하고 해결하기 위해 고민하는 문제를 말하며 원인지향적인 문제라고도 함 • 일탈 문제 : 어떤 기준을 일탈함으로써 생기는 문제 • 미달 문제 : 기준에 미달하여 생기는 문제
탐색형 문제 (찾는 문제)	• 현재의 상황을 개선하거나 효율을 높이기 위한 문제를 말하며 문제를 방치하면 뒤에 큰 손실이 따르거나 해결할 수 없게 되는 것 • 잠재 문제 : 문제가 잠재되어 인식하지 못하다가 결국 문제가 확대되어 해결이 어려운 문제 • 예측 문제 : 현재는 문제가 아니지만 계속해서 현재 상태로 진행할 경우를 가정하고 앞으로 일어날 수 있는 문제 • 발견 문제 : 현재는 문제가 없으나 좋은 제도나 기법, 기술을 발견하여 개선, 향상할 수 있는 문제
설정형 문제 (미래의 문제)	• 장래의 경영전략을 통해 앞으로 어떻게 할 것인가 하는 문제 • 새로운 목표를 설정함에 따라 일어나는 문제로서 목표 지향적 문제라고도 함 • 지금까지 경험한 바가 없는 문제로 많은 창조적인 노력이 요구되므로 창조적 문제라고도 함

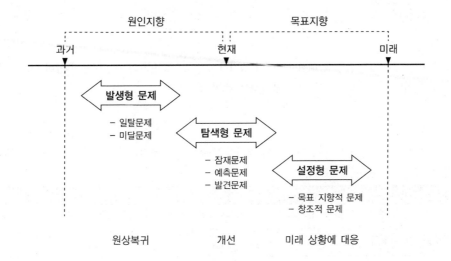

《 핵심예제 》

다음 중 문제에 대한 설명으로 적절하지 않은 것은?

① 업무를 수행함에 있어서 답을 요구하는 질문이나 의논하여 해결해야 되는 사항을 의미한다.
② 해결하기를 원하지만 실제로 해결해야 하는 방법을 모르고 있는 상태도 포함된다.
③ 얻고자 하는 해답이 있지만 그 해답을 얻는 데 필요한 일련의 행동을 알지 못한 상태도 있다.
④ 일반적으로 발생형 문제, 설정형 문제, 논리적 문제로 구분된다.

문제는 일반적으로 발생형 문제, 탐색형 문제, 설정형 문제로 구분된다.

정답 ④

2. 문제해결의 의의

(1) 문제해결이란?

목표와 현상을 분석하고, 분석 결과를 토대로 주요 과제를 도출한 뒤, 바람직한 상태나 기대되는 결과가 나타나도록 최적의 해결책을 찾아 실행, 평가해가는 활동을 말한다.

(2) 문제해결에 필요한 기본요소

① 체계적인 교육훈련
② 창조적 스킬의 습득
③ 전문영역에 대한 지식 습득
④ 문제에 대한 체계적인 접근

3. 문제해결에 필요한 기본적 사고

(1) 전략적 사고

현재 당면하고 있는 문제와 해결방법에만 집착하지 말고, 그 문제와 해결방안이 상위 시스템 또는 다른 문제와 어떻게 연결되어 있는지를 생각하는 것이 필요하다.

(2) 분석적 사고

전체를 각각의 요소로 나누어 그 요소의 의미를 도출한 다음 우선순위를 부여하고 구체적인 문제해결방법을 실행하는 것이 요구된다.

문제의 종류	요구되는 사고
성과 지향의 문제	기대하는 결과를 명시하고 효과적으로 달성하는 방법을 사전에 구상하고 실행에 옮길 것
가설 지향의 문제	현상 및 원인분석 전에 지식과 경험을 바탕으로 일의 과정이나 결과, 결론을 가정한 다음 검증 후 사실일 경우 다음 단계의 일을 수행할 것
사실 지향의 문제	일상 업무에서 일어나는 상식, 편견을 타파하여 객관적 사실로부터 사고와 행동을 출발할 것

(3) 발상의 전환

사물과 세상을 바라보는 인식의 틀을 전환하여 새로운 관점에서 바로 보는 사고를 지향하는 것이 필요하다.

(4) 내·외부자원의 효과적 활용

기술, 재료, 방법, 사람 등 필요한 자원 확보 계획을 수립하고 내·외부자원을 효과적으로 활용하도록 해야 한다.

〈 핵심예제 〉

다음 중 문제해결에 필요한 기본적 사고로 가장 적절한 것은?

① 외부자원만을 효과적으로 활용한다.
② 전략적 사고를 해야 한다.
③ 같은 생각을 유지한다.
④ 추상적 사고를 해야 한다.

문제해결에 필요한 기본적 사고
전략적 사고, 분석적 사고, 발상의 전환, 내·외부자원의 활용

정답 ②

4. 문제해결의 장애요소

- 문제를 철저하게 분석하지 않는 것
- 고정관념에 얽매이는 것
- 쉽게 떠오르는 단순한 정보에 의지하는 것
- 너무 많은 자료를 수집하려고 노력하는 것

5. 제3자를 통한 문제해결

종류	내용
소프트 어프로치	• 대부분의 기업에서 볼 수 있는 전형적인 스타일 • 조직 구성원들이 같은 문화적 토양을 가짐 • 직접적인 표현보다는 암시를 통한 의사전달 • 제3자 : 결론을 미리 그려가면서 권위나 공감에 의지함 • 결론이 애매하게 산출되는 경우가 적지 않음
하드 어프로치	• 조직 구성원들이 상이한 문화적 토양을 가짐 • 직설적인 주장을 통한 논쟁과 협상 • 논리, 즉 사실과 원칙에 근거한 토론 • 제3자 : 지도와 설득을 통해 전원이 합의하는 일치점 추구 • 이론적으로는 가장 합리적인 방법 • 창조적인 아이디어나 높은 만족감을 이끌어내기 어려움
퍼실리테이션	• 그룹이 나아갈 방향을 알려주고, 공감을 이룰 수 있도록 도와주는 것 • 제3자 : 깊이 있는 커뮤니케이션을 통해 창조적인 문제해결 도모 • 창조적인 해결방안 도출, 구성원의 동기와 팀워크 강화 • 퍼실리테이터의 줄거리대로 결론이 도출되어서는 안 됨

| 02 | 사고력

1. 창의적 사고의 의의

(1) 창의적 사고란?

당면한 문제를 해결하기 위해 이미 알고 있는 경험과 지식을 해체하여 다시 새로운 정보로 결합함으로써 새로운 아이디어를 다시 도출하는 것이다.

(2) 창의적 사고의 특징

- 발산적(확산적) 사고
- 새롭고 유용한 아이디어를 생산해 내는 정신적인 과정
- 기발하거나, 신기하며 독창적인 것
- 유용하고 적절하며, 가치가 있는 것
- 기존의 정보들을 새롭게 조합시킨 것

다음 중 창의적 사고의 특징으로 적절하지 않은 것은?

① 외부 정보끼리의 조합이다.

② 사회나 개인에게 새로운 가치를 창출한다.

③ 창조적인 가능성이다.

④ 사고력, 성격, 태도 등의 전인격적인 가능성을 포함한다.

창의적 사고는 정보와 정보의 조합으로, 정보에는 내부 정보와 외부 정보가 있다.

정답 ①

2. 창의적 사고의 개발 방법

(1) 자유 연상법 – 생각나는 대로 자유롭게 발상 – 브레인스토밍

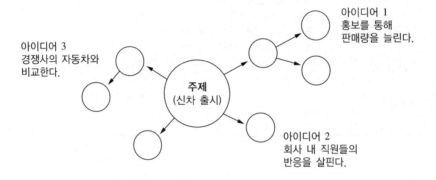

(2) 강제 연상법 – 각종 힌트와 강제적으로 연결지어서 발상 – 체크리스트

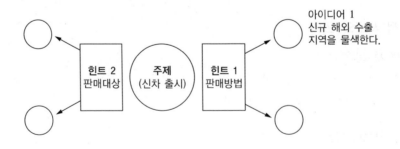

(3) 비교 발상법 – 주제의 본질과 닮은 것을 힌트로 발상 – NM법, Synectics

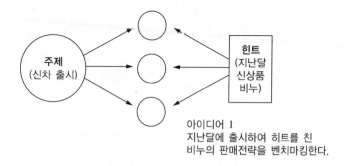

아이디어 1
지난달에 출시하여 히트를 친
비누의 판매전략을 벤치마킹한다.

(4) 브레인스토밍 진행 방법

- 주제를 구체적이고 명확하게 정한다.
- 구성원의 얼굴을 볼 수 있는 좌석 배치와 큰 용지를 준비한다.
- 구성원들의 다양한 의견을 도출할 수 있는 사람을 리더로 선출한다.
- 구성원은 다양한 분야의 사람들로 5 ~ 8명 정도로 구성한다.
- 발언은 누구나 자유롭게 할 수 있도록 하며, 모든 발언 내용을 기록한다.
- 아이디어에 대한 평가는 비판해서는 안 된다.

3. 논리적 사고

(1) 논리적 사고란?

사고의 전개에 있어서 전후의 관계가 일치하고 있는가를 살피고, 아이디어를 평가하는 능력을 말한다.

(2) 논리적 사고의 5요소

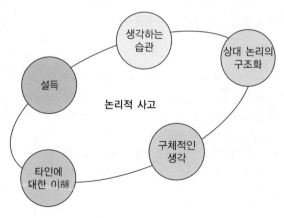

(3) 논리적 사고를 개발하기 위한 방법

① 피라미드 기법

보조 메시지들을 통해 주요 메인 메시지를 얻고, 다시 메인 메시지를 종합한 최종적인 정보를 도출해 내는 방법이다.

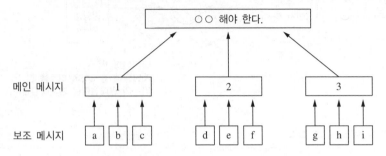

② So What 기법

"그래서 무엇이지?" 하고 자문자답하는 의미로 눈앞에 있는 정보로부터 의미를 찾아내어 가치 있는 정보를 이끌어 내는 사고이다. "So What?"은 "어떻게 될 것인가?", "어떻게 해야 한다."라는 내용이 포함되어야 한다. 아래는 이에 대한 사례이다.

[상황]

ㄱ. 우리 회사의 자동차 판매대수가 사상 처음으로 전년 대비 마이너스를 기록했다.

ㄴ. 우리나라의 자동차 업계 전체는 일제히 적자 결산을 발표했다.

ㄷ. 주식 시장은 몇 주간 조금씩 하락하는 상황에 있다.

[So What?을 사용한 논리적 사고의 예]

a. 자동차 판매의 부진

b. 자동차 산업의 미래

c. 자동차 산업과 주식시장의 상황

d. 자동차 관련 기업의 주식을 사서는 안 된다.

e. 지금이야말로 자동차 관련 기업의 주식을 사야 한다.

[해설]

a. 상황 ㄱ만 고려하고 있으므로 So What의 사고에 해당하지 않는다.

b. 상황 ㄷ을 고려하지 못하고 있으므로 So What의 사고에 해당하지 않는다.

c. 상황 ㄱ ~ ㄷ을 모두 고려하고는 있으나 자동차 산업과 주식시장이 어떻게 된다는 것을 알 수 없으므로 So What의 사고에 해당하지 않는다.

d, e. "주식을 사지 마라(사라)."는 메시지를 주고 있으므로 So What의 사고에 해당한다.

다음 중 논리적 사고를 위한 요소로 옳지 않은 것은?

① 생각하는 습관   ② 상내 논리의 구조화

③ 타인에 대한 이해·설득   ④ 추상적인 생각

> **논리적 사고의 요소**
> 생각하는 습관, 상대 논리의 구조화, 구체적인 생각, 타인에 대한 이해·설득
>
> 정답 ④

4. 비판적 사고

(1) 비판적 사고란?

어떤 주제나 주장 등에 대해서 적극적으로 분석하고 종합하며 평가하는 능동적인 사고를 말한다. 이는 문제의 핵심을 중요한 대상으로 하며, 지식과 정보를 바탕으로 합당한 근거에 기초를 두고 현상을 분석, 평가하는 사고이다. 비판적 사고를 개발하기 위해서는 지적 호기심, 객관성, 개방성, 융통성, 지적 회의성, 지적 정직성, 체계성, 지속성, 결단성, 다른 관점에 대한 존중과 같은 합리적인 태도가 요구된다.

(2) 비판적 사고에 필요한 태도

① 문제의식

문제의식을 가지고 있다면 주변에서 발생하는 사소한 것에서도 정보를 수집하고 새로운 아이디어를 끊임없이 생산해 낼 수 있다.

② 고정관념 타파

지각의 폭을 넓히는 일은 정보에 대한 개방성을 가지고 편견을 갖지 않는 것으로 이를 위해서는 고정관념을 타파하는 것이 중요하다.

| 03 | 문제처리능력

1. 문제 인식

(1) 문제 인식 절차

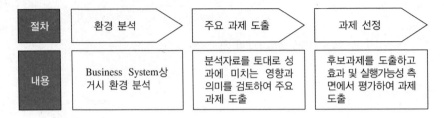

절차	환경 분석	주요 과제 도출	과제 선정
내용	Business System상 거시 환경 분석	분석자료를 토대로 성과에 미치는 영향과 의미를 검토하여 주요 과제 도출	후보과제를 도출하고 효과 및 실행가능성 측면에서 평가하여 과제 도출

(2) 환경 분석

① 3C 분석

사업환경을 구성하고 있는 요소인 자사, 경쟁사, 고객을 3C라고 한다.

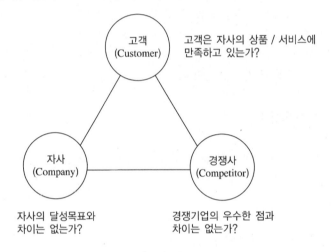

② SWOT 분석

㉠ 의의 : 기업내부의 강점, 약점과 외부환경의 기회, 위협요인을 분석 평가하고 이들을 서로 연관 지어 전략을 개발하고 문제해결 방안을 개발하는 방법이다.

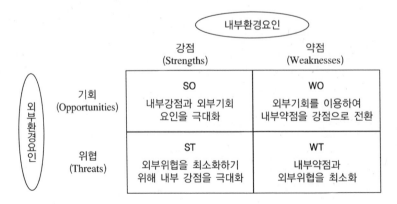

ⓛ SWOT 분석방법

외부환경 분석	• 좋은 쪽으로 작용하는 것은 기회, 나쁜 쪽으로 작용하는 것은 위협으로 분류 • 언론매체, 개인 정보망 등을 통하여 입수한 상식적인 세상의 변화 내용을 시작으로 당사자에게 미치는 영향을 순서대로, 짐차 구체화 • 인과관계가 있는 경우 화살표로 연결 • 동일한 Data라도 자신에게 긍정적으로 전개되면 기회로, 부정적으로 전개되면 위협으로 구분 • 외부환경분석 시에는 SCEPTIC 체크리스트를 활용 ① Social (사회), ② Competition (경쟁), ③ Economic (경제), ④ Politic (정치), ⑤ Technology (기술), ⑥ Information (정보), ⑦ Client (고객)
내부환경 분석	• 경쟁자와 비교하여 나의 강점과 약점을 분석 • 강점과 약점의 내용 : 보유하거나 동원 가능하거나 활용 가능한 자원 • 내부환경분석에는 MMMITI 체크리스트를 활용 ① Man (사람), ② Material (물자), ③ Money (돈), ④ Information (정보), ⑤ Time (시간), ⑥ Image (이미지)

ⓒ SWOT 전략 수립 방법

내부의 강점과 약점을, 외부의 기회와 위협을 대응시켜 기업 목표 달성을 위한 SWOT 분석을 바탕으로 구축한 발전전략의 특성은 다음과 같다.

SO전략	외부환경의 기회를 활용하기 위해 강점을 사용하는 전략 선택
ST전략	외부환경의 위협을 회피하기 위해 강점을 사용하는 전략 선택
WO전략	자신의 약점을 극복함으로써 외부환경의 기회를 활용하는 전략 선택
WT전략	약점을 보완해 미래의 위협에 대응하거나 비상시 대처하기 위한 전략

(3) 주요 과제 도출

과제 도출을 위해서는 다양한 과제 후보안을 다음 그림과 같은 표를 이용해서 하는 것이 체계적이며 바람직하다. 주요 과제 도출을 위한 과제안 작성 시, 과제안 간의 동일한 수준, 표현의 구체성, 기간 내 해결 가능성 등을 확인해야 한다.

(4) 과제 선정

과제안 중 효과 및 실행 가능성 측면을 평가하여 가장 우선순위가 높은 안을 선정하며, 우선순위 평가 시에는 과제의 목적, 목표, 자원현황 등을 종합적으로 고려하여 평가한다.

(5) 과제안 평가기준

과제해결의 중요성, 과제착수의 긴급성, 과제해결의 용이성을 고려하여 여러 개의 평가기준을 동시에 설정하는 것이 바람직하다.

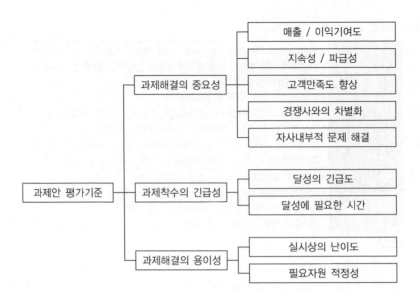

2. 문제 도출

(1) 세부 절차

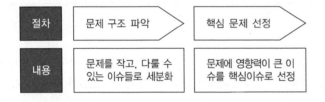

(2) 문제 구조 파악

전체 문제를 개별화된 세부 문제로 쪼개는 과정으로 문제의 내용 및 부정적인 영향 등을 파악하여 문제의 구조를 도출해내는 것이다. 이를 위해서는 문제가 발생한 배경이나 문제를 일으키는 원인을 분명히 해야 하며, 문제의 본질을 다양하고 넓은 시야로 보아야 한다.

(3) Logic Tree

주요 과제를 나무모양으로 분해, 정리하는 기술로서, 제한된 시간 동안 문제의 원인을 깊이 파고든다든지, 해결책을 구체화할 때 유용하게 사용된다. 이를 위해서는 전체 과제를 명확히 해야 하며, 분해해가는 가지의 수준을 맞춰야 하고, 원인이 중복되거나 누락되지 않고 각각의 합이 전체를 포함해야 한다.

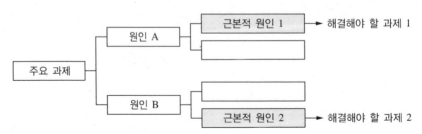

3. 원인 분석

(1) 세부 절차

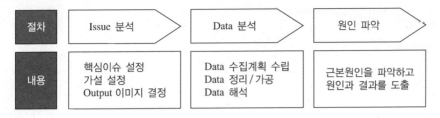

절차	Issue 분석	Data 분석	원인 파악
내용	핵심이슈 설정 가설 설정 Output 이미지 결정	Data 수집계획 수립 Data 정리 / 가공 Data 해석	근본원인을 파악하고 원인과 결과를 도출

(2) Issue 분석

① 핵심이슈 설정

업무에 가장 크게 영향을 미치는 문제로 선정하며, 사내외 고객 인터뷰 등을 활용한다.

② 가설 설정

이슈에 대해 자신의 직관, 경험 등에 의존하여 일시적인 결론을 예측하는 것이며, 설정된 가설은 관련자료 등을 통해 검증할 수 있어야 하고, 논리적이며 객관적이어야 한다.

③ Output 이미지 결정

가설검증계획에 따라 분석결과를 미리 이미지화하는 것이다.

(3) Data 분석

① Data 수집계획 수립

데이터 수집 시에는 목적에 따라 수집 범위를 정하고, 전체 자료의 일부인 표본을 추출하는 전통적인 통계학적 접근과 전체 데이터를 활용한 빅데이터 분석을 구분해야 한다. 이때, 객관적인 사실을 수집해야 하며 자료의 출처를 명확히 밝힐 수 있어야 한다.

② Data 정리 / 가공

데이터 수집 후에는 목적에 따라 수집된 정보를 항목별로 분류 정리하여야 한다.

③ Data 해석

정리된 데이터는 '무엇을', '왜', '어떻게' 측면에서 의미를 해석해야 한다.

(4) 원인 파악

① 단순한 인과관계

원인과 결과를 분명하게 구분할 수 있는 경우로, 날씨가 더울 때 아이스크림 판매량이 증가하는 경우가 이에 해당한다.

② 닭과 계란의 인과관계

원인과 결과를 구분하기가 어려운 경우로, 브랜드의 향상이 매출확대로 이어지고, 매출확대가 다시 브랜드의 인지도 향상으로 이어져 원인과 결과를 쉽게 밝혀내기 어려운 상황이 이에 해당한다.

③ 복잡한 인과관계

단순한 인과관계와 닭과 계란의 인과관계의 유형이 복잡하게 서로 얽혀 있는 경우로, 대부분의 문제가 이에 해당한다.

4. 해결안 개발

(1) 세부 절차

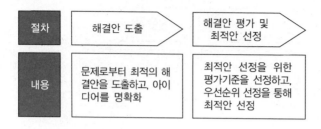

(2) 해결안 도출 과정

① 근본원인으로 열거된 내용을 어떠한 방법으로 제거할 것인지를 명확히 한다.
② 독창적이고 혁신적인 방안을 도출한다.
③ 유사한 방법이나 목적을 갖는 내용을 군집화한다.
④ 최종 해결안을 정리한다.

(3) 해결안 평가 및 최적안 선정

문제(What), 원인(Why), 방법(How)를 고려해서 해결안을 평가하고 가장 효과적인 해결안을 선정해야 하며, 중요도와 실현가능성 등을 고려해서 종합적인 평가를 내리고, 채택 여부를 결정하는 과정이다.

5. 실행 및 평가

(1) 세부 절차

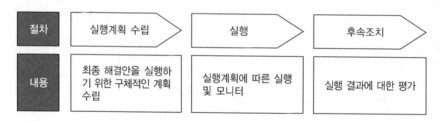

(2) 실행계획 수립

세부 실행내용의 난이도를 고려하여 가급적 구체적으로 세우는 것이 좋으며, 해결안별 실행계획서를 작성함으로써 실행의 목적과 과정별 진행내용을 일목요연하게 파악하도록 하는 것이 필요하다.

(3) 실행 및 후속조치

① 파일럿 테스트를 통해 문제점을 발견하고, 해결안을 보완한 후 대상 범위를 넓혀서 전면적으로 실시해야 한다. 그리고 실행상의 문제점 및 장애요인을 신속히 해결하기 위해서 모니터링 체제를 구축하는 것이 바람직하다.

② 모니터링 시 고려 사항

- 바람직한 상태가 달성되었는가?
- 문제가 재발하지 않을 것을 확신할 수 있는가?
- 사전에 목표한 기간 및 비용은 계획대로 지켜졌는가?
- 혹시 또 다른 문제를 발생시키지 않았는가?
- 해결책이 주는 영향은 무엇인가?

◀핵심예제▶

다음 중 문제해결 과정을 순서대로 바르게 나열한 것은?

ㄱ. 문제 인식	ㄴ. 실행 및 평가
ㄷ. 원인 분석	ㄹ. 문제 도출
ㅁ. 해결안 개발	

① ㄱ – ㄴ – ㄷ – ㄹ – ㅁ   ② ㄱ – ㄹ – ㄷ – ㅁ – ㄴ

③ ㄴ – ㄷ – ㄹ – ㅁ – ㄱ   ④ ㄹ – ㄱ – ㄷ – ㅁ – ㄴ

문제해결 과정
문제 인식 → 문제 도출 → 원인 분석 → 해결안 개발 → 실행 및 평가

정답 ②

창의적 사고

• 주어진 설명을 통해 이론이나 개념을 활용하여 풀어가는 문제이다.
• 주로 빠른 시간 안에 정답을 도출하는 문제가 출제된다.

다음은 창의적 사고에 대한 설명이다. 빈칸에 들어갈 말로 적절하지 않은 것은?

> 창의적 사고란 당면한 문제를 해결하기 위해 이미 알고 있는 경험지식을 해체하여 새로운 아이디어를 다시 도출하는 것을 말한다. 즉, 창의적 사고는 개인이 가지고 있는 경험과 지식을 통해 새로운 가치 있는 아이디어로 다시 결합함으로써 참신한 아이디어를 산출하는 힘을 의미하며, _____ 특징을 지닌다.

① 발산적   ② 독창성
③ 가치 지향성   ④ 다양성
⑤ 통상적

정답 ⑤

창의적인 사고는 통상적인 것이 아니라 기발하거나 신기하며, 독창적인 것이다. 또한 발산적 사고로서 아이디어가 많고, 다양하고, 독특한 것을 의미하며, 유용하고 가치가 있어야 한다.

풀이 전략!

모듈이론에 대한 전반적인 학습을 미리 해두어야 하며, 이를 토대로 주어진 문제에 적용하여 문제를 해결해 나가도록 한다.

대표유형 2 | 사고력 ②
명제

유형분석

- 주어진 문장을 토대로 논리적으로 추론하여 참 또는 거짓을 구분하는 문제이다.
- 대체로 연역추론을 활용한 명제 문제가 출제된다.
- 자료를 제시하고 새로운 결과나 자료에 주어지지 않은 내용을 추론해 가는 형식의 문제가 출제된다.

어느 도시에 있는 병원의 공휴일 진료 현황은 다음과 같다. 공휴일에 진료하는 병원의 수는?

- B병원이 진료를 하지 않으면, A병원은 진료를 한다.
- B병원이 진료를 하면, D병원은 진료를 하지 않는다.
- A병원이 진료를 하면, C병원은 진료를 하지 않는다.
- C병원이 진료를 하지 않으면, E병원이 진료를 한다.
- E병원은 공휴일에 진료를 하지 않는다.

① 1곳
② 2곳
③ 3곳
④ 4곳
⑤ 5곳

정답 ②

제시된 진료 현황을 각각의 명제로 보고 이들을 수식으로 설명하면 다음과 같다(단, 명제가 참일 경우 그 대우도 참이다).
- B병원이 진료를 하지 않으면 A병원이 진료한다(~B → A / ~A → B).
- B병원이 진료를 하면 D병원은 진료를 하지 않는다(B → ~D / D → ~B).
- A병원이 진료를 하면 C병원은 진료를 하지 않는다(A → ~C / C → ~A).
- C병원이 진료를 하지 않으면 E병원이 진료한다(~C → E / ~E → C).
이를 하나로 연결하면, D병원이 진료를 하면 B병원이 진료를 하지 않고, B병원이 진료를 하지 않으면 A병원은 진료를 한다. A병원이 진료를 하면 C병원은 진료를 하지 않고, C병원이 진료를 하지 않으면 E병원은 진료를 한다(D → ~B → A → ~C → E). 명제가 참일 경우 그 대우도 참이므로 ~E → C → ~A → B → ~D가 된다. E병원은 공휴일에 진료를 하지 않으므로 위의 명제를 참고하면 C와 B병원만이 진료를 하는 경우가 된다. 따라서 공휴일에 진료를 하는 병원은 2곳이다.

풀이 전략!

명제와 관련된 기본적인 논법에 대해서는 미리 학습해 두며, 이를 바탕으로 각 문장에 있는 핵심단어 또는 문구를 기호화하여 정리한 후, 선택지와 비교하여 참 또는 거짓을 판단한다.

유형분석

- 상황에 대한 환경 분석 결과를 통해 주요 과제를 도출하는 문제이다.
- 주로 3C 분석 또는 SWOT 분석을 활용한 문제들이 출제되고 있으므로 해당 분석도구에 대한 사전 학습이 요구된다.

다음 설명을 참고하여 기사를 읽고 B자동차가 취할 수 있는 전략으로 옳은 것은?

'SWOT'는 Strength(강점), Weakness(약점), Opportunity(기회), Threat(위협)의 머리글자를 따서 만든 단어로, 경영 전략을 세우는 방법론이다. SWOT로 도출된 조직의 내·외부 환경을 분석하고, 이 결과를 통해 대응전략을 구상할 수 있다. 'SO전략'은 기회를 활용하기 위해 강점을 사용하는 전략이고, 'WO전략'은 약점을 보완 또는 극복하여 시장의 기회를 활용하는 전략이다. 'ST전략'은 위협을 피하기 위해 강점을 활용하는 방법이며, 'WT전략'은 위협요인을 피하기 위해 약점을 보완하는 전략이다.

- 새로운 정권의 탄생으로 자동차 업계 내 새로운 바람이 불 것으로 예상된다. A당선인이 이번 선거에서 친환경차 보급 확대를 주요 공약으로 내세웠고, 공약에 따라 공공기관용 친환경차 비율을 70%로 상향시키기로 하고, 친환경차 보조금 확대 등을 통해 친환경차 보급률을 높이겠다는 계획을 세웠다. 또한 최근 환경을 생각하는 국민 의식의 향상과 친환경차의 연비 절감 부분이 친환경차 구매 욕구 상승에 기여하고 있다.
- B자동차는 기존에 전기자동차 모델들을 꾸준히 출시하여 성장세가 두드러지고 있는데다 고객들의 다양한 구매 욕구를 충족시킬 만한 전기자동차 상품의 다양성을 확보하였다. 또한, B자동차의 전기자동차 미국 수출이 증가하고 있는 만큼 앞으로의 전망도 밝을 것으로 예상된다.

① SO전략　　　　　　　　　　　　② WO전략
③ ST전략　　　　　　　　　　　　④ WT전략

정답　①

- Strength(강점) : B자동차는 전기자동차 모델들을 꾸준히 출시하여 성장세가 두드러지고 있는데다 고객들의 다양한 구매 욕구를 충족시킬 만한 전기자동차 상품의 다양성을 확보하였다.
- Opportunity(기회) : 새로운 정권에서 친환경차 보급 확대에 적극 나설 것으로 보인다는 점과 환경을 생각하는 국민 의식의 향상과 친환경차의 연비 절감 부분이 친환경차 구매 욕구 상승에 기여하고 있으며 B자동차의 미국 수출이 증가하고 있다.
따라서 해당 기사를 분석하면 SO전략이 적절하다.

풀이 전략!

문제에 제시된 분석도구를 확인한 후, 분석 결과를 종합적으로 판단하여 각 선택지의 전략 과제와 일치 여부를 판단한다.

공정 관리

유형분석

- 주어진 상황과 정보를 종합적으로 활용하여 풀어가는 문제이다.
- 비용, 시간, 순서, 해석 등 다양한 주제를 다루고 있어 유형을 한 가지로 단일화하기 어렵다.

다음은 제품 생산에 따른 공정 관리를 나타낸 자료이다. 이에 대한 설명으로 옳은 것을 〈보기〉에서 모두 고르면?(단, 각 공정은 동시 진행이 가능하다)

공정 활동	선행 공정	시간(분)
A. 부품 선정	없음	2
B. 절삭 가공	A	2
C. 연삭 가공	A	5
D. 부품 조립	B, C	4
E. 전해 연마	D	3
F. 제품 검사	E	1

※ 공정 간 부품의 이동 시간은 무시하며, A공정부터 시작되어 공정별로 1명의 작업 담당자가 수행한다.

보기

ㄱ. 전체 공정을 완료하기 위해서는 15분이 소요된다.
ㄴ. 첫 제품 생산 후부터 1시간마다 3개씩 제품이 생산된다.
ㄷ. B공정이 1분 더 지연되어도 전체 공정 시간은 변화가 없다.

① ㄱ   ② ㄴ
③ ㄱ, ㄷ   ④ ㄴ, ㄷ

정답 ③

ㄱ. 공정 순서는 A → B·C → D → E → F로, 전체 공정이 완료되기 위해서는 15분이 소요된다.
ㄷ. B공정이 1분 더 지연되어도 C공정에서 5분이 걸리기 때문에 전체 공정 시간에는 변화가 없다.

오답분석

ㄴ. 첫 제품 생산 후부터는 5분마다 제품이 생산되기 때문에 첫 제품 생산 후부터 1시간마다 12개의 제품이 생산된다.

풀이 전략!

문제에서 묻는 것을 정확히 파악한 후, 필요한 상황과 정보를 찾아 이를 활용하여 문제를 풀어간다.

01 아마추어 야구 리그에서 활동하는 4개의 팀(A ~ D)은 빨간색, 노란색, 파란색, 보라색 중에서 매년 상징하는 색을 바꾸고 있다. 다음 〈조건〉을 참고할 때, 반드시 참인 것은?

> **조건**
> • 하나의 팀은 하나의 상징색을 갖는다.
> • 이전에 사용했던 상징색을 다시 사용할 수는 없다.
> • A와 B팀은 빨간색을 사용한 적이 있다.
> • B와 C팀은 보라색을 사용한 적이 있다.
> • D팀은 노란색을 사용한 적이 있고, 파란색을 선택하였다.

① A팀은 파란색을 사용한 적이 있어 다른 색을 골라야 한다.
② A팀의 상징색은 노란색이 될 것이다.
③ C팀은 파란색을 사용한 적이 있을 것이다.
④ C팀의 상징색은 빨간색이 될 것이다.
⑤ D팀은 보라색을 사용한 적이 있다.

02 한 회사에서는 폐수를 1급수로 만들기 위해서 정해진 순서대로 총 7가지 과정(A ~ G)을 거쳐야 한다. 다음 〈조건〉을 참고하여 5번째 과정이 F일 때, 네 번째로 해야 할 과정은 무엇인가?

> **조건**
> • F보다 뒤에 거치는 과정은 D와 B이다.
> • A 바로 앞에 수행하는 과정은 C이다.
> • A 바로 뒤에는 E를 수행한다.
> • G는 E와 A보다 뒤에 수행하는 과정이다.

① A ② C
③ D ④ E
⑤ G

03 귀하는 전세버스 대여를 전문으로 하는 여행업체에 근무하고 있다. 지난 10년 동안 상당한 규모로 성장해온 귀사는 현재 보유하고 있는 버스의 현황을 실시간으로 파악할 수 있도록 식별 코드를 부여하였다. 다음 중 옳지 않은 것은?

〈식별 코드 부여 방식〉

[버스등급] – [승차인원] – [제조국가] – [모델번호] – [제조연월]

버스 등급	코드	제조 국가	코드
대형 버스	BX	한국	KOR
중형 버스	MF	독일	DEU
소형 버스	RT	미국	USA

예 BX – 45 – DEU – 15 – 1510

2015년 10월 독일에서 생산된 45인승 대형 버스 15번 모델

〈자사 보유 전세버스 현황〉

BX – 28 – DEU – 24 – 1308	MF – 35 – DEU – 15 – 0910	RT – 23 – KOR – 07 – 0628
MF – 35 – KOR – 15 – 1206	BX – 45 – USA – 11 – 0712	BX – 45 – DEU – 06 – 1105
MF – 35 – DEU – 20 – 1110	BX – 41 – DEU – 05 – 1408	RT – 16 – USA – 09 – 0712
RT – 25 – KOR – 18 – 0803	RT – 25 – DEU – 12 – 0904	MF – 35 – KOR – 17 – 0901
BX – 28 – USA – 22 – 1404	BX – 45 – USA – 19 – 1108	BX – 28 – USA – 15 – 1012
RT – 16 – DEU – 23 – 1501	MF – 35 – KOR – 16 – 0804	BX – 45 – DEU – 19 – 1312
MF – 35 – DEU – 20 – 1005	BX – 45 – USA – 14 – 1007	–

① 보유 중인 대형 버스는 전체의 40% 이상을 차지한다.

② 보유하고 있는 소형 버스의 절반 이상은 독일에서 생산되었다.

③ 대형 버스 중 28인승은 3대이며, 한국에서 생산된 차량은 없다.

④ 중형 버스의 모델은 최소 3가지 이상이며, 모두 2013년 이전에 생산되었다.

⑤ 미국에서 생산된 버스 중 중형 버스는 없으며, 모두 2015년 이전에 생산되었다.

04 A회사의 직원 A ~ F는 3명씩 2조로 나누어 근무한다. 다음 중 〈보기〉가 모두 참일 때, 반드시 거짓인 것은?

> **보기**
> • A가 근무하는 날에는 E도 근무한다.
> • B가 근무하는 날에는 D는 근무하지 않는다.
> • B가 근무하지 않는 날에는 E는 근무하지 않는다.
> • D가 근무하지 않는 날에는 C와 F도 근무하지 않는다.

① E가 근무하는 날에는 B도 근무한다.
② D와 E는 같은 날에 근무한다.
③ C와 B는 같은 날에 근무하지 않는다.
④ F가 근무하는 날에는 D도 근무한다.
⑤ A가 근무하는 날에는 B도 근무한다.

05 이번 주까지 A가 해야 하는 일들은 총 아홉 가지(a ~ i)가 있고, 일주일 동안 월요일부터 매일 하나의 일을 한다. 다음 〈조건〉을 참고하여 A가 토요일에 하는 일이 b일 때, 화요일에 하는 일은?

> **조건**
> • 9개의 할 일 중에서 e와 g는 하지 않는다.
> • d를 c보다 먼저 수행한다.
> • c는 f보다 먼저 수행한다.
> • i는 a와 f보다 나중에 수행한다.
> • h는 가장 나중에 수행한다.
> • a는 c보다 나중에 진행한다.

① a   ② c
③ d   ④ f
⑤ I

06 K마트의 배송 담당자는 아래 공문과 배송 주문 목록에 따라 물품을 배송해야 한다. 이에 대한 설명으로 옳지 않은 것은?

〈(공문) 배송 관리 개선 방안〉

1. 배송물품 수거 시간
   - 매일 오전 10시, 오후 4시(단, 수요일과 금요일은 오후 2시 배송 있음)
   ※ 각 수거시간 이후에 집하장에 배출된 물품은 다음 수거시간에 수거

2. 수거 시간 별 배송 예정 시간
   - 오전 수거 물품은 당일 오후 배송 완료 예정
   - 오후 수거 물품은 당일 오후에서 익일 오전 사이에 배송 완료 예정
   ※ 당일 배송이 불가한 신선 식품과 냉동 식품은 반드시 냉동 창고에 따로 보관하므로 확인 요망

3. 배송 거리 분할
   - 점포별 관할 구역인 □□동 내부일 경우 근거리, 관할 구역 외일 경우(행정구역이 다른 경우) 장거리로 취급합니다.
   - 장거리 배송의 경우 배송 완료 예정 시간에 1일이 추가됩니다.

4. 배송 물품 집하장 : 지하 1층 고객만족센터 우측 보관소
   ※ 냉동 창고 보관용 물품은 지하 2층 중앙 창고 내부의 냉동고에 보관함

5. 아울러 배송 물품을 차량에 적재하는 데 소요되는 시간이 1시간 이내가 될 수 있도록, 배송지원 사원을 배치하였으니 배송지원팀에 문의하여 적극 활용바랍니다.
   ※ 배송지원팀 김○○ 대리(내선 1234)에게 연락바람

20XX년 9월 2일 월요일

고객 배송 요청 내역 목록(9월 2일 오전 9시 현재 기준)

고객명	A	B	C	D	E
희망 배송시기	월요일(9월 2일) 오후	최대한 빨리	수요일(9월 4일) 오전	목요일(9월 5일) 오후	목요일(9월 5일) 오후
배송 지역	□□동	□□동	□□동	□□동	△△동
특이 사항	신선식품			냉동식품	신선식품

① 고객 A의 배송을 하기 위해서는 금일 오전 10시 배송을 준비해야 한다.
② 오늘 배송을 준비하기 위해서는 지하 1층 고객만족센터의 보관소를 방문해야 한다.
③ 내일 오후에 준비하는 배송 상품은 고객 C를 위한 것이다.
④ 고객 D와 고객 E의 상품 배송을 위해서는 9월 4일 오후 2시 배송을 이용하면 된다.
⑤ 9월 3일 오전에는 배송을 준비할 필요가 없다.

※ J회사는 사내 장기자랑을 열기 위해 조를 만들기로 했다. 이어지는 질문에 답하시오. [7~8]

〈조 편성 조건〉

• 두 명씩 조를 편성한다.
• 같은 팀끼리 같은 조가 될 수 없다.
• 남녀 조는 하나이며 20대에서만 편성한다.
• 20대는 20대끼리 30대는 30대끼리 조를 편성한다.
• 조원 간 나이 차는 6세 이내로 제한한다.

〈J회사 직원 명단 및 나이〉

(단위 : 세)

	이름	전현무	김헨리	이시언	방성훈	김충재
남자	나이	39	27	36	29	24
	소속	기획팀	기술팀	인사팀	신용팀	총무팀
	이름	한혜진	박나래	안화사	정려원	김사랑
여자	나이	35	30	22	32	37
	소속	인사팀	기술팀	총무팀	기획팀	신용팀

07 다음 중 조원이 될 수 있는 사람끼리 연결한 것으로 옳은 것은?

① 김충재, 김헨리
② 안화사, 김충재
③ 정려원, 한혜진
④ 이시언, 방성훈
⑤ 김사랑, 정려원

08 세대 간 화합을 위해 다음과 같이 〈조건〉을 변경하기로 했다. 다음 중 조원이 될 수 있는 조합은?

조건

• 두 명씩 조를 편성한다.
• 가장 나이 차가 많이 나는 조합부터 조를 편성한다(가장 나이가 어린 사람과 가장 나이가 많은 사람이 한 조가 된다).

① 정려원, 김사랑
② 전현무, 김충재
③ 한혜진, 방성훈
④ 김헨리, 박나래
⑤ 안화사, 이시언

09 조선시대에는 12시진(정시법)과 '초(初)', '정(正)', '한시진(2시간)' 등의 표현을 통해 시간을 나타내었다. 다음 중 조선시대의 시간과 현대의 시간에 대한 비교로 옳지 않은 것은?

<12시진>

조선시대 시간		현대 시간	조선시대 시간		현대 시간
자(子)시	초(初)	23시 1 ~ 60분	오(午)시	초(初)	11시 1 ~ 60분
	정(正)	24시 1 ~ 60분		정(正)	12시 1 ~ 60분
축(丑)시	초(初)	1시 1 ~ 60분	미(未)시	초(初)	13시 1 ~ 60분
	정(正)	2시 1 ~ 60분		정(正)	14시 1 ~ 60분
인(寅)시	초(初)	3시 1 ~ 60분	신(申)시	초(初)	15시 1 ~ 60분
	정(正)	4시 1 ~ 60분		정(正)	16시 1 ~ 60분
묘(卯)시	초(初)	5시 1 ~ 60분	유(酉)시	초(初)	17시 1 ~ 60분
	정(正)	6시 1 ~ 60분		정(正)	18시 1 ~ 60분
진(辰)시	초(初)	7시 1 ~ 60분	술(戌)시	초(初)	19시 1 ~ 60분
	정(正)	8시 1 ~ 60분		정(正)	20시 1 ~ 60분
사(巳)시	초(初)	9시 1 ~ 60분	해(亥)시	초(初)	21시 1 ~ 60분
	정(正)	10시 1 ~ 60분		정(正)	22시 1 ~ 60분

① 한 초등학교의 점심 시간이 오후 1시부터 2시까지라면, 조선시대 시간으로 미(未)시에 해당한다.

② 조선시대에 어떤 사건이 인(寅)시에 발생하였다면, 현대 시간으로는 오전 3시와 5시 사이에 발생한 것이다.

③ 현대인이 오후 2시부터 4시 30분까지 운동을 하였다면, 조선시대 시간으로 미(未)시부터 유(酉)시까지 운동을 한 것이다.

④ 축구 경기가 연장 없이 각각 45분의 전반전과 후반전으로 진행되었다면, 조선시대 시간으로 한시진이 채 되지 않은 것이다.

⑤ 현대인이 오후 8시 30분에 저녁을 먹었다면, 조선시대 시간으로 술(戌)시 정(正)에 저녁을 먹은 것이다.

10 건강보험심사평가원에서는 의약품 안전 사용 서비스(DUR)라는 시스템을 운용하고 있다. 다음 자료를 참고하여 R씨가 복용하는 약에 대한 설명으로 〈보기〉에서 옳은 것을 모두 고르면?

〈의약품 안전 사용 서비스(DUR)〉

환자가 여러 의사에게 진료받을 경우 의사와 약사는 환자가 복용하고 있는 약을 알지 못하고 처방·조제하여 환자가 약물 부작용에 노출될 가능성이 있습니다. 의약품 처방·조제 시 병용 금기 등 의약품 안전성 관련 정보를 실시간으로 제공하여 부적절한 약물 사용을 사전에 점검할 수 있도록 의사와 약사에게 의약품 안전 정보를 제공하는 것을 "DUR(Drug Utilization Review)" 또는 "의약품 안전 사용 서비스"라고 하며, 주로 의사 및 약사가 이용하지만, 일반인도 이용 가능합니다.

- 병용 금기 : 2개 이상의 약물을 같이 복용했을 때 예상하지 못한 부작용이 나타나거나 치료 효과가 떨어지는 약물
- 연령 금기 : 약물의 특성상 소아나 노인 환자에게 복용이 권장되지 않는 약물
- 임부 금기 : 임신 또는 임신하고 있을 가능성이 있는 환자가 복용하면 태아 기형 및 태아 독성 등 태아에 대한 위험성이 있는 약물
- 용량 주의 : 1일 최대 투여량을 초과하여 복용할 경우 부작용 발생이 우려되는 약물
- 투여 기간 주의 : 최대 복용 기간을 초과하여 복용할 경우 부작용 발생이 우려되는 약물

〈R씨가 복용하는 약 및 의약품 안전 사용 서비스 결과〉

제품명	제품 코드	주성분 코드	업체명
네○○	647204860	474802ATB	(주)Q코러스
고○○	661700051	162730BIJ	(주)P제약
명○○	651904430	149204ATB	(주)B제약
스○○	643504520	378603ATB	(주)K약품
캐○○	672400160	368401BIJ	N연구소
대○○	645100242	319000BIJ	(주)L약품공업

네○○(에스시탈로프람옥살산염) (12.77mg/1정)	1일 최대 20mg 이내로 복용해야 하는 용량 주의 의약품입니다.
명○○(독세핀염산염) (6.78mg/1정)	1일 최대 6mg 이내로 복용해야 하는 용량 주의 의약품입니다.
스○○(쿠에티아핀푸마르산염) (0.23026g/1정)	임부에 대한 안전성 미확립. 임신 3기에 투여 시 신생아에서 추체외로 금단 증상(초조, 근육긴장항진 또는 저하, 진전 등) 보고
고○○(폴리트로핀알파, 유전자 재조합) (22.23μg/0.5mL)	

보기

㉠ R씨가 임신부일 경우 임부 금기인 약은 두 가지이며, 그중 제품 코드가 '661700051'이 있다.
㉡ 병용 금기에 해당하는 약의 업체명은 (주)K약품이다.
㉢ 1일 최대 투여량을 초과할 경우 부작용이 발생할 수 있는 의약품에 해당하는 약의 주성분 코드는 '474802ATB'이고, 20mg 이내로 복용해야 한다.
㉣ 의약품 안전 사용 서비스는 의사 및 약사에게 안전 정보를 제공하기 위한 시스템이며, R씨는 사용할 수 없다.

① ㉠
② ㉡, ㉢
③ ㉡, ㉣
④ ㉠, ㉢
⑤ ㉡, ㉢, ㉣

11 Y은행은 직원용 컴퓨터를 교체하려고 한다. 다음 중 〈조건〉을 만족하는 컴퓨터는 무엇인가?

> **조건**
> - 예산은 1,000만 원이다.
> - 교체할 직원용 컴퓨터는 모니터와 본체 각각 15대이다.
> - 성능평가에서 '중' 이상을 받은 컴퓨터로 교체한다.
> - 컴퓨터 구매는 SET 또는 모니터와 본체 따로 구매할 수 있다.

〈컴퓨터별 가격 현황〉

구분	A컴퓨터	B컴퓨터	C컴퓨터	D컴퓨터	E컴퓨터
모니터	20만 원	23만 원	20만 원	19만 원	18만 원
본체	70만 원	64만 원	60만 원	54만 원	52만 원
SET	80만 원	75만 원	70만 원	66만 원	65만 원
성능평가	중	상	중	중	하
할인 혜택		SET로 15대 이상 구매 시 총금액에서 100만 원 할인	모니터 10대 초과 구매 시 초과 대수 15% 할인	–	–

① A컴퓨터
② B컴퓨터
③ C컴퓨터
④ D컴퓨터
⑤ E컴퓨터

※ B회사 직원들은 농번기를 맞아 지역농민 일손 돕기 봉사활동을 하려고 한다. 다음은 A ~ F농가의 현황을 정리한 자료이다. 이어지는 질문에 답하시오. **[12~13]**

<지역농가 목록>

구분	입주일	농사규모(만 평)	소득수준(가구당)	조합원여부
A농가	2018. 03. 01.	4	800만 원	○
B농가	2015. 07. 03.	10	1,200만 원	○
C농가	2013. 10. 11.	3	420만 원	○
D농가	2013. 05. 22.	2.6	180만 원	×
E농가	2017. 02. 26.	7	240만 원	×
F농가	2020. 11. 18.	8	330만 원	○

조건

• 지역농민 일손 돕기 봉사활동은 조합원 농가만을 대상으로 한다(단, 소득이 가구당 180만 원 이하인 경우에는 조합원 농가가 아니어도 봉사활동 대상으로 고려한다).
• 입주한 지 3년 이상 지난 농가만을 대상으로 한다.
• 가구당 소득수준이 1,000만 원 미만인 농가만을 대상으로 한다.
• 지역농민 일손 돕기 봉사활동은 입주 시기가 빠를수록, 농사규모가 클수록, 소득수준이 적을수록 먼저 제공한다.
• 봉사활동 우선순위를 따질 때는 입주일, 농사규모, 소득수준 순서대로 고려한다.

12 다음 중 봉사활동 우선순위가 가장 높은 농가는 어디인가?

① A농가
② B농가
③ C농가
④ D농가
⑤ F농가

13 <조건>이 다음과 같이 변경되었을 때, 봉사활동 대상이 될 수 있는 농가를 모두 고르면?

조건

• 소득수준이 가구당 500만 원 이상인 경우 봉사활동 대상이 될 수 없다.
• 지역농민 일손 돕기 봉사활동은 조합원 농가만을 대상으로 한다.
• 2022년 5월 3일 현재 입주한 지 5년 이상 지난 농가만을 대상으로 한다.
• 지역농민 일손 돕기 봉사활동은 입주 시기가 빠를수록, 농사규모가 클수록, 소득수준이 적을수록 먼저 제공한다.
• 봉사활동 우선순위를 따질 때는 입주일, 농사규모, 소득수준 순서대로 고려한다.

① C농가
② C농가, D농가
③ C농가, F농가
④ D농가, F농가
⑤ D농가, E농가, F농가

※ 다음은 A ~ E창고가 갖추고 있는 시설 및 기타사항에 대한 자료이다. 이어지는 질문에 답하시오.
   [14~15]

〈창고별 시설 및 기타사항〉

구분	시설	거리	비용(1년)	면적
A창고	냉장시설 보유, 환기시설 보유	4km	600만 원	60평
B창고	냉장시설 보유	8km	900만 원	75평
C창고	환기시설 보유, 냉장시설 보유	10km	560만 원	50평
D창고	냉장시설 보유	6km	1,000만 원	100평
E창고	환기시설 보유	3km	600만 원	30평

※ 거리는 K공단으로부터의 거리이다.
※ (환산점수)＝[비용(만 원)]÷[면적(평)]×[거리(km)]

14 K공단은 창고 선정을 환산점수 공식에 대입하여 가장 낮은 점수의 창고와 계약을 하려고 한다. 가장 낮은 점수를 받은 창고와 그 점수로 옳은 것은?

① A창고, 40점
② B창고, 60점
③ C창고, 100점
④ D창고, 40점
⑤ E창고, 60점

15 K공단은 식품 보관과 유통을 위해 냉장시설을 보유한 창고 사용 계약을 진행하려고 한다. 기존에 사용하는 창고는 B창고이며, B창고보다 좋은 조건이 아니라면 변경하지 않는다. 다음 〈조건〉을 근거로 할 때, K공단이 계약할 창고로 옳은 것은?

조건
• 거리는 10km 미만이이아 하고, 면적은 고려하지 않는다.
• 계약기간은 3년으로 하며, 계약기간 동안 지불하는 비용이 2,700만 원 이하여야 한다.

① A창고
② B창고
③ C창고
④ D창고
⑤ E창고

CHAPTER 04

자원관리능력

합격 CHEAT KEY

자원관리능력은 현재 많은 NCS 기반 채용을 진행하는 공사·공단에서 핵심영역으로 자리 잡아, 일부를 제외한 대부분의 시험에서 출제 영역으로 꼽히고 있다. 전체 문항수의 10 ~ 15% 비중으로 출제되고 있고, 난이도가 상당히 높기 때문에 NCS를 치를 수험생이라면 반드시 준비해야 할 필수 과목이다.

실제 시험 기출 키워드를 살펴보면 비용 계산, 해외파견 지원금 계산, 주문 제작 단가 계산, 일정 조율, 일정 선정, 행사 대여 장소 선정, 최단거리 구하기, 시차 계산, 소요시간 구하기, 해외파견 근무 기준에 부합한 또는 부합하지 않는 직원 고르기 등 크게 자원계산, 자원관리문제 유형이 출제된다. 대표유형문제를 바탕으로 응용되는 방식의 문제가 출제되고 있기 때문에 비슷한 유형을 계속해서 풀어보면서 감을 익히는 것이 중요하다.

01 시차를 먼저 계산하자!

시간자원관리문제의 대표유형 중 시차를 계산하여 일정에 맞는 항공권을 구입하거나 회의시간을 구하는 문제에서는 각각의 나라 시간을 한국 시간으로 전부 바꾸어 계산하는 것이 편리하다. 조건에 맞는 나라들의 시간을 전부 한국 시간으로 바꾸고 한국 시간과의 시차만 더하거나 빼주면 시간을 단축하여 풀 수 있다.

02 보기를 활용하자!

예산자원관리문제의 대표유형에서는 계산을 해서 값을 요구하는 문제들이 있다. 이런 문제유형에서는 문제 보기를 먼저 본 후 자리 수가 몇 단위로 끝나는지 확인한다. 예를 들어 412,300원, 426,700원, 434,100원, 453,800원인 보기가 있다고 하자. 이 보기는 100원 단위로 끝나기 때문에 제시된 조건에서 100원 단위로 나올 수 있는 항목을 찾아 그 항목만 계산하여 시간을 단축시키는 방법이 있다.

또한, 일일이 계산하는 문제가 많은데 예를 들어 640,000원, 720,000원, 810,000원 등의 수를 이용해 푸는 문제가 있다고 하자. 만 원 단위를 절사하고 계산하여 64, 72, 81처럼 요약하여 적는 것도 시간을 단축하는 방법이다.

03   최적의 값을 구하는 문제인지 파악하자!

물적자원관리문제의 대표유형에서는 제한된 자원 내에서 최대의 만족 또는 이익을 얻을
수 있는 방법을 강구하는 문제가 출제된다. 이때, 구하고자 하는 값을 x, y로 정하고
연립방정식을 이용해 x, y값을 구한다. 최소 비용으로 목표생산량을 달성하기 위한
업무 및 인력 할당, 정해진 시간 내에 최대 이윤을 낼 수 있는 업체 선정, 정해진 인력으
로 효율적 업무 배치 등을 구하는 문제에서 사용되는 방법이다.

04   각 평가항목을 비교해보자!

인적자원관리문제의 대표유형에서는 각 평가항목을 비교하여 기준에 적합한 인물을 고
르거나, 저렴한 업체를 선정하거나, 총점이 높은 업체를 선정하는 문제가 출제된다. 이
런 문제를 해결할 때는 평가항목에서 가격이나 점수 차이에 영향을 많이 미치는 항목을
찾아 지우면 1 ~ 2개의 보기를 삭제하고 3 ~ 4개의 보기만 계산하여 시간을 단축할 수
있다.

05   문제의 단서를 이용하자!

자원관리능력은 계산문제가 많기 때문에, 복잡한 계산은 딱 떨어지게끔 조건을 제시하
는 경우가 많다. 단서를 보고 보기에서 부합하지 않는 보기를 1 ~ 2개 먼저 소거한 뒤
계산을 하는 것도 시간을 단축하는 방법이다.

| 01 | 자원관리능력의 의의

(1) 자원과 자원관리

　① 자원이란?

　　사전적으로는 인간생활에 도움이 되는 자연계의 일부를 말하며, 이를 확장시켜 사람들이 가지고 있
　　는 기본적인 자산을 물질적 자산(물적자원), 재정적 자산(돈), 인적 자산(인적자원)으로 나누기도 한
　　다. 최근에는 여기에 시간도 중요한 자원 중 하나로 보고 있다.

　② 자원의 유한성

　　주어진 시간은 제한되기 마련이어서 정해진 시간을 어떻게 활용하느냐가 중요하며, 돈과 물적자원
　　역시 제한적일 수밖에 없다. 또한 인적자원 역시 제한된 사람들을 알고 활용할 수 밖에 없다. 이러한
　　자원의 유한성으로 인해 자원을 효과적으로 확보, 유지, 활용하는 자원관리는 매우 중요하다고 할
　　수 있다.

　③ 자원관리의 분류

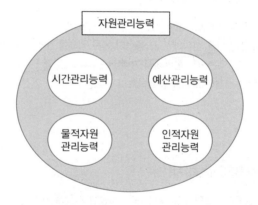

　④ 자원낭비의 요인

종류	내용
비계획적 행동	계획 없이 충동적이고 즉흥적으로 행동하여 자신이 활용할 수 있는 자원들을 낭비하게 되는 것
편리성 추구	자원을 활용하는 데 있어서 너무 편한 방향으로만 활용하는 것
자원에 대한 인식 부재	자신이 가지고 있는 중요한 자원을 인식하지 못하는 것
노하우 부족	자원관리의 중요성을 인식하면서도 효과적인 방법을 활용할 줄 모르는 것

(2) 자원관리의 과정

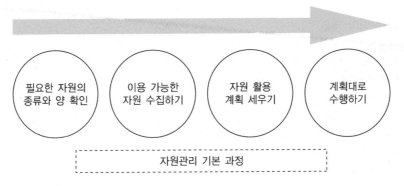

자원관리 기본 과정

① **필요한 자원의 종류와 양 확인**

업무를 추진하는 데 있어서 어떤 자원이 필요하며, 또 얼마만큼 필요한지를 파악하는 단계이다. 구체적으로 어떤 활동을 할 것이며, 이 활동에 어느 정도의 시간, 돈, 물적・인적자원이 필요한지를 파악한다.

② **이용 가능한 자원 수집하기**

실제 준비나 활동을 하는 데 있어서 계획과 차이를 보이는 경우가 빈번하기 때문에 여유 있게 확보하는 것이 안전하다.

③ **자원 활용 계획 세우기**

자원을 실제 필요한 업무에 할당하여 계획을 세워야 하며, 최종적인 목적을 이루는데 가장 핵심이 되는 것에 우선순위를 두고 계획을 세울 필요가 있다.

④ **계획대로 수행하기**

업무 추진의 단계로서 계획에 맞게 업무를 수행해야 하는 단계이다. 계획에 얽매일 필요는 없지만 최대한 계획대로 수행하는 것이 바람직하며, 불가피하게 수정해야 하는 경우에는 전체 계획에 미칠 수 있는 영향을 고려해야 한다.

《 **핵심예제** 》

다음 중 자원관리의 단계를 순서대로 바르게 나열한 것은?

ㄱ. 자원 활용 계획 세우기	ㄴ. 필요한 자원의 종류와 양 확인
ㄷ. 이용 가능한 자원 수집하기	ㄹ. 계획대로 수행하기

① ㄱ – ㄴ – ㄷ – ㄹ   ② ㄱ – ㄷ – ㄹ – ㄴ

③ ㄴ – ㄱ – ㄷ – ㄹ   ④ ㄴ – ㄷ – ㄱ – ㄹ

자원관리의 4단계 과정
① 필요한 자원의 종류와 양 확인
② 이용 가능한 자원의 수집과 확보
③ 자원 활용 계획 수립
④ 계획에 따른 수행

정답 ④

| 02 | 시간관리능력

(1) 시간관리능력의 의의

① 시간의 특성

- 시간은 똑같은 속도로 흐른다.
- 시간의 흐름은 멈추게 할 수 없다.
- 시간은 빌리거나 저축할 수 없다.
- 시간은 어떻게 사용하느냐에 따라 가치가 달라진다.
- 시간은 시기에 따라 밀도도 틀리고 가치도 다르다.

② 시간관리의 효과

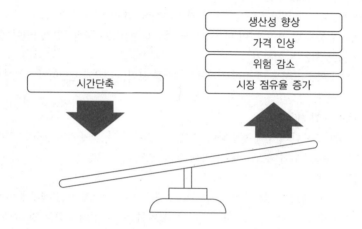

핵심예제

다음 중 시간자원의 특징으로 적절하지 않은 것은?

① 시간은 매일 주어진다.
② 시간의 흐름은 멈추게 할 수 없다.
③ 시간은 가치가 똑같다.
④ 시간은 똑같은 속도로 흐른다.

시간의 가치는 어떻게 활용하느냐에 따라서 달라질 수 있다. 예를 들어 같은 시간에 일을 많이 한 사람과 적게 한 사람의 시간은 가치가 다르다.

정답 ③

(2) 시간낭비

① 시간낭비의 요인

• 목적이 불명확하다.	• 우선순위가 없이 일을 한다.
• 여러 가지 일을 한번에 많이 다룬다.	• 장래의 일에 도움이 되지 않는 일을 한다.
• 하루의 계획이 구체적이지 않다.	• 책상 위가 항상 번잡하다.
• 서류정리를 하다가 서류를 숙독한다.	• 파일링시스템이 부적당하다.
• 메모 등을 찾는 시간이 걸리는 편이다.	• 일에 대한 의욕이 부족하다.
• 팀워크가 부족하다.	• 전화를 너무 많이 한다.
• 예정 외의 방문자가 많다.	• No라고 말하지 못한다.
• 불완전하거나 지연된 정보가 많다.	• 극기심이 결여되어 있다.
• 일을 끝내지 않고 남겨둔다.	• 주의가 산만하다.
• 회의 시간이 길다.	• 회의에 대한 준비가 불충분하다.
• 커뮤니케이션이 부족하다.	• 잡담이 많다.
• 통지문서가 많다.	• 메모 회람이 많다.
• 일을 느긋하게 처리하는 경향이 있다.	• 모든 것에 대해 사실을 알고 싶어 한다.
• 기다리는 시간이 많다.	• 초조하고 성질이 급하다.
• 권한 위임을 충분히 하지 않는다.	• 권한 위임한 업무에 대해 관리가 부족하다.

② 시간관리에 대한 오해

시간관리는 상식에 불과하다. 나는 회사에서 일을 잘하고 있기 때문에 시간관리도 잘한다고 말할 수 있다.

나는 시간에 쫓기면 일을 더 잘하는데, 시간을 관리하면 오히려 나의 이런 강점이 없어질지도 모른다.

시간관리에 대한 오해

나는 약속을 표시해둔 달력과 해야 할 일에 대한 목록만으로 충분하다.

시간관리 자체는 유용할지 모르나 창의적인 일을 하는 나에게는 잘 맞지 않는다. 나는 일상적인 업무에 얽매이는 것이 싫다.

〈 핵심예제 〉

다음 중 직장에서의 시간낭비 요인으로 적절하지 않은 것은?

① 불명확한 목적을 가진 긴 회의
② 많은 통지문서
③ 점심시간
④ 부적당한 파일링시스템

> 점심시간은 직장에서의 시간낭비 요인이라 볼 수 없다. 점심시간은 당연히 할당되어야 하는 시간이며, 시간계획을 세우는 데 있어서도 반드시 포함되어야 하는 시간이다.
>
> 정답 ③

(3) 시간계획

① 시간계획의 의의
시간이라고 하는 자원을 최대한 활용하기 위하여, 가장 많이 반복되는 일에 가장 많은 시간을 분배하고, 최단시간에 최선의 목표를 달성하는 것을 의미한다.

② 시간계획 작성의 순서
㉠ 명확한 목표 설정
㉡ 일의 우선순위 판단(Stenphen R. Covey)

중요성	결과와 연관되는 사명과 가치관, 목표에 기여하는 정도
긴급성	증각적인 처리가 요구되고 눈앞에 보이며, 심리적으로 압박감을 주는 정도

	긴급함	긴급하지 않음
중요함	**Ⅰ 긴급하면서 중요한 일** • 위기상황 • 급박한 문제 • 기간이 정해진 프로젝트	**Ⅱ 긴급하지 않지만 중요한 일** • 예방 생산 능력 활동 • 인간관계 구축 • 새로운 기회 발굴 • 중장기 계획, 오락
중요하지 않음	**Ⅲ 긴급하지만 중요하지 않은 일** • 잠깐의 급한 질문 • 일부 보고서 및 회의 • 눈앞의 급박한 상황 • 인기 있는 활동	**Ⅳ 긴급하지 않고 중요하지 않은 일** • 바쁜 일, 하찮은 일 • 우편물, 전화 • 시간낭비거리 • 즐거운 활동

㉢ 예상 소요시간 결정
모든 일마다 자세한 계산을 할 필요는 없으나, 규모가 크거나 힘든 일의 경우에는 정확한 소요시간을 계산하여 결정하는 것이 효과적이다.

㉣ 시간 계획서 작성
해야 할 일의 우선순위와 소요 시간을 바탕으로 작성하며 간단한 서식, 일정관리 소프트웨어 등 다양한 도구를 활용할 수 있다.

③ 60 : 40의 법칙

계획된 행동(60%)	계획 외의 행동(20%)	자발적 행동(20%)
	총 시간	

④ 시간계획 시 고려요소

종류	내용
행동과 시간 저해요인	어디에서 어떻게 시간을 사용하고 있는가를 점검
일과 행동의 목록	해당 기간에 예정된 행동을 모두 목록화
규칙성 – 일관성	시간계획을 정기적 체계적으로 체크하여 일관성 있게 일을 마칠 수 있게 해야 함
현실적인 계획	무리한 계획을 세우지 않도록 해야 하며, 실현가능한 것만을 계획화해야 함

유연성	머리를 유연하게 하여야 함. 시간계획이란 그 자체가 중요한 것이 아니고, 목표달성을 위해 필요함
시간의 손실	발생된 시간 손실은 가능한 즉시 메워야 함. 밤을 세우더라도 미루지 않는 자세가 중요함
기록	체크리스트나 스케줄표를 사용하여 계획을 반드시 기록하여 전체상황을 파악할 수 있게 하여야 함
미완료된 일	꼭 해야만 할 일을 끝내지 못했을 경우, 차기 계획에 반영함
성과	예정 행동만을 계획하는 것이 아니라 기대되는 성과나 행동의 목표도 기록
시간 프레임	적절한 시간 프레임을 설정하고 특정의 일을 하는데 소요되는 꼭 필요한 시간만을 계획에 삽입할 것
우선순위	여러 일 중에서 어느 일을 가장 우선적으로 처리해야 할 것인가를 결정하여야 함
권한위양	기업의 규모가 커질수록 그 업무활동은 점점 복잡해져서 관리자가 모든 것을 다스리기가 어려우므로, 사무를 위임하고 책임을 지움
시간의 낭비요인	예상 못한 방문객 접대, 전화 등의 사건으로 예정된 시간이 부족할 경우를 대비하여 여유 시간 확보
여유 시간	자유롭게 된 시간(이동시간 또는 기다리는 시간)도 계획에 삽입하여 활용할 것
정리 시간	중요한 일에는 좀 더 시간을 할애하고 중요도가 낮은 일에는 시간을 단축시켜 전체적인 계획을 정리
시간 계획의 조정	자기 외 다른 사람(비서, 부하, 상사)의 시간 계획을 감안하여 계획수립

| 03 | 예산관리능력

(1) 예산관리능력의 의의

① 예산이란?

필요한 비용을 미리 헤아려 계산하는 것이나 그 비용을 의미한다.

② 예산관리의 의의

아무리 예산을 정확하게 수립하였다 하더라도 활동이나 사업을 진행하는 과정에서 계획에 따라 적절히 관리하지 않으면 아무런 효과가 없다. 따라서, 활동이나 사업에 소요되는 비용을 산정하고, 예산을 편성하는 것뿐만 아니라 예산을 통제하는 과정이 필요하며, 이 과정을 예산관리라 한다.

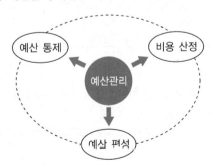

③ 예산관리의 필요성

예산관리란 이용 가능한 예산을 확인하고, 어떻게 사용할 것인지 계획하여 그 계획대로 사용하는 능력을 의미하며, 최소의 비용으로 최대의 효과를 얻기 위해 요구된다.

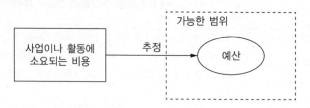

④ 예산책정의 원칙

(2) 예산의 구성요소

① 직접비용

간접비용에 상대되는 용어로서, 제품 생산 또는 서비스를 창출하기 위해 직접 소비된 것으로 여겨지는 비용을 말한다.

② 직접비용의 구성

종류	내용
재료비	제품의 제조를 위하여 구매된 재료에 지출된 비용
원료와 장비	제품을 제조하는 과정에서 소모된 원료나 과제를 수행하기 위해 필요한 장비에 지출된 비용. 이 비용에는 실제 구매된 비용이나 혹은 임대한 비용이 모두 포함
시설비	제품을 효과적으로 제조하기 위한 목적으로 건설되거나 구매된 시설에 지출한 비용
여행(출장)경비 및 잡비	제품 생산 또는 서비스를 창출하기 위해 출장이나 타 지역으로의 이동이 필요한 경우와 기타 과제 수행 상에서 발생하는 다양한 비용을 포함
인건비	제품 생산 또는 서비스 창출을 위한 업무를 수행하는 사람들에게 지급되는 비용. 계약에 의해 고용된 외부 인력에 대한 비용도 인건비에 포함. 일반적으로 인건비는 전체 비용 중에서 가장 비중이 높은 항목

③ 간접비용

- 제품을 생산하거나 서비스를 창출하기 위해 소비된 비용 중에서 직접비용을 제외한 비용으로 제품 생산에 직접 관련되지 않은 비용
- 보험료, 건물관리비, 광고비, 통신비, 사무비품비, 각종 공과금 등

다음 중 직접비용으로만 짝지어진 것을 모두 고르면?

ㄱ. 컴퓨터 구입비	ㄴ. 보험료
ㄷ. 건물관리비	ㄹ. 광고비
ㅁ. 통신비	ㅂ. 빔프로젝터 대여료
ㅅ. 인건비	ㅇ. 출장 교통비
ㅈ. 건물 임대료	

① ㄱ, ㄷ, ㄹ, ㅁ, ㅇ
② ㄱ, ㅂ, ㅅ, ㅇ, ㅈ
③ ㄴ, ㄷ, ㅁ, ㅂ, ㅈ
④ ㄷ, ㅁ, ㅂ, ㅅ, ㅇ

- 직접비용 : 컴퓨터 구입비, 빔프로젝터 대여료, 인건비, 출장 교통비, 건물임대료
- 간접비용 : 보험료, 건물관리비, 광고비, 통신비

정답 ②

(3) 예산수립과 예산집행

① 예산수립절차

② 필요한 과업 및 활동 규명 : 과업세부도

과제 및 활동의 계획을 수립하는데 있어서 가장 기본적인 수단으로 활용되는 그래프로 필요한 모든 일들을 중요한 범주에 따라 체계화시켜 구분해 놓은 그래프를 말한다. 아래 그림은 생일파티를 진행하기 위한 과업세부도의 예이다.

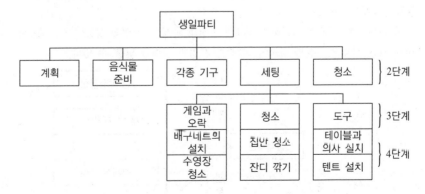

③ 우선순위 결정

과제를 핵심적인 활동과 부수적인 활동으로 구분한 후 핵심활동 위주로 예산을 편성한다.

④ 예산 배정

- 과업세부도와 예산을 서로 연결하여 배정할 경우 어떤 항목에 얼마만큼의 비용이 소요되는지를 정확하게 파악할 수 있다.
- 과제 수행에 필요한 예산 항목을 빠뜨리지 않고 확인할 수 있으며, 전체 예산을 정확하게 분배할 수 있다.
- 큰 단위의 예산을 수립하고자 할 때에는 해당 기관의 규정을 잘 확인하여야 한다.

⑤ 예산집행

효과적으로 예산을 관리하기 위해서는 예산 집행 과정에 대한 관리가 중요하다. 개인 차원에서는 가계부 등을 작성함으로 인해 관리할 수 있으며, 프로젝트나 과제와 같은 경우는 예산 집행 실적을 워크시트로 작성함으로써 효과적인 예산관리를 할 수 있다.

| 04 | 물적자원관리능력

(1) 물적자원관리의 의의

① 물적자원의 종류

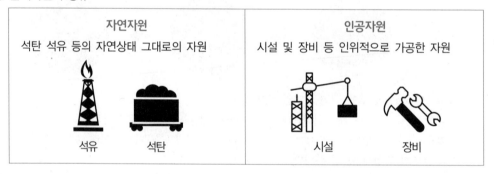

② 물적자원관리의 중요성

물적자원을 효과적으로 관리하면 경쟁력 향상과 과제 및 사업의 성공이 가능하지만, 관리를 소홀히 하게 되면 경제적 손실과 더불어 과제 및 사업의 실패를 낳을 수 있다.

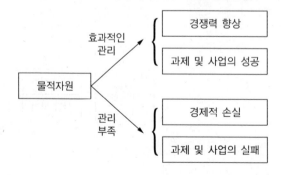

③ 물적자원 활용의 방해요인

- 보관 장소를 파악하지 못하는 경우
- 훼손된 경우
- 분실한 경우
- 분명한 목적 없이 물건을 구입한 경우

◀ 핵심예제 ▶

다음 중 물적자원 활용의 방해요인으로 적절하지 않은 것은?

① 보관 장소를 파악하지 못하는 경우   ② 목적 없이 물건을 구입한 경우

③ 과도하게 많이 구입한 경우   ④ 분실한 경우

물적자원 활용의 방해요인
- 보관 장소를 파악하지 못하는 경우   • 훼손된 경우
- 분실한 경우   • 목적 없이 물건을 구입한 경우

정답 ③

(2) 물적자원관리 과정과 기법

① 물적자원관리의 과정

| 사용 물품과 보관 물품의 구분 | • 물품활용의 편리성
• 반복 작업 방지 |

| 동일 및 유사 물품으로의 분류 | • 동일성의 원칙
• 유사성의 원칙 |

| 물품 특성에 맞는 보관 장소 선정 | • 물품의 형상
• 물품의 소재 |

② 바코드와 QR코드

바코드	컴퓨터가 쉽게 판독하고 데이터를 빠르게 입력하기 위하여 굵기가 다른 검은 막대와 하얀 막대를 조합시켜 문자나 숫자를 코드화한 것
QR코드	• 격자무늬 패턴으로 정보를 나타내는 매트릭스 형식의 바코드 • 바코드가 용량 제한에 따라 가격과 상품명 등 한정된 정보만 담는 데 비해 QR코드는 넉넉한 용량을 강점으로 다양한 정보를 담을 수 있음

③ 물품관리 프로그램

개인보다는 기업이나 조직차원에서 물품관리를 보다 쉽고 체계적으로 수행할 수 있도록 하기 위하여 사용하며, 이를 통해 다량의 물품을 효과적으로 관리할 수 있다.

| 05 | 인적자원관리능력

(1) 인적자원의 의의

① 인적자원관리란?

- 기업이 필요한 인적자원을 조달, 확보, 유지, 개발하여 경영조직 내에서 구성원들이 능력을 최고로 발휘하게 하는 것
- 근로자 스스로가 자기만족을 얻게 하는 동시에 경영 목적을 효율적으로 달성하게끔 관리하는 것

② 효율적이고 합리적인 인사관리 원칙

종류	내용
적재적소 배치의 원칙	해당 직무 수행에 가장 적합한 인재를 배치해야 한다.
공정 보상의 원칙	근로자의 인권을 존중하고 공헌도에 따라 노동의 대가를 공정하게 지급해야 한다.
공정 인사의 원칙	직무 배당, 승진, 상벌, 근무 성적의 평가, 임금 등을 공정하게 처리해야 한다.
종업원 안정의 원칙	직장에서 신분이 보장되고 계속해서 근무할 수 있다는 믿음을 갖게 하여 근로자가 안정된 회사 생활을 할 수 있도록 해야 한다.
창의력 계발의 원칙	근로자가 창의력을 발휘할 수 있도록 새로운 제안, 건의 등의 기회를 마련하고, 적절한 보상을 하여 인센티브를 제공해야 한다.
단결의 원칙	직장 내에서 구성원들이 소외감을 갖지 않도록 배려하고, 서로 유대감을 가지고 협동, 단결하는 체제를 이루도록 한다.

(2) 개인차원과 조직차원에서의 인적자원관리

① 개인차원에서의 인적자원관리

ⓖ 인맥

사전적 의미로 정계, 재계, 학계 따위에서 형성된 사람들의 유대 관계라고 하지만 이에 국한하지 않고 모든 개인에게 적용되는 개념으로 자신이 알고 있거나 관계를 형성하고 있는 사람들, 일반적으로 가족이나 친구, 직장동료, 선후배, 동호회 등 다양한 사람들을 포함한다.

ⓛ 인맥의 분류

종류	내용
핵심 인맥	자신과 직접적인 관계가 있는 사람들
파생 인맥	핵심 인맥으로부터 파생되어 자신과 연결된 사람들

ⓒ 개인이 인맥을 활용할 경우 이를 통해 각종 정보와 정보의 소스를 획득하고, 참신한 아이디어와 해결책을 도출하며, 유사시 필요한 도움을 받을 수 있다는 장점이 있다.

② 조직차원에서의 인적자원관리

ⓖ 인적자원관리의 중요성

기업체의 경우 인적자원에 대한 관리가 조직의 성과에 큰 영향을 미치는데 이는 기업의 인적자원이 가지는 특성에서 비롯된다.

ⓛ 인적자원의 특성

종류	내용
능동성	물적자원으로부터의 성과는 지원 자체이 양과 질에 의해 지배되는 수동적인 특성을 지니고 있는 반면, 인적 자원의 경우는 욕구와 동기, 태도와 행동 그리고 만족감 여하에 따라 성과가 결정된다.
개발가능성	인적자원은 자연적인 성장과 성숙, 그리고 교육 등을 통해 개발될 수 있는 잠재능력과 자질을 보유하고 있다는 것이다. 환경변화와 이에 따른 조직의 변화가 심할수록 중요성이 커지는 특성을 지닌다.
전략적 중요성	조직의 성과는 인적자원, 물적자원 등을 효과적이고 능률적으로 활용하는데 달려있는데, 이러한 자원을 활용하는 것이 바로 사람이기 때문에 인적자원에 대한 중요성이 강조된다.

《 핵심예제 》

다음 중 효율적인 인사관리의 원칙으로 적절하지 않은 것은?

① 공정 보상의 원칙   ② 창의력 계발의 원칙
③ 종업원 안정의 원칙   ④ 독립의 원칙

효율적인 인사관리의 원칙
- 적재 적소 배치의 원리   • 공정 보상의 원칙
- 공정 인사의 원칙   • 종업원 안정의 원칙
- 창의력 계발의 원칙   • 단결의 원칙

정답 ④

(3) 인맥관리방법

① 명함관리

ⓐ 명함의 가치

- 자신의 신분을 증명한다.
- 자신을 PR하는 도구로 사용할 수 있다.
- 자신의 정보를 전달하고 상대방에 대한 정보를 얻을 수 있다.
- 대화의 실마리를 제공할 수 있다.
- 후속 교류를 위한 도구로 사용할 수 있다.

ⓑ 명함에 메모해두면 좋은 정보

- 언제, 어디서, 무슨 일로 만났는지에 관한 내용
- 소개자의 이름
- 학력이나 경력
- 상대의 업무내용이나 취미, 기타 독특한 점
- 전근, 전직 등의 변동 사항
- 가족사항
- 거주지와 기타 연락처
- 대화를 나누고 나서의 느낀 점이나 성향

② 인맥관리카드

    ㉠ 자신의 주변에 있는 인맥을 관리카드를 작성하여 관리하는 문서를 말한다. 인맥관리카드에는 이름, 관계, 직장 및 부서, 학력, 출신지, 연락처, 친한 정도 등의 내용을 기입한다.

    ㉡ 자신과 직접적인 관계를 가지는 '핵심인맥'과 핵심인력으로부터 파생된 '파생인맥'을 구분하여 각각 핵심인맥카드와 파생인맥카드를 작성하는 것이 좋다. 특히 파생인맥카드에는 어떤 관계에 의해 파생되었는지를 기록하는 것이 필요하다.

③ 소셜네트워크(SNS)

    ㉠ 초연결사회

        정보통신기술 발달하면서 사람, 정보, 사물 등을 네트워크로 촘촘하게 연결한 사회를 말하는데, 초연결사회에서는 직접 대면하지 않고 시간과 공간을 초월하여 네트워크상에서 인맥을 형성하고 관리한다.

    ㉡ 소셜네트워크 서비스(SNS; Social Network Service)와 더불어 인맥 구축과 채용에 도움이 되는 비즈니스 특화 인맥관리서비스(BNS; Business social Network Service)로 관심이 증대되고 있다.

(4) 인력배치의 원리

① 인력배치의 3원칙

    ㉠ 적재적소주의

        팀의 효율성을 높이기 위해 팀원의 능력이나 성격 등과 가장 적합한 위치에 배치하여 팀원 개개인의 능력을 최대로 발휘해 줄 것을 기대하는 것이다. 배치는 작업이나 직무가 요구하는 요건, 개인이 보유하고 있는 조건이 서로 균형 있고, 적합하게 대응되어야 성공할 수 있다.

    ㉡ 능력주의

        개인에게 능력을 발휘할 수 있는 기회와 장소를 부여하고, 그 성과를 바르게 평가하고, 평가된 능력과 실적에 대해 그에 상응하는 보상을 주는 원칙을 말하며, 적재적소주의 원칙의 상위개념이라고 할 수 있다.

    ㉢ 균형주의

        모든 팀원에 대한 평등한 적재적소, 즉 팀 전체의 적재적소를 고려할 필요가 있다는 것이다. 팀 전체의 능력향상, 의식개혁, 사기양양 등을 도모하는 의미에서 전체와 개체가 균형을 이루어야 할 것이다.

② 배치의 3가지 유형

종류	내용
양적 배치	부분의 작업량과 조업도, 여유 또는 부족 인원을 감안하여 소요인원을 결정하여 배치하는 것
질적 배치	적재적소주의와 동일한 개념
적성 배치	팀원의 적성 및 흥미에 따라 배치하는 것

③ 과업세부도

할당된 과업에 따른 책임자와 참여자를 명시하여 관리함으로써 업무 추진에 차질이 생기는 것을 막기 위한 문서이다. 아래는 과업세부도의 예이다.

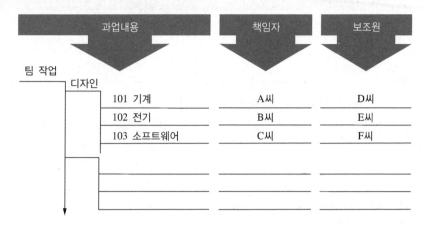

과업내용	책임자	보조원
101 기계	A씨	D씨
102 전기	B씨	E씨
103 소프트웨어	C씨	F씨

팀 작업 ─ 디자인

다음은 효과적인 인력배치의 유형이다. ㉠ ~ ㉢에 들어갈 말이 적절하게 짝지어진 것은?

㉠	부문의 작업량과 조업도, 여유 또는 부족 인원을 감안하여 소요 인원을 결정하여 배치하는 것
㉡	적재적소의 배치
㉢	팀원의 적성 및 흥미에 따른 배치

	㉠	㉡	㉢
①	양적 배치	적성 배치	질적 배치
②	양적 배치	질적 배치	적성 배치
③	질적 배치	양적 배치	적성 배치
④	질적 배치	적성 배치	양적 배치

양적 배치	부문의 작업량과 조업도, 여유 또는 부족 인원을 감안하여 소요 인원을 결정하여 배치하는 것
질적 배치	적재적소의 배치
적성 배치	팀원의 적성 및 흥미에 따른 배치

정답 ②

유형분석

- 시간 자원과 관련된 다양한 정보를 활용하여 풀어가는 문제이다.
- 대체로 교통편 정보나 국가별 시차 정보가 제공되며, 이를 근거로 '현지 도착시간 또는 약속된 시간 내에 도착하기 위한 방안'을 고르는 문제가 출제된다.

한국은 뉴욕보다 16시간 빠르고, 런던은 한국보다 8시간 느리다. 다음 비행기가 현지에 도착할 때의 시간 (㉠, ㉡)으로 옳은 것은?

구분	출발 일자	출발 시간	비행 시간	도착 시간
뉴욕행 비행기	6월 6일	22:20	13시간 40분	㉠
런던행 비행기	6월 13일	18:15	12시간 15분	㉡

	㉠	㉡
①	6월 6일 09시	6월 13일 09시 30분
②	6월 6일 20시	6월 13일 22시 30분
③	6월 7일 09시	6월 14일 09시 30분
④	6월 7일 13시	6월 14일 15시 30분
⑤	6월 7일 20시	6월 14일 20시 30분

정답   ②

㉠ 뉴욕행 비행기는 한국에서 6월 6일 22시 20분에 출발하고, 13시간 40분 동안 비행하기 때문에 6월 7일 12시에 도착한다. 한국 시간은 뉴욕보다 16시간 빠르므로 현지에 도착하는 시간은 6월 6일 20시가 된다.

㉡ 런던행 비행기는 한국에서 6월 13일 18시 15분에 출발하고, 12시간 15분 동안 비행하기 때문에 현지에 6월 14일 6시 30분에 도착한다. 한국 시간은 런던보다 8시간이 빠르므로 현지에 도착하는 시간은 6월 13일 22시 30분이 된다.

풀이 전략!

문제에서 묻는 것을 정확히 파악한다. 특히 제한사항에 대해서는 빠짐없이 확인해 두어야 한다. 이후 제시된 정보(시차 등)에서 필요한 것을 선별하여 문제를 풀어간다.

할인 전 금액

유형분석

- 예산 자원과 관련된 다양한 정보를 활용하여 풀어가는 문제이다.
- 대체로 한정된 예산 내에서 수행할 수 있는 업무 및 예산 가격을 묻는 문제가 출제된다.

A사원은 이번 출장을 위해 KTX표를 미리 40% 할인된 가격에 구매하였으나, 출장 일정이 바뀌는 바람에 하루 전날 표를 취소하였다. 다음 환불 규정에 따라 16,800원을 돌려받았을 때, 할인되지 않은 KTX표의 가격은 얼마인가?

〈KTX 환불 규정〉		
출발 2일 전	출발 1일 전 ~ 열차 출발 전	열차 출발 후
100%	70%	50%

① 40,000원
② 48,000원
③ 56,000원
④ 67,200원
⑤ 70,000원

정답 ①

할인되지 않은 KTX표의 가격을 x원이라 하면, 표를 40% 할인된 가격으로 구매하였으므로 구매 가격은 $(1-0.4)x=0.6x$원이다. 환불 규정에 따르면 하루 전에 표를 취소하는 경우 70%의 금액을 돌려받을 수 있으므로
$0.6x \times 0.7 = 16,800 \rightarrow 0.42x = 16,800$
$\therefore x = 40,000$

풀이 전략!

제한사항인 예산을 고려하여 문제에서 묻는 것을 정확히 파악한 후, 제시된 정보에서 필요한 것을 선별하여 문제를 풀어간다.

유형분석

유형분석

- 물적 자원과 관련된 다양한 정보를 활용하여 풀어가는 문제이다.
- 주로 공정도·제품·시설 등에 대한 가격·특징·시간 정보가 제시되며, 이를 종합적으로 고려하는 문제가 출제된다.

A공사는 신축 본사에 비치할 사무실 명패를 제작하기 위해 다음과 같은 팸플릿을 참고하고 있다. 신축 본사에 비치할 사무실 명패는 사무실마다 국문과 영문을 함께 주문했고, 총 주문 비용이 80만 원이라면 사무실에 최대 몇 개의 국문과 영문 명패를 함께 비치할 수 있는가?(단, 추가 구입 가격은 1SET를 구입할 때 한 번씩만 적용된다)

〈명패 제작 가격〉

- 국문 명패 : 1SET(10개)에 10,000원, 5개 추가 시 2,000원
- 영문 명패 : 1SET(5개)에 8,000원, 3개 추가 시 3,000원

① 345개
② 350개
③ 355개
④ 360개
⑤ 365개

정답 ④

국문 명패 최저가는 15개에 12,000원이고, 영문 명패 최저가는 8개에 11,000원이다. 각 명패를 최저가에 구입하는 개수의 최소공배수를 구하면 120개이다. 이때의 비용은 $(12,000 \times 8) + (11,000 \times 15) = 96,000 + 165,000 = 261,000$원이다. 따라서 한 사무실에 국문과 영문 명패를 함께 비치한다면 120개의 사무실에 명패를 비치하는 비용은 261,000원이다. 360개의 사무실에 명패를 비치한다면 783,000원이 필요하고, 남은 17,000원으로 국문 명패와 영문 명패를 동시에 구입할 수는 없다. 따라서 80만 원으로 최대 360개의 국문 명패와 영문 명패를 동시에 비치할 수 있다.

풀이 전략!

문제에서 묻고자 하는 바를 정확히 파악하는 것이 중요하다. 문제에서 제시한 물적 자원의 정보를 문제의 의도에 맞게 선별하면서 풀어간다.

CHAPTER 04

대표유형 4 | 인적자원관리능력

채용 인원

PART 1

PART 2

유형분석

- 인적 자원과 관련된 다양한 정보를 활용하여 풀어가는 문제이다.
- 주로 근무명단, 휴무일, 업무할당 등의 주제로 다양한 정보를 활용하여 종합적으로 풀어가는 문제가 출제된다.

다음 글의 내용이 참일 때, H공사의 신입사원으로 채용될 수 있는 지원자들의 최대 인원은 몇 명인가?

금년도 신입사원 채용에서 H공사가 요구하는 자질은 이해능력, 의사소통능력, 대인관계능력, 실행능력이다. H공사는 이 4가지 자질 중 적어도 3가지 자질을 지닌 사람을 채용하고자 한다. 지원자는 갑, 을, 병, 정 4명이며, 이들이 지닌 자질을 평가한 결과 다음과 같은 정보가 주어졌다.

㉠ 갑이 지닌 자질과 정이 지닌 자질 중 적어도 두 개는 일치한다.
㉡ 대인관계능력은 병만 가진 자질이다.
㉢ 만약 지원자가 의사소통능력을 지녔다면 그는 대인관계능력의 자질도 지닌다.
㉣ 의사소통능력의 자질을 지닌 지원자는 한 명뿐이다.
㉤ 갑, 병, 정은 이해능력이라는 자질을 지니고 있다.

① 1명
② 2명
③ 3명
④ 4명

정답 ①

㉡, ㉢, ㉣에 의해 의사소통능력과 대인관계능력을 지닌 사람은 오직 병뿐이라는 사실을 알 수 있다. 또한 ㉤에 의해 병이 이해능력도 가지고 있음을 알 수 있다. 이처럼 병은 4가지 자질 중에 3가지를 갖추고 있으므로 H공사의 신입사원으로 채용될 수 있다. 신입사원으로 채용되기 위해서는 적어도 3가지 자질이 필요한데, 4가지 자질 중 의사소통능력과 대인관계능력은 병만 지닌 자질임이 확인되었으므로 나머지 갑, 을, 정은 채용될 수 없다. 따라서 신입사원으로 채용될 수 있는 최대 인원은 병 1명이다.

풀이 전략!

문제에서 신입사원 채용이나 인력배치 등의 주제가 출제될 경우에는 주어진 규정 혹은 규칙을 꼼꼼히 확인하여야 한다. 이를 근거로 각 선택지가 어긋나지 않는지 검토하여 문제를 풀어간다.

정답 및 해설 p.024

01 다음은 이번 달 H사원의 초과 근무 기록이다. H사원의 연봉은 3,600만 원이고, 시급 산정 시 월평균 근무시간은 200시간이다. H사원이 받는 야근·특근 근무 수당은 얼마인가?(단, 소득세는 고려하지 않는다)

〈이번 달 초과 근무 기록〉

일요일	월요일	화요일	수요일	목요일	금요일	토요일
			1	2 18:00 ~ 19:00	3	4
5 09:00 ~ 11:00	6	7 19:00 ~ 21:00	8	9	10	11
12	13	14	15 18:00 ~ 22:00	16	17	18 13:00 ~ 16:00
19	20 19:00 ~ 20:00	21	22	23	24	25
26	27	28	29 19:00 ~ 23:00	30 18:00 ~ 21:00	31	

〈초과 근무 수당 규정〉

- 평일 야근 수당은 시급에 1.2배를 한다.
- 주말 특근 수당은 시급에 1.5배를 한다.
- 식대는 10,000원을 지급하며(야근·특근 수당에 포함되지 않는다), 평일 야근 시 20시 이상 근무할 경우에 지급한다(주말 특근에는 지급하지 않는다).
- 야근시간은 오후 7 ~ 10시이다(초과시간 수당 미지급).

① 265,500원
② 285,500원
③ 300,000원
④ 310,500원
⑤ 330,500원

02 다음은 H은행 직원들의 주말 당직 일정표이다. 오전 9시부터 오후 4시까지 반드시 한 명 이상이 사무실에 당직을 서야 하며, 토요일과 일요일 연속하여 당직을 설 수는 없다. 또 월 2회 이상 월 최대 10시간 미만으로 당직을 서야 한다. 다음 중 당직 일정을 수정해야 하는 사람은 누구인가? (단, 점심시간 12 ~ 13시는 당직시간에서 제외한다)

〈주말당직 일정표〉

당직일	당직자	당직일	당직자
첫째 주 토요일	유지선 9시 ~ 14시 이윤미 12시 ~ 16시	첫째 주 일요일	임유리 9시 ~ 16시 정지수 13시 ~ 16시 이준혁 10시 ~ 14시
둘째 주 토요일	정지수 9시 ~ 13시 이윤미 12시 ~ 16시 길민성 12시 ~ 15시	둘째 주 일요일	이선옥 9시 ~ 12시 최리태 10시 ~ 16시 김재욱 13시 ~ 16시
셋째 주 토요일	최기태 9시 ~ 12시 김재욱 13시 ~ 16시	셋째 주 일요일	유지선 9시 ~ 12시 이준혁 10시 ~ 16시
넷째 주 토요일	이윤미 9시 ~ 13시 임유리 10시 ~ 16시 서유진 9시 ~ 16시	넷째 주 일요일	이선옥 9시 ~ 12시 길민성 9시 ~ 14시 서유진 14시 ~ 16시

① 유지선
② 이준혁
③ 임유리
④ 서유진
⑤ 길민성

※ 다음은 D공단의 3월 일정이다. 이어지는 질문에 답하시오. [3~4]

<table>
<tr><td colspan="7" style="text-align:center">〈3월 일정표〉</td></tr>
<tr><th>월요일</th><th>화요일</th><th>수요일</th><th>목요일</th><th>금요일</th><th>토요일</th><th>일요일</th></tr>
<tr><td></td><td></td><td></td><td>1
삼일절</td><td>2
김사원 휴가</td><td>3</td><td>4</td></tr>
<tr><td>5
D공단
전체회의</td><td>6
최사원 휴가</td><td>7</td><td>8
정대리 휴가</td><td>9</td><td>10</td><td>11</td></tr>
<tr><td>12
최팀장 휴가</td><td>13</td><td>14
정과장 휴가</td><td>15
정과장 휴가</td><td>16
김팀장 휴가</td><td>17</td><td>18</td></tr>
<tr><td>19
유부장 휴가</td><td>20</td><td>21</td><td>22</td><td>23
임사원 휴가</td><td>24</td><td>25</td></tr>
<tr><td>26
박과장 휴가</td><td>27
최대리 휴가</td><td>28</td><td>29
한과장 휴가</td><td>30
유부장 휴가</td><td>31</td><td></td></tr>
</table>

※ 소속 부서
- 총무팀 : 최사원, 김대리, 한과장, 최팀장
- 신용팀 : 임사원, 정대리, 박과장, 김팀장
- 경제팀 : 김사원, 최대리, 정과장, 유부장

※ 휴가는 공휴일과 주말을 제외하고 사용하며, 전체 일정이 있는 경우 휴가를 사용하지 않는다.

03 D공단 직원들은 휴가일이 겹치지 않게 하루 이상 휴가를 쓰려고 한다. 다음 중 총무팀 김대리의 휴가 일정으로 가장 적절한 것은?

① 3월 1일
② 3월 5일
③ 3월 9 ~ 10일
④ 3월 19 ~ 20일
⑤ 3월 21 ~ 22일

04 D공단 직원들이 동일한 일수로 최대한 휴가를 쓴다고 할 때, 한 사람당 며칠까지 휴가를 쓸 수 있겠는가?

① 1일
② 2일
③ 3일
④ 4일
⑤ 5일

05 M회사 C과장은 2박 3일로 경주 출장을 가기 위해 여러 경로를 알아보고 있다. 다음은 C과장이 회사 차를 타고 집에서 출발하여 경주 출장지까지 갈 수 있는 방법을 나타낸 표이다. 자료를 참고할 때, 출장 장소까지 가는 최단 거리 경로는 무엇인가?

<경로별 고속도로 및 국도의 거리>

구분	고속도로 및 국도			기타 도로
경로 1	영동 46.5km	중부내륙 127.0km	상주영천 92.2km	72.77km
경로 2	제2중부 31.5km			93.7km
경로 3	중부내륙 145.2km	상주영천 92.2km	경부 22.3km	87.69km
경로 4	성남이천로 30.6km	중부내륙 120.3km	상주영천 72.7km	104.56km
경로 5	중부내륙 37.4km	상주영천 57.2km	대경로 31.3km	202.53km

① 경로 1
② 경로 2
③ 경로 3
④ 경로 4
⑤ 경로 5

06 T회사는 직원들의 문화생활을 위해 매달 티켓을 준비하여 신청을 받는다. 인사부서에서 선정한 이 달의 문화생활은 다음과 같고, 마지막 주 수요일 오후 업무시간에 모든 직원들이 하나의 문화생활에 참여한다고 할 때, 이번 달 티켓 구매에 필요한 예산은 얼마인가?

〈부서별 문화생활 신청현황〉

(단위 : 명)

구분	연극 '지하철 1호선'	영화 '강철비'	음악회 '차이코프스키'	미술관 '마네·모네'
A부서	5	6	4	0
B부서	1	8	4	0
C부서	0	3	0	1
D부서	4	2	3	1
E부서	3	2	0	1
F부서	1	5	2	1

〈문화생활 정보〉

구분	연극 '지하철 1호선'	영화 '강철비'	음악회 '차이코프스키'	미술관 '마네·모네'
정원	20명	30명	10명	30명
1인당 금액	20,000원	12,000원	50,000원	13,000원
기타 사항	단체 10명 이상 총금액의 15% 할인	마지막 주 수요일은 1인당 50% 할인	-	단체 10명 이상 총금액의 20% 할인

※ 정원이 초과된 문화생활은 정원이 초과되지 않은 것으로 다시 신청한다.
※ 정원이 초과된 인원은 1인당 금액이 비싼 문화생활 순으로 남은 정원을 모두 채운다.

① 920,600원 ② 958,600원
③ 997,000원 ④ 100,000원
⑤ 117,000원

07 K공단 직원 10명이 부산으로 1박 2일 세미나에 가려고 한다. 부산에는 목요일 점심 전에 도착하고, 다음날 점심을 먹고 3시에 서울로 돌아오기로 계획했다. 다음은 호텔별 비용 현황과 호텔 선호도에 관한 자료이다. 다음 〈조건〉을 따를 때, 남직원과 여직원에게 사용되는 출장비용은 각각 얼마인가?

〈호텔별 비용 현황〉

구분	K호텔		M호텔		H호텔		W호텔	
숙박비	평일	주말	평일	주말	평일	주말	평일	주말
	17만 원	30만 원	12만 원	23만 원	15만 원	29만 원	15만 원	22만 원
식비	1만 원 (중·석식, 조식은 숙박비에 포함)		7,000원(조·중식) 9,000원(석식)		8,000원 (조·중·석식)		7,500원 (조·중·석식)	
거리	20분		12분		30분		10분	
비고	1인실 또는 2인실 가능		1인실만 가능		2인실 이상 가능		2인실 이상 가능	

※ 거리는 역에서 호텔까지의 버스로 이동시간이다.

〈호텔 선호도〉

구분	K호텔	M호텔	H호텔	W호텔
남성	B	B	C	A
여성	A	B	B	C

※ A ~ C등급에서 A등급이 제일 높다.

조건

- 방은 2인 1실로 사용한다.
- 남성은 6명, 여성은 4명이다.
- 남녀 모두 가능하면 식사를 한다.
- 남성은 선호도가 B등급 이상이고, 숙박비와 식비가 저렴한 호텔로 정한다.
- 여성은 선호도가 B등급 이상이고, 역에서 거리가 가장 가까운 호텔로 정한다.

	남성	여성
①	540,000원	428,000원
②	630,000원	428,000원
③	630,000원	460,000원
④	690,000원	460,000원
⑤	690,000원	510,000원

08 다음은 Z공단에서 조사한 요양기관 소재지별 갑상선 검사 및 수술 진료비에 대한 자료이다. 상황에 따라 H씨가 원하는 지역은 어디인가?(단, 진료비는 100원 미만에서 절사한다)

〈2021년 요양기관 소재지별 갑상선 초음파 검사 진료비〉

구분	최저 금액	중간 금액	최고 금액
서울	20,000원	100,000원	229,350원
인천	30,000원	90,000원	206,000원
대구	20,000원	80,000	195,000원
광주	20,000원	60,000원	150,000원
대전	30,000원	60,000원	141,500원
울산	10,000원	80,000원	150,000원
경기	10,000원	80,000원	209,000원
강원	20,000원	80,000원	195,940원
충북	25,000원	70,000원	130,000원
충남	20,000원	70,000원	214,100원

〈요양기관 소재지별 갑상선 수술 평균 진료비(2019 ~ 2021년)〉

구분	2019년	2020년	2021년
서울	784.1천 원	770.1천 원	812.3천 원
부산	772.8천 원	778.5천 원	820.1천 원
인천	816.4천 원	815.2천 원	879.1천 원
대구	743.0천 원	767.0천 원	761.3천 원
광주	819.9천 원	866.0천 원	865.5천 원
대전	717.3천 원	701.6천 원	702.1천 원
울산	842.5천 원	818.4천 원	871.7천 원
경기	729.6천 원	724.3천 원	764.7천 원
강원	757.5천 원	705.8천 원	847.9천 원
충북	793.4천 원	782.3천 원	829.1천 원
충남	693.1천 원	699.4천 원	723.2천 원
전북	726.6천 원	744.2천 원	794.2천 원
전남	784.4천 원	751.8천 원	797.8천 원
경북	840.8천 원	765.9천 원	896.9천 원
경남	730.5천 원	754.9천 원	785.3천 원
제주	853.3천 원	878.3천 원	973.1천 원

〈상황〉

H씨는 동네 병원에서 다른 큰 병원에서 갑상선 검사를 받는 것이 좋을 것 같다는 의사의 권유를 받았다. H씨는 울산, 대구, 강원을 제외한 지역의 종합병원에서 검사를 받으려고 하며 종합병원의 초음파 검사 진료비는 그 지역의 최고 금액이다. H씨는 만약 수술을 받을 경우 초음파 검사 진료비가 20만 원 이상인 지역 중에서 2019년부터 2021년까지 갑상선 수술 진료비 평균 금액과 초음파 검사 진료비 합이 가장 낮은 곳에서 받기를 원한다.

① 서울　　　　　　　　　　② 인천

③ 충북　　　　　　　　　　④ 충남

⑤ 경기

09 다음은 10월 달력이다. 〈조건〉에 맞게 근무를 배정했을 때 대체근무가 필요한 횟수는?

10 | October

일 SUN	월 MON	화 TUE	수 WED	목 THU	금 FRI	토 SAT
						1
2	3 개천절	4	5	6	7	8
9 한글날	10	11	12	13	14	15
16	17	18	19	20	21	22
23	24	25	26	27	28	29
30	31					

조건

- 3조 2교대이며 근무 패턴은 주간1 – 주간2 – 야간1 – 야간2 – 비번 – 휴무이다.
- 1팀은 팀장 1명, 주임 1명, 2팀은 팀장 1명, 주임 1명, 3팀은 팀장 1명, 주임 2명이다.
- 각 팀장과 주임은 한 달에 한 번 지정휴무 1일을 사용할 수 있다.
- 근무마다 최소 팀장 1명, 주임 1명이 유지되어야 한다.
- 10월 1일 1팀은 야간1이었고, 2팀은 비번, 3팀은 주간1이었다.
- 1팀의 팀장은 27일부터 31일까지 여행을 떠난다(근무일에 연차 사용).
- 대체근무의 횟수는 최소화한다.
- 공휴일도 정상 근무일에 포함한다.

① 2번　　　　　　　　　　② 4번

③ 6번　　　　　　　　　　④ 8번

⑤ 10번

10 T공단에서 근무하는 K사원은 새로 도입되는 농업관련 정책 홍보자료를 만들어서 배포하려고 한다. 가장 저렴한 비용으로 인쇄할 수 있는 업체로 옳은 것은?

〈인쇄업체별 비용 견적〉

(단위 : 원)

업체명	페이지당 비용	표지가격		권당 제본비용	비고
		유광	무광		
A인쇄소	50	500	400	1,500	–
B인쇄소	70	300	250	1,300	–
C인쇄소	70	500	450	1,000	100부 초과 시 초과 부수만 총비용에서 5% 할인
D인쇄소	60	300	200	1,000	–
E인쇄소	100	200	150	1,000	총 인쇄 페이지 5,000페이지 초과 시 총비용에서 20% 할인

※ 홍보자료는 관내 20개 지점에 배포하고, 지점마다 10부씩 배포한다.
※ 홍보자료는 30페이지 분량으로 제본하며, 표지는 유광표지로 한다.

① A인쇄소   ② B인쇄소
③ C인쇄소   ④ D인쇄소
⑤ E인쇄소

11 M공사 기획조정실 임직원은 신입사원 입사를 맞아 워크숍을 가려고 한다. 총 13명의 임직원이 워크숍에 참여한다고 할 때, 다음 중 가장 저렴한 비용으로 이용할 수 있는 교통편의 조합은 무엇인가?

〈이용 가능한 교통편 현황〉

구분	탑승 인원	비용	주유비	비고
소형버스	10명	200,000원	0원	1일 대여 비용
대형버스	40명	500,000원	0원	
렌터카	5명	80,000원(대당)	50,000원	동일 기간 3대 이상 렌트 시 렌트 비용 5% 할인
택시	3명	120,000원(편도)	0원	–
대중교통	제한 없음	13,400원 (1인당, 편도)	0원	10명 이상 왕복티켓 구매 시 총금액에서 10% 할인

① 대형버스 1대   ② 소형버스 1대, 렌터카 1대
③ 소형버스 1대, 택시 1대   ④ 렌터카 3대
⑤ 대중교통 13명

〈동절기 근무복 업체별 평가점수〉

구분	가격	디자인	보온성	실용성	내구성
A업체	★★★★	★★★	★★★★	★★	★★★★
B업체	★★★★★	★	★★★	★★★★	★
C업체	★★★	★★	★★★	★★★	★★
D업체	★★	★★★★	★★★★★	★★	★
E업체	★★★	★	★★	★	★★

※ ★의 개수가 많을수록 높은 평가점수이다.

12 G회사 임직원들은 근무복의 가격과 보온성을 선호한다. 임직원들의 선호를 고려할 때 어떤 업체의 근무복을 구매하겠는가?(단, 가격과 보온성을 고려한 별 개수가 같을 경우 모든 부문의 별 개수 합계를 비교한다)

① A업체   ② B업체
③ C업체   ④ D업체
⑤ E업체

13 각 업체의 한 벌당 구매가격이 다음과 같을 때, 예산 100만 원 내에서 어떤 업체의 근무복을 구매하겠는가?(단, G회사의 임직원은 총 15명이고 가격과 보온성을 고려하여 구매한다)

〈업체별 근무복 가격〉

A업체	B업체	C업체	D업체	E업체
63,000원	60,000원	75,000원	80,000원	70,000원

※ 평가점수 총점이 같을 경우, 가격이 저렴한 업체를 선정한다.

① A업체   ② B업체
③ C업체   ④ D업체
⑤ E업체

14 A는 여행을 가기 위해 B자동차를 대여하려 한다. 〈조건〉이 다음과 같을 때 A가 B자동차를 대여할 수 있는 첫날의 요일로 옳지 않은 것은?

〈2월 달력〉						
일	월	화	수	목	금	토
	1	2	3	4	5	6
7	8	9	10	11 설 연휴	12 설 연휴	13 설 연휴
14	15	16	17	18	19	20
21	22	23	24	25	26	27
28						

조건

- 2월에 주말을 포함하여 3일 동안 연속으로 대여한다.
- 설 연휴에는 대여하지 않는다.
- 설 연휴가 끝난 다음 주 월, 화에 출장이 있다(단, 출장 중에 대여하지 않는다).
- B자동차는 첫째 주 짝수 날에는 점검이 있어 대여할 수 없다.
- C가 먼저 24일부터 3일간 B자동차 대여를 예약했다.
- 설 연휴가 있는 주의 화요일과 수요일은 업무를 마쳐야 하므로 대여하지 않는다.

① 수요일   ② 목요일
③ 금요일   ④ 토요일
⑤ 일요일

15 S사에서는 A ~ N직원 중 면접위원을 선발하고자 한다. 면접위원의 구성 조건이 다음과 같을 때, 이에 대한 설명으로 적절하지 않은 것은?

〈면접위원 구성 조건〉

- 면접관은 총 6명으로 구성한다.
- 이사 이상의 직급으로 50% 이상 구성해야 한다.
- 인사팀을 제외한 모든 부서는 두 명 이상 선출할 수 없고, 인사팀은 반드시 두 명 이상을 포함한다.
- 모든 면접위원의 입사 후 경력은 3년 이상으로 한다.

직원	직급	부서	입사 후 경력
A	대리	인사팀	2년
B	과장	경영지원팀	5년
C	이사	인사팀	8년
D	과장	인사팀	3년
E	사원	홍보팀	6개월
F	과장	홍보팀	2년
G	이사	고객지원팀	13년
H	사원	경영지원	5개월
I	이사	고객지원팀	2년
J	과장	영업팀	4년
K	대리	홍보팀	4년
L	사원	홍보팀	2년
M	과장	개발팀	3년
N	이사	개발팀	8년

---

① L사원은 면접위원으로 선출될 수 없다.
② N이사는 반드시 면접위원으로 선출된다.
③ B과장이 면접위원으로 선출됐다면 K대리도 선출된다.
④ 과장은 두 명 이상 선출되었다.
⑤ 모든 부서에서 면접위원이 선출될 수는 없다.

PART 2

최종점검 모의고사

제1회 영역통합형
모의고사

취약영역 분석

번호	O/×	영역	번호	O/×	영역	번호	O/×	영역
01		의사소통능력	21		문제해결능력	41		문제해결능력
02			22			42		
03		문제해결능력	23		수리능력	43		수리능력
04			24			44		
05			25			45		
06		자원관리능력	26		문제해결능력	46		
07			27		의사소통능력	47		자원관리능력
08			28			48		
09		의사소통능력	29			49		
10			30		자원관리능력	50		
11			31					
12		수리능력	32		의사소통능력			
13			33		자원관리능력			
14			34					
15			35		문제해결능력			
16		자원관리능력	36					
17			37		의사소통능력			
18			38					
19		문제해결능력	39					
20			40		문제해결능력			

평가 문항	50문항	평가 시간	50분
시작시간	:	종료시간	:
취약 영역			

영역통합형
모의고사

제**1**회

모바일 OMR
답안채점 / 성적분석
서비스

정답 및 해설 p.030

🕐 응시시간 : 50분　　📋 문항 수 : 50문항

01 다음 (가) ~ (마) 문단을 논리적 순서대로 바르게 나열한 것은?

> (가) 대부분의 반딧불이는 빛을 사랑의 도구로 사용하지만, 어떤 반딧불이는 번식 목적이 아닌 적대적 목적으로 사용하기도 한다. 포투루스(Photurus)라는 반딧불이의 암컷은 아무렇지 않게 상대 반딧불이를 잡아먹는다. 이 무시무시한 작업을 벌이기 위해 암컷 포투루스는 포티너스(Photinus) 암컷의 불빛을 흉내 낸다. 이를 자신과 같은 종으로 생각한 수컷 포티너스가 사랑이 가득 찬 마음으로 암컷 포투루스에게 달려들지만, 정체를 알았을 때는 이미 너무 늦었다는 것을 알게 된다.
>
> (나) 먼저 땅에 사는 반딧불이 한 마리가 60마리 정도의 다른 반딧불이들과 함께 일렬로 빛을 내뿜는 경우가 있다. 수많은 반딧불이가 기차처럼 한 줄을 지어 마치 리더의 지시에 따르듯 한 반딧불이의 섬광을 따라 불빛을 내는 모습은 마치 작은 번개처럼 보인다. 이처럼 반딧불이는 집단으로 멋진 작품을 연출하는데 그중 가장 유명한 것은 동남아시아에 서식하는 반딧불이다. 이들은 공동으로 동시에 그리고 완벽하게 발광함으로써 크리스마스트리의 불빛을 연상시키기도 한다. 그러다 암컷을 발견한 반딧불이는 무리에서 빠져나와 암컷을 향해 직접 빛을 번쩍거리기도 한다.
>
> (다) 이렇게 다른 종의 불빛을 흉내 내는 반딧불이는 북아메리카에서 흔히 찾아볼 수 있다. 그러므로 짝을 찾아 헤매는 수컷 반딧불이에게 황혼이 찾아드는 하늘은 유혹의 무대인 동시에 위험한 장소이기도 하다. 성욕을 채우려 연인을 찾다 그만 식욕만 왕성한 암컷을 만나게 되는 비운을 맞을 수 있기 때문이다.
>
> (라) 사랑과 관련하여 반딧불이의 섬광은 여러 가지 형태의 신호가 있으며, 빛 색깔의 다양성, 밝기, 빛을 내는 빈도, 빛의 지속성 등에서 반딧불이 자신만의 특징을 가지기도 한다. 예를 들어 황혼 무렵에 사랑을 나누고 싶어 하는 반딧불이는 오렌지색을 선호하며, 그래도 역시 사랑엔 깊은 밤이 최고라는 반딧불이는 초록계열의 색을 선호한다. 발광 장소도 땅이나 공중, 식물 등 그 선호도가 다양하다. 반딧불이는 이런 모든 요소를 결합하여 다양한 모습을 보여주는데 이런 다양성이 조화를 이루거나 또는 동시에 이루어지게 되면 말 그대로 장관을 이루게 된다.
>
> (마) 이처럼 혼자 행동하기를 좋아하는 반딧불이는 빛을 번쩍거리면서 서식지를 홀로 돌아다니기도 한다. 대표적인 뉴기니 지역의 반딧불이는 짝을 찾아 좁은 해안선과 근처 숲 사이를 반복적으로 왔다 갔다 한다. 반딧불이 역시 달이 빛나고 파도가 철썩이는 해변을 사랑을 나누기에 최적인 로맨틱한 장소로 여기는 것이다.

① (가) – (나) – (다) – (라) – (마)

② (가) – (다) – (라) – (나) – (마)

③ (나) – (가) – (다) – (마) – (라)

④ (라) – (나) – (마) – (가) – (다)

⑤ (라) – (가) – (다) – (나) – (마)

02 다음 글에서 〈보기〉의 문장이 들어갈 위치로 가장 적절한 곳은?

(가) 알렉산더 그레이엄 벨은 전화를 처음 발명한 사람으로 알려져 있다. 1876년 2월 14일 벨은 설계도와 설명서를 바탕으로 전화에 대한 특허를 신청했고, 같은 날 그레이도 전화에 대한 특허 신청서를 제출했다. 1876년 3월 7일 미국 특허청은 벨에게 전화에 대한 특허를 부여했다. (나) 하지만 벨이 특허를 받은 이후 누가 먼저 전화를 발명했는지에 대해 치열한 소송전이 이어졌다. 여기에는 그레이를 비롯하여 안토니오 무치 등 많은 사람이 관련돼 있었다. 특히 무치는 1871년 전화에 대한 임시 특허를 신청하였지만, 돈이 없어 정식 특허로 신청하지 못했다. 2002년 미국 하원 의회에서는 무치가 10달러의 돈만 있었다면 벨에게 특허가 부여되지 않았을 것이라며 무치의 업적을 인정하기도 했다. (다) 그레이와 벨의 특허 소송에서도 벨은 모두 무혐의 처분을 받았고, 1887년 재판에서 전화의 최초 발명자는 벨이라는 판결이 났다. 그레이가 전화의 가능성을 처음 인지한 것은 사실이지만, 전화를 완성하기 위한 후속 조치를 취하지 않았다는 것이었다. (라) 사실 19세기 중엽은 전화 발명으로 무르익은 시기였고, 전화 발명에 많은 사람이 도전했다고 볼 수 있다. 한 개인이 전화를 발명했다기보다 여러 사람이 전화 탄생에 기여했다는 이야기로 이어질 수 있다. 하지만 결국 최초의 공식 특허를 받은 사람은 벨이며, 벨이 만들어낸 전화 시스템은 지금도 세계 통신망에 단단히 뿌리를 내리고 있다. (마)

> **보기**
>
> 그러나 벨의 특허와 관련된 수많은 소송은 무치의 죽음, 벨의 특허권 만료와 함께 종료되었다.

① (가) ② (나)
③ (다) ④ (라)
⑤ (마)

03 S회사 직원들은 사무실 자리 배치를 바꾸기로 했다. 다음 〈조건〉에 따라 자리를 바꿨을 때, 옳지 않은 것은?

〈사무실 자리 배치표〉

지점장	A	B	성대리	C	D
	E	김사원	F	이사원	G

조건

- 같은 직급은 옆자리로 배정하지 않는다.
- 사원 옆자리와 앞자리는 비어있을 수 없다.
- 지점장은 동쪽을 바라보며 앉고 지점장의 앞자리에는 상무 또는 부장이 앉는다.
- 지점장을 제외한 직원들은 마주보고 앉는다.
- S회사 직원은 지점장, 사원 2명(김사원, 이사원), 대리 2명(성대리, 한대리), 상무 1명(이상무), 부장 1명(최부장), 과장 2명(김과장, 박과장)이다.

① 지점장 앞자리에 빈자리가 있다.
② A와 D는 빈자리이다.
③ F와 G에 김과장과 박과장이 앉는다.
④ C에 최부장이 앉으면 E에는 이상무가 앉는다.
⑤ B와 C에 이상무와 박과장이 앉으면 F에는 한대리가 앉을 수 있다.

04 월요일부터 금요일까지 진료를 하는 의사는 다음 〈조건〉에 따라 진료일을 정한다. 의사가 목요일에 진료를 하지 않았다면, 월요일부터 금요일 중 진료한 날은 총 며칠인가?

조건

- 월요일에 진료를 하면 수요일에는 진료를 하지 않는다.
- 월요일에 진료를 하지 않으면 화요일이나 목요일에 진료를 한다.
- 화요일에 진료를 하면 금요일에는 진료를 하지 않는다.
- 수요일에 진료를 하지 않으면 목요일 또는 금요일에 진료를 한다.

① 0일 　　　　　　　　　② 1일
③ 2일 　　　　　　　　　④ 3일
⑤ 4일

05 갑은 다음과 같은 〈규칙〉에 따라서 알파벳 단어를 숫자로 변환하고자 한다. 주어진 〈규칙〉에 따를 때, 〈보기〉에 주어진 규칙 적용 사례 ㉠ ~ ㉣을 보고, ㉠ ~ ㉣의 각 알파벳 단어에서 알파벳 Z에 해당하는 자연수들을 모두 더한 값으로 옳은 것은?

〈규칙〉

① 알파벳 'A'부터 'Z'까지 순서대로 자연수를 부여한다.

　예 A=2라고 하면 B=3, C=4, D=5이다.

② 단어의 음절에 같은 알파벳이 연속되는 경우 ①에서 부여한 숫자를 알파벳이 연속되는 횟수만큼 거듭제곱한다.

　예 A=2이고 단어가 'AABB'이면 AA는 '2^2'이고, BB는 '3^2'이므로 '49'로 적는다.

보기

㉠ AAABBCC는 10000001020110404로 변환된다.

㉡ CDFE는 3465로 변환된다.

㉢ PJJYZZ는 1712126729로 변환된다.

㉣ QQTSR는 625282726로 변환된다.

① 154   ② 176

③ 199   ④ 212

⑤ 234

06 다음은 L공단의 1월 월간일정표이다. 아래의 〈조건〉을 고려할 때, 명절선물세트 홍보일로 가능한 날짜는?

〈1월 일정표〉

월요일	화요일	수요일	목요일	금요일	토요일	일요일
		1 신정	2	3	4	5 L공단 단합대회
6	7	8	9	10 가래떡 데이 홍보행사 (~ 1/12)	11 가래떡 데이	12
13	14	15	16 L공단 회장 T공단 방문	17	18	19
20	21 1인 가구 대상 소포장 농산물 홍보행사	22	23	24 설 연휴	25 설 연휴	26 설 연휴
27 대체공휴일	28	29	30	31		

조건

• 홍보행사는 요일에 상관없이 진행할 수 있다.
• L공단에서는 명절선물세트를 3일간 홍보한다.
• 명절선물세트 홍보는 설 연휴 전에 마친다.
• 명절선물세트는 다른 상품 홍보행사와 겹치지 않게 홍보한다.
• 사내행사가 있는 날짜를 피해서 홍보한다.

① 1월 3 ~ 5일
② 1월 8 ~ 10일
③ 1월 13 ~ 15일
④ 1월 19 ~ 21일
⑤ 1월 27 ~ 29일

※ P사는 2015년부터 모든 임직원에게 다음과 같은 규칙으로 사원번호를 부여한다. 이어지는 질문에 답하시오. **[7~8]**

〈사원번호 부여 기준〉

M	0	1	2	0	0	1	0	1
성별	부서		입사연도		입사월		입사순서	

- 사원번호 부여 순서 : [성별] – [부서] – [입사연도] – [입사월] – [입사순서]
- 성별 구분

남성	여성
M	W

- 부서 구분

총무부	인사부	기획부	영업부	생산부
01	02	03	04	05

- 입사년도 : 연도별 끝자리를 2자리 숫자로 기재(예 2020년 – 20)
- 입사월 : 2자리 숫자로 기재(예 5월 – 05)
- 입사순서 : 해당 월의 누적 입사순서(예 해당 월의 3번째 입사자 – 03)
※ P사에 같은 날 입사자는 없다.

07 다음 중 사원번호가 'W05180401'인 사원에 대한 설명으로 옳지 않은 것은?

① 생산부서 최초의 여직원이다.
② 2018년에 입사하였다.
③ 4월에 입사한 여성이다.
④ 'M03180511' 사원보다 입사일이 빠르다.
⑤ 생산부서로 입사하였다.

08 다음 P사의 2019년 하반기 신입사원 명단을 참고할 때, 기획부에 입사한 여성은 모두 몇 명인가?

M01190903	W03191005	M05190912	W05190913	W01191001	W04191009
W02190901	M04191101	W01190905	W03190909	M02191002	W03191007
M03190907	M01190904	W02190902	M04191008	M05191107	M01191103
M03190908	M05190010	M02191003	M01190906	M05191106	M02191004
M04191101	M05190911	W03191006	W05191105	W03191104	M05191108

① 2명 ② 3명
③ 4명 ④ 5명
⑤ 6명

일반 사용자가 디지털카메라를 들고 촬영하면 손의 미세한 떨림으로 인해 영상이 번져 흐려지고, 걷거나 뛰면서 촬영하면 식별하기 힘들 정도로 영상이 흔들리게 된다. 이런 흔들림에 의한 영향을 최소화하는 기술을 영상 안정화 기술이라고 한다.

영상 안정화 기술에는 빛을 이용하는 광학적 기술과 소프트웨어를 이용하는 디지털 기술 등이 있다. 광학 영상 안정화(OIS) 기술을 사용하는 카메라 모듈은 렌즈 모듈, 이미지 센서, 자이로 센서, 제어 장치, 렌즈를 움직이는 장치로 구성되어 있다. 렌즈 모듈은 보정용 렌즈들을 포함한 여러 개의 렌즈로 구성된다. 일반적으로 카메라는 렌즈를 통해 들어온 빛이 이미지 센서에 닿아 피사체의 상이 맺히고, 피사체의 한 점에 해당하는 위치인 화소마다 빛의 세기에 비례하여 발생한 전기 신호가 저장 매체에 영상으로 저장된다. 그런데 카메라가 흔들리면 이미지 센서 각각의 화소에 닿는 빛의 세기가 변한다. 이때 OIS 기술이 작동되면 자이로 센서가 카메라의 움직임을 감지하여 방향과 속도를 제어 장치에 전달한다. 제어 장치가 렌즈를 이동시키면 피사체의 상이 유지되면서 영상이 안정된다.

렌즈를 움직이는 방법 중에는 보이스 코일 모터를 이용하는 방법이 많이 쓰인다. 보이스 코일 모터를 포함한 카메라 모듈은 중앙에 위치한 렌즈 주위에 코일과 자석이 배치되어 있다. 카메라가 흔들리면 제어 장치에 의해 코일에 전류가 흘러서 자기장과 전류의 직각 방향으로 전류의 크기에 비례하는 힘이 발생한다. 이 힘이 렌즈를 이동시켜 흔들림에 의한 영향이 상쇄되고 피사체의 상이 유지된다. 이외에도 카메라가 흔들릴 때 이미지 센서를 움직여 흔들림을 감쇄하는 방식도 이용된다.

OIS 기술이 손 떨림을 훌륭하게 보정해 줄 수는 있지만 렌즈의 이동 범위에 한계가 있어 보정할 수 있는 움직임의 폭이 좁다. 디지털 영상 안정화(DIS) 기술은 촬영 후에 소프트웨어를 사용해 흔들림을 보정하는 기술로, 역동적인 상황에서 촬영한 동영상에 적용할 때 좋은 결과를 얻을 수 있다. 이 기술은 촬영된 동영상을 프레임 단위로 나눈 후 연속된 프레임 간 피사체의 움직임을 추정한다. 움직임을 추정하는 한 방법은 특징점을 이용하는 것이다. 특징점으로는 피사체의 모서리처럼 주위와 밝기가 뚜렷이 구별되며 영상이 이동하거나 회전해도 그 밝기 차이가 유지되는 부분이 선택된다.

먼저 k번째 프레임에서 특징점을 찾고, 다음 (k+1)번째 프레임에서 같은 특징점을 찾는다. 이 두 프레임 사이에서 같은 특징점이 얼마나 이동하였는지 계산하여 영상의 움직임을 추정한다. 그리고 흔들림이 발생한 곳으로 추정되는 프레임에서 위치 차이만큼 보정하여 흔들림의 영향을 줄이면 보정된 동영상은 움직임이 부드러워진다. 그러나 특징점의 수가 늘어날수록 연산이 더 오래 걸린다. 한편 영상을 보정하는 과정에서 영상을 회전하면 프레임에서 비어 있는 공간이 나타난다. 비어 있는 부분이 없도록 잘라내면 프레임들의 크기가 작아지는데, 원래의 프레임 크기를 유지하려면 화질은 떨어진다.

09 다음 중 윗글에 대한 내용으로 가장 적절한 것은?

① 연속된 프레임에서 동일한 피사체의 위치 차이가 클수록 동영상의 움직임이 부드러워진다.

② 광학 영상 안정화 기술을 사용하지 않는 디지털카메라에는 이미지 센서가 필요하지 않다.

③ 손 떨림이 있을 때 보정 기능이 없어도 이미지 센서 각각의 화소에 닿는 빛의 세기는 변하지 않는다.

④ 디지털 영상 안정화 기술은 소프트웨어를 이용하여 프레임 간 피사체의 위치 차이를 줄여 영상을 보정한다.

⑤ 디지털카메라의 저장 매체에는 개별 화소 단위가 아닌 한 이미지 단위로 전기 신호가 발생해 영상으로 저장된다.

10 다음 중 광학 영상 안정화(OIS) 기술에 대한 설명으로 가장 적절한 것은?

① 카메라가 흔들리면 이미지 센서에 의해 코일에 전류가 흐른다.

② OIS 기술은 보정할 수 있는 움직임의 폭이 넓은 것이 특징이다.

③ 카메라가 흔들리면 자기장과 전류의 직각 방향으로 전류의 크기에 반비례하는 힘이 발생한다.

④ 카메라가 흔들리면 렌즈 모듈이 렌즈를 이동시키면 피사체의 상이 유지되면서 영상이 안정된다.

⑤ OIS 기술에서 카메라의 움직임을 감지하여 방향과 속도를 제어 장치에 전달하는 것은 자이로 센서이다.

11 다음 글에서 〈보기〉의 문장이 들어갈 곳으로 가장 적절한 것은?

그럼 이제부터 제형에 따른 특징과 복용 시 주의점을 알아보겠습니다. 먼저 산제나 액제는 복용해야 하는 용량에 맞게 미세하게 조절이 가능합니다. 그리고 정제나 캡슐제에 비해 노인이나 소아가 약을 삼키기 쉽고 약효도 빠르게 나타납니다. (가) 캡슐제는 캡슐로 약물을 감싸서 자극이 강한 약물을 복용할 때 생기는 불편을 줄일 수 있고, 정제로 만들면 약효가 떨어질 수 있는 경우에 사용되어 약효를 유지할 수 있습니다. (나) 하지만 캡슐제는 캡슐이 목구멍이나 식도에 달라붙을 수 있기 때문에 충분한 양의 물과 함께 복용해야 합니다. (다)

그리고 정제는 일정한 형태로 압축되어 있어 산제나 액제에 비해 보관이 간편하고 정량을 복용하기 쉽습니다. 이러한 정제는 약물의 성분이 빠르게 방출되는 속방정과 서서히 지속적으로 방출되는 서방정으로 구분할 수 있습니다. (라) 서방정은 오랜 시간 일정하게 약의 효과를 유지할 수 있어 복용 횟수를 줄일 수 있습니다. 그런데 서방정은 함부로 쪼개거나 씹어서 먹으면 안 됩니다. 왜냐하면 약물의 방출 속도가 달라져 부작용의 위험이 커질 수 있기 때문입니다.

오늘 강연 내용은 유익하셨나요? 이번 강연이 약에 대한 이해를 높일 수 있는 계기가 되었으면 합니다. 또한 약과 관련해 더 궁금한 내용이 있다면 '온라인 의약 도서관'을 통해 찾아보실 수 있습니다. (마) 마지막으로 상세한 복약 정보는 꼭 의사나 약사에게 확인하시기 바랍니다. 경청해 주셔서 감사합니다.

> **보기**
>
> 하지만 이 둘은 정제에 비해 변질되기 쉬우므로 특히 보관에 주의해야 하고 복용 전 변질 여부를 잘 확인해야 합니다.

① (가) ② (나)

③ (다) ④ (라)

⑤ (마)

12 다음 제시된 글을 읽고, 이어질 단락을 논리적 순서대로 바르게 나열한 것은?

> 케인스학파는 시장에서 임금이나 물가 등의 가격 변수가 완전히 탄력적으로 작용하지는 않기 때문에 경기적 실업은 자연스럽게 해소될 수 없다고 주장한다.

> (가) 그래서 경기 침체에 의해 물가가 하락하더라도 화폐환상 현상으로 인해 노동자들은 명목임금의 하락을 받아들이지 않게 되고, 결국 명목임금은 경기적 실업이 발생하기 이전의 수준과 비슷하게 유지된다. 이는 기업에서 노동의 수요량을 늘리지 못하는 결과로 이어지게 되고 실업은 지속된다. 따라서 케인스학파에서는 정부가 정책을 통해 노동의 수요를 늘리는 등의 경기적 실업을 감소시킬 수 있는 적극적인 역할을 해야 한다고 주장한다.
>
> (나) 이에 대해 케인스학파에서는 여러 가지 이유를 제시하는데 그중 하나가 화폐환상 현상이다. 화폐환상 현상이란 경기 침체로 인해 물가가 하락하고 이에 영향을 받아 명목임금이 하락하였을 때의 실질임금이, 명목임금의 하락 이전과 동일하다는 것을 노동자가 인식하지 못하는 현상을 의미한다.
>
> (다) 즉, 명목임금이 변하지 않은 상태에서 경기 침체로 인한 물가 하락으로 실질임금이 상승하더라도, 고전학파에서 말하는 것처럼 명목임금이 탄력적으로 하락하는 현상은 일어나기 어렵다고 본 것이다.

① (가) - (나) - (다) ② (가) - (다) - (나)
③ (나) - (가) - (다) ④ (다) - (가) - (나)
⑤ (다) - (나) - (가)

13 다음 H기업의 재무자료를 보고, 바르게 해석하지 못한 사람은 누구인가?

〈H기업 연도별 재무자료〉

(단위 : 억 원, %)

연도	자산	부채	자본	부채 비율
2012년	41,298	15,738	25,560	61.6
2013년	46,852	23,467	23,385	100.4
2014년	46,787	21,701	25,086	86.5
2015년	50,096	23,818	26,278	80.6
2016년	60,388	26,828	33,560	79.9
2017년	64,416	30,385	34,031	89.3
2018년	73,602	39,063	34,539	113.1
2019년	87,033	52,299	34,734	150.6
2020년	92,161	55,259	36,902	149.7
2021년	98,065	56,381	41,684	135.3

① A : 이 회사의 자본금은 2016년에 전년 대비 7,000억 원 이상 증가했는데, 이는 10년간 자본금 추이를 볼 때 두드러진 변화야.
② B : 부채 비율이 전년 대비 가장 많이 증가한 해는 2013년이네.
③ C : 10년간 평균 부채 비율은 90% 미만이야.
④ D : 2021년의 자산과 자본은 10년 중 가장 많았지만, 그만큼 부채도 가장 많았네.
⑤ E : 이 회사의 자산과 부채는 2014년부터 8년간 꾸준히 증가했어.

14 다음은 우리나라 13세 이상 국민들이 환경오염 방지를 위해 노력하는 정도에 대한 자료이다. 이에 대한 설명으로 옳은 것은?

<환경오염 방지 기여도>

(단위 : %)

구분		매우 노력함	약간 노력함	별로 노력하지 않음	전혀 노력하지 않음	합계
성별	남성	13.6	43.6	37.8	5	100
	여성	23.9	50.1	23.6	2.4	100
연령	10 ~ 19세	13.2	41.2	39.4	6.2	100
	20 ~ 29세	10.8	39.9	42.9	6.4	100
	30 ~ 39세	13.1	46.7	36.0	4.2	100
	40 ~ 49세	15.5	52.4	29.4	2.7	100
	50 ~ 59세	21.8	50.4	25.3	2.5	100
	60 ~ 69세	29.7	46.0	21.6	2.7	100
	70세 이상	31.3	44.8	20.9	3	100
경제활동	취업	16.5	47.0	32.7	3.8	100
	실업 및 비경제활동	22.0	46.6	27.7	3.7	100

① 10세 이상 국민 중 환경오염 방지를 위해 별로 노력하지 않는 사람의 수가 가장 많다.

② 10세 이상 국민 중 환경오염 방지를 위해 매우 노력하는 사람의 비율이 가장 높은 연령층은 60 ~ 69세이다.

③ 우리나라 국민 중 환경오염 방지를 위해 전혀 노력하지 않는 사람의 비율이 가장 높은 집단은 초·중·고등학생들이다.

④ 10 ~ 69세까지 각 연령층에서 약간 노력하는 사람의 비중이 제일 높다.

⑤ 매우 노력함과 약간 노력하는 사람의 비율 합은 남성보다 여성이, 취업자보다 실업 및 비경제활동자가 더 높다.

15 운송업자인 B씨는 15t 화물트럭을 이용하여 목적지까지 화물을 운송하고 있다. 다음 중 B씨의 차량 운행기록에 따라 B씨가 지불해야 하는 고속도로 통행요금을 바르게 구한 것은?(단, 원 단위 미만은 버림한다)

〈고속도로 통행요금〉

구분	폐쇄식	개방식
기본요금	900원(2차로 50% 할인)	720원
요금산정	(기본요금)+[(주행거리)×(차종별 km당 주행요금)]	(기본요금)+[(요금소별 최단 이용거리)×(차종별 km당 주행요금)]

※ km당 주행요금 단가 : 1종 44.3원, 2종 45.2원, 3종 47.0원, 4종 62.9원, 5종 74.4원 (2차로는 50% 할인, 6차로 이상은 20% 할증)

〈차종 분류 기준〉

차종	분류 기준	적용 차량
1종	2축 차량, 윤폭 279.4mm 이하	승용차, 16인승 이하 승합차, 2.5t 미만 화물차
2종	2축 차량, 윤폭 279.4mm 초과, 윤거 1,800mm 이하	승합차 17~32인승, 2.5t~5.5t 화물차
3종	2축 차량, 윤폭 279.4mm 초과, 윤거 1,800mm 초과	승합차 33인승 이상, 5.5t~10t 화물차
4종	3축 차량	10t~20t 화물차
5종	4축 이상 차량	20t 이상 화물차

〈B씨의 차량 운행기록〉

• 목적지 : 서울 → 부산(경유지 영천)
• 총거리 : 374.8km(경유지인 영천까지 330.4km)
• 이용 도로 정보
  - 서울~영천 : 2개 톨게이트(개방식 6차로 거리 180km, 폐쇄식 4차로 거리 150.4km)
  - 영천~부산 : 1개 톨게이트(폐쇄식 2차로 44.4km)
※ 주어진 정보 외의 비용 및 거리는 고려하지 않는다.
※ 거리는 주행거리 또는 요금소별 최단 이용거리이다.

① 18,965원
② 21,224원
③ 23,485원
④ 26,512원
⑤ 30,106원

※ 다음은 I회사의 물품관리대장과 물품코드 생성방법에 대한 자료이다. 이어지는 질문에 답하시오. [16~18]

<물품관리대장>

물품코드	물품명	파손 여부	개수	구매 가격	중고판매 시 가격 비율 (원가 대비)
CD – 12 – 1000	노트북	–	5	70만 원	70%
ST – 10 – 0100	회의실 책상	–	2	20만 원	30%
SL – 17 – 0010	볼펜	파손	20	3천 원	0%
MN – 13 – 0100	사무실 책상	–	7	15만 원	40%
MN – 17 – 1000	TV	파손	1	120만 원	55%
LA – 08 – 0100	사무실 서랍장	파손	3	10만 원	35%
ST – 18 – 0100	회의실 의자	파손	10	5만 원	55%
CD – 09 – 0010	다이어리	–	15	7천 원	0%

<물품코드 생성방법>

알파벳 두 자리	중간 두 자리	마지막 네 자리
※ 부서별 분류 • CD : 신용팀 • MN : 관리팀 • ST : 총무팀 • LA : 대출팀 • SL : 판매팀	※ 구매 연도 마지막 두 자리	※ 물품 종류 • 1000 : 전자기기 • 0100 : 사무용 가구 • 0010 : 문구류

16 다음 중 물품관리대장에서 찾을 수 없는 물품은 무엇인가?

① 총무팀에서 2018년에 구매한 사무용 가구
② 관리팀에서 2013년에 구매한 문구류
③ 대출팀에서 2008년에 구매한 사무용 가구
④ 신용팀에서 2012년에 구매한 전자기기
⑤ 판매팀에서 2017년에 구매한 문구류

17 구매 연도부터 10년 이상 지난 물품을 교체한다면 다음 중 교체할 수 있는 것은?(단, 올해는 2021년이다)

① 관리팀 – TV
② 총무팀 – 회의실 의자
③ 신용팀 – 노트북
④ 관리팀 – 사무실 책상
⑤ 총무팀 – 회의실 책상

18 I회사에서는 물품을 고치는 대신 파손된 물품을 중고로 판매하려고 한다. 예상되는 판매수익금은 얼마인가?

① 104만 원
② 108만 원
③ 110만 원
④ 112만 원
⑤ 116만 원

※ 다음은 K그룹의 업무분장과 판매 상품에 대한 자료이다. 이어지는 질문에 답하시오. [19~22]

<K그룹 업무분장표>

부서명		업무
마케팅팀	김팀장	• 시장분석 및 마케팅 경쟁전략 수립 • 매출 관리 및 목표달성방안 수립
	김대리	• 프로모션기획 및 운영업무
	최대리	• MPR 기획
	신사원	• 상품 차별화 포인트 발굴 / 정교화
고객지원팀	송팀장	• 고객센터 관련 업무 총괄
	하대리	• 고객 요금 청구 및 수납
	박대리	• 사업자 간 상호접속료 정산
	이사원	• 각종 고객 민원 대응 • VOC 수집 / 분류
영업팀	이팀장	• 영업전략 기획
	강대리	• 판매전략 수립 및 운영
	김사원	• 매장 내 통신상품 판매 및 판매 지원 • 재고관리
홍보팀	최팀장	• 외부 언론에 대한 모니터링 및 대응
	이대리	• 사내홍보 및 옥외 매체 광고 업무 • 정기 / 비정기적 전시 업무
	박사원	• CSV활동을 통한 사회적 책임에 대한 업무

<'기가 IoT 에어닥터' 상품 안내>

• 실내공기 상태측정, 4단계 공기 상태표시, 공기청정기/에어컨 연동
• 요금안내
  – 서비스 이용요금(단말 1대당)

구분	무약정	1년 약정	2년 약정	3년 약정
서비스 이용료	7,700원/월	6,600원/월	5,500원/월	4,400원/월

  ※ 부가세가 포함된 실제 지불금액입니다.
  – 단말대금

구분	일시불	12개월 분할상환	24개월 분할상환	36개월 분할상환
단말대금	158,400원/월	13,200원/월	6,600원/월	4,400원/월

• 설치비 면제
  – 3년 약정 가입 시 개통 설치비를 면제합니다.
  – 인터넷과 동시 개통 시에는 개통 설치비를 면제합니다.
• 유의사항 안내
  – LTE 스마트폰에서만 사용 가능합니다.
  – 서비스 이용을 위해서는 무선 인터넷(WiFi), 에어닥터 단말이 필요합니다.
  – USIM이 없는 단말, WiFi 전용 단말, 이동 전화 번호가 없는 단말에서는 사용이 불가합니다.
  – 약정 기간 내 중도 해지 시 할인 반환금이 발생하며, 약정 기간 이후에서는 단말 한 대당 서비스 이용료가 부과됩니다.
  – 신규 개통 및 이전 설치비 11,000원(1회)이 청구되며, 3년 약정의 경우에는 면제가 적용됩니다.

〈상품 안내〉

• 프리미엄 가족결합(결합할인 25%, 요금할인 25% 중복)
  – 인터넷과 모바일의 유무선 결합 서비스
  – LTE 순액 65,890원 이상 요금제 2 ~ 5번째 회선에 대해 25% 상당 월정액 요금 할인 제공
• 총액 결합할인(GiGA급 인터넷 추가 할인, 모바일 월정액 총액으로 할인)
  – 인터넷과 모바일의 유무선 결합 서비스
  – LTE / 3G 구분 없이 휴대폰 최대 5대 결합 가능
• 3G 뭉치면올래(유 / 무선 결합 시 할인, 가족구성원 모두 할인)
  – 인터넷, TV, 집 전화, 인터넷 전화와 스마트폰(3G)을 뭉치면 모바일 회선 수에 따라 더욱 커지는 할인 서비스
  – 단, LTE 요금제 고객은 할인 대상에서 제외
• 기가 와이파이 프리미엄(WiFi 속도 1.7Gbps, 동시 접속자수 200명, 프리미엄 기능)
  – 우리 집 구석구석! 끊김 없는 무선 연결
  – 기가 와이파이 프리미엄 결합할인 혜택 : 인터넷(필수), 모바일, TV(선택)
• 프리미엄 싱글결합(인터넷 패밀리 할인 50%, 모바일 1회선 결합할인 25%, 요금할인 25%)
  – 인터넷 패밀리와 모바일 무제한 회선이 결합하면 LTE 데이터 무제한 최대 반값
  – 인터넷 상품 이용 고객 대상

19 K그룹 마케팅팀의 입사 3년 차인 김대리는 본인이 기획한 상품을 이용하는 고객들의 상품에 대한 다양한 의견을 분석하기 위해 관련 업무를 담당하는 부서에 협조를 요청하고자 한다. 김대리가 업무 협조를 요청해야 할 담당자로 가장 적절한 것은?

① 고객지원팀 하대리
② 고객지원팀 이사원
③ 영업팀 강대리
④ 영업팀 김사원
⑤ 홍보팀 최팀장

20 K그룹 마케팅팀의 김대리가 업무 협조를 요청한 담당자와 이메일을 주고받을 때, 유의해야 할 사항으로 적절하지 않은 것은?

① 내용을 보낼 때는 용건을 간단히 하여 보낸다.
② 용량이 큰 파일은 반드시 압축하여 첨부한다.
③ 업무 보안상 제목에 메일의 내용이 드러나지 않도록 유의한다.
④ 받은 메일의 내용과 관련된 일관성 있는 답장을 한다.
⑤ 답장을 어디로, 누구에게로 보내는지 주의한다.

21 K그룹 마케팅팀의 김대리는 자사의 인터넷 상품을 이용하는 고객 중 '기가 IoT 에어닥터' 상품에 가입하려는 고객에게 추천하는 맞춤형 상품을 기획하고자 한다. 다음 중 김대리가 고객에게 추천할 상품으로 기획하기에 적절하지 않은 것은?

① 프리미엄 가족결합
② 총액 결합할인
③ 3G 뭉치면올래
④ 기가 와이파이 프리미엄
⑤ 프리미엄 싱글결합

22 K그룹 고객지원팀에서 근무하는 이사원이 다음과 같은 고객의 상품 요금 문의를 받았을 때, 박사원이 해당 고객의 문의에 따라 안내해야 할 예상 청구 요금은 각각 얼마인가?

> 안녕하세요, 제가 상품 서비스 홈페이지에서 실내공기 상태를 측정하는 '기가 IoT 에어닥터' 상품을 살펴보다가 궁금한 점이 생겨서 문의 드립니다. 다름이 아니라 제가 해당 서비스에 가입하려고 하는데 제가 원하는 대로 가입하면 한 달에 청구되는 금액이 얼마인지 궁금해서요. 저는 에어닥터 단말기는 1대만 사용하면 될 것 같고, 현재 살고 있는 집의 계약기간이 2년 정도 남아서 2년을 초과하는 약정은 어려울 것 같아요. 그리고 단말대금은 36개월로 분할상환해서 매월 부담하는 요금을 줄이고 싶어요. 설치비 면제 대상에 포함이 되는지 모르겠지만 만약 설치비가 별도 청구된다면 가입 당월 요금에 함께 납부할게요. 그러면 가입 당월 요금이랑 약정 기간 동안 제가 납부해야 하는 요금을 알려주세요. 참, 그리고 만약 약정 기간이 지난 이후에 별도 약정을 신청하지 않고 단말대금을 내는 동안만 이용한다면 얼마를 납부해야 하나요?

	가입 당월 요금	약정 기간 내 요금	약정 기간 종료 후 요금
①	9,900원	9,900원	7,700원
②	19,800원	8,800원	12,100원
③	19,800원	8,800원	9,900원
④	20,900원	9,900원	12,100원
⑤	20,900원	9,900원	9,900원

23 다음은 2021년도 인천광역시 판매시설 유형별 평균 접근 시간에 대한 자료이다. 빈칸에 들어갈 수치로 가장 적절한 것은?(단, 각 판매시설별 수치는 지역별로 일정한 규칙으로 변화한다)

〈인천광역시 판매시설 유형별 평균 접근 시간〉

(단위 : 분)

구분	대규모 점포		전통시장	
	승용차	대중교통 / 도보	승용차	대중교통 / 도보
동부	16.01	23.99	7.49	12.73
읍·면부	20.26	19.74	19.72	47.16
중구	14.51	25.49	21.12	30.95
동구	28.76	11.24	3.38	7.16
남구	32.01	7.99	3.96	7.49
연수구	36.26	3.74	9.83	18.10
남동구	30.51	9.49	6.63	11.29
부평구	24.76	15.24	5.51	9.64
계양구	38.01	1.99	5.38	10.53
서구		27.74	10.88	16.62
강화군	29.43	10.57	15.71	40.08
옹진군	20.74	19.26	60.51	119.23

① 12.26분
② 16.51분
③ 22.26분
④ 34.76분
⑤ 42.76분

24 다음은 A사의 2021년 분기별 손익 현황에 대한 자료이다. 〈보기〉 중 이에 대한 설명으로 옳은 것을 모두 고르면?

〈2021년 분기별 손익 현황〉

(단위 : 억 원)

구분		1분기	2분기	3분기	4분기
손익	매출액	9,332	9,350	8,364	9,192
	영업손실	278	491	1,052	998
	당기순손실	261	515	1,079	1,559

$$ ※ \ 영업이익률(\%) = \frac{[영업이익(손실)]}{(매출액)} \times 100 $$

보기

ㄱ. 2021년 3분기의 영업이익이 가장 높다.
ㄴ. 2021년 4분기의 영업이익률은 2021년 1분기보다 감소하였다.
ㄷ. 2021년 2 ~ 4분기 매출액은 직전 분기보다 증가하였다.
ㄹ. 2021년 3분기의 당기순손실은 직전 분기 대비 100% 이상 증가하였다.

① ㄱ, ㄴ
② ㄱ, ㄷ
③ ㄴ, ㄷ
④ ㄴ, ㄹ
⑤ ㄷ, ㄹ

25 A사의 공장에는 대수를 늘리면 생산량이 조금씩 증가하는 기계가 있다. 기계가 다음과 같은 생산량의 변화를 보일 때 기계가 30대 있을 경우 생산할 수 있는 제품의 개수는?

〈기계 대수에 따른 생산 가능 제품 현황〉

기계 수(대)	1	2	3	4	5
제품 개수(개)	5	7	9	11	13

① 59개
② 61개
③ 63개
④ 65개
⑤ 67개

26 I공사는 사회적 가치 측정 공감대 확산을 위한 포럼을 개최하려고 한다. 포럼에는 공사의 각 부처가 참식할 예정이며, 참석 부처는 다음 규칙에 따라 결정된다. 산업단지처가 포럼에 참석한다고 할 때, 다음 중 부처별 포럼 참석 현황에 대한 설명으로 가장 적질한 것은?

〈포럼 참석부처 결정규칙〉

- 산업단지처와 기술심사처 중 한 부처만 포럼에 참석한다.
- 사업계획실이 포럼에 참석하면, 총무고객처는 참석하지 못한다.
- 공공분양사업처가 포럼에 참석하는 경우에만 비상계획실이 포럼에 참석한다.
- 스마트도시개발처가 포럼에 참석하지 않으면, 기술심사처도 포럼에 참석하지 못한다.
- 스마트도시개발처와 공공분양사업처, 기술심사처 중 한 부처 이상은 반드시 포럼에 참석할 수 없다.
- 공공분양사업처가 포럼에 참석하면, 기술심사처가 포럼에 참석한다.
- 기술심사처가 포럼에 참석하지 않으면, 사업계획실이 포럼에 참석한다.

---

① 공공분양사업처는 포럼에 참석하지 않는다.
② 사업계획실과 총무고객처는 모두 포럼에 참석하지 않는다.
③ 총무고객처는 포럼에 참석하고, 비상계획실은 포럼에 참석하지 않는다.
④ 스마트도시개발처, 공공분양사업처, 기술심사처 중 2개 부서가 포럼에 참석한다.
⑤ 스마트도시개발처의 포럼 참석 여부는 알 수 없다.

27 다음 글을 읽고 영국의 시인 키츠가 〈보기〉와 같이 말한 이유를 콜링우드의 견해를 바탕으로 가장 잘 설명한 것은?

예술은 인간 감정의 구현체로 간주되곤 한다. 그런데 예술과 감정의 연관은 예술이 지닌 부정적 측면을 드러내는 데 쓰이기도 했다. 즉, 예술을 이성적으로 통제되지 않는 비합리적 활동, 심지어는 광기 어린 활동으로 여기곤 했다. 그렇지만 예술과 감정의 연관을 긍정적인 측면에서 해석하려는 입장도 유구한 전통을 형성하고 있다. 이러한 입장을 대표하는 사람으로 톨스토이와 콜링우드를 들 수 있다.

톨스토이의 견해에 따르면, 타인에게 생각을 전달할 필요가 있듯이 감정도 그러하다. 이때 감정을 타인에게 전달하는 주요 수단이 예술이다. 예술가는 자신이 표현하고픈 감정을 떠올린 후, 작품을 통해 타인도 공감할 수 있도록 전달한다. 그런데 이때 전달되는 감정은 질이 좋아야 하며, 한 사회를 좋은 방향으로 이끌어 나갈 수 있어야 한다. 연대감이나 형제애가 그러한 감정이다. 이런 맥락에서 톨스토이는 노동요나 민담 등을 높이 평가하였고, 교태 어린 리스트의 음악이나 허무적인 보들레르의 시는 부정적으로 평가하였다. 좋은 감정이 잘 표현된 한편의 예술이 전 사회, 나아가 전 세계를 감동시키며 세상의 발전에 기여할 수 있다는 것이다.

반면, 콜링우드는 톨스토이와 생각이 달랐다. 콜링우드는 연대감이나 형제애를 사회에 전달하는 예술이 부작용을 초래할 수 있다고 보았다. 전체주의적 대규모 집회에서 드러나듯 예술적 효과를 통한 연대감의 전달은 때론 비합리적 선동을 강화하는 결과를 낳는다. 톨스토이식으로 예술과 감정을 연관시키는 것은 예술에 대한 앞서의 비판에서 벗어나기 힘들다. 따라서 콜링우드는 감정의 전달이라는 외적 측면보다는 감정의 정리라는 내적 측면에 관심을 둔다.

콜링우드에 따르면, 언어가 한 개인의 생각을 정리하는 수단이듯이 예술은 한 개인의 감정을 정리하는 수단이다. 우리의 생각을 정리하는 훈련이 필요하듯이 우리의 감정도 그러하다. 일상사에서 벌컥 화를 내거나 하염없이 눈물을 흘리다 보면 감정을 지나치게 드러낸 듯하여 쑥스러운 경우가 종종 있다. 그런데 분노나 슬픔은 공책을 펴 놓고 논리적으로 곰곰이 추론한다고 정리되는 것이 아니다. 생각은 염주 알처럼 진행되지만, 감정은 불쑥 솟구쳐 오르거나 안개처럼 스멀스멀 밀려오기 때문이다. 이러한 인간의 감정은 그것과 생김새가 유사한 예술을 통해 정리되는 것이 바람직하다. 베토벤이 인생의 파란만장한 곡절을 운명 교향악을 통해 때론 용솟음치며 때론 진저리치며 굽이굽이 정리했듯이, 우리는 자기 나름의 적절한 예술적 방식을 통해 그렇게 할 수 있다. 그리고 예술을 통해 우리의 감정이 정리되었으면 굳이 타인에게 전달하지 않더라도 예술은 그 소임을 충분히 완성한 것이다.

톨스토이와 콜링우드 양자의 입장은 차이가 나지만, 양자 모두 예술과 감정의 긍정적 연관성에 주목하면서 예술의 가치를 옹호하였으며, 이들의 이론은 특히 질풍처럼 몰아치고 노도처럼 격동했던 낭만주의 예술을 이해하는 데 기여하였다.

보기

불면의 밤을 보내며 완성한 시를 아침 해를 바라보며 불태워 버려도 좋다.

---

① 창작한 내용이 마음에 들지 않았기 때문이다.
② 창작 작업에 근본적인 회의를 느꼈기 때문이다.
③ 혼란한 감정을 시를 통해 정화했다고 생각했기 때문이다.
④ 아침 해를 바라보며 불같은 열정을 새롭게 느꼈기 때문이다.
⑤ 다른 사람에게 공감을 불러일으키지 못할 것을 염려했기 때문이다.

28 다음 글에서 〈보기〉의 문장이 들어갈 가장 적절한 곳은?

컴퓨터는 0 또는 1로 표시되는 비트를 최소 단위로 삼아 내부적으로 데이터를 표시한다. 컴퓨터가 한 번에 처리하는 비트 수는 정해져 있는데, 이를 워드라고 한다. 예를 들어 64비트의 컴퓨터는 64개의 비트를 1워드로 처리한다. (가) 4비트를 1워드로 처리하는 컴퓨터에서 양의 정수를 표현하는 경우, 4비트 중 가장 왼쪽 자리인 최상위 비트는 0으로 표시하여 양수를 나타내고 나머지 3개의 비트로 정수의 절댓값을 나타낸다. (나)

0111의 경우 가장 왼쪽 자리인 '0'은 양수를 표시하고 나머지 '111'은 정수의 절댓값 7을 이진수로 나타낸 것으로, +7을 표현하게 된다. 이때 최상위 비트를 제외한 나머지 비트를 데이터 비트라고 한다. (다)

그런데 음의 정수를 표현하는 경우에는 최상위 비트를 1로 표시한다. −3을 표현한다면 −3의 절댓값 3을 이진수로 나타낸 011에 최상위 비트 1을 덧붙이면 된다. (라) 이러한 음수 표현 방식을 '부호화 절댓값'이라고 한다. 그러나 부호화 절댓값은 연산이 부정확하다. 예를 들어 7−3을 계산한다면 7+(−3)인 0111+1011로 표현된다. 컴퓨터에서는 0과 1만 사용하기 때문에 1에 1을 더하면 바로 윗자리 숫자가 올라가 10으로 표현된다. 따라서 0111에 1011을 더하면 100010이 된다. (마) 하지만 부호화 절댓값에서는 오버플로를 처리하는 별도의 규칙이 없기 때문에 계산 값이 부정확하다. 또한 0000 또는 1000이 0을 나타내어 표현의 일관성과 저장 공간의 효율성이 떨어진다.

보기

10010은 4비트 컴퓨터가 처리하는 1워드를 초과하게 된 것으로, 이러한 현상을 오버플로라 한다.

① (가)　　　　　　　　　　　② (나)
③ (다)　　　　　　　　　　　④ (라)
⑤ (마)

29 다음 글에서 〈보기〉의 문장이 들어갈 가장 적절한 곳은?

게임 중독세는 세금 징수의 당위성이 인정되지 않는다. 세금으로 특별 목적 기금을 조성하려면 검증을 통해 그 당위성을 인정할 수 있어야 한다. (가) 담배에 건강 증진 기금을 위한 세금을 부과하는 것은 담배가 건강에 유해한 요소들로 이루어져 있다는 것이 의학적으로 증명되어 세금 징수의 당위성이 인정되기 때문이다. (나) 하지만 게임은 유해한 요소들로 이루어져 있다는 것이 의학적으로 증명되지 않았다.

게임 중독세는 게임 업체에 조세 부담을 과도하게 지우는 것이다. 게임 업체는 이미 매출에 상응하는 세금을 납부하고 있는데, 여기에 게임 중독세까지 내도록 하는 것은 지나치다. (다) 또한 스마트폰 사용 중독 등에 대해서는 세금을 부과하지 않는데, 유독 게임 중독에 대해서만 세금을 부과하는 것은 형평성에 맞지 않는다.

게임 중독세는 게임에 대한 편견을 강화하여 게임 업체에 대한 부정적 이미지만을 공식화한다. 게임 중독은 게임 이용자의 특성이나 생활환경 등이 원인이 되어 발생하는 것이지 게임 자체에서 비롯되는 것은 아니다. (라) 게임 중독이 이용자 개인의 책임이 큰 문제임에도 불구하고 게임 업체에 징벌적 세금을 물리는 것은 게임을 사회악으로 규정하고 게임 업체에 사회 문제를 조장하는 기업이라는 낙인을 찍는 것이다. (마)

보기

카지노, 복권 등 사행 산업을 대상으로 연 매출의 일부를 세금으로 추가 징수하는 경우가 있긴 하지만, 게임 산업은 문화 콘텐츠 산업이지 사행 산업이 아니다.

① (가)　　　　　　　　　　　　② (나)
③ (다)　　　　　　　　　　　　④ (라)
⑤ (마)

30 올해 정규직으로 전환된 신입사원들에게 명함을 배부하였다. 명함은 1인당 국문 130장, 영문 70장씩 지급되었다. 국문 명함 중 50장은 고급종이로 제작되었고, 나머지는 모두 일반종이로 제작되었다. 명함을 만드는 데 들어간 총비용이 808,000원이라면, 신입사원은 총 몇 명인가?

〈제작비용〉

• 국문 명함 : 50장당 10,000원 / 10장 단위 추가 시 2,500원
• 영문 명함 : 50장당 15,000원 / 10장 단위 추가 시 3,500원
※ 고급종이로 만들 경우 정가의 10% 가격이 추가됨

① 14명　　　　　　　　　　　　② 16명
③ 18명　　　　　　　　　　　　④ 20명
⑤ 24명

31 다음은 T기관의 10개 정책(가 ~ 차)에 대한 평가 결과이다. T기관은 정책별로 A ~ D의 점수를 합신하여 **총점**이 낮은 정책부터 순서대로 4개 정책을 폐기할 계획이다. 폐기할 정책을 모두 고르면?

〈정책에 대한 평가 결과〉

정책＼심사위원	A	B	C	D
가	●	●	◐	○
나	●	●	◐	●
다	◐	○	●	◐
라	( )	●	◐	( )
마	●	( )	●	◐
바	◐	◐	◐	●
사	◐	◐	◐	●
아	◐	●	●	( )
자	◐	◐	( )	●
차	( )	●	◐	○
평균(점)	0.55	0.70	0.70	0.50

※ 정책은 ○(0점), ◐(0.5점), ●(1.0점)으로만 평가됨

① 가, 다, 바, 사
② 나, 마, 아, 자
③ 다, 라, 바, 사
④ 다, 라, 아, 차
⑤ 나, 다, 아, 차

32 다음은 근로자 휴가지원 사업에 대한 H공사의 보도자료이다. 이에 대한 내용으로 옳은 것은?(단, 2022년은 평년이다)

〈'근로자 휴가지원 사업' 이번 주 신청 마감, 10만 명 넘을 듯〉

- 유명 기업부터 음식점, 미용실, 동네마트 등 소상공인까지 다양하게 신청
- 대기업의 중소기업 상생협력 프로그램으로 참여 신청도
- 2022. 03. 11.(금) 신청 마감, 4월부터 국내여행 경비 40만 원 사용

오는 3월 11일(금) 신청을 마감하는 2022년도 근로자 휴가지원 사업에 다양한 분야의 중소기업 및 소상공인들이 참여를 신청하고 있다. 휴가문화 개선 및 국내여행 활성화를 위해 도입된 근로자 휴가지원 사업은 근로자가 20만 원을 부담하면 기업이 10만 원, 정부가 10만 원을 함께 지원해 근로자가 40만 원을 국내여행 경비로 사용하는 사업이다. H공사에서 중소기업 및 소상공인 근로자를 대상으로 지난 달 11일부터 3월 11일(금)까지 사업 누리집을 통해 신청을 받고 있다.

신청 현황을 보면 지난 3일까지 참여를 신청한 중소기업과 소상공인은 총 6,645개로 근로자 인원은 75,961명이다. 기업별 참여 인원은 1명부터 500명까지 다양하며, 평균 10명 정도이다. 기업 규모 별로는 중기업에서 35,732명(1,299개사), 소기업 26,085명(2,146개사), 소상공인 14,144명 (3,200개사)이 신청하였다. 기업 수로는 소상공인이 가장 많다.

업종별로는 일반적인 제조업 및 IT 기업뿐만 아니라 언론사, 운수회사, 병·의원, 학원, 주유소, 부동산 중개사무소, 약국, 커피점, 음식점, 미용실, 편의점, 동네마트 등 다양한 곳에서 참여 신청이 이어지고 있다. 신청한 기업들 중엔 A, B, C 등의 기업들이 눈에 뜨이고, 아울러 반려견 행동전문가 G대표가 운영하는 D에서도 참여를 신청하는 등 다양한 분야에서 많은 관심을 보이고 있다.

또한 대기업의 중소기업 상생협력 프로그램을 활용한 신청 사례도 있었다. E는 상생복지제도를 함께 운영 중인 700개 대리점의 참여를 지원하고 있으며, 사업 참여 시 근로자를 위하여 부담하는 대리점의 비용을 보조하기로 했다.

H공사 관광복지팀장은 "신청 마감일인 11일까지 중소기업 및 소상공인 근로자 10만 명 이상이 참여를 신청할 것으로 예상된다."며 "참여 근로자는 4월 1일부터 내년 2월 말까지 국내여행경비 40만 원을 전용 온라인 몰을 통해 이용하게 되며, 전용몰 오픈에 맞춰 대대적인 할인 이벤트도 준비 중"이라 설명했다.

---

① 근로자 휴가지원 사업에 따르면, 해당사업에 따른 근로자의 국내여행 경비의 경우 기업의 부담비율이 가장 높다.
② 근로자 휴가지원 사업의 신청기간은 총 28일이다.
③ 대기업은 근로자 휴가지원 사업 대상에 포함되지 않는다.
④ 근로자 휴가지원 사업을 통해 근로자가 확보한 근로자의 국내여행 경비의 사용기간은 약 11개월이다.
⑤ 근로자 휴가지원 사업은 근로자 본인만이 신청 가능하다.

※ 다음은 C회사에서 사용할 수 있는 교통수단 목록이다. 이어지는 질문에 답하시오. [33~34]

〈C회사 → G시청 교통수단〉

구분	출발시간	소요시간	비용
버스	정시부터 10분 간격	46분	1,300원 (1km마다 추가요금 300원 부과)
지하철	매시 20분, 40분	28분	1,250원 (2km마다 추가요금 200원 부과)
택시	제한 없음	13분	4,200원

※ C회사에서 G시청까지 거리는 4km이다.

〈G시청 → C회사 교통수단〉

구분	출발시간	소요시간	비용
버스	매시 정각, 30분	23분	1,200원 (1km마다 추가요금 100원 부과)
지하철	매시 10분, 30분, 50분	12분	1,000원 (1km마다 추가요금 200원 부과)
택시	제한 없음	9분	3,600원

※ G시청에서 C회사까지 거리는 3km이다.

33 A사원은 C회사에서 출발하여 G시청에 들러 일을 처리한 뒤, C회사로 이동하려고 한다. 다음 중 가장 저렴하게 이용할 수 있는 교통수단 방법은 무엇인가?

① 버스+버스　　　　　　　　② 버스+지하철
③ 지하철+버스　　　　　　　④ 지하철+지하철
⑤ 버스+택시

34 A사원은 C회사로 돌아온 뒤 C회사에 서류를 두고 왔다는 것을 알아차렸다. C회사의 퇴근시간이 오후 6시라고 할 때, 오후 5시에 C회사를 출발하여 퇴근시간 전까지 C회사에 도착하려면 다음 중 어떤 교통수단을 이용해야 하는가?(단, 환승 및 기타 이동시간은 무시한다)

① 버스+버스　　　　　　　　② 버스+지하철
③ 지하철+버스　　　　　　　④ 지하철+지하철
⑤ 택시+버스

※ 실업자 A씨는 일자리를 알아보던 중 최근 정부일자리 지원 사업으로 내일배움카드제(구직자)가 있다는 사실을 알게 되었다. 이어지는 질문에 답하시오. [35~36]

<표>
<내일배움카드제(구직자)>

개요	• 구직자(신규실업자, 전직실업자)에게 일정한 금액을 지원하고, 그 한도 내에서 직업능력개발 훈련에 참여할 수 있도록 하며, 훈련이력 등을 개인별로 통합 관리하는 제도
대상	• 구직신청을 한 만 15세 이상의 실업자 • 국민기초생활보장법 제7조에 따른 급여의 일부 또는 전부를 받은 사람(시장·군수·구청장이 통지한 취업대상자, 자활급여수급자) • 여성가장(배우자가 없는 사람, 미혼여성 중 부모가 없거나 부양능력이 없는 사람 등) • 사업기간이 1년 이상이면서 연 매출액이 15,000만 원 미만인 개인사업자 또는 특수형태근로종사자 • 비진학 예정의 고교 3학년 재학생(소속학교장의 인정 필요) • 다음연도 9월 1일 이전 졸업이 가능한 대학(교) 재학생 • 일용근로자로서 최근 2개월 동안의 일용 근로내역일수가 1개월간 10일 미만 • 농·어업인으로서 농·어업 이외의 다른 직업에 취업하려는 사람과 그 가족 • 1개월간 소정근로시간이 60시간 미만(주 15시간 미만 포함)인 근로자로서 고용보험 피보험자가 아닌 사람 • 군 전역예정인 중·장기복무자 • 결혼이민자와 이주청소년, 난민인정자 등
제출 서류	• [필수] 내일배움카드 발급 신청서 • [필수] 개인정보 수집 및 이용 동의서 • [선택] 훈련과정 탐색 결과표 • [선택] 재취업 활동 내역서(취업 목적용) • [선택] 자영업 활동 내역서(창업 목적용) • [선택] 신청자 의견서
발급 신청 단계	• 구직신청, 동영상교육 이수 → 계좌발급 신청, 사전심의제, 훈련상담(고용센터) → 훈련과정 탐색, 일자리 정보 수집 → 계좌발급 결정(고용센터), 내일배움카드 수령 → 훈련수강 신청(훈련기관) → 훈련비·훈련장려금 지원(고용센터)

[1차 기초상담]
• 거주지 관할 고용센터 방문하여 1차 기초상담 실시
• 1차 기초상담은 신청대상여부 확인, 훈련참여에 필요한 지참서류 및 요건 등을 확인
• 기초상담을 받지 않고 본인이 필요한 서류를 지참하여 2차 상담을 곧바로 할 수 있으나, 요건 미비로 재방문할 수 있으므로 고용센터를 우선 방문하여 기초상담을 받는 것이 바람직함

[2차 심층 상담 시 필요한 지참서류 및 요건]
• 구직신청
  워크넷 개인회원 가입 후 이력서 작성 ▶ 구직신청 ▶ 구직인증(고용센터)
  직업심리검사(고용센터에서 요구한 경우) ▶ 결과출력
• 동영상 시청
  HRD-Net 개인회원 가입 후 '훈련안내 동영상' 시청 ▶ 시청확인증 출력
• 훈련과정 탐색
  HRD-Net 접속하여 내일배움카드제(실업자) 훈련과정을 검색 ▶ 훈련기관 방문 상담(비용, 과정내용, 시설 등 확인) ▶ 훈련과정탐색결과표 작성(선택사항)
• 구비서류
  신분증, 개인정보 수집이용 동의서, 내일배움카드 발급신청서, 동영상 시청 확인증(출력), 본인명의 통장(신한, 농협, 우리, 제일, 우체국 중 1개)

35 다음 중 내일배움카드제를 제대로 이해하지 못한 사람은?

① A : 지원 한도가 나와 있지 않아 최대 얼마까지 받을 수 있는지 확인할 수는 없군.

② B : 미성년자라도 내일배움카드제를 이용해서 지원받을 수 있어.

③ C : 내일배움카드를 발급받아도 배우고자 하는 곳의 신청은 고용센터에 먼저 등록해야 하는군.

④ D : 대학 진학을 하지 않을 고등학생 중 모두 지원할 수 있는 것은 아니군.

⑤ E : 내가 사당에서 살고 있고 남양주로 일자리를 구하려고 할 때, 1차 상담은 사당 고용센터에서 받아야 하겠군.

36 A씨는 내일배움카드제에 지원을 해보려고 한다. A씨가 다음과 같이 지원신청을 진행한다고 할 때, 옳지 않은 것은?(단, A씨는 취업을 목적으로 하고 있다)

① A씨는 1차 기초상담을 받지 않는 채로 미고 2차 상담신청을 진행하였다.

② A씨는 반드시 HRD – Net에 회원가입이 되어 있어야 한다.

③ 2차 상담 전에 A씨가 받아할 강좌(온라인 강좌 포함)는 1개이다.

④ 만약, 2차 상담이 진행되는 동안 직업심리검사를 받아야 한다고 한다면, A씨가 2차 상담 후 제출해야 할 필수 서류는 모두 6개이다.

⑤ 상담이 모두 끝난 후에 A씨가 제출한 서류 개수는 최대 8개이다.

〈업무일정 기간 및 순서〉

구분	업무별 필요 기간	선결업무
A업무	3일	
B업무	1일	A
C업무	6일	
D업무	7일	B
E업무	5일	A
F업무	3일	B, C

37 다음 중 모든 업무를 끝마치는 데 걸리는 최소 소요기간은?

① 8일 ② 9일
③ 10일 ④ 11일
⑤ 12일

38 다음 〈보기〉에서 옳지 않은 것을 모두 고르면?

> **보기**
>
> ㉠ B업무의 필요기간이 4일로 연장된다면 D업무를 마칠 때까지 11일이 소요된다.
> ㉡ D업무의 선결업무가 없다면 모든 업무를 마치는 데 최소 8일이 소요된다.
> ㉢ E업무의 선결업무에 C업무가 추가된다면 최소 소요기간은 11일이 된다.
> ㉣ C업무의 필요기간이 2일 연장되더라도 최소 소요기간은 변하지 않는다.

① ㉠, ㉡ ② ㉠, ㉢
③ ㉡, ㉣ ④ ㉡, ㉢
⑤ ㉢, ㉣

39 다음 중 적극적 경청의 4가지 구성요소로 옳지 않은 것은?

① 몰입 ② 입장전환
③ 수용 ④ 완전성
⑤ 공감

40 철수는 장미에게 "43 41 54"의 문자를 전송하였다. 장미는 문자가 16진법으로 표현된 것을 발견하고 아래의 아스키 코드표를 이용하여 해독을 진행하려고 한다. 철수가 장미에게 보낸 문자의 의미는 무엇인가?

문자	아스키	문자	아스키	문자	아스키	문자	아스키
A	65	H	72	O	79	V	86
B	66	I	73	P	80	W	87
C	67	J	74	Q	81	X	88
D	68	K	75	R	82	Y	89
E	69	L	76	S	83	Z	90
F	70	M	77	T	84		
G	71	N	78	U	85		

① CAT ② SIX
③ BEE ④ CUP
⑤ SUN

41 다음은 도서코드(ISBN)에 대한 자료이다. 도서코드가 이와 같을 때, 주문한 도서에 대한 설명으로 옳은 것은?

〈[예시] 도서코드(ISBN)〉

국제표준도서번호					부가기호		
접두부	국가번호	발행자번호	서명식별번호	체크기호	독자대상	발행형태	내용분류
123	12	1234567		1	1	1	123

*국제표준도서번호는 5개의 군으로 나누어지고 각 군마다 '-'로 구분한다.

〈도서코드(ISBN) 세부사항〉

접두부	국가번호	발행자번호	서명식별번호	체크기호
978 또는 979	한국 89 미국 05 중국 72 일본 40 프랑스 22	발행자번호 - 서명식별번호 7자리 숫자 예 8491 - 208 : 발행자번호가 8491번인 출판사에서 208번째 발행한 책		0 ~ 9

독자대상	발행형태	내용분류
0 교양 1 실용 2 여성 3 (예비) 4 청소년 5 중고등 학습참고서 6 초등 학습참고서 7 아동 8 (예비) 9 전문	0 문고본 1 사전 2 신서판 3 단행본 4 전집 5 (예비) 6 도감 7 그림책, 만화 8 혼합자료, 점자자료, 전자책, 마이크로자료 9 (예비)	030 백과사전 100 철학 170 심리학 200 종교 360 법학 470 생명과학 680 연극 710 한국어 770 스페인어 740 영미문학 720 유럽사

〈주문도서〉

978 - 05 - 441 - 1011 - 3 14710

① 한국에서 출판한 도서이다.
② 441번째 발행된 도서이다.
③ 발행자번호는 총 7자리이다.
④ 한 권으로만 출판되지는 않았다.
⑤ 한국어로 되어있다.

42 면접시험에서 순서대로 면접을 진행한 응시자들이 다음 〈조건〉에 따라 평가 점수가 가장 높은 6명이 합격할 때, 합격자를 높은 점수 순서대로 바르게 나열한 것은?(단, 동점인 경우 먼저 면접을 진행한 응시자를 우선으로 한나)

> **조건**
> • 면접관 5명이 부여한 점수 중 최고점과 최저점을 제외한 나머지 면접관 3명이 부여한 점수의 평균과 보훈 가점의 합으로 평가한다.
> • 최고점과 최저점이 1개 이상일 때는 1명의 점수만 제외한다.
> • 소수점 셋째 자리에서 반올림한다.

〈지원자 면접 점수〉

(단위 : 점)

구분	면접관 1	면접관 2	면접관 3	면접관 4	면접관 5	보훈 가점
A	80	85	70	75	90	–
B	75	90	85	75	100	5
C	70	95	85	85	85	–
D	75	80	90	85	80	–
E	80	90	95	100	85	5
F	85	75	95	90	80	–
G	80	75	95	90	95	10
H	90	80	80	85	100	–
I	70	80	80	75	85	5
J	85	80	100	75	85	–
K	85	100	70	75	75	5
L	75	90	70	100	70	–

① G - A - C - F - E - L
② D - A - F - L - H - I
③ E - G - B - C - F - H
④ G - E - B - C - F - H
⑤ G - A - B - F - E - L

※ 다음은 외국인 직접투자의 투자건수 비율과 투자금액 비율을 투자규모별로 나타낸 자료이다. 이어지는 물음에 답하시오. [43~44]

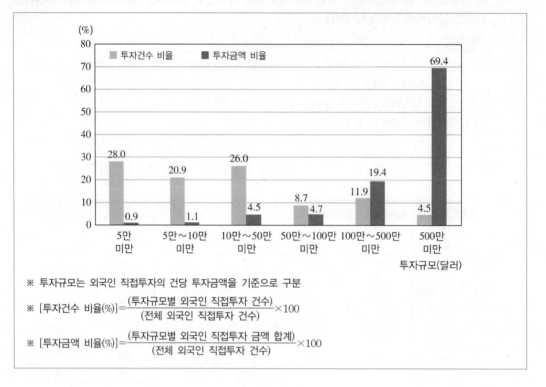

※ 투자규모는 외국인 직접투자의 건당 투자금액을 기준으로 구분

※ [투자건수 비율(%)]=$\frac{(투자규모별\ 외국인\ 직접투자\ 건수)}{(전체\ 외국인\ 직접투자\ 건수)}\times 100$

※ [투자금액 비율(%)]=$\frac{(투자규모별\ 외국인\ 직접투자\ 금액\ 합계)}{(전체\ 외국인\ 직접투자\ 건수)}\times 100$

43 다음 중 투자규모가 50만 달러 미만인 투자건수 비율은?

① 62.8% ② 68.6%

③ 74.9% ④ 76.2%

⑤ 81.2%

44 다음 중 100만 달러 이상의 투자건수 비율은?

① 11.9% ② 13.9%

③ 16.4% ④ 19.4%

⑤ 20.1%

45 다음은 2021년 하반기 고령자 고용동향이다. 빈칸에 들어갈 수치로 가장 적절한 것은?(단, 각 수치는 전월 대비 일정한 규칙에 따라 변화한다)

〈2021년 하반기 고령자 고용동향〉

(단위 : 천 명, %)

구분	7월	8월	9월	10월	11월	12월
생산가능인구	36,788	36,796	36,786	36,786	36,782	36,788
고령 생산가능인구 비중	21	21	21.1	21.1	21.2	21.2
고령자 경제활동 참가율	64.1	65.3	66.5	67.7		70.1
고령자 고용률	67.3	66.9	67.2	67.4	67.2	66.1
고령자 실업률	2.8	3.2	3	2.7	2.7	2.8

※ 생산가능인구 연령은 15세부터 64세까지이다.

① 64.5 ② 65.9
③ 67.7 ④ 68.9
⑤ 69.4

46 K회사 B과장이 내년에 해외 근무 신청을 하기 위해서는 의무 교육 이수 기준을 만족해야 한다. B과장이 지금까지 글로벌경영 교육 17시간, 해외사무영어 교육 50시간, 국제회계 교육 24시간을 이수하였다면, 의무 교육 이수 기준에 미달인 과목과 그 과목의 부족한 점수는 몇 점인가?

〈의무 교육 이수 기준〉

(단위 : 점)

구분	글로벌경영	해외사무영어	국제회계
이수 완료 점수	15	60	20
시간당 점수	1	1	2

※ 초과 이수 시간은 시간당 0.2점으로 환산하여 해외사무영어 점수에 통합한다.

	과목	점수
①	해외사무영어	6.8점
②	해외사무영어	7.0점
③	글로벌경영	7.0점
④	국제회계	6.8점
⑤	국제회계	5.8점

※ 부산에 근무하는 A대리는 항공편을 이용해 북경, 상해, 인천, 도쿄로 출장을 다녀올 계획이며, 항공편별 소요시간과 경비는 다음 자료와 같다. 이어지는 질문에 답하시오. [47~48]

<항공편별 소요시간>

출발지＼도착지	북경	상해	인천	부산	도쿄
북경		20분	2시간	2시간 25분	4시간 10분
상해	20분		1시간 50분	2시간 35분	4시간 5분
인천	2시간	1시간 50분		45분	2시간 15분
부산	2시간 25분	2시간 35분	45분		1시간 5분
도쿄	4시간 10분	4시간 5분	2시간 15분	1시간 5분	

<항공편별 편도 경비>

출발지＼도착지	북경	상해	인천	부산	도쿄
북경		45,000원	350,000원	520,000원	1,125,000원
상해	45,000원		331,000원	542,000원	1,050,000원
인천	350,000원	331,000원		117,000원	310,000원
부산	520,000원	542,000원	117,000원		205,000원
도쿄	1,125,000원	1,050,000원	310,000원	205,000원	

47 A대리는 부산에서 출발하여 북경, 상해, 인천, 도쿄를 각각 한 번씩만 방문한 후 부산으로 다시 돌아오고자 한다. 다음 이동경로 중 A대리가 부산으로 복귀하기까지 항공편 이동 소요시간이 가장 짧은 경로는?

① 부산 – 북경 – 상해 – 인천 – 도쿄 – 부산
② 부산 – 북경 – 인천 – 상해 – 도쿄 – 부산
③ 부산 – 인천 – 상해 – 북경 – 도쿄 – 부산
④ 부산 – 인천 – 상해 – 도쿄 – 북경 – 부산
⑤ 부산 – 도쿄 – 상해 – 인천 – 북경 – 부산

48 A대리는 부산에서 출발하여 북경, 상해, 인천, 도쿄를 각각 한 번씩만 방문한 후 부산으로 다시 돌아오고자 한다. 다음 이동경로 중 A대리가 마지막 방문지에 방문할 때까지 항공편에 필요한 경비가 가장 저렴한 경로는?

① 부산 – 북경 – 상해 – 인천 – 도쿄 – 부산
② 부산 – 상해 – 인천 – 북경 – 도쿄 – 부산
③ 부산 – 인천 – 상해 – 북경 – 도쿄 – 부산
④ 부산 – 도쿄 – 인천 – 상해 – 북경 – 부산
⑤ 부산 – 도쿄 – 상해 – 인천 – 북경 – 부산

※ H회사 인사팀에 근무하고 있는 E대리는 다른 부서의 B과장과 D대리의 승진심사를 위해 다음의 표를 작성하였다. 이어지는 질문에 답하시오. [49~50]

〈승진심사 점수〉

(단위 : 점)

구분	기획력	업무실적	조직 성과업적	청렴도	승진심사 평점
B과장	80	72	78	70	
D대리	60	70	48		63.6

※ 승진심사 평점은 기획력 30%, 업무실적 30%, 조직 성과업적 25%, 청렴도 15%로 계산한다.
※ 부문별 만점 기준점수는 100점이다.

49 다음 중 D대리의 청렴도 점수로 옳은 것은?

① 80점 ② 81점
③ 82점 ④ 83점
⑤ 84점

50 H회사에서 과장이 승진후보에 오르기 위해서는 승진심사 평점이 80점 이상이어야 한다. B과장이 과장 승진후보가 되기 위해서는 몇 점이 더 필요한가?

① 4.2점 ② 4.4점
③ 4.6점 ④ 4.8점
⑤ 5.0점

제2회 영역통합형
모의고사

취약영역 분석

번호	O/×	영역	번호	O/×	영역	번호	O/×	영역
01		자원관리능력	21			41		
02			22		수리능력	42		문제해결능력
03		문제해결능력	23			43		
04			24			44		
05			25		자원관리능력	45		
06		의사소통능력	26			46		
07			27			47		수리능력
08		자원관리능력	28			48		
09		의사소통능력	29		문제해결능력	49		
10			30			50		
11		수리능력	31		자원관리능력			
12			32					
13			33		의사소통능력			
14		문제해결능력	34					
15			35					
16			36					
17			37					
18		의사소통능력	38		자원관리능력			
19			39					
20			40					

평가 문항	50문항	평가 시간	50분
시작시간	:	종료시간	:
취약 영역			

FINAL
제2회

영역통합형
모의고사

모바일 OMR
답안채점 / 성적분석
서비스

정답 및 해설 p.041

🕐 응시시간 : 50분   📑 문항 수 : 50문항

01 다음은 L회사의 임직원 경조사 지원규정과 이번 달 임직원 경조사 목록이다. 현금과 화환을 모두 받을 수 있는 사람은 몇 명인가?

〈임직원 경조사 지원규정〉

• L회사는 임직원 경조사에 사안별로 다양한 지원을 제공한다.
• 경조사의 범위는 결혼식, 돌잔치, 장례식, 회갑, 결혼기념일, 입학 및 졸업으로 한정한다.
 1. 본인의 결혼식, 자녀의 돌잔치, 부모님 회갑에는 현금과 함께 화환을 제공한다.
 2. 부모의 장례식, 배우자의 장례식에는 현금과 함께 화환을 제공한다.
 3. 위의 1 ~ 2항에 언급하지 않은 사안에는 화환 또는 꽃다발만 제공하는 것으로 한다.
 ※ L회사에 재직 중인 2인 이상이 경조사 범위(1 ~ 2항)에 관련된 경우, 한 명에게는 화환이나 꽃다발을 한 명에게는 현금을 제공한다.

〈이번 달 임직원 경조사 목록〉

구분	경조사	비고
황지원 대리	부친 장례식	이수현 과장 배우자
최진혁 사원	조모 장례식	–
이수현 과장	장인어른 장례식	황지원 대리 배우자
기성용 부장	본인 결혼	–
조현우 차장	자녀 돌잔치	–
이강인 대리	배우자 졸업식	최영서 사원 배우자
정우영 대리	결혼기념일	–
이미연 과장	모친 회갑	–
최영서 사원	본인 졸업식	이강인 대리 배우자

① 1명
② 2명
③ 3명
④ 4명
⑤ 5명

02 고용노동부와 산업인력공단이 주관한 서울관광채용박람회의 해외채용관에는 8개의 부스가 마련되어 있다. A호텔, B호텔, C항공사, D항공사, E여행사, F여행사, G면세점, H면세점이 〈조건〉에 따라 8개의 부스에 각각 위치하고 있을 때, 다음 중 항상 참인 것은?

조건

- 같은 종류의 업체는 같은 라인에 위치할 수 없다.
- A호텔과 B호텔은 복도를 사이에 두고 마주 보고 있다.
- G면세점과 H면세점은 양 끝에 위치하고 있다.
- E여행사 반대편에 위치한 H면세점은 F여행사와 나란히 위치하고 있다.
- C항공사는 제일 앞번호의 부스에 위치하고 있다.

[부스 위치]

1	2	3	4
복도			
5	6	7	8

① A호텔은 면세점 옆에 위치하고 있다.
② B호텔은 여행사 옆에 위치하고 있다.
③ C항공사는 여행사 옆에 위치하고 있다.
④ D항공사는 E여행사와 나란히 위치하고 있다.
⑤ G면세점은 B호텔과 나란히 위치하고 있다.

※ R회사에서는 다음과 같이 농촌인력중개센터를 운영하고 있다. 이어지는 질문에 답하시오. [3~5]

R회사 농촌인력중개센터는 농촌에 유·무상 인력을 종합하여 중개합니다. 일자리 참여자와 자원봉사자에게 는 맞춤형 일자리를 공급하고 농업인(구인농가)에게는 꼭 필요한 일손을 찾아드립니다.
- 자원봉사자의 경우 구인농가에서 원하는 보수와 상관없이 중개할 수 있습니다.
- 농촌인력 중개 후 R회사에서는 구인농가에는 현장실습교육비를 지원하고, 일자리 참여자(자원봉사자 제 외)에게는 교통비와 숙박비를 제공합니다. 현장실습교육비를 작업 기간 중 최대 3일간 인력 1인당 2만 원 씩 지급하고, 교통비는 작업 기간 중 일당 5천 원, 숙박비는 작업 기간 일수에서 하루를 제외하고 일당 2만 원씩 제공합니다.
- 한 사람당 농가 한 곳만 배정받는다.

〈구인농가별 세부사항〉

농가	작업	필요인력(명)	작업 기간	지역	보수
A	고추 수확 작업	1	2022. 08. 28. ~ 2022. 09. 02.	경기	일당 10만 원
B	감자 파종 작업	2	2022. 03. 20. ~ 2022. 03. 21.	강원	일당 10만 원
C	모내기 작업	2	2022. 05. 27. ~ 2022. 05. 28.	경기	일당 20만 원
D	양파 파종 작업	1	2022. 08. 25.	전북	일당 8만 원
E	고구마 수확 작업	1	2022. 10. 03. ~ 2022. 10. 08.	충남	일당 15만 원

〈농촌 신청 인력〉

1. 일자리 참여자

성명	연령	희망 작업	작업 가능 기간	희망 지역	희망 보수
김정현	만 35세	파종 작업	2022년 8월	없음	일당 8만 원 이상
박소리	만 29세	없음	2022년 5월	경기	일당 10만 원 이상
이진수	만 38세	없음	2022년 7 ~ 9월	없음	일당 5만 원 이상
김동혁	만 31세	수확 작업	2022년 10월	충남	일당 10만 원 이상
한성훈	만 25세	파종 작업	2022년 3 ~ 4월	없음	일당 8만 원 이상

2. 자원봉사자

성명	연령	희망 작업	봉사 가능 기간	희망 지역
서수민	만 23세	수확 작업	2022년 3월	경기
최영재	만 28세	모내기 작업	2022년 4 ~ 6월	없음

03 다음 중 원하는 인력을 모두 공급받기 어려운 농가는 어디인가?

① A농가
② B농가
③ C농가
④ D농가
⑤ E농가

04 다음 중 농촌인력 중개 후 가장 많은 보수를 지급해야 하는 농가는 어디인가?(단, 원하는 인력을 모두 공급받지 못했더라도 공급받은 인력에게는 보수를 지급한다)

① A농가　　　　　　　　　　　② B농가
③ C농가　　　　　　　　　　　④ D농가
⑤ E농가

05 다음 중 농촌인력 중개 후 R회사에서 구인농가와 일자리 참여자에게 지원할 금액은 총 얼마인가? (단, 원하는 인력을 모두 공급받지 못했더라도 공급받은 인력만큼의 금액을 지원한다)

① 21.5만 원　　　　　　　　　② 25.4만 원
③ 48.4만 원　　　　　　　　　④ 58.5만 원
⑤ 61.5만 원

06 다음 중 경청에 대한 설명으로 옳지 않은 것은?

① 오감(五感)을 동원하여 적극적으로 경청한다.
② 논쟁에서는 먼저 주장을 이야기한다.
③ 이야기를 가로막지 않는다.
④ 시선(Eye Contact)을 맞춰야 한다.
⑤ 말하는 순서를 지켜야 한다.

07 다음 중 경청하는 태도로 적절하지 않은 것은?

① 상대방의 이야기를 들으면서 동시에 그 내용을 머릿속으로 정리한다.
② 상대방의 이야기를 들을 때 상대가 다음에 무슨 말을 할지 예상해본다.
③ 선입견이 개입되면 안 되기 때문에 나의 경험은 이야기와 연결 짓지 않는다.
④ 이야기를 듣기만 하는 것이 아니라 대화 내용에 대해 적극적으로 질문한다.
⑤ 내용뿐만 아니라 말하는 사람의 모든 것에 집중해서 듣는다.

08 인사팀의 11월 월간 일정표와 〈조건〉을 고려하여 인사팀의 1박 2일 워크숍 날짜를 결정하려고 한다. 다음 중 인사팀의 워크숍 날짜로 가장 적절한 것은?

〈11월 월간 일정표〉

월요일	화요일	수요일	목요일	금요일	토요일	일요일
	1	2 오전 10시 연간 채용계획 발표(A팀장)	3	4 오전 10시 주간업무보고 오후 7시 B대리 송별회	5	6
7	8 오후 5시 총무팀과 팀 연합회의	9	10	11 오전 10시 주간업무보고	12	13
14 오전 11시 승진대상자 목록 취합 및 보고 (C차장)	15	16	17 A팀장 출장	18 오전 10시 주간업무보고	19	20
21 오후 1시 팀미팅 (30분 소요 예정)	22	23 D사원 출장	24 외부인사 방문 일정	25 오전 10시 주간업무보고 외부인사 방문 일정	26	27
28 E대리 휴가	29	30				

조건

• 워크숍은 평일로 한다.
• 워크숍에는 모든 팀원들이 빠짐없이 참석해야 한다.
• 워크숍 일정은 첫날 오후 3시 출발부터 다음날 오후 2시까지이다.
• 다른 팀과 함께하는 업무가 있는 주에는 워크숍 일정을 잡지 않는다.
• 매월 말일에는 월간 업무 마무리를 위해 워크숍 일정을 잡지 않는다.

① 11월 9 ~ 10일
② 11월 18 ~ 19일
③ 11월 21 ~ 22일
④ 11월 28 ~ 29일
⑤ 11월 29 ~ 30일

09 다음은 철도안전법과 철도안전법 시행규칙의 일부 내용이다. 이를 통해 디젤차량 운전면허 소지자인 A씨가 별도의 '교육훈련' 없이 운전할 수 있는 철도차량을 〈보기〉에서 모두 고르면?

〈철도안전법〉

제10조(철도차량 운전면허)

① 철도차량을 운전하려는 사람은 국토교통부장관으로부터 철도차량 운전면허(이하 "운전면허"라 한다)를 받아야 한다. 다만, 제16조에 따른 교육훈련 또는 제17조에 따른 운전면허시험을 위하여 철도차량을 운전하는 경우 등 대통령령으로 정하는 경우에는 그러하지 아니하다.

② 도시철도법 제2조 제2호에 따른 노면전차를 운전하려는 사람은 제1항에 따른 운전면허 외에 도로교통법 제80조에 따른 운전면허를 받아야 한다.

③ 제1항에 따른 운전면허는 대통령령으로 정하는 바에 따라 철도차량의 종류별로 받아야 한다.

〈철도안전법 시행규칙〉

[별표 1의2] 철도차량 운전면허 종류별 운전이 가능한 철도차량

운전면허의 종류	운전할 수 있는 철도차량의 종류
1. 고속철도차량 운전면허	가. 고속철도차량 나. 철도장비 운전면허에 따라 운전할 수 있는 차량
2. 제1종 전기차량 운전면허	가. 전기기관차 나. 철도장비 운전면허에 따라 운전할 수 있는 차량
3. 제2종 전기차량 운전면허	가. 전기동차 나. 철도장비 운전면허에 따라 운전할 수 있는 차량
4. 디젤차량 운전면허	가. 디젤기관차 나. 디젤동차 다. 증기기관차 라. 철도장비 운전면허에 따라 운전할 수 있는 차량
5. 철도장비 운전면허	가. 철도건설과 유지보수에 필요한 기계나 장비 나. 철도시설의 검측장비 다. 철도·도로를 모두 운행할 수 있는 철도복구장비 라. 전용철도에서 시속 25킬로미터 이하로 운전하는 차량 마. 사고복구용 기중기
6. 노면전차 운전면허	노면전차

※ 시속 100km 이상으로 운행하는 철도시설의 검측장비 운전은 고속철도 차량 운전면허, 제1종 전기차량 운전면허, 제2종 전기차량 운전면허, 디젤차량 운전면허 중 하나의 운전면허가 있어야 한다.

※ 철도차량 운전면허(철도장비 운전면허는 제외한다) 소지자는 철도차량 종류에 관계없이 차량기지 내에서 시속 25km 이하로 운전하는 철도차량을 운전할 수 있다. 이 경우 다른 운전면허의 철도차량을 운전하는 때에는 국토교통부장관이 정하는 교육훈련을 받아야 한다.

보기

㉠ 고속철도차량   ㉡ 전기기관차
㉢ 디젤기관차   ㉣ 증기기관차
㉤ 사고복구용 기중기   ㉥ 노면전차

① ㉠, ㉡, ㉢   ② ㉡, ㉢, ㉤
③ ㉢, ㉣, ㉤   ④ ㉢, ㉤, ㉥
⑤ ㉣, ㉤, ㉥

※ 다음은 2017년부터 2021년까지 연도별 해양사고 발생 현황에 대한 그래프이다. 이어지는 질문에 답하시오. [10~11]

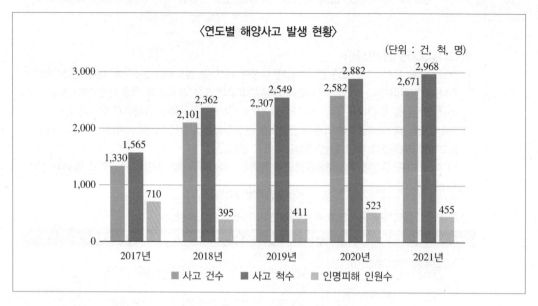

〈연도별 해양사고 발생 현황〉

(단위 : 건, 척, 명)

연도	사고 건수	사고 척수	인명피해 인원수
2017년	1,330	1,565	710
2018년	2,101	2,362	395
2019년	2,307	2,549	411
2020년	2,582	2,882	523
2021년	2,671	2,968	455

■ 사고 건수   ■ 사고 척수   ■ 인명피해 인원수

10 다음 중 2017년 대비 2018년 사고 척수의 증가율과 사고 건수의 증가율을 순서대로 바르게 나열한 것은?(단, 증가율은 소수점 둘째 자리에서 반올림한다)

① 48.7%, 58.0%

② 48.7%, 61.1%

③ 50.9%, 58.0%

④ 50.9%, 61.1%

⑤ 50.9%, 64.4%

11 다음 중 사고 건수당 평균 인명피해가 가장 많은 연도는?

① 2017년   ② 2018년

③ 2019년   ④ 2020년

⑤ 2021년

다음은 종이책 및 전자책 성인 독서율에 대한 자료이다. 빈칸 (가)에 들어갈 수치로 가장 적절한 것은?(단, 각 항목의 2021년 수치는 2019년 수치 대비 일정한 규칙으로 변화한다)

〈종이책 및 전자책 성인 독서율〉

(단위 : %)

항목	연도	2019년			2021년		
		사례수(건)	1건 이상	읽지 않음	사례수(건)	1건 이상	읽지 않음
전체	소계	5,000	60	40	6,000	72	28
성별	남자	2,000	60	40	3,000	90	10
	여자	3,000	65	35	3,000	65	35
연령별	20대	1,000	87	13	1,000	87	13
	30대	1,000	80.5	19.5	1,100	88.6	11.4
	40대	1,000	75	25	1,200	90	10
	50대	1,000	60	40	1,200	(가)	
	60대 이상	1,000	37	63	1,400	51.8	48.2
학력별	중졸 이하	900	30	70	1,000	33.3	66.7
	고졸	1,900	63	37	2,100	69.6	30.4
	대졸 이상	2,200	70	30	2,800	89.1	10.9

① 44%
② 52%
③ 72%
④ 77%
⑤ 82%

※ 다음은 N은행에서 제공하는 대출상품에 대한 설명이다. 이어지는 질문에 답하시오. [13~15]

<대출상품별 세부사항>

구분	상품내용	기본금리	우대금리	혜택	조건
든든대출	사회초년생(만 23 ~ 34세)을 대상으로 저금리에 대출해주는 상품 (방문고객 전용 상품)	2.8%	예금상품 동시 가입 시 0.2%p	2,000만 원 이상 대출 시 사은품으로 전자시계 제공	최근 3년 이내 대출내역이 있을 시 대출 불가능
안심대출	일반 고객 대상으로 제공하는 기본 대출상품	3.6%	다자녀 가구 (자녀 3명 이상) 0.3%p	–	–
일사천리 대출	스마트폰을 사용하여 가입할 수 있어 빠르게 대출을 받을 수 있는 상품 (스마트폰 앱 전용 상품)	3.3%	–	스마트폰 액세서리 상품권 1만 원권 제공	스마트폰으로만 가입 가능
이지대출	별다른 대출 조건이 없지만 단기대출만 가능한 상품 (방문고객 전용 상품)	4.0%	–	–	3개월 이내에 대출 상환 약정
신뢰대출	자사 이용 고객에게 적은 금액을 낮은 이자에 대출해주는 상품	2.4%	자사 카드 상품이 있는 경우 0.1%p	자사 예금 상품이 있는 경우 200만 원 한도 무이자 대출 가능	자사 타 상품 이용 고객만 대출 가능

※ 별도의 사항이 명시되지 않은 상품은 방문 대출과 스마트폰 대출이 모두 가능하다.

13 다음 인터넷 게시판 고객문의를 보고 이 고객에게 추천해줄 상품으로 가장 적절한 것은?

<고객문의>

안녕하세요? 저는 만 27세 사회초년생 직장인입니다. 제가 이번에 대출을 100만 원 정도 받으려고 하는데요. 어떤 상품이 좋을지 몰라서 추천을 받아보려고 해요. 현재 N은행에서 가입한 예금상품을 사용하고 있어요. 20세 때 학자금 대출을 받고 26세 때 모두 상환한 후에는 대출을 받아본 적은 없어요. 이자율은 3.0% 이하였으면 좋겠는데 어떤 대출상품이 좋을까요?

① 든든대출　　　　　　　　　② 안심대출
③ 일사천리대출　　　　　　　④ 이지대출
⑤ 신뢰대출

14 다음 대출문의 전화상담 내용을 보고 직원이 고객에게 추천해 줄 상품으로 옳은 것은?

> 직원 : 안녕하세요. 무엇을 도와드릴까요?
>
> 고객 : 안녕하세요. 대출을 받으려고 하는데요. 2년 동안 상환할 수 있는 상품으로요.
>
> 직원 : 아, 그러세요? 혹시 나이와 직업이 어떻게 되시나요?
>
> 고객 : 만 36세 주부입니다.
>
> 직원 : 혹시 가족 구성원이 어떻게 되시나요?
>
> 고객 : 아이 3명을 키우고 있고, 남편이랑 저 이렇게 다섯 명이에요.
>
> 직원 : 소중한 개인정보 감사합니다. 혹시 N은행에 가입한 상품 있으신가요?
>
> 고객 : 아니요. 하나도 없어요.
>
> 직원 : 스마트폰 전용 대출상품은 어떠세요?
>
> 고객 : 스마트폰을 사용하지 않아서 앱으로 가입할 수가 없어요.

① 든든대출   ② 안심대출
③ 일사천리대출   ④ 이지대출
⑤ 신뢰대출

15 14번 문제의 고객이 스마트폰을 구입하였다면, 고객이 가입할 대출 상품으로 가장 적절한 것은?
(단, 이자율이 낮은 상품을 선택하고, 이자율이 같다면 혜택이 더 좋은 상품에 가입한다)

① 든든대출   ② 안심대출
③ 일사천리대출   ④ 이지대출
⑤ 신뢰대출

16 다음 글의 빈칸 ⊙과 ⓒ에 들어갈 말을 순서대로 바르게 나열한 것은?

> 아담 스미스의 '보이지 않는 손'이라는 가정은 시장에서 개인의 이익 추구 활동을 제한하지 않는 것이 전체 이윤을 극대화하는 최선의 방책임을 보여주는 것으로 간주되었다. 그렇다면 다음의 경우는 어떠한가?
>
> 공동 소유의 목초지에 양을 치기에 알맞은 풀이 자라고 있다고 생각해 보자. 일정 넓이의 목초지에 방목할 수 있는 가축 두수에는 일정한 한계가 있기 마련이다. 즉, '수용 한계'가 존재하는 것이다. 그 목초지에 한 마리를 더 방목한다고 해서 다른 가축들이 갑자기 죽거나 병에 걸리는 것은 아니다. 하지만 목초지의 수용 한계를 넘어 양을 키울 경우, 목초가 줄어들어 그 목초지에서 ___⊙___ 나아가 수용 한계를 과도하게 초과할 정도로 사육 두수가 늘어날 경우 목초지 자체가 거의 황폐화된다. 예를 들어 수용 한계가 양 20마리인 공동 목초지에서 4명의 농부가 각각 5마리의 양을 키우고 있다고 해 보자. 그 목초지의 수용 한계에 이미 도달한 상태이지만, 그 중 한 농부가 자신의 이익을 늘리고자 방목하는 양의 두수를 늘리려 한다. 그러면 5마리를 키우고 있는 농부들은 목초지의 수용 한계로 인하여 기존보다 이익이 줄어들지만, 두수를 늘린 농부의 경우 그의 이익이 기존보다 조금 늘어난다. 농부들의 총이익은 기존보다 감소할 것이다. 손실을 만회하기 위해 다른 농부들도 사육 두수를 늘리고자 할 것이다. 이러한 상황이 장기화될 경우, 이와 같이 아담 스미스의 '보이지 않는 손'에 시장을 맡겨 둘 경우 ___ⓒ___ 결과가 나타날 것이다.

① ⊙ : 양을 키우기에 좋지 않은 결과가 생길 수 있다.
　ⓒ : 개인의 이윤이 증가하는
② ⊙ : 양을 키워 얻을 수 있는 전체 생산량이 늘어난다.
　ⓒ : 개인의 이윤이 감소하는
③ ⊙ : 양을 키워 얻을 수 있는 전체 생산량은 변함이 없다.
　ⓒ : 한 사회의 전체 이윤이 증가하는
④ ⊙ : 양을 키워 얻을 수 있는 전체 생산량이 줄어든다.
　ⓒ : 한 사회의 전체 이윤이 감소하는
⑤ ⊙ : 알맞은 풀이 자라지 못해 머지않아 황폐화된다.
　ⓒ : 개인과 한 사회의 전체 이윤이 동시에 증가하는

17 다음 중 글의 내용으로 적절하지 않은 것은?

스마트팜은 사물인터넷이나 빅데이터 등의 정보통신기술을 활용해 농업시설의 생육환경을 원격 또는 자동으로 제어할 수 있는 농장으로, 노동력과 생산비 절감효과가 커 네덜란드와 같은 농업 선진국에서도 적극적으로 활용되고 있다. 관련 핵심 직업으로는 농장의 설계·구축·운영 등을 조언하고 지도하는 '스마트팜 컨설턴트'와 농업인을 대상으로 스마트팜을 설치하고 소프트웨어를 개발하는 '스마트팜 구축가'가 있다.

바이오헬스는 바이오기술과 정보를 활용해 질병 예방·진단·치료·건강증진에 필요한 제품과 서비스를 생산하는 의약·의료산업이다. 국내 바이오헬스의 전체 기술력은 최고 기술국인 미국 대비 78% 수준으로 약 3.8년의 기술격차가 있다. 해외에서는 미국뿐만 아니라 영국·중국·일본 등이 글로벌 시장 선점을 위해 경쟁적으로 투자를 늘리고 있다. 관련 핵심 직업으로는 생물학·의약 등의 이론 연구로 다양한 생명현상을 탐구하는 '생명과학연구원', IT 건강관리 서비스를 기획하는 '스마트헬스케어 전문가' 등이 있다. 자연·의약학 계열의 전문 지식이 필요한 생명과학연구원은 향후 10년간 고용이 증가할 것으로 예측되며, 의료·IT·빅데이터의 지식이 필요한 스마트헬스케어 전문가도 연평균 20%씩 증가할 것으로 전망되는 시장규모에 따라 성장 가능성이 높을 것으로 보인다.

한편, 스마트시티는 건설과 정보통신 신기술을 활용해 다양한 서비스를 제공하는 도시로, 국내에서는 15개 지자체를 대상으로 U-City 사업이 추진되는 등 민간과 지자체의 아이디어를 도입하고 있다. 관련 직업으로는 토지 이용계획을 수립하고 설계하는 '도시계획가', 교통상황 및 영향요인을 분석하는 '교통전문가' 등이 있으며, 도시공학·교통공학 등의 지식이 필요하다.

① 정보통신기술을 활용한 스마트팜을 통해 노동력과 생산비를 절감할 수 있다.
② 미국은 우리나라보다 3년 이상 앞서 바이오헬스 산업에 투자하기 시작했다.
③ 바이오헬스 관련 직업인 생명과학연구원이 되려면 자연·의약학 계열의 전문 지식이 필요하다.
④ 현재 국내 15개 지자체에서 U-City 사업이 추진되고 있다.
⑤ 스마트시티와 관련된 직업을 갖기 위해서는 도시공학·교통공학 등의 지식이 필요하다.

18 다음 글의 내용으로 가장 적절한 것을 〈보기〉에서 모두 고르면?

비판적 사고란 주어진 틀에 따라 기계적이고 무의식적으로 사고하는 것이 아니라, 스스로 무슨 사고가 진행되고 있는지를 능동적으로 의식하면서 사고하는 행위이다. 즉, 어떤 사고를 할 때 무슨 사고를 했는지, 그 사고의 목적이 무엇인지 등을 끊임없이 스스로 묻는 반성적 사고인 것이다. 반성적 사고를 통해 획득된 지식은 상황에 맞도록 변형·결합·분석·종합할 수 있는 상황 적응적인 성격이 있어 활용 가능성이 높다. 그리고 반성적 사고의 체화(體化)를 통해 궁극에 도달하면 창의적 사고가 가능해진다.

$\begin{array}{r} CD \\ +\ DX \\ \hline DXD \end{array}$	$\begin{array}{r} LETS \\ +WAVE \\ \hline LATER \end{array}$
[덧셈식 1]	[덧셈식 2]

이제 반성적 사고란 무엇인지, 그 효용성을 보여줄 수 있는 예를 통해 구체적으로 알아보자. 왼쪽의 덧셈에서 알파벳 문자는 각각 무슨 숫자를 나타내는가?(단, 각 알파벳 문자는 0에서 9 사이의 어떤 수이다) 대부분의 사람들은 누구나 다 덧셈을 할 수 있다. 그런데도 [덧셈식 1]을 푼 사람과 그렇지 못한 사람이 있다. 문제를 푼 사람들의 사고 과정을 보면, 그 과정은 대체로 반복적인 덧셈 경험을 토대로 "일의 자리 두 수를 더하면 그 수는 18을 넘지 못한다."라는 결론에 도달한 후, 이것을 통해 "일의 자리 두 수를 더하면 십의 자리로 올라갈 수 있는 수는 1밖에 없다."라는 반성적 사고의 과정을 거쳤을 것이다. 즉, 암기하여 기계적으로 덧셈 계산을 반복한 사람은 문제를 풀지 못하고 반성적 사고를 한 사람이 문제를 푼 것이다.

[덧셈식 2]는 [덧셈식 1]의 난이도 수준을 대폭 높인 응용문제이다. 반성적 사고를 통해 [덧셈식 1]을 푼 사람은 아마도 [덧셈식 2]도 이 반성적 사고를 통해 풀 가능성이 있지만 반드시 그런 것은 아니다. 그 이유는 지식에 대한 반성적 사고의 체화 수준이 낮기 때문이다. 덧셈의 지식을 암묵적으로 이해는 하고 있으나(또는 명시적으로 이해를 하고 있기는 해도 그것이 수동적으로 얻게 되었기 때문에) 그 반성적 사고의 체화 수준이 낮은 사람들은 문제 해결에 필요한 지식이나 원리의 능동적 발견이 용이하지 못해, 이 문제를 풀기 위해 고려해야 할 복잡한 경우의 수를 모두 다 헤아리지 못하고 중도 하차할 가능성이 높다.

이것은 단순히 반성적 사고로 얻은 지식이나 원리의 이해만을 가지고는 활용 가능성이 극대화된 지식을 산출해내지는 못한다는 것을 의미한다. 따라서 창의력을 위해서는 먼저 유사 응용문제 풀이를 반성적 사고 속에서 반복적으로 수행하여 반성적 사고의 체화 단계에까지 도달하여야 한다. 그리고 이를 바탕으로 특정 영역에서 습득한 원리를 전혀 다른 새로운 영역에다 적용할 수 있는 영역 전이적 통찰력을 확보해야 한다. 다시 말해, 단순 지식의 차원을 넘어 반성적 사고를 통해 문제를 푸는 동시에, 그 반성적 사고를 체화하여 다른 영역에까지 적용할 수 있을 때 창의력을 얻을 수 있다.

보기

㉠ 비판적 사고는 능동적으로 의식하며 사고하는 행위이다.
㉡ 반성적 사고를 통해 획득한 지식은 활용 가능성이 높다.
㉢ 비판적 사고 능력의 유무는 문제 해결 능력에 영향을 준다.
㉣ 창의적 사고는 유사 응용문제 풀이의 반복과는 관련이 없다.
㉤ 비판적 사고는 사고의 내용, 목적 등을 끊임없이 묻는 반성적 사고이다.

① ㉠, ㉡, ㉢
② ㉡, ㉢, ㉣
③ ㉠, ㉢, ㉤
④ ㉠, ㉡, ㉢, ㉤
⑤ ㉠, ㉢, ㉣, ㉤

19 다음 글을 통해 역모기지론 정책이 효과적으로 시행될 수 있는 조건을 〈보기〉에서 모두 고르면?

정부가 2007년부터 역모기지론을 도입한다고 발표하였다. 역모기지론을 이용할 수 있는 대상자는 공시가격 8억 원주택을 한 채만 소유하고 있는 만 65세 이상의 중산·서민층으로 한정된다.

역모기지론 운영 방법에 의하면, 담보로 맡긴 주택 가격과 가입 당시의 연령에 따라 매월 지급받는 금액이 달라진다. 주택 가격이 높을수록, 가입 당시의 연령이 높을수록 받는 금액이 많아진다. 월 지급 금액 산정은 일반 주택 담보 대출 때처럼 감정가(시세 수준)를 기초로 한다. 예를 들어, 감정가 8억 원짜리 주택을 만 70세에 맡기면 매달 198만 원을 받게 되고, 같은 주택을 만 65세에 맡기면 매달 186만 원을 받게 된다. 감정가 5억 원짜리 주택을 소유하고 있는 고령자가 역모기지론을 신청하면 가입 연령에 따라 월 수령액은 만 65세는 93만 원, 만 68세는 107만 원, 만 70세는 118만 원 등이 된다. 월 수령액은 5년마다 주택 시세를 재평가하여 조정된다.

정부가 역모기지론 이용자에게 부여하는 혜택은 등록세 면제, 국민주택 채권 매입 의무 면제, 재산세 25% 감면, 대출이자 비용 200만 원 한도 내 소득공제 등이다. 다만, 등록세 면제는 감정가 5억 원주택에 해당되며, 나머지 3가지의 혜택은 감정가 5억 원 이하, 국민주택 규모(전용면적 85m² 이하), 연간 소득 1,000만 원 이하의 조건을 모두 갖추어야 한다.

※ 역모기지론(逆 Mortgage Loan) : 주택을 소유하고 있으나 일정 소득 이하의 고령자에게 소유 주택을 담보로 매월 또는 일정 기간마다 노후 생활 자금을 연금 형식으로 대출하는 금융 상품

보기

㉠ 현재 주택을 소유한 노년층은 대부분 청장년기에 노후 생활을 위한 소득 축적 기회가 적었고, 현재도 특별한 소득이 없다.

㉡ 만 65세 이상인 가구주의 주택 소유 비율은 80%로서 만 30세 미만의 24%, 30대의 47%, 40대의 67%에 비하여 매우 높다.

㉢ 한 은행의 조사에 따르면, 만 65세 이상의 노인들이 보유하고 있는 주택의 공시가격은 대부분이 8억 원 이하인 것으로 나타났다.

㉣ 어떤 연구기관의 조사에 따르면, 86%에 달하는 노인들이 양로원이나 기타 사회복지시설을 이용하는 것보다 자기 집에 그대로 머물러 살기를 원한다고 응답했다.

① ㉠, ㉡
② ㉡, ㉢
③ ㉠, ㉡, ㉢
④ ㉡, ㉢, ㉣
⑤ ㉠, ㉡, ㉢, ㉣

20 다음 글의 주제로 가장 적절한 것은?

> 오늘날 사회계층 간 의료수혜의 불평등이 심화되어 의료이용도의 소득계층별, 지역별, 성별, 직업별, 연령별 차이가 사회적 불만의 한 원인으로 대두되고, 보건의료서비스가 의·식·주 다음 제4의 기본적 수요로 인식됨에 따라 의료보장제도의 필요성이 나날이 높아지고 있다.
>
> 의료보장제도란 국민의 건강권을 보호하기 위하여 요구되는 필요한 보건의료서비스를 국가나 사회가 제도적으로 제공하는 것을 말하며, 건강보험, 의료급여, 산재보험을 포괄한다. 이를 통해 상대적으로 과다한 재정의 부담을 경감시킬 수 있고 국민의 주인의식과 참여 의식을 조장할 수 있다.
>
> 의료보장제도는 의료수혜의 불평등을 해소하기 위한 사회적·국가적 노력이며, 예측할 수 없는 질병의 발생 등에 대한 개인의 부담능력의 한계를 극복하기 위한 제도이다. 또한 개인의 위험을 사회적·국가적 위험으로 인식하여 위험의 분산 및 상호부조 인식을 제고하기 위한 제도이기도 하다.
>
> 의료보장제도의 의료보험(National Health Insurance) 방식은 일명 비스마르크(Bismarck)형 의료제도라고 하는데, 개인의 기여를 기반으로 한 보험료를 주재원으로 하는 제도이다. 사회보험의 낭비를 줄이기 위하여 진찰 시에 본인 일부 부담금을 부과하는 것이 특징이라 할 수 있다. 반면, 국가보건서비스(National Health Service) 방식은 일명 조세 방식, 비버리지(Beveridge)형 의료제도라고 하며, 국민의 의료문제는 국가가 책임져야 한다는 관점에서 조세를 재원으로 모든 국민에게 국가가 직접 의료를 제공하는 의료보장방식이다.

① 의료보장제도의 장단점
② 의료보장제도의 개념과 유형
③ 의료보장제도의 종류
④ 의료급여제도의 필요성
⑤ 의료보장제도의 전망

21 다음은 2021년에 가구주들이 노후준비방법에 대해 응답한 자료를 반영한 그래프이다. 가장 구성비가 큰 항목의 구성비 대비 네 번째로 구성비가 큰 항목의 구성비의 비율로 옳은 것은?(단, 소수점 둘째 자리에서 반올림한다)

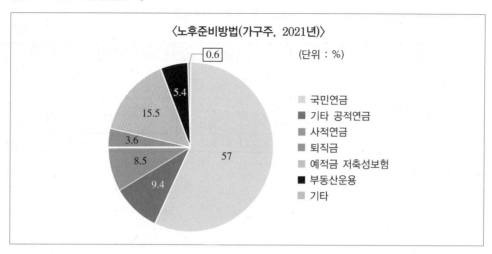

① 11.2%

② 14.9%

③ 17.4%

④ 19.1%

⑤ 22.4%

22 다음은 주요 곡물별 수급 전망에 대한 자료이다. 이에 대한 내용으로 적절하지 않은 것은?

〈주요 곡물별 수급 전망〉

(단위 : 백만 톤)

구분		2019년	2020년	2021년
소맥	생산량	697	656	711
	소비량	697	679	703
옥수수	생산량	886	860	946
	소비량	883	860	937
대두	생산량	239	268	285
	소비량	257	258	271

① 2019년부터 2021년까지 대두의 생산량과 소비량이 지속적으로 증가했다.

② 전체적으로 2021년에 생산과 소비가 가장 활발했다.

③ 2020년의 옥수수 소비량은 다른 곡물의 소비량에 비해 전년 대비 소비량의 증감폭이 가장 작았다.

④ 2019년 곡물 전체 생산량과 2021년 곡물 전체 생산량의 차는 120백만 톤이다.

⑤ 2021년에 생산량 대비 소비량의 비중이 가장 낮았던 곡물은 대두이다.

23 다음은 매년 해외·국내여행 평균횟수에 대한 연령대별 50명씩 설문조사한 결과이다. 빈칸에 들어갈 수치로 가장 적절한 것은?(단, 각 수치는 매년 일정한 규칙으로 변화한다)

〈연령대별 해외·국내여행 평균횟수〉

(단위 : 회)

구분	2016년	2017년	2018년	2019년	2020년	2021년
20대	35.9	35.2	40.7	42.2	38.4	37.0
30대	22.3	21.6	24.8	22.6	20.9	24.1
40대	19.2	24.0	23.7	20.4	24.8	22.9
50대	27.6	28.8	30.0	31.2		33.6
60대 이상	30.4	30.8	28.2	27.3	24.3	29.4

① 32.4
② 33.1
③ 34.2
④ 34.5
⑤ 35.1

24 다음은 A인터넷쇼핑몰의 1~4월까지 판매내역을 정리한 자료이며, 자료의 일부 내용에 잉크가 번져 보이지 않는 상황이다. 자료에 대하여 1~4월까지의 총 반품금액에 대한 4월 반품금액의 비율에서 1~4월까지의 총 배송비에 대한 1월 배송비의 비율을 뺀 값으로 가장 적절한 것은?

〈A인터넷쇼핑몰 판매내역〉

구분	판매금액	반품금액	취소금액	배송비	매출
1월	2,400,000	300,000			1,870,000
2월	1,700,000		160,000	30,000	1,360,000
3월	2,200,000	180,000	140,000		1,840,000
4월			180,000	60,000	1,990,000
합계	8,800,000	900,000		160,000	7,040,000

※ (매출)=(판매금액)-(반품금액)-(취소금액)-(배송비)

① 11.25%
② 11.5%
③ 11.75%
④ 12%
⑤ 12.25%

25 A회사에서는 동절기에 인력을 감축하여 운영한다. 다음 〈조건〉을 고려할 때, 동절기 업무시간 단축 대상자는 누구인가?

〈동절기 업무시간 단축 대상자 현황〉

성명	업무성과 평가	통근거리	자녀 유무
최나래	C	3km	×
박희영	B	5km	○
이지규	B	52km	×
박슬기	A	55km	○
황보연	D	30km	○
김성배	B	75km	×
이상윤	C	60km	○
이준서	B	70km	○
김태란	A	68km	○
한지혜	C	50km	×

조건

- A회사의 동절기 업무시간 단축 대상자는 총 2명이다.
- 업무성과 평가에서 상위 40% 이내에 드는 경우 동절기 업무시간 단축 대상 후보자가 된다.
  (단, A>B>C>D로 매기고, 동순위자 발생 시 동순위자를 모두 고려한다)
- 통근거리가 50km 이상인 경우에만 동절기 업무시간 단축 대상자가 될 수 있다.
- 동순위자 발생 시 자녀가 있는 경우에는 동절기 업무시간 단축 대상 우선순위를 준다.
- 위의 조건에서 대상자가 정해지지 않은 경우, 통근거리가 가장 먼 직원부터 대상자로 선정한다.

① 황보연, 이상윤 ② 박슬기, 김태란
③ 이준서, 김태란 ④ 이준서, 김성배
⑤ 김성배, 이지규

※ E공단은 스마트팜 공모전을 개최하려고 한다. 이어지는 질문에 답하시오. [26~28]

<E공단 스마트팜 공모전>

1. 기간 : 2022년 3월 5일 ~ 2022년 5월 10일
2. 지원자격 : A지역에 1년 이상 거주하고 있는 개인 팀 또는 2명 이상 10명 이하의 팀
   (팀으로 지원하는 경우 팀원의 거주기간 평균이 1년 이상이어야 함)
   ※ 지원자격 미충족 시 본선에 진출할 수 없음
3. 내용 : A지역의 스마트팜 활성화를 위한 아이디어
   ① 청년농 유입과 연계 시 가산점
   ② 창업농 육성과 연계 시 가산점
   ③ 유휴시설 활용과 연계 시 가산점
4. 본선 심사
   ① 본선 진출 시 모든 참가팀에 기본점수 부여
   ② 가산점을 부여하는 아이디어를 제시한 경우 가산점 10 ~ 15점 부여
   ② 가산점을 부여하는 아이디어를 제시하지 않은 경우 9점부터 제출일이 빠른 순서대로 높은 점수 부여
5. 상금 및 부상
   • 대상(1팀) : 300만 원과 농촌사랑상품권 30만 원
   • 최우수상(1팀) : 200만 원과 농촌사랑상품권 15만 원
   • 우수상(2팀) : 100만 원과 농촌사랑상품권 10만 원
   • 장려상(5팀) : 50만 원과 농촌사랑상품권 5만 원
6. 세부일정
   ① 지원서 제출 : 2022년 3월 5일 ~ 2022년 3월 31일
   ② 지원서 심사 및 본선 진출자 결정 : 2022년 4월 1일 ~ 2022년 4월 30일
   ③ 본선 진출 공고 : 2022년 5월 1일
   ④ 최종 시상 : 2022년 5월 10일

<E공단 스마트팜 공모전 지원자 목록>

참가번호	팀원 수	평균 거주기간	아이디어	지원서 제출일
1	3	23년	창업농 육성 연계 아이디어	2022년 3월 8일
2	1	10년		2022년 3월 24일
3	5	1년 3개월	유휴시설 활용 연계 아이디어	2022년 3월 30일
4	6	5년		2022년 3월 13일
5	2	1년 8개월		2022년 3월 20일
6	8	12년		2022년 4월 1일
7	2	3년 2개월	유휴시설 활용 연계 아이디어	2022년 3월 11일
8	9	2년 10개월		2022년 3월 22일
9	3	1년		2022년 3월 10일
10	12	3년	창업농 육성 연계 아이디어	2022년 4월 18일
11	7	11개월		2022년 4월 3일
12	7	4년 7개월		2022년 3월 8일
13	1	6개월		2022년 3월 7일
14	7	13년		2022년 3월 30일
15	15	9년	청년농 유입 연계 아이디어	2022년 3월 29일
16	3	14년		2022년 3월 25일

26 다음 중 E공단 스마트팜 공모전의 상금 및 부상에 들어가는 비용은 총 얼마인가?

① 1,040,000원   ② 6,500,000원
③ 7,100,000원   ④ 10,000,000원
⑤ 10,400,000원

27 E공단 스마트팜 공모전 지원팀 중 본선에 진출하지 못하는 팀은 몇 팀인가?

① 2팀   ② 3팀
③ 4팀   ④ 5팀
⑤ 6팀

28 다음 중 최종 시상에서 상금과 부상을 받을 수 있는 팀은 참가번호 몇 번인가?

① 참가번호 2번   ② 참가번호 6번
③ 참가번호 10번   ④ 참가번호 14번
⑤ 참가번호 15번

29 A공장에서 제조하는 볼트의 일련번호는 다음과 같이 구성된다. 일련번호는 형태 – 허용압력 – 직경 – 재질 – 용도 순으로 표시할 때, 다음 중 직경이 14mm이고, 자동차에 쓰이는 스테인리스 볼트의 일련번호로 가장 적절한 것은?

형태	나사형	육각	팔각	별
	SC	HX	OT	ST
허용압력(kg/cm^2)	10 ~ 20	21 ~ 40	41~60	61 이상
	L	M	H	P
직경(mm)	8	10	12	14
	008	010	012	014
재질	플라스틱	크롬 도금	스테인리스	티타늄
	P	CP	SS	Ti
용도	항공기	선박	사농차	일반
	A001	S010	M110	E100

① SCP014TiE100   ② OTH014SSS010
③ STM012CPM110   ④ HXL014SSM110
⑤ SCM012TiM110

※ 다음은 V회사 신입사원 채용시험 결과표이다. 이어지는 질문에 답하시오. [30~31]

<V회사 신입사원 채용시험 결과표>

(단위 : 점)

성명	필기시험			면접시험	
	의사소통능력	수리능력	자원관리능력	창의성	업무적합성
이진기	92	74	84	60	90
박지민	89	82	99	80	90
최미정	80	66	87	80	40
김남준	94	53	95	60	50
정진호	73	92	91	50	100
김석진	90	68	100	70	80
황현희	77	80	92	90	60

30 필기시험 점수 중 수리능력과 자원관리능력 점수의 합이 가장 높은 2명을 총무팀에 배치한다고 할 때, 총무팀에 배치되는 사람은 누구인가?

① 박지민, 정진호
② 김석진, 박지민
③ 이진기, 최미정
④ 황현희, 김석진
⑤ 이진기, 정진호

31 필기시험 총점과 면접시험 총점을 7 : 3 비율로 적용한 환산점수에서 최저점을 받은 신입사원의 채용이 보류된다고 할 때, 채용이 보류되는 사람은 누구인가?

① 이진기
② 최미정
③ 김남준
④ 정진호
⑤ 황현희

32 다음은 의사소통 저해요인에 대한 직원들의 대화이다. 이 중 잘못된 설명을 한 직원을 모두 고르면?

〈대화〉

김대리 : 우리 과장님은 일방적으로 듣기만 하셔서 의사를 파악하기가 정말 힘들어.

최대리 : 그래. 표현 능력이 부족하셔서 자신의 의사는 잘 전달을 못 하시는 걸 수도 있어.

박주임 : 그래도 일방적으로 듣기만 하는 것은 의사를 수용하는 것이니 소통상 문제가 아니지 않나요? 일방적으로 전달만 하는 분과의 의사소통이 문제인 것 같아요.

박사원 : 저는 이전 부서에서 대리님과 대화할 때, 대화과정의 내용을 어느 정도 아시는 줄 알았는데 모르고 계셔서 놀란 적이 있어요.

임주임 : 전달한 줄 알았거나, 알고 있는 것으로 착각하는 건 평가적이고 판단적인 태도 때문이야.

양대리 : 맞아. 말하지 않아도 알 것이라 생각하는 문화는 선입견이나 고정관념의 한 유형이야.

---

① 김대리   ② 박주임
③ 박사원, 임주임   ④ 최대리
⑤ 양대리

33 다음 중 〈보기〉에서 바람직한 의사소통에 영향을 미치는 요인에 대한 설명으로 옳지 않은 것을 모두 고르면?

> 보기
> ㄱ. 의사소통 과정에서 다루는 정보의 양의 의사소통의 폭을 넓혀주므로 많을수록 좋다.
> ㄴ. 지나치게 과업에 집중한 대화는 원활한 의사소통을 저해할 수 있다.
> ㄷ. 상호 신뢰가 부족한 경우, 업무상 의사소통이라도 효율성이 낮을 수 있다.
> ㄹ. 실시간으로 의사 교환이 필요한 안건의 경우, 전화보다는 메일을 이용하는 것이 적절하다.

① ㄱ, ㄴ   ② ㄱ, ㄹ
③ ㄴ, ㄷ   ④ ㄴ, ㄹ
⑤ ㄷ, ㄹ

A공단은 지난 6월 24일 제2사옥 건설 현장에서 기관장 주재로 주요 작업장과 시설 및 작업근로자에 대한 안전 점검을 실시했다. 심사평가원장은 이날 제2사옥 건설 현장 등을 순시하며 추락 위험, 협착 사고, 화재 등 안전사고 위험 요인을 직접 점검하고, 장마 및 혹서기에 대비한 자연재해 안전 대비책을 확인하는 등 근로자 및 시설 이용객의 안전 보호를 위한 점검을 대대적으로 실시했다. 또한 A공단은 매월 4일, 14일, 24일을 '4 · 4 · 4 안전점검의 날'로 지정하고, 산업재해 예방을 위한 테마별 안전 점검과 다양한 캠페인을 전개하고 있다.

A공단은 정부에서 발표한 공공기관 안전강화 종합대책에 따라 지난 3월 안전기본계획을 수립하고, 기획상임이사가 직접 안전관리 업무를 진두지휘하는 안전중심경영추진단을 지난 4월 출범시켰다. 이에 따라 올해 연말까지 '안전중심 경영원칙 정착', '근로자 및 이용객의 생명 · 안전 보호 강화', '국민의 생명 보호 의료 안전망 강화'의 3개 항목을 전략목표로 설정하여 총 24개 세부 안전과제를 추진할 계획이다.

첫째, '안전중심 경영원칙 정착'의 10개 실행과제로 안전전담조직 구성, 안전중심 경영체계 마련, 안전경영위원회 구성 · 운영 및 지침 마련, 안전경영시스템(KOSHA MS) 인증 취득, 위험성 평가 추진, 안전사고(산업재해) 기록 · 보존 및 안전 관련 경영공시, 안전중심 경영관리 강화를 위한 계약제도 개선, 산업안전 · 보건 맞춤형 교육 실시, 안전 집중 홍보, 안전 환경 내부 제안제도 운영이 추진된다.

둘째, '근로자 및 이용객의 생명 · 안전 보호 강화'를 목표로 안전근로 협의체 구성 · 운영, 현장 근로자에 대한 안전조치 강화, 시설 · 설비 · 현장 안전점검 활동 강화, 시설 · 설비 · 건축물 등 안전 취약 부분 보강, 화재 · 풍수재 등 통합재난 대응 체계 운영, 직원 건강관리 및 질병 예방, 가임기 여성근로자 지원 제도 운영, 요양기관 현지 조사 직원 안전사고 예방, 통근버스 · 업무용 차량 및 체육시설 안전관리의 총 9개 과제를 실행한다.

셋째, '국민의 생명 보호 의료 안전망 강화'는 의약품 적정 사용을 위한 의약품 안전정보 제공, 의약품 유통관리 안전망 구축 및 운영, 환자 안전 평가 강화, 안전한 의료 환경 조성을 위한 진료비 보상 추진, 국민이 안전한 의료 인프라 구축의 5개 과제가 추진된다.

A공단에서는 "건강보험심사평가원 및 협력업체 직원들이 안전하게 근무할 수 있는 근로 환경을 제공하고, 건강보험심사평가원을 방문하는 고객들이 안전하게 시설을 이용할 수 있도록 안전점검 강화 및 안전리스크 제거에 총력을 다하겠다."고 전하며, "국민이 의료서비스를 안전하게 이용할 수 있도록 국민 의료 안전망 구축에도 힘쓰겠다."고 밝혔다.

34 다음 중 기사문의 제목으로 가장 적절한 것은?

① A공단, 의료서비스 안전을 위한 국민 의료 안전망 구축 완료
② A공단, '4 · 4 · 4 안전점검의 날' 기관장 주재 안전 점검 실시
③ A공단, 근로자 안전을 위한 전 사옥 안전 점검 실시
④ A공단, '안전중심 경영원칙' 정착을 위한 안전기본계획 수립
⑤ A공단, 근로자보다 이용객 안전이 먼저!

35 다음 중 기사문을 읽고 보인 반응으로 가장 적절한 것은?

① 미수 : A공단 '4·4·4 안전 점검의 날'의 의미는 '4월 4일 하루는 24시간 동안 안전을 위해 주의를 기울인다.'이군.

② 지은 : A공단은 국민의 생명 보호 의료 안전망 강화를 위해 총 24개의 세부 안전과제를 추진할 계획이군.

③ 은성 : A공단의 안전중심 경영원칙 정착을 위한 실행과제에는 시설·설비·건축물 등 안전 취약 부분 보강이 포함되어 있어.

④ 유정 : 지난 4월 출범한 A공단 안전중심경영추진단의 안전관리 업무는 기획상임이사가 직접 진두지휘하는군.

⑤ 지영 : A공단은 근로자 및 이용객의 생명·안전 보호 강화를 위해 의약품 유통관리 안전망을 구축하고 운영하려고 하는군.

36 A공사는 체육관 건설을 위해 입찰 공고를 하였다. 다음은 입찰에 참여한 업체들의 항목별 점수를 나타낸 자료이다. 아래 조건에 따라 업체를 선정할 때, 선정될 업체는?

〈업체별 점수 현황〉

(단위 : 점)

구분	점수(만점) 기준	A업체	B업체	C업체	D업체	E업체
디자인	15	6	8	7	7	9
건축안정성	30	23	25	21	17	24
경영건전성	20	16	17	17	19	16
시공실적	20	11	16	15	17	14
입찰가격	15	11	9	12	12	10

〈업체별 내진설계 포함 여부〉

구분	A업체	B업체	C업체	D업체	E업체
내진설계	○	○	×	○	○

조건
- 선정점수가 가장 높은 업체를 선정한다.
- 선정점수는 항목별 점수를 동일한 가중치로 합산하여 산출한다.
- 건축안정성 점수가 17점 미만인 업체는 입찰에서 제외한다.
- 반드시 입찰가격 점수가 10점 이상인 업체 중에서 선정한다.
- 내진설계를 포함하는 업체를 선정한다.

① A업체   ② B업체
③ C업체   ④ D업체
⑤ E업체

37　다음은 치과의원 노인외래진료비 본인부담제도의 안내문이다. 자료를 참고하여 〈보기〉에서 A ~ E씨의 본인부담금의 합을 구하면?

〈치과의원 노인외래진료비 본인부담제도 안내〉

2018년 1월부터 만 65세 이상 치과의원 노인외래진료비 본인부담제도가 개선됩니다.

■ 대상 : 만 65세 이상 치과의원 외래진료 시
■ 본인부담금 안내 : 총 진료비가 1만 5천 원 이하인 경우는 1,500원
　　　　　　　　　　 일정금액 초과 시 총 진료비의 10 ~ 30% 부담

구분	진료비 구간	본인부담금 현행		본인부담금 개선
치과의원	1만 5천 원 이하	1,500원	⇨	1,500원
	1만 5천 원 초과 ~ 2만 원 이하	30%		10%
	2만 원 초과 ~ 2만 5천 원 이하			20%
	2만 5천 원 초과			30%

보기

구분	진료비	진료 날짜
A씨	17,000원	2017년 6월
B씨	13,500원	2018년 3월
C씨	23,000원	2018년 2월
D씨	24,000원	2017년 10월
E씨	27,000원	2018년 5월

※ 단, A ~ E씨는 모두 만 65세 이상이다.

① 18,800원
② 21,300원
③ 23,600원
④ 26,500원
⑤ 27,800원

38 S사원은 E제과회사 영업부에 근무 중이다. 최근 잦은 영업활동으로 인해 자가용의 필요성을 느낀 S사원은 경제적 효율성을 따져 효율성이 가장 높은 중고차를 매입하려고 한다. 경제적 효율성이 높고, 외부 손상이 없는 중고차를 매입하려고 할 때, S사원이 매입할 지동차는?(단, 효율성은 소수점 셋째 자리에서 반올림한다)

〈A ~ E자동차의 연료 및 연비〉

(단위 : km/L)

구분	연료	연비
A자동차	휘발유	11
B자동차	휘발유	12
C자동차	경유	14
D자동차	경유	13
E자동차	LPG	7

〈연료별 리터당 가격〉

(단위 : 원/L)

연료	LPG	휘발유	경유
리터당 가격	900	2,000	1,500

〈A ~ E자동차의 기존 주행거리 및 상태〉

(단위 : km)

구분	주행거리	상태
A자동차	51,000	손상 없음
B자동차	44,000	외부 손상
C자동차	29,000	손상 없음
D자동차	31,000	손상 없음
E자동차	33,000	내부 손상

※ (경제적 효율성) $= \left[\dfrac{(\text{리터당 가격})}{(\text{연비}) \times 500} + \dfrac{10,000}{(\text{주행거리})} \right] \times 100$

① A자동차 　　　　② B자동차
③ C자동차 　　　　④ D자동차
⑤ E자동차

※ 다음은 Y회사의 지난해 직원 성과평가 결과표와 성과급 지급규정이다. 이어지는 질문에 답하시오.
[39~40]

〈직원 성과평가 결과표〉

성명	직위	성과 평가 점수 (점)	월 급여 (만 원)	성명	직위	성과 평가 점수 (점)	월 급여 (만 원)
장도연	과장	64	350	김동현	차장	65	430
문세윤	과장	75	350	양세찬	사원	83	240
이혜리	대리	42	280	홍윤화	부장	93	500
김기범	대리	89	280	이용진	사원	77	240
신동엽	부장	80	500	이국주	차장	88	430

〈성과급 지급 규정〉

• 성과평가 결과에 따라 다음과 같이 등급을 매기고, 직원별로 성과급을 지급한다.
• 등급별 비율은 성과평가 점수가 높은 순서대로 직원을 배치한다.

등급	S	A	B	C	D
등급별 비율	10%	20%	40%	20%	10%
성과급 (월 급여 대비)	120%	110%	100%	90%	80%

39 다음 직원 중 가장 많은 성과급을 받는 사람은 누구인가?

① 신동엽　　　　　　　　② 홍윤화
③ 김동현　　　　　　　　④ 이국주
⑤ 김기범

40 성과급 지급 규정을 개편하여 등급별 비율이 모두 같아진다면 다음 직원 중 개편 전보다 성과급이 가장 많이 늘어난 직원은 누구인가?

① 장도연　　　　　　　　② 문세윤
③ 김기범　　　　　　　　④ 양세찬
⑤ 홍윤화

※ 다음은 D회사에서 판매하는 금융상품의 특성을 정리한 표이다. 이어지는 질문에 답하시오. [41~42]

<금융상품별 정보>

구분	초입금액	이익률	안정성	만족도	가입률
A상품	100,000원	3.0%	최하	★	높음
B상품	30,000원	2.2%	중하	★★★	중간
C상품	20,000원	1.6%	상	★★	매우 높음
D상품	80,000원	1.8%	중상	★★★★★	매우 낮음
E상품	50,000원	2.5%	하	★★★★	낮음

※ 초입금액은 낮을수록, 이익률, 안정성, 만족도, 가입률은 높을수록 높은 점수를 준다.
※ 항목별로 순위를 매겨 5점부터 1점까지 정수로 점수를 부여한다.

41 다음 중 총점이 가장 높은 상품을 선택할 때 가입할 상품은?

① A상품　　　　　　　　　　② B상품
③ C상품　　　　　　　　　　④ D상품
⑤ E상품

42 다음 중 고객이 다음과 같은 조건을 요구할 때, 추천해 줄 수 있는 상품으로 가장 적절한 것은?

> 고객 : 저는 초입금액이 높고 이익률과 안정성이 높은 상품에 가입하고 싶어요. 추천해 주시겠어요?

① A상품　　　　　　　　　　② B상품
③ C상품　　　　　　　　　　④ D상품
⑤ E상품

43 다음은 A국가의 2021년 월별 반도체 수출 동향을 나타낸 표이다. 이에 대한 그래프로 적절하지 않은 것은?(단, 그래프 단위는 모두 '백만 달러'이다)

〈2021년 월별 반도체 수출액 동향〉

(단위 : 백만 달러)

기간	수출액	기간	수출액
1월	9,681	7월	10,383
2월	9,004	8월	11,513
3월	10,804	9월	12,427
4월	9,779	10월	11,582
5월	10,841	11월	10,684
6월	11,157	12월	8,858

① 2021년 월별 반도체 수출액

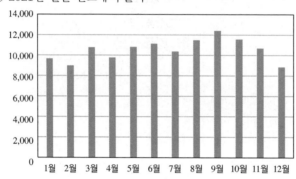

② 2021년 월별 반도체 수출액

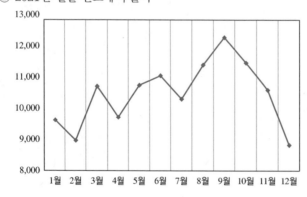

③ 2021년 월별 반도체 수출액

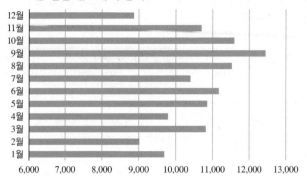

④ 2 ~12월까지 전월 대비 반도체 수출 증감액

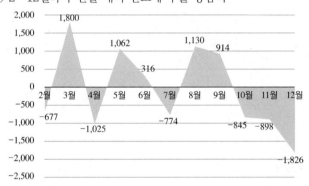

⑤ 2 ~12월까지 전월 대비 반도체 수출 증감액

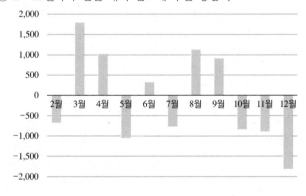

44 다음 진료비 계산서·영수증의 ㉖에 해당하는 금액으로 옳은 것은?(단, 제시된 진료비 계산서·영수증 이외의 사항은 고려하지 않는다)

[ ]외래 [✓]입원 ([ ]퇴원 [ ]중간) 진료비 계산서·영수증					
환자등록번호	환자 성명			진료 기간	야간(공휴일)진료
					[ ]야간 [ ]공휴일
진료과목	질병군(DRG)번호		병실	환자구분	영수증번호 (연월·일련번호)

항목		급여				비급여		
		일부본인부담		전액 본인부담				
		본인부담금	공단부담금		선택 진료료	선택 이외	
기본항목	진찰료	10,000	20,000				㉑ 진료비 총액
	입원료	50,000	90,000		60,000		
	식대	30,000	30,000				
	투약 조제료 행위료						
	약품비						
	주사료 행위료	8,000	16,000				◎ 환자 부담 총액
	약품비	14,000	63,000	14,000			
	마취료						
	처치 및 수술료						㉒ 이미 납부한 금액 : 100,000
	검사료	40,000	78,000				
	영상진단료	50,000	86,000				
	방사선치료료						
	치료재료대	20,000	33,000				㉖ 납부할 금액
	물리치료료	35,000	70,000				
선택항목	CT 진단료	80,000	97,000				* 요양기관 임의활용공간
	MRI 진단료					500,000	
	초음파 진단료						
	보철·교정료					100,000	
합계		(㉠)	(㉡)	(㉢)	(㉣)	(㉤)	
상한액 초과금		㉥ 7,000	–				선택진료료 신청 [✓]유 [ ]무
요양기관종류	[ ]의원급·보건기관 [ ]병원급 [ ]종합병원 [ ]상급종합병원					
사업장 소재지					대표자	(인)
년 월 일					

① 304,000원

② 311,000원

③ 904,000원

④ 911,000원

⑤ 1,004,000원

※ 다음은 2021년도에 조사한 여가활동의 주된 목적에 대한 자료이다. 이어지는 질문에 답하시오. [45~46]

〈여가활동의 주된 목적〉

(단위 : %)

구분	초졸 이하	중졸	고졸	대졸 이상
사례 수(명)	923	1,452	4,491	3,632
즐거움	31.8	33.8	34.3	29.9
안정과 휴식	17.2	17.1	18.3	18.6
스트레스 해소	9.4	14.1	15.2	15.4
건강	13.7	12.6	8.9	9.9
자기만족	7.7	5.7	9.5	9.3
대인관계	4.3	5.6	5.4	4.7
가족과의 시간	1.0	1.7	3.7	7.9
시간 보내기	13.8	7.0	2.9	2.1
자기계발	1.1	2.4	1.8	2.2

45 다음 중 여가활동의 주된 목적이 대인관계라고 응답한 인원의 수가 많은 학력부터 순서대로 바르게 나열한 것은?

① 고졸 – 초졸 이하 – 중졸 – 대졸 이상
② 고졸 – 대졸 이상 – 초졸 이하 – 중졸
③ 고졸 – 대졸 이상 – 중졸 – 초졸 이하
④ 대졸 이상 – 중졸 – 초졸 이하 – 고졸
⑤ 대졸 이상 – 고졸 – 중졸 – 초졸 이하

46 다음 〈보기〉 중 자료에 대한 설명으로 옳지 않은 것을 모두 고르면?

보기
㉠ '스트레스 해소'로 응답한 인원수는 고졸이 중졸보다 1.1% 더 많다.
㉡ 중졸과 대졸 이상의 학력에서 가장 응답률이 낮은 항목 3개는 동일하다.
㉢ '시간 보내기'로 응답한 인원수는 고졸이 초졸 이하보다 더 많다.
㉣ '자기계발'로 응답한 대졸 이상 인원수는 '건강'으로 응답한 중졸 인원수보다 적다.

① ㉠, ㉡   ② ㉠, ㉢
③ ㉡, ㉢   ④ ㉡, ㉣
⑤ ㉢, ㉣

※ 다음은 지역별 독서동아리 참여경험 비율에 대한 자료이다. 이어지는 질문에 답하시오. [47~48]

〈지역별 독서동아리 참여경험 비율〉

(단위 : %)

지역	응답	
	있다	없다
서울	2.5	97.5
부산	0	100
A	1.5	98.5
인천	4.5	95.5
광주	1.1	98.9
B	2.2	97.8
C	1.0	99.0
경기	0.7	99.3
충북	1.7	98.3
강원	1.0	99.0
충남	1.6	98.4
경북	2.6	97.4
D	2.1	97.9
전북	0.7	99.3
E	0.7	99.3
제주	1.6	98.4
소계	1.3	98.7

※ 응답은 '있다'와 '없다' 중 꼭 하나를 답한다.

조건

- '있다'로 응답한 비율이 가장 높은 지역의 '있다' 응답비율은 경남의 '있다' 응답비율의 4배 이상이다.
- '있다' 응답비율이 2.0%를 초과하는 지역은 서울, 인천, 대전, 경북, 전남이다.
- 대전의 '있다' 응답비율은 경남의 3배를 초과한다.
- 대구는 '없다' 응답비율이 아홉 번째로 낮다.
- A~E는 전남, 경남, 대전, 대구, 울산 중 각 한 곳에 해당한다.

47 〈조건〉에 따라 A~E에 해당하는 지역을 파악할 때, A에 해당하는 지역으로 옳은 것은?

① 전남
② 경남
③ 대전
④ 대구
⑤ 울산

48 기존 조사 자료에서 오류가 발견되어 일부 수치가 다음 〈보기〉와 같이 변경되었다. 정정된 자료에 따라 다시 A ~ E에 해당하는 지역을 파악할 때, 다음 중 C에 해당하는 지역은?

보기

(단위 : %)

항목	정정 전	정정 후
인천의 '있다' 응답비율	4.5	3.8
인천의 '없다' 응답비율	95.5	96.2
D의 '있다' 응답비율	2.1	2.3
D의 '없다' 응답비율	97.9	97.7

① 전남   ② 경남
③ 대전   ④ 대구
⑤ 울산

49 어느 공기업 1차 시험의 응시생은 2,500명이었다. 전체 시험 평균점수는 54.5점, 합격자 평균점수는 80점이고 불합격자 평균점수는 50점일 때, 1차 시험에 합격한 응시생은 몇 명인가?

① 375명   ② 380명
③ 385명   ④ 390명
⑤ 395명

50 형과 동생의 나이는 두 자릿수이고, 각각 형제의 십의 자리 숫자를 더하면 5, 일의 자리를 더하면 11이 된다. 동생 나이의 일의 자리 숫자가 형 나이의 일의 자리 숫자보다 크고, 형과 동생의 나이 차이가 가장 작을 때, 동생의 나이는 몇 살인가?

① 26살   ② 27살
③ 28살   ④ 29살
⑤ 30살

제3회 영역분리형
모의고사

취약영역 분석

번호	O/×	영역	번호	O/×	영역	번호	O/×	영역
01			21			41		
02			22			42		
03			23			43		문제해결능력
04			24			44		
05			25			45		
06			26		수리능력	46		
07			27			47		
08		의사소통능력	28			48		
09			29			49		
10			30			50		
11			31			51		
12			32			52		
13			33			53		자원관리능력
14			34			54		
15			35		문제해결능력	55		
16			36			56		
17			37			57		
18		수리능력	38			58		
19			39			59		
20			40			60		

평가 문항	60문항	평가 시간	60분
시작시간	:	종료시간	:
취약 영역			

응시시간 : 60분　　문항 수 : 60문항　　　　　정답 및 해설 p.052

| 01 |　의사소통능력

01　다음 중 '빌렌도르프의 비너스'에 대한 설명으로 가장 적절한 것은?

> 1909년 오스트리아 다뉴브 강가의 빌렌도르프 근교에서 철도 공사를 하던 중 구석기 유물이 출토되었다. 이 중 눈여겨볼 만한 것이 '빌렌도르프의 비너스'라 불리는 여성 모습의 석상이다. 대략 기원전 2만 년의 작품으로 추정되나 구체적인 제작연대나 용도 등에 대해 알려진 바가 거의 없다. 높이 11.1cm의 이 작은 석상은 굵은 허리와 둥근 엉덩이에 커다란 유방을 늘어뜨리는 등 여성 신체가 과장되어 묘사되어 있다. 가슴 위에 올려놓은 팔은 눈에 띄지 않을 만큼 작으며, 땋은 머리에 가려 얼굴이 보이지 않는다. 출산, 다산의 상징으로 주술적 숭배의 대상이 되었던 것이라는 의견이 지배적이다. 태고의 이상적인 여성을 나타내는 것이라고 보는 의견이나, 선사시대 유럽의 풍요와 안녕의 상징이었다고 보는 의견도 있다.

① 이 유물은 신체가 실제와 매우 흡사한 비례로 만들어진 상태였다.
② 구체적인 제작 연대는 기원전 2만 년대이다.
③ 빌렌도르프라는 사람이 실제 모델이었다.
④ 구석기 시대의 유물이다.
⑤ 주술적인 숭배의 대상이라기보다는 단순한 미적 유희거리로 추정된다.

다음 글의 핵심 내용으로 가장 적절한 것은?

> 우리 속담에도 '울다가도 웃을 일이다.'라는 말이 있듯이 슬픔의 아름다움과 해학의 아름다움이 함께 존재한다면 이것은 우리네의 곡절 많은 역사 속에서 밴 미덕의 하나라고 할 만하다. 울다가도 웃을 일이라는 말은 물론 어처구니가 없을 때 하는 말이기도 하지만 애수가 아름다울 수 있고 또 익살이 세련되어 아름다울 수 있다면 그 사회의 서정과 조형미에 나타나는 표현에도 의당 이러한 것이 반영되어 있어야 한다.
> 이러한 고요의 아름다움과 슬픔의 아름다움이 조형 작품 위에 옮겨질 수 있다면 이것은 바로 예술에서 말하는 적조미의 세계이며 익살의 아름다움이 조형 위에 구현된다면 물론 이것은 해학미의 세계일 것이다.

① 익살은 우리 민족만이 지닌 특성이다.
② 익살은 풍속화에서 가장 잘 표현된다.
③ 익살이 조형 위에 구현된다면 적조미다.
④ 익살은 우리 민족의 삶의 정서를 반영한다.
⑤ 익살은 현대에 이르러서는 긍정적으로 받아들여지지 않는다.

03 다음은 A공단 요양업무처리규정의 일부이다. 규정에 따른 설명으로 옳은 것은?

제6조(공동 재해조사 등)
① 소속기관장은 보험료징수법 제11조에 따른 보험관계성립신고를 하지 아니한 사업장이나 법 제6조에 따른 보험관계 적용 대상 여부가 불분명한 사업장에서 재해가 발생하면 보험급여의 지급 업무를 담당하는 부서의 소속 직원과 보험관계의 적용 업무를 담당하는 부서의 소속 직원이 공동으로 제4조 제1항에 따른 재해조사를 실시하게 할 수 있다.
② 소속기관장은 재해조사를 실시한 결과 근로자가 소속된 사업의 산재보험 사업종류나 근로자의 소속 사업장의 확인이 필요하다고 판단되면 보험관계의 적용 업무를 담당하는 부서장에게 조사를 실시하게 하여야 한다.
③ 소속기관장은 제125조에 따른 특수형태근로종사자가 보험급여를 신청하거나 청구한 때에는 제126조에 따라 공단에 신고한 특수형태근로종사자에 해당하는지 여부를 확인하여야 한다. 이 경우 특수형태근로종사자로 공단에 신고 되어 있지 아니한 때에는 보험관계의 적용 업무를 담당하는 부서장에게 특수형태근로종사자 해당 여부 또는 보험관계의 적용 여부를 확인하게 하여야 한다.

제7조(최초 요양급여의 신청방법 등)
① 소속기관장은 근로자가 법 제41조에 따라 최초로 요양급여를 신청하려는 때에는 그 근로자에게 별지 제2호의 요양급여신청서에 별지 제3호의 초진소견서를 첨부하여 신청하게 하여야 한다. 이 경우 신청 대상이 되는 상병이 뇌혈관·심장질병이면 별지 제3-1호의 업무상질병 전문소견서(뇌심혈관계질병), 허리부위 및 어깨부위 근골격계질병이면 별지 제3-2호의 업무상질병 전문소견서(근골격계질병)를 첨부하게 할 수 있다.
② 소속기관장은 법 제41조 제2항에 따라 산재보험 의료기관이 근로자의 요양급여 신청을 대행하려는 때에는 근로자의 동의를 받은 서류를 제출하게 하여야 한다. 이 경우 별지 제2호의 요양급여신청서에 요양급여 신청 대행에 대한 근로자의 서명이나 날인을 받으면 근로자의 동의를 확인하는 별도의 서류를 제출하지 아니하게 할 수 있다.
③ 소속기관장은 산재보험 의료기관이 요양급여의 신청을 대행하는 때에는 요양급여의 신청을 한 날부터 5년간 요양급여의 신청에 대한 서류의 원본을 보관하게 하여야 한다.
④ 소속기관장은 산재근로자의 요양서비스의 제공에 필요하여 산재보험 의료기관을 방문하거나 산재보험 의료기관의 지정기준 유지 여부, 요양서비스 실태 등에 대한 점검을 하는 때에는 제3항에 따른 요양급여 신청 서류의 보관 여부 및 서류 내용의 사실 여부를 확인하여야 한다.
⑤ 소속기관장은 산재근로자가 별지 제2호의 서식에 따른 최초 요양급여청구서를 신청하는 경우에는 휴업급여와 함께 통합 청구할 수 있음을 안내하여야 한다.

제7조의2(대리인의 선임 등)
① 신청인은 제7조에 따른 요양급여를 신청할 때 또는 그 이후에 다음 각 호의 어느 하나에 해당하는 사람을 대리인으로 선임할 수 있다.
　1. 신청인의 배우자, 직계존속·비속 또는 형제자매
　2. 변호사 또는 공인노무사
② 소속기관장은 신청인이 대리인을 선임하거나 해임하면 별지 제25호 서식의 대리인 선임(해임) 신고서를 제출하게 하여야 한다. 이 경우 대리인 선임(해임)의 효력은 대리인 선임(해임) 신고서가 접수된 때부터 발생한다.
③ 소속기관장은 제2항에 따라 대리인 선임(해임) 신고서를 제출받은 때에는 그 내용을 제59조에 따른 공단의 보험급여의 지급업무를 처리하는 전산시스템에 기록·관리하여야 한다.

① 부서장은 특수형태근로종사자가 보험급여를 신청한 경우, 해당 근로자가 공단에 신고한 특수형태근로종사자에 해당하는지 여부를 확인하여야 한다.

② 근로자가 최초로 요양급여를 신청하려는 때에는 반드시 요양급여신청서, 초진소견서와 별지 제3－2호의 업무상질병 전문소견서를 첨부하여야 한다.

③ 산재보험 의료기관이 요양급여의 신청을 대행하는 경우, 소속기관장은 산재보험 의료기관이 요양급여의 신청을 한 날부터 3년간 요양급여의 신청에 대한 서류의 원본을 보관하도록 하여야 한다.

④ 소속기관장은 공단의 규정에 따라 최초 요양급여청구서를 신청하는 산재근로자에게 요양급여는 휴업급여와 함께 통합 청구할 수 있다는 사항을 안내할 의무가 있다.

⑤ 신청인이 최초로 요양급여를 신청하는 경우, 자신의 형제의 자녀로 하여금 자신을 대리하여 신청하도록 할 수 있다.

04 다음 글의 내용으로 적절하지 않은 것은?

> 고야의 마녀도 리얼하다. 이는 고야가 인간과 마녀를 분명하게 구별하지 않고, 마녀가 실존하는 것처럼 그렸기 때문이다. 따라서 우리는 고야가 마녀의 존재를 믿었는지 의심할 수 있다. 그러나 그것은 중요한 문제가 아니다. 고야는 마녀를 비이성의 상징으로 그려서 세상이 완전하게 이성에 의해서만 지배되지 않음을 표현하고 있을 뿐이다. 또한 악마는 사실 인간 자신의 정신 내면에 존재하는 것임을 시사한다. 그것이 바로 가장 유명한 작품인 제43번 '이성이 잠들면 괴물이 나타난다'에서 그려진 것이다.

① 고야가 비이성이 인간 내면에 존재한다고 판단했다.

② 고야는 이성의 존재를 부정하였다.

③ 고야가 마녀의 존재를 믿었는지는 중요한 문제가 아니다.

④ 고야는 세상을 이성과 비이성이 뒤섞인 상태로 이해했다.

⑤ 고야는 악마가 인간의 정신 내면에 존재하는 점을 시사하였다.

05 다음은 S은행의 공정거래 자율준수 프로그램 운영세칙이다. 이에 대한 설명으로 옳은 것은?

제5조(자율준수담당자의 역할)

① 자율준수담당자의 역할은 각 부점 준법감시담당자가 수행한다.

② 자율준수담당자는 자율준수관리자 및 소속 부점장을 보좌하며 다음 각 호의 자율준수업무를 담당한다.

    1. 부점 업무와 관련한 경쟁법규의 변경에 따른 내규의 정비 상태 및 일상 업무에 대한 사전심사 이행여부 점검(본점부서에 한한다)

    2. 준법감시체크리스트에 의거 부점 업무수행 관련 경쟁법규 위반행위 여부 점검

    3. 경쟁법규 및 자율준수제도 관련 소속부점 직원 교육 및 상담

    4. 경쟁법규 위반사항 발견 시 보고

    5. 제1호 내지 제4호 관련 내용의 기록, 유지

③ 자율준수담당자는 제2항 제1호 내지 제4호의 이행결과를 자율준수관리자에게 보고하여야 한다.

제6조(임직원의 의무)

① 임직원은 담당 업무를 수행함에 있어 경쟁법규를 성실히 준수하여야 한다.

② 임직원은 담당 업무를 수행함에 있어 경쟁법규 위반사항을 발견한 경우에는 지체 없이 이를 자율준수관리자에게 통보 또는 보고하여야 하며, 이와 관련된 절차, 보고자 등의 보호는 내부고발제도 운영지침에 따른다.

③ 부점장은 업무수행과 관련하여 경쟁법규 위반가능성이 있다고 판단될 경우에는 자율준수관리자의 자문을 받아 처리하여야 한다.

제7조(자율준수편람)

① 자율준수관리자는 경쟁법규 자율준수를 위한 매뉴얼인 자율준수편람을 제작, 배포하여야 한다.

② 경쟁법규의 변경이 있을 때에는 동 변경내용을 자율준수편람에 반영하여야 한다.

제8조(모니터링 및 결과보고)

① 자율준수관리자는 연간 자율준수 활동계획을 수립하여 은행장에게 보고하여야 한다.

② 자율준수관리자는 다음 각 호에 해당하는 방법에 의하여 자율준수프로그램의 준수 여부를 점검하여야 한다.

    1. 임직원 및 부점의 자율준수실태 등에 대한 점검, 조사

    2. 자율준수관리자의 지시 또는 자문에 의하여 각 부점별로 작성한 각종 체크리스트의 검토 및 확인

    3. 자율준수관리자의 요구에 의하여 제출된 신고서, 보고서, 각종 자료의 검토 및 확인

③ 자율준수관리자는 자율준수 프로그램의 준수 여부를 점검한 결과, 위반사항이 발견되는 등 필요한 경우 이사회에 보고하여야 한다. 다만, 위반사항이 경미한 경우 은행장에게 보고할 수 있다.

제9조(교육실시)

① 자율준수관리자는 자율준수담당자 및 경쟁법규 위반 가능성이 높은 분야의 임직원을 대상으로 반기당 2시간 이상 경쟁법규 및 자율준수프로그램 등에 대한 교육을 실시하여야 한다.

② 자율준수관리자는 임직원의 자율준수 의지 제고 및 자율준수프로그램의 원활한 이행을 위하여 필요시 집합, 사이버, 기타 교육자료 제공 등 다양한 방법으로 교육을 실시할 수 있다.

제10조(경쟁법규 위반 임직원에 대한 제재)

① 경쟁법규 위반으로 경쟁당국으로부터 과징금 등 제재를 받은 경우, 당해 위반행위 관련 임직원의 제재에 대하여는 상벌세칙 등 관련내규에서 정하는 바에 따른다.

② 자율준수관리자는 중대한 경쟁법규 위반 사항이 발견된 경우 관련 임직원에 대한 징계 등의 조치를 요구할 수 있다.

③ 자율준수관리자는 경쟁법규 위반사항에 대하여 당해 임직원 및 부점에 시정을 요구할 수 있으며, 경쟁법규 및 자율준수 제도에 대한 교육이수의무를 부과할 수 있다.

제11조(문서관리)

① 자율준수관리자는 은행 전체의 자율준수에 대한 기본 문서들을 분류하고 5년간 보관하여야 한다.

② 자율준수 활동에 대한 모든 문서는 정확하게 기록되고 최신의 정보를 유지하여야 한다.

③ 자율준수담당자는 자율준수 운영 상황에 대한 검사 및 평가가 가능하도록 각부점 자율준수 이행 관련자료(교육 및 모니터링 자료 등 포함)를 작성하여 5년간 보관하여야 한다.

① 임직원은 담당 업무 수행 중 경쟁법규 위반사항 발견 시, 지체 없이 자율준수관리자의 자문을 받아 처리하여야 한다.

② 자율준수관리자는 상황에 따라 자율준수편람을 제작하지 않을 수도 있다.

③ 자율준수관리자가 경쟁법규 위반 가능성이 높은 분야에 근무 중인 임직원을 대상으로 반기당 4시간의 교육을 실시하는 것은 세칙에 부합하는 행위이다.

④ 자율준수관리자는 중대한 경쟁법규 위반을 행한 임직원을 징계하고, 관련 규정 교육이수의무를 부과할 수 있다.

⑤ 자율준수관리자는 자율준수이행 관련 자료를 작성하여 5년간 보관하여야 한다.

06 다음 중 甲과 乙의 주장을 도출할 수 있는 질문으로 가장 적절한 것은?

> 甲 : 개인의 욕구를 충족시키고 자원을 배분하는 사회적 기능은 일차적으로 사적 영역인 가족이나 시장 등을 통해 이루어져야 한다. 다만 이것이 제대로 이루어지지 않을 때 사회 복지 제도가 잠정적이고 일시적으로 그 기능을 대신할 수 있지만, 자유주의 이념에 따라 사적 영역에 대한 국가의 관여는 최소 수준으로 제한해야 한다. 사회 복지의 대상도 노동시장에서 소득을 얻지 못하는 사람들과 같이 사적 영역에서 사회적 기능을 보장받지 못한 일부 사람들로 국한되어야 한다. 즉, 가족, 공동체, 민간 자원봉사, 시장 등의 민간 부문이 개인 복지의 중요한 역할을 담당하게 된다.
>
> 乙 : 각 개인의 욕구 충족과 자기 성취를 돕기 위해서 국가가 사회 제도를 통해 보편적 복지 서비스를 제공하는 것이 필요하다. 이는 개인들이 자신의 힘만으로는 일상적 위험과 불안에 충분히 대처하기 어려우며, 가족이나 직장도 개인들의 기본적인 필요와 욕구를 충족해 줄 수는 없기 때문이다. 복지 국가의 이념에 따라 개인의 성별, 나이, 지위, 계층 등의 조건과 관계없이 국가가 모든 국민에게 복지 혜택을 제공함으로써, 국민들의 기본적인 욕구를 해결하고 생존의 불안과 위험을 최소화해야 한다. 국가는 사회 복지를 시장 논리에 내맡기지 않고 개인 또는 가족, 민간 부문에 그 책임을 전가하지 않아야 한다.

① 국가의 사회 복지 제도는 어느 수준으로 제공되어야 하는가?
② 개인의 욕구 충족을 위한 사회 복지 제도가 필요한가?
③ 민간기업의 복지 사업 참여는 정당한가?
④ 모든 국민에게 복지 혜택을 제공하기 위한 방법은 무엇인가?
⑤ 국가의 사회 복지 제도는 모두에게 보편적 서비스를 제공하는가?

07 다음 글의 ㉠에 들어갈 문장으로 가장 적절한 것은?

> 접촉의 형식도 언어 변화에 영향을 미치는 것으로 알려져 있다. 사람과 사람이 직접 얼굴을 맞대고 하는 접촉이 라디오나 텔레비전 등의 매체를 통한 접촉보다 결정적인 영향력을 미친다는 것이 일반적인 견해로 알려져 있다. _____㉠_____ 예를 들어 어떤 사람에게서 새 어형을 접했을 때 그것이 텔레비전에서 자주 듣던 것이면 더 쉽게 그쪽으로 마음의 문을 열게 된다. 하지만, 새 어형이 전파되는 것은 매체를 통해서보다 상면(相面)하는 사람과의 직접적인 접촉에 의해서라는 것이 더 일반적인 견해이다. 사람들은 한두 사람의 말만 듣고 언어 변화에 가담하지 않고 주위의 여러 사람이 다 같은 새 어형을 쓸 때 비로소 그것을 받아들이게 된다고 한다. 매체를 통한 것보다 자주 접촉하는 사람들을 통해 언어 변화가 진전된다는 사실은 언어변화의 여러 면을 바로 이해하는 핵심적인 내용이라 해도 좋을 것이다.

① 하지만 매체는 의사 결정에 우리의 생각보다 커다란 영향을 주지 않는다.
② 그에 따라 요즘은 예전보다 다양한 매체가 발전하지 못하고 있는 실정이다.
③ 매체는 어떤 마음의 자세를 준비하게 하는 구실을 한다.
④ 그러나 전문가들은 고전적인 접촉의 형식이 영향력이 더 크다는 견해를 유지하고 있다.
⑤ 최대한 많은 사람들이 이용하는 매체를 통해 접촉을 하는 것이 효과적이다.

08 다음 중 빈칸에 들어갈 내용으로 가장 적절한 것은?

> 현대 자본주의 사회에서 대중은 예술미보다 상품미에 더 민감하다. 상품미란 이윤을 얻기 위해 대량으로 생산하는 상품이 가지는 아름다움을 의미한다. '_____'라고, 요즘은 생산자는 상품을 많이 팔기 위해 디자인과 색상에 신경을 쓰고, 소비자는 같은 제품이라도 겉모습이 화려하거나 아름다운 것을 사려고 한다. 결국, 우리가 주위에서 보는 거의 모든 상품은 상품미를 추구하고 있다. 그래서인지 모든 것을 다 상품으로 취급하는 자본주의 사회에서는 돈벌이를 위해서라면 모든 사물, 심지어는 인간까지도 상품미를 추구하는 대상으로 삼는다.

① 거미는 작아도 줄만 잘 친다
② 빈 수레가 요란하다
③ 같은 값이면 다홍치마다
④ 우물가에서 숭늉 찾는다
⑤ 빈대 잡으려고 초가삼간을 태운다

09 다음 글에서 밑줄 친 ㉠~㉤ 중 우리말 어법상 옳은 것은?

> 오늘날 여성들은 지나치게 ㉠ 얇은 허리와 팔, 다리를 선호하고 있어, 과도한 다이어트가 사회적 문제로 떠오르고 있다. 심지어 온라인에서는 특정 식품만 섭취하여 ㉡ 몇일 만에 5kg 이상을 뺄 수 있다는 이른바 '원푸드 다이어트'가 유행하고 있으며, 몇몇 여성들은 어떤 제품이 다이어트 효과가 좋다고 소문만 나면 ㉢ 서슴치 않고 검증되지 않은 다이어트약을 사서 복용하기도 한다. 그러나 무리한 다이어트는 영양실조 등으로 이어져 건강을 악화시키며, 오히려 요요 현상을 부추겨 이전 몸무게로 되돌아가거나 심지어 이전 몸무게보다 체중이 더 불어나게 만들기도 한다. 전문가들은 무리하게 음식 섭취를 줄이는 대신 생활 속에서 운동량을 조금씩 ㉣ 늘여 열량을 소모할 것과, 무작정 유행하는 다이어트 방법을 따라 할 것이 아니라 자신의 컨디션과 체질에 ㉤ 알맞은 다이어트 방법을 찾을 것을 권하고 있다.

① ㉠ 얇은 허리와 팔, 다리   ② ㉡ 몇일
③ ㉢ 서슴치   ④ ㉣ 늘여
⑤ ㉤ 알맞은

10 다음 중 B씨가 A씨에게 해 주었을 조언으로 적절하지 않은 것은?

> 신입사원 A : B씨, 기획안 다 썼어요? 나는 쓰고 싶은 내용은 있는데 어떻게 써야 할지 잘 모르겠어요.
> 신입사원 B : 문서는 내용도 중요하지만 문서마다 형식에 차이가 있어서 더 어려운 것 같아요. 기획안을 쓸 때는 _____

① 기획안은 설득이 목적이기 때문에 상대가 요구하는 것이 무엇인지 예측하고 파악해야 해요.
② 표나 그래프를 사용하였다면 그것은 문서의 내용을 포함하고 있어야 해요.
③ 대체로 내용이 많기 때문에 목차 구성에 신경을 써야 해요.
④ 피드백을 받아서 수정하는 경우가 대부분이기 때문에 처음부터 완벽할 필요는 없어요.
⑤ 인용 자료가 있다면 그 출처를 분명히 해야 해요.

11 다음 글을 읽고 추론한 내용으로 적절하지 않은 것은?

판구조론의 관점에서 보면, 아이슬란드의 지질학적인 위치는 매우 특수하다. 지구의 표면은 크고 작은 10여 개의 판으로 이루어져 있다. 아이슬란드는 북아메리카 판과 유라시아 판의 경계선인 대서양 중앙 해령에 위치해 있다. 대서양의 해저에 있는 대서양 중앙 해령은 북극해에서부터 아프리카의 남쪽 끝까지 긴 산맥의 형태로 뻗어 있다. 대서양 중앙 해령의 일부분이 해수면 위로 노출된 부분인 아이슬란드는 서쪽은 북아메리카 판, 동쪽은 유라시아 판에 속해 있어 지리적으로는 한 나라이지만, 지질학적으로는 두 개의 서로 다른 판 위에 놓여 있는 것이다.

지구에서 판의 경계가 되는 곳은 여러 곳이 있다. 그러나 아이슬란드는 육지 위에서 두 판이 확장되는 희귀한 지역이다. 아이슬란드가 위치한 판의 경계에서는 새로운 암석이 생성되면서 두 판이 서로 멀어지고 있다. 그래서 아이슬란드에서는 다른 판의 경계에서 거의 볼 수 없는 지질학적 현상이 나타난다. 과학자들의 관찰에 따르면, 아이슬란드의 중심부를 지나는 대서양 중앙 해령의 갈라진 틈이 매년 약 15cm씩 벌어지고 있다.

아이슬란드는 판의 절대 속도를 잴 수 있는 기준점을 가지고 있다는 점에서도 관심의 대상이 되고 있다. 과학자들은 북아메리카 판에 대한 유라시아 판의 시간에 따른 거리 변화를 추정하여 판의 이동 속도를 측정한다. 그러나 이렇게 알아낸 판의 이동 속도는 이동하는 판 위에서 이동하는 다른 판의 속도를 잰 것이다. 이는 한 판이 정지해 있다고 가정했을 때의 판의 속도, 즉 상대 속도이다. 과학자들은 상대 속도를 구한 것에 만족하지 않고, 판의 절대 속도, 즉 지구의 기준점에 대해서 판이 어떤 속도로 움직이는가도 알고자 했다. 판의 절대 속도를 구하기 위해서는 판의 운동과는 독립적으로 외부에 고정되어 있는 기준점이 필요하다. 과학자들은 지구 내부의 맨틀 깊숙이 위치한 마그마의 근원지인 열점이 거의 움직이지 않는다는 것을 알아내고, 그것을 판의 절대 속도를 구하는 기준점으로 사용하였다. 과학자들은 지금까지 지구상에서 100여 개의 열점을 찾아냈는데, 그중의 하나가 바로 아이슬란드에 있다.

① 아이슬란드에는 판의 절대 속도를 구하는 기준점이 있다.
② 북아메리카 판과 유라시아 판의 절대 속도는 같을 것이다.
③ 한 나라의 육지 위에서 두 판이 확장되는 것은 희귀한 일이다.
④ 지구에는 북아메리카 판과 유리시아 판 이외에도 5개 이상의 판이 더 있다.
⑤ 아이슬란드의 중심부를 지나는 대서양 중앙 해령의 갈라진 틈이 매년 약 15cm씩 벌어지고 있는 것은 아이슬란드가 판의 경계에 위치해 있기 때문이다.

※ 다음은 L공사의 2022년 2차 신혼부부전세임대에 대한 분양가이드이다. 이어지는 질문에 답하시오.
[12~13]

L공사의 청약센터에서는 2022년 5월 11일에 2022년 2차 신규 신혼부부전세임대사업 입주자 모집공고를 하였다. 신혼부부 전세 임대사업에 대한 설명은 다음과 같다.

• 신혼부부 전세 임대사업 : 도심 내 저소득계층 (예비)신혼부부가 현 생활권에서 안정적으로 거주할 수 있도록 기존주택을 전세계약 체결하여 저렴하게 재임대하는 임대사업
• 입주자격
  – 모집공고일 기준 무주택세대구성원인 혼인 7년 이내의 신혼부부 또는 예비 신혼부부로 생계·의료급여 수급자 또는 해당 세대의 월평균소득이 전년도 도시근로자 가구당 월평균소득의 70% 이하인 사람
    ※ 소득·자산기준(영구임대주택 자산기준)을 충족하지 못하는 경우 입주대상자에서 제외
  – 1순위 : 입주자 모집공고일 현재 혼인 7년 이내이고, 그 기간 내에 임신 중이거나 출산(입양 포함)하여 자녀가 있는 무주택 세대 구성원
  – 2순위 : 입주자 모집공고일 현재 혼인 7년 이내인 자 또는 예비신혼부부
    ※ 동일순위 경쟁 시 해당 세대의 월평균소득, 자녀 수, 혼인기간, 입주대상자의 나이 등에 따른 배점을 합산한 점수에 따라 입주자 선정
  – 임신의 경우 입주자 모집공고일 이후 임신진단서 등으로 확인
  – 출산의 경우 자녀의 기본증명서상 출생신고일, 입양의 경우 입양신고일 기준
  – 단, 입주자 모집공고일 이전 출생하였으나, 입주자 모집공고일 이후 출생신고를 한 자녀는 가족관계증명서를 확인하여 부부사이의 자녀로 인정되는 경우 혼인기간 내에 출생한 것으로 봄
• 신청방법
  L공사가 신혼부부 전세임대 입주자 모집 시 입주희망자는 주소지 관할 행정복지센터에 신청 → 시·군·구청장이 자격, 희망사항 확인 후 L공사에 선정통보 → 입주대상자가 전세주택을 물색하여 L공사에 계약요청 → L공사가 주택소유자와 계약체결 후 입주대상자 입주
• 지원대상 주택
  단독·다가구·다세대·연립주택·아파트·오피스텔 중 국민주택규모(전용면적 85m²)전세주택 또는 부분전세주택
  ※ 단, 1인 가구의 경우 60m² 주택으로 제한, 다자녀 가구 및 가구원 수가 5인 이상인 경우 국민주택규모(전용면적 85m²) 초과 가능
  ※ 보증부월세 주택 입주를 희망하는 경우에는 주택소유자에게 지급하는 월세 12개월 해당액을 입주자가 추가보증금으로 납부하여야 계약을 체결할 수 있음
• 전세금 지원 한도액

지역	수도권	광역시	그 외 지역
지원한도액	12,000만 원	9,500만 원	8,500만 원

  ※ 수도권은 서울특별시와 경기도 지역을 의미함.
  전세금이 지원한도액을 초과하는 전세주택은 초과하는 전세금액을 입주자가 부담할 경우 지원 가능. 단, 전세금은 호당 지원한도액의 250% 이내로 제한하되 가구원의 수가 5인 이상 시 예외 인정 가능
• 임대규칙
  – 임대보증금 : 한도액 범위 내에서 전세지원금의 5%
  – 월 임대료 : 전세지원금 중 임대보증금을 제외한 금액에 대한 연 1 ~ 2% 이자 해당액
• 임대기간
  최초 임대기간은 2년으로 하되, 9회까지 재계약(2년 단위) 가능

12 자료에 따라 판단할 때, 다음 〈보기〉의 경우 중 적절하지 않은 것을 모두 고르면?

> **보기**
>
> ㉠ 소득·자산기준을 충족하며 2018년 4월 11일에 혼인한 A와 B가 생계·의료급여 수급자이며, B가 임신 중인 경우, A와 B는 1순위로 입주자격을 부여받는다.
>
> ㉡ 2020년 2월 2일에 혼인하였고, 2순위 입주자격 조건을 충족하는 C가 2022년 5월 13일에 두 명의 입양아에 대한 입양신고를 한 경우, C는 1순위 입주자격을 취득한다.
>
> ㉢ 1순위 입주자격을 보유하였으며 혼자 가구를 구성하는 D는 국민주택규모(85m²) 주택의 입주대상자가 될 수 없다.
>
> ㉣ 경기도에 거주하는 신혼부부전세임대 입주대상자인 E는 최소 3,500만 원을 부담하여야 현재 거주지와 동일한 지역에서 전세금이 13,000만 원인 주택에 지원할 수 있다.

① ㉠, ㉡
② ㉠, ㉢
③ ㉡, ㉢
④ ㉡, ㉣
⑤ ㉢, ㉣

13 부부인 F와 G는 2022년 2차 신혼부부전세임대사업에 입주신청을 하려고 한다. 부부에 대한 정보가 다음과 같을 때, F의 입주신청에 대한 설명으로 옳지 않은 것은?

> 〈정보〉
>
> • F는 2016년 3월 28일에 무직인 아내 G와 혼인하였다.
> • F는 무주택자이며, 월평균소득은 420만 원이다(2022년 기준 도시근로자 5인가구당 월평균 소득은 670만 원이다).
> • F와 G 사이에는 2세, 3세, 5세인 친자녀가 있으며 자녀들은 모두 태어난 해에 출생신고를 완료하였다.
> • F는 현재 울산광역시에 거주 중이며, 울산광역시에 위치하고 전세금이 10,000만 원이며 전용면적 80m²인 아파트에 전세주택을 신청하고자 한다.
> • F가 신청한 주택에 대한 월 임대료는 연 1%의 이자율을 적용받는다.
> • F가 입주대상자로 선정되면, 2022년 9월 14일부터 입주하게 된다.

① F는 신혼부부전세임대주택의 1순위 입주자격을 보유하고 있다.

② F가 입주자로 선정되면 지원받는 금액은 9,500만 원이다.

③ F가 입주자로 선정된다면 매월 지불할 월 임대료는 90만 2,500원이다.

④ F는 2022년 5월 11일부터 모집공고기간 내에 L청약센터에 입주신청을 하면 된다.

⑤ F가 2022년 2차 신혼부부전세임대 입주대상자로 최종 선정된 경우, 4회 재계약을 통해 2032년까지 임대할 수 있다.

14 다음은 사물인터넷에 대한 글이다. (가) ~ (라)를 논리적 순서대로 바르게 나열한 것은?

(가) 이러한 수평적 연결은 사물인터넷 서비스로 새로운 성장 동력을 모색할 수 있다. 예를 들어, 스마트 컵인 프라임베실(개인에 필요한 수분 섭취량을 알려줌), 스마트 접시인 탑뷰(음식의 양을 측정함), 스마트 포크인 해피포크(식사 습관개선을 돕는 스마트 포크로 식사 속도와 시간, 1분간 떠먹는 횟수 등을 계산해 식사 습관을 분석함)를 연결하면 식생활 습관을 관리할 수 있을 것이다. 이를 식당, 병원, 헬스케어 센터에서 이용하면 고객의 식생활을 부가 서비스로 관리할 수 있다.

(나) 마치 100m 달리기를 하듯 각자의 트랙에서 목표를 향해 전력 질주하던 시대가 있었다. 선택과 집중의 논리로 수직 계열화를 통해 효율을 확보하고, 성능을 개선하고자 했었다. 그런데 세상이 변하고 있다. 고객 혹은 사용자를 중심으로 기존의 제품과 서비스가 재정의되고 있는 것이다. 이러한 산업의 패러다임적 전환을 신성장 동력이라 말한다.

(다) 기존의 가스 경보기를 만들려면 미세한 가스도 놓치지 않는 센서의 성능, 오래 지속되는 배터리, 크게 알릴 수 있는 알람 소리, 인테리어에 잘 어울리는 멋진 제품 디자인이 필요하다. 그런데 아무리 좋은 가스 경보기를 만들어도 사람의 안전을 담보하지는 못한다. 만약 집에서 가스 경보기가 울리면 아마 창문을 열어 환기 시키고, 가스 밸브를 잠그고, 119에 신고를 해야 할 것이다. 사람의 안전을 담보하는, 즉 연결 지배성이 높은 가스 경보기는 이런 일을 모두 해내야 한다. 이런 가스 경보기를 만들려면 전기, 전자, 통신, 기계, 인테리어, 디자인 등의 도메인들이 사용자 경험을 중심으로 연결돼야 한다. 이를 수평적 연결이라 부른다.

(라) 똑똑한 사물인터넷은 점점 더 다양해진다. SK텔레콤의 '누구나' 아마존 '에코' 같은 스마트 스피커는 사용자가 언제 어디든, 일상에서 인공 비서로 사용되는 시대가 되었다. 그리고 귀뚜라미 보일러의 사물인터넷 서비스는 보일러 쪽으로 직접 가지 않아도 스마트폰 전용 앱으로 보일러를 관리한다. 이제 보일러가 언제, 얼마나, 어떻게 쓰이는지, 그리고 보일러의 상태는 어떠한지, 사용하는 방식과 에너지 소모 등의 정보도 얻을 수 있다. 4차산업혁명의 전진기지 역할을 하는 사물인터넷 서비스는 이제 거스를 수 없는 대세이다.

① (나) – (가) – (다) – (라)
② (나) – (다) – (가) – (라)
③ (다) – (가) – (라) – (나)
④ (다) – (나) – (가) – (라)
⑤ (라) – (나) – (가) – (다)

15 다음 중 빈칸에 들어갈 내용으로 가장 적절한 것은?

세율에는 세액을 과세 표준으로 나눈 값인 평균 세율, 세액을 과세 이진 총소득으로 나눈 값인 실효 세율 등이 있다. 다음 예를 통해 세율에 대해 이해해 보자. 소득세의 세율이 과세 표준 금액 1,000만 원 이하는 10%, 1,000만 원 초과 4,000만 원 이하는 20%라 하자. 이처럼 과세 표준을 몇 개의 구간으로 나누는 까닭은 소득에 대응하는 세율을 일일이 획정하는 것이 현실적으로 어렵기 때문이다. 과세 표준 금액이 3,000만 원인 사람의 세액은 '1,000만 원×10%+2,000만 원×20%=500만 원'으로 계산된다. _____ 과세 표준에 세율을 어떻게 적용할 것인지에 따라 세율 구조가 결정된다. 과세 표준이 클수록 높은 세율로 과세하는 것을 누진 세율 구조라고 한다. 그런데 누진 세율 구조가 아니더라도 고소득일수록 세액이 증가할 수 있으므로 세율 구조는 평균 세율의 증가 여부로 판단하는 것이 적절하다. 즉 과세 표준이 증가할 때 평균 세율이 유지되면 비례 세율 구조, 평균 세율이 오히려 감소하면 역진 세율 구조, 함께 증가하면 누진 세율 구조이다.

① 이 경우 평균 세율은 약 16.7%(500÷3,000×100)가 된다.
② 이 경우 평균 세율은 약 33.3%(1,000÷3,000×100)가 된다.
③ 이 경우 평균 세율은 약 50%(1,500÷3,000×100)가 된다.
④ 이 경우 평균 세율은 약 66.7%(2,000÷3,000×100)가 된다.
⑤ 이 경우 평균 세율은 약 83.3%(2,500÷3,000×100)가 된다.

16 다음은 난민 통계 현황에 대한 자료이다. 이를 정리한 그래프로 옳지 않은 것은?

〈난민 신청자 현황〉

(단위 : 명)

구분		2018년	2019년	2020년	2021년
성별	남자	1,039	1,366	2,403	4,814
	여자	104	208	493	897
국적	파키스탄	242	275	396	1,143
	나이지리아	102	207	201	264
	이집트	43	97	568	812
	시리아	146	295	204	404
	중국	3	45	360	401
	기타	178	471	784	2,687

〈난민 인정자 현황〉

(단위 : 명)

구분		2018년	2019년	2020년	2021년
성별	남자	39	35	62	54
	여자	21	22	32	51
국적	미얀마	18	19	4	32
	방글라데시	16	10	2	12
	DR콩고	4	1	3	1
	에티오피아	4	3	43	11
	기타	18	24	42	49

① 난민 신청자 연도·국적별 현황

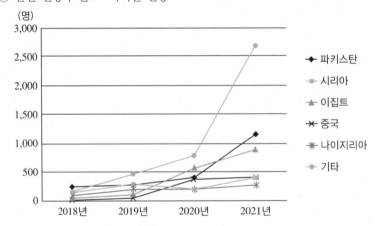

② 전년 대비 난민 인정자 증감률(2019 ~ 2021년)

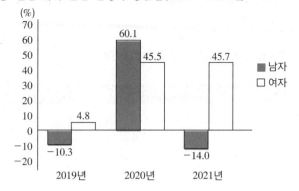

③ 난민 신청자 현황

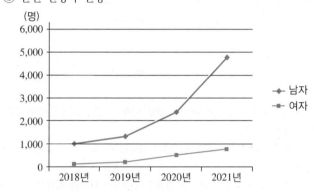

④ 난민 인정자 비율

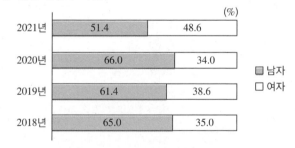

⑤ 2021년 국가별 난민 신청자 비율

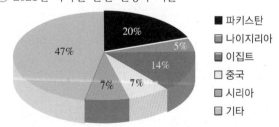

17 다음은 2016년부터 2021년까지의 연도별 기준 관광통역안내사 자격증 취득현황이다. 〈보기〉 중 자료에 대한 설명으로 옳지 않은 것을 모두 고르면?

〈연도별 관광통역안내사 자격증 취득현황〉

(단위 : 명)

취득연도	영어	일어	중국어	불어	독어	스페인어	러시아어	베트남어	태국어
2021년	464	153	1,418	6	3	3	6	5	15
2020년	344	137	1,963	7	3	4	5	5	17
2019년	379	266	2,468	3	1	4	6	15	35
2018년	238	244	1,160	3	4	3	4	4	8
2017년	166	278	698	2	3	2	3	–	12
2016년	156	357	370	2	2	1	5	1	4
합계	1,747	1,435	8,077	23	16	17	29	30	91

보기

㉠ 영어와 스페인어 관광통역안내사 자격증 취득자는 2017년부터 2021년까지 매년 전년 대비 증가하였다.

㉡ 중국어 관광통역안내사 자격증 취득자는 2019년부터 2021년까지 매년 일어 관광통역안내사 자격증 취득자의 8배 이상이다.

㉢ 태국어 관광통역안내사 자격증 취득자 수 대비 베트남어 취득자 수 비율은 2018년부터 2020년까지 매년 증가하였다.

㉣ 불어 관광통역안내사 자격증 취득자 수와 스페인어 관광통역안내사 자격증 취득자 수는 2017년부터 2021년까지 전년 대비 증감추이가 동일하다.

① ㉠

② ㉡, ㉣

③ ㉠, ㉢

④ ㉠, ㉢, ㉣

⑤ ㉡, ㉢, ㉣

18 다음은 시도별 2019 ~ 2021년 지역별 1인 가구 현황에 대한 자료이다. 이에 대한 설명으로 옳지 않은 것은?(단, 소수점 첫째 자리에서 반올림한다)

〈지역별 1인 가구 현황〉

(단위 : 천 가구)

시도별	2019년		2020년		2021년	
	전체가구	1인 가구	전체가구	1인 가구	전체가구	1인 가구
전국	19,092	5,238	19,354	5,434	19,590	5,613
서울특별시	3,778	1,123	3,786	1,149	3,789	1,172
부산광역시	1,334	363	1,344	376	1,354	388
대구광역시	927	241	935	249	942	257
인천광역시	1,043	245	1,059	256	1,075	266
대전광역시	582	171	590	178	597	185
울산광역시	422	104	426	107	430	110
기타 지역	11,006	2,991	11,214	3,119	11,403	3,235

① 해마다 1인 가구 수는 전국적으로 증가하고 있다.
② 전체 가구 수는 해마다 전국적으로 증가하고 있다.
③ 2021년 서울특별시 전체 가구 수 중에서 1인 가구가 차지하는 비중은 약 31%이다.
④ 대전광역시와 울산광역시의 1인 가구 수의 합은 인천광역시의 1인 가구 수보다 항상 크다.
⑤ 2021년 서울특별시의 1인 가구 수는 전국의 1인 가구 수의 약 18%이다.

19 다음은 2019 ~ 2021년 동안 네 국가의 관광 수입 및 지출을 나타낸 표이다. 2020년 관광수입이 가장 많은 국가와 가장 적은 국가의 2021년 관광지출 대비 관광수입 비율의 차이는 얼마인가?(단, 소수점 둘째 자리에서 반올림한다)

<국가별 관광 수입 및 지출>

(단위 : 백만 달러)

구분	관광수입			관광지출		
	2019년	2020년	2021년	2019년	2020년	2021년
한국	15,214	17,300	13,400	25,300	27,200	30,600
중국	44,969	44,400	32,600	249,800	250,100	257,700
홍콩	36,150	32,800	33,300	23,100	24,100	25,400
인도	21,013	22,400	27,400	14,800	16,400	18,400

① 25.0%p

② 27.5%p

③ 28.3%p

④ 30.4%p

⑤ 31.1%p

20 다음은 2011년부터 2021년까지 A국의 유엔 정규분담률 현황에 대한 그래프이다. 다음 중 2012년과 2018년의 전년 대비 유엔 정규분담률 증가율을 순서대로 바르게 나열한 것은?(단, 증가율은 소수점 둘째 자리에서 반올림한다)

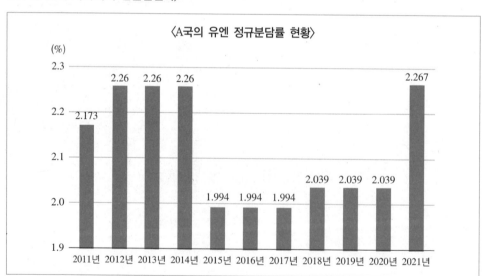

① 4.0%, 2.1%

② 4.0%, 2.3%

③ 4.0%, 2.5%

④ 3.2%, 2.3%

⑤ 3.2%, 2.5%

21 13%의 소금물 400g과 7%의 소금물 200g을 섞은 후, 농도를 모르는 소금물 100g을 섞었더니 22%의 소금물이 되었다. 농도를 모르는 소금물의 농도는 몇 %인가?

① 66%   ② 78%
③ 88%   ④ 92%
⑤ 96%

PART 1

PART 2

22 수인이는 베트남 여행을 위해 인천국제공항에서 환전하기로 하였다. 수인이가 다음 자료에 근거하여 한국 돈으로 베트남 현금 1,670만 동을 환전한다고 할 때, 수수료까지 포함하여 필요한 돈은 얼마인가?(단, 모든 계산과정에서 계산 값은 일의 자리에서 버림한다)

〈L환전소 환율 및 수수료〉

• 베트남 환율 : 483원/만 동
• 수수료 ; 0.5%
• 우대사항 : 50만 원 이상 환전 시 70만 원까지 수수료 0.4%도 인히 적용
           100만 원 이상 환전 시 총 금액 수수료 0.4%로 인하 적용

① 808,840원   ② 808,940원
③ 809,840원   ④ 809,940원
⑤ 810,040원

23 다음은 경기 일부 지역의 2020 ~ 2021년 월별 미세먼지 도시오염도 현황을 나타낸 자료이다. 이에 대한 내용으로 옳지 않은 것은?(단, 소수점 첫째 자리에서 반올림한다)

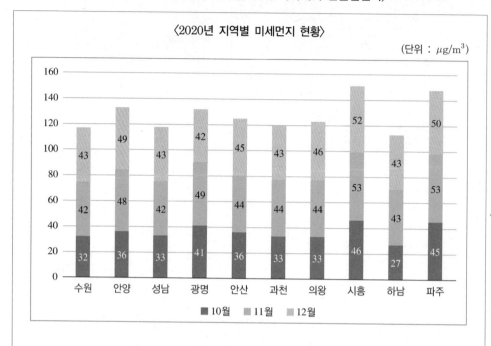

〈2020년 지역별 미세먼지 현황〉

(단위 : $\mu g/m^3$)

〈2021년 지역별 미세먼지 현황〉

(단위 : $\mu g/m^3$)

구분	1월	2월	3월
수원	44	42	47
안양	49	46	52
성남	44	43	47
광명	50	47	52
안산	49	44	46
과천	45	43	48
의왕	47	43	46
시흥	54	47	52
하남	46	43	45
파주	48	43	50

① 2020년 10 ~ 12월까지 미세먼지 농도의 합이 $150\mu g/m^3$ 이상인 지역은 한 곳이다.

② 2021년 1월 미세먼지 농도의 전월 대비 증감률이 0%인 지역의 2021년 2월 농도는 $45\mu g/m^3$ 이상이다.

③ 2020년 10월부터 2021년 3월까지 각 지역마다 미세먼지 농도가 가장 높은 달이 3월인 지역은 네 곳 이하이다.

④ 2021년 1월 대비 2월에 미세먼지 현황이 좋아진 지역은 모두 3월에 다시 나빠졌다.

⑤ 2020년 10월의 미세먼지 농도가 $35\mu g/m^3$ 미만인 지역의 2021년 2월 미세먼지 농도의 평균은 약 $43\mu g/m^3$ 이다.

24 다음은 성별 임금 현황에 대한 자료이다. 이에 대한 설명으로 옳지 않은 것은?

〈우리나라 성별 임금(월급)현황〉

(단위 : 천 원, %)

구분		2016년	2017년	2018년	2019년	2020년	2021년
여자	월급여액	1,654	1,705	1,742	1,781	1,869	1,946
	남성대비비율	64.4	64.0	63.1	62.8	64.0	64.7
남자	월급여액	2,569	2,664	2,761	2,837	2,918	3,010

※ (월급)=(정액급여)+[초과급여(상여급과 특별급여는 제외)]
※ 남성대비비율(남성 대비 여성 임금비율) : 남성 근로자의 임금을 100으로 볼 때, 여성 근로자의 임금이 차지하는 비율

〈2021년도 주요 OECD 회원국의 남녀 임금격차〉

(단위 : %)

구분	호주	캐나다	덴마크	핀란드	프랑스	독일	일본	영국	미국
격차비율	13.0	18.6	5.8	18.1	9.9	17.1	25.7	17.1	18.9

※ 격차비율 : 남성임금 대비 남성과 여성임금의 차이 비율

① 2016 ~ 2021년까지 남성의 연평균 임금은 여성의 연평균 임금의 1.5배 이상이다.
② 2018년 우리나라 남녀 임금격차는 2017년에 비해 더 크다.
③ 2020년 남성 대비 여성임금의 비율은 2019년에 비해 증가했다.
④ 2021년 남성과 여성의 임금은 2016년 대비 20% 이상 증가했다.
⑤ 주요 OECD 회원국 중에서 2021년 남녀 임금격차 비율이 우리나라보다 큰 국가는 없다.

25 다음은 2017 ~ 2021년까지 우리나라의 사고유형별 발생 현황에 대한 통계자료이다. 이에 대한 설명으로 옳은 것은?

〈사고유형별 발생 현황〉

(단위 : 건)

구분	2017년	2018년	2019년	2020년	2021년
도로교통	215,354	223,552	232,035	220,917	216,335
화재	40,932	42,135	44,435	43,413	44,178
가스	72	72	72	122	121
환경오염	244	316	246	116	87
자전거	6,212	4,571	7,498	8,529	5,330

① 도로교통사고 발생 수는 매년 화재사고 발생 수의 5배 이상이다.
② 환경오염사고 발생 수는 매년 증감을 거듭하고 있다.
③ 매년 환경오염사고 발생 수는 가스사고 발생 수보다 많다.
④ 매년 사고 발생 총 건수는 증가하였다.
⑤ 2017 ~ 2021년까지 전체 사고 발생 수에서 자전거사고 발생 수 비중은 3% 미만이다.

26 K씨가 근무하는 주차장에는 자동차가 3분에 한 대 나가고, 5분에 3대가 들어온다. 현재 시간 오전 10시 12분에 주차장에서 차가 1대 나가고 3대가 들어와서 총 156대가 주차되어 있을 때, 주차장에 200대의 차가 다 주차되는 시간은?

① 오전 11시 57분
② 오전 11시 59분
③ 오후 12시 57분
④ 오후 12시 59분
⑤ 오후 1시 57분

27 테니스 경기를 진행하는데 1팀은 6명, 2팀은 7명으로 구성되었고, 팀별 예선을 진행한다. 예선전은 팀에 속한 선수들이 빠지지 않고 모두 한 번씩 경기를 진행한 후 각 팀의 1, 2등이 준결승전에 진출하는 방식이다. 그리고 본선에 진출한 선수 4명을 임의로 2명씩 나눠 준결승전을 진행한 후 이긴 두 선수는 결승전, 진 두 선수는 3·4위전을 진행한다. 예선 경기의 입장권 가격이 20,000원이고, 본선 경기의 입장권 가격이 30,000원이라면 전체경기를 관람하는 데 총 얼마가 필요한가?

① 84만 원
② 85만 원
③ 86만 원
④ 87만 원
⑤ 88만 원

28 다음은 2017 ~ 2021년 아동 10만 명당 안전사고 사망자 수에 대한 그래프이다. 다음 중 2018년과 2020년 아동 10만 명당 안전사고 사망자 수의 전년 대비 증감률을 순서대로 바르게 나열한 것은? (단, 증감률은 소수점 둘째 자리에서 반올림한다)

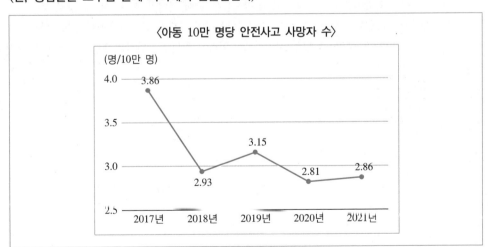

〈아동 10만 명당 안전사고 사망자 수〉

① −19.2%, −8.4%
② −19.2%, −10.8%
③ −24.1%, −8.4%
④ −24.1%, −9.1%
⑤ −24.1%, −10.8%

29 다음은 2021년 11월부터 2022년 2월까지 국내 수출물가지수에 대한 자료이다. 이에 대한 설명으로 옳은 것은?

〈2021년 11월 ~ 2022년 2월 국내 수출물가지수〉

분야	2021년 11월	2021년 12월	2022년 1월	2022년 2월
총지수	85.82	83.80	82.78	82.97
농산물	153.48	179.14	178.17	178.24
수산물	92.40	91.37	92.29	90.02
공산품	85.71	83.67	82.64	82.84
식료품	103.76	103.30	103.89	103.78
담배	96.92	97.39	97.31	97.35
섬유 및 가죽제품	108.18	108.94	111.91	112.18
의약품	100.79	100.56	101.55	101.11
기타최종화학제품	106.53	105.31	103.88	103.57
플라스틱제품	90.50	90.13	90.63	91.40
전기기계 및 장치	93.11	92.64	92.35	92.32
반도체 및 전자표시장치	55.05	54.18	51.09	49.60
컴퓨터 및 주변기기	60.91	59.78	59.47	59.58
가정용 전기기기	92.53	92.08	91.94	91.94
정밀기기	76.03	75.72	74.10	74.12
자동차	99.97	99.66	99.54	99.48
기타 제조업제품	108.13	107.59	107.54	107.98

※ 2020년 동월 같은 분야의 물가지수를 기준(=100)으로 나타낸 지수이다.

① 2021년 11월 정밀기기 분야의 전년 동월 대비 감소율은 30% 이상이다.
② 2022년 2월 농산물 분야의 물가는 수산물 분야 물가의 2배 미만이다.
③ 물가지수의 2022년 1월 전월 대비 감소율은 담배 분야가 전기기계 및 장치 분야보다 높다.
④ 2021년 11월과 2021년 12월에 전년 동월 대비 물가가 증가한 분야의 수는 다르다.
⑤ 공산품 분야의 2020년 11월 물가를 250이라고 한다면, 2021년 11월 물가는 190 이상이다.

30 다음은 청년 고용동향에 대한 자료이다. 이에 대한 내용으로 옳지 않은 것은?

〈자료 1〉 청년층(15 ~ 26세) 고용 동향

(단위 : 명, %)

구분	2014년	2015년	2016년	2017년	2018년	2019년	2020년	2021년
생산가능인구	9,920	9,843	9,855	9,822	9,780	9,705	9,589	9,517
경제활동인구	4,836	4,634	4,530	4,398	4,304	4,254	4,199	4,156
경제활동참가율	48.8	47.1	46.0	44.8	44.0	43.8	43.8	43.7

※ 생산가능인구 : 만 15세 이상 인구

※ 경제활동인구 : 만 15세 이상 인구 중 취업자와 실업자

※ 경제활동참가율 : $\dfrac{(경제활동인구)}{(생산가능인구)} \times 100$

〈자료 2〉 청년층(15 ~ 26세) 고용률 및 실업률

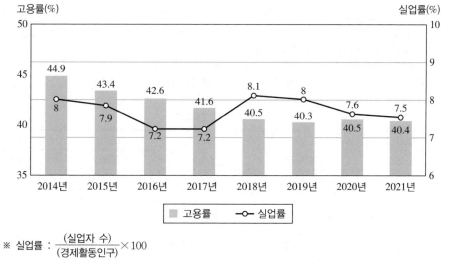

※ 실업률 : $\dfrac{(실업자 \ 수)}{(경제활동인구)} \times 100$

※ 고용률 : $\dfrac{(실업자 \ 수)}{(생산가능인구)} \times 100$

① 생산가능인구는 매년 감소하고 있다.

② 경제활동참가율은 전체적으로 감소하고 있다.

③ 청년층 고용률과 실업률 사이에는 상관관계가 없다.

④ 고용률 대비 실업률 비율이 가장 높았던 해는 2018년이다.

⑤ 전년과 비교했을 때, 2015년에 경제활동인구가 가장 많이 감소했다.

| 03 | 문제해결능력

※ 다음은 D은행 고객 기록에 대한 자료이다. 이어지는 질문에 답하시오. [31~34]

〈기록 체계〉

고객구분	업무	업무내용	접수창구
ㄱ	X	a	01

고객구분		업무		업무내용		접수창구	
ㄱ	개인고객	X	수신계	a	예금	01	1번창구
				b	적금	02	2번창구
ㄴ	기업고객			A	대출상담	03	3번창구
		Y	대부계	B	대출신청	04	4번창구
ㄷ	VIP고객			C	대출완료	05	5번창구
						00	VIP실

※ 업무내용은 대문자·소문자끼리만 복수선택이 가능하다.
※ 개인·기업 고객은 일반창구에서, VIP고객은 VIP실에서 업무를 본다.
※ 수신계는 a, b의 업무만, 대부계는 A, B, C의 업무만 볼 수 있다.

〈기록 현황〉

ㄱXa10	ㄴYA05	ㄴYB03	ㄱXa01	ㄱYB03
ㄱXab02	ㄷYC00	ㄴYA01	ㄴYA05	ㄴYAB03
ㄱYAB00	ㄱYaA04	ㄱXb02	ㄷYB0	ㄱXa04

---

31 D은행을 방문한 ○○기업 대표인 VIP고객이 대출신청을 하였다면, 기록 현황에 기재할 내용으로 옳은 것은?

① ㄴXB00
② ㄴYB00
③ ㄷXB00
④ ㄷYA00
⑤ ㄷYB00

32 기록 현황을 처리하는 도중 잘못 기록된 내용들이 발견되었다. 잘못된 기록 현황은 모두 몇 개인가?

① 1개 ② 2개
③ 4개 ④ 6개
⑤ 7개

33 32번 문제에서 잘못된 접수를 제외하고 정리했을 때, 가장 많이 기록된 업무내용은 무엇인가?

① 예금 ② 적금
③ 대출상담 ④ 대출신청
⑤ 대출완료

34 기록 현황에 순서대로 나열되어 있지 않은 'A', 'B', 'Y', 'ㄴ', '04' 메모가 발견되었다. 이 기록 내용으로 가장 적절한 것은?

① 예금과 적금 업무로 수신계 4번 창구를 방문한 기업고객
② 예금과 적금 업무로 대부계 4번 창구를 방문한 기업고객
③ 대출 업무로 대부계 4번 창구를 방문한 기업고객
④ 대출상담 및 신청 업무로 대부계 4번 창구를 방문한 기업고객
⑤ 대출상담 및 신청 업무로 수신계 4번 창구를 방문한 기업고객

※ 다음은 Z회사의 출장비 지급규정이다. 이어지는 질문에 답하시오. [35~36]

〈출장비 지급규정〉

- 일비는 각 직급별로 지급되는 금액을 기준으로 출장일수에 맞게 지급한다.
- 교통비는 대중교통(버스, 기차 등) 및 택시를 이용한 금액만 실비로 지급한다.
- 숙박비는 1박당 제공되는 숙박비를 넘지 않는 선에서 실비로 지급한다.
- 식비는 각 직급별로 지급되는 금액을 기준으로 1일당 3식으로 계산하여 지급한다.

〈출장 시 지급 비용〉

(단위 : 원)

구분	일비(1일)	숙박비(1박)	식비(1식)
사원	20,000	100,000	6,000
대리	30,000	120,000	8,000
과장	50,000	150,000	10,000
부장	60,000	180,000	10,000

35 대리 1명과 과장 1명이 2박 3일간 부산으로 출장을 다녀왔다면, 지급받을 수 있는 출장비는 총 얼마인가?

〈부산 출장 지출내역〉

- 서울 시내버스 및 지하철 이동 : 3,200원(1인당)
- 서울 – 부산 KTX 이동(왕복) : 121,800원(1인당)
- 부산 ○○호텔 스탠다드 룸 : 150,000원(1인당, 1박)
- 부산 시내 택시 이동 : 10,300원

① 1,100,300원 ② 1,124,300원
③ 1,179,300원 ④ 1,202,300원
⑤ 1,220,300원

36 사원 2명과 대리 1명이 1박 2일간 강릉으로 출장을 다녀왔다면, 지급받을 수 있는 출장비는 총 얼마인가?

> 〈강릉 출장 지출내역〉
>
> • 서울 – 강릉 자가용 이동(왕복) : 주유비 100,000원
> • 강릉 ○○호텔 트리플룸 : 80,000원(1인당, 1박)
> • 식비 : 총 157,000원

① 380,000원   ② 480,000원

③ 500,000원   ④ 537,000원

⑤ 637,000원

---

37 한 고등학교는 5층 건물로, 총 8개의 학급(1반 ~ 8반)을 각 층에 배치하려고 한다. 다음에 근거하여 바르게 추론한 것은?

> • 1층에는 학교에 하나뿐인 교장실과 교무실이 있어서 학급을 배치할 수 없다.
> • 2층부터 5층에는 같은 수의 학급이 위치한다.
> • 각 층에는 짝수반 하나, 홀수반 하나가 위치한다.
> • 8반은 가장 위층에 있으며, 8반과 같은 층을 쓰는 반은 3반이다.
> • 6반은 3반과 5반의 사이에 있다.
> • 2반보다 아래에 있는 학급은 2개의 학급이다.
> • 7반과 4반은 같은 층을 쓰며, 4반의 아래층에는 교장실과 교무실이 있다.

① 4층에는 6반과 5반이 있다.

② 5반보다 위에 있는 학급은 총 2개이다.

③ 2반은 3층에 위치하며, 7반과 같은 층을 쓴다.

④ 7반은 2층에 있으며, 7반 아래에 있는 학급은 없다.

⑤ 6반은 3층에 위치한다.

38 K공사 재무처에 근무하는 A주임은 아래의 2012 ~ 2021년 부채에 관련된 자료를 이용하여 보고서를 작성하였다. 다음 보고서의 내용 중 적절하지 않은 것을 모두 고르면?

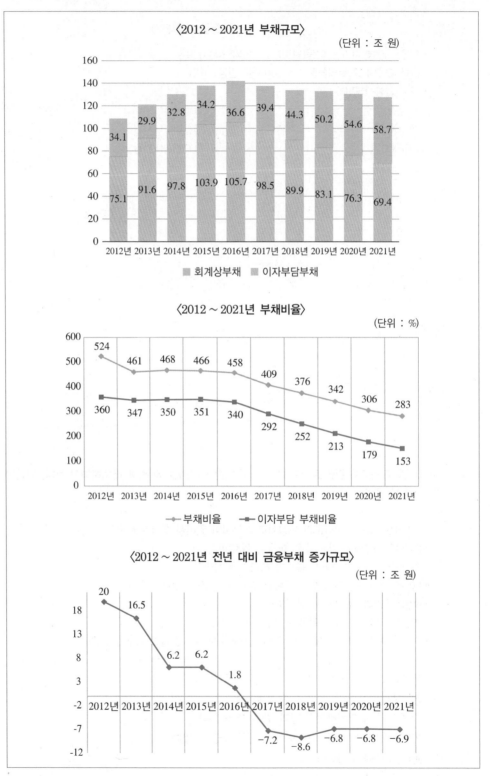

〈2012 ~ 2021년 부채규모〉
(단위 : 조 원)

〈2012 ~ 2021년 부채비율〉
(단위 : %)

〈2012 ~ 2021년 전년 대비 금융부채 증가규모〉
(단위 : 조 원)

〈보고서〉

K공사의 부채규모는 2021년까지 5년 연속 하락세를 보였다. 2012년부터 2016년까지는 부채 중 이자부담부채는 전년 대비 매년 증가하였으나, 2017년부터는 하락하는 경향을 보였다. ㉠ 회계상 부채의 경우, 2012년부터 2021년까지 매년 부채 중 구성비가 전년 대비 증가하였다. 부채규모는 2016년에 최대치를 기록하였으나, 회계상부채는 2021년에 최고치를 기록하였다.

부채비율은 2012년부터 2021년까지 대체로 감소하는 추세를 보였다. ㉡ 이자부담부채비율 역시 해당기간 동안 부채비율과 매년 동일한 증감추이를 나타내었다. 부채비율 대비 이자부담부채비율은 2017년에 전년 대비 감소하는 경향을 나타내었다. 하지만 ㉢ 2019년에는 부채비율 대비 이자부담 부채비율이 전년 대비 감소하였다. 2021년에는 해당 비율이 50%를 상회하였다.

또한 조사결과, ㉣ K공사의 금융부채 증가규모는 2017년부터 감소세가 시작되었다. 2018년에는 전년 대비 공사의 금융부채가 가장 많이 감소하였으며, ㉤ 2020년에는 전년과 동일한 감소율을 유지하였다. 2012년부터 2021년까지 중 전년 대비 금융부채가 가장 많이 감소한 해는 2018년이었다. 조사연도 초기인 2012년에 비해 금융부채 감소세가 진행 중이라는 것은 경영건전성에 있어서 긍정적으로 평가할 만하다.

① ㉠, ㉡, ㉤
② ㉠, ㉣, ㉤
③ ㉡, ㉢, ㉣
④ ㉠, ㉢, ㉣, ㉤
⑤ ㉠, ㉡, ㉣, ㉤

39 다음은 2020년과 2021년 우리나라 행정구역별 주택유형 구성비이다. 이에 대한 설명으로 옳은 것은?

<2021년 행정구역별 주택유형 구성비>

(단위 : %)

구분	합계	단독주택	아파트	연립주택	다세대주택	비거주용 건물 내 주택	주택 이외의 거처
전국	100.0	34.3	48.6	2.2	9.2	1.6	4.1
서울	100.0	30.1	42.0	2.9	17.3	2.1	5.6
부산	100.0	29.6	52.6	2.1	9.6	1.5	4.6
대구	100.0	36.2	53.9	0.9	5.4	1.5	2.1
인천	100.0	19.0	53.0	2.0	19.8	1.2	5.0
광주	100.0	30.2	63.7	1.2	1.2	1.3	2.4
대전	100.0	34.9	54.8	1.5	5.2	1.3	2.3
울산	100.0	32.4	56.8	1.5	4.8	2.0	2.5
세종	100.0	28.8	65.0	0.9	1.2	0.9	3.2
경기	100.0	25.0	55.4	2.4	11.6	1.2	4.4
강원	100.0	47.3	43.7	2.6	1.4	2.1	2.9
충북	100.0	44.9	45.9	2.2	2.5	1.7	2.8
충남	100.0	45.6	43.4	2.1	3.7	1.6	3.6
전북	100.0	47.1	46.0	1.7	1.4	1.6	2.2
전남	100.0	54.7	37.3	1.6	1.1	1.8	3.5
경북	100.0	51.2	38.5	2.2	3.6	1.8	2.7
경남	100.0	43.5	47.5	1.7	2.5	1.6	3.2
제주	100.0	49.3	25.5	7.2	10.2	2.8	5.0

〈2020년 행정구역별 주택유형 구성비〉

(단위 : %)

구분	합계	단독주택	아파트	연립주택	다세대주택	비기주용 건물 내 주택	주택 이외의 거처
전국	100.0	35.3	48.1	2.2	8.9	1.7	3.8
서울	100.0	31.2	41.6	2.7	16.5	0.7	7.3
부산	100.0	30.7	51.6	2.1	9.4	1.4	4.8
대구	100.0	37.1	52.8	0.9	5.5	1.9	1.8
인천	100.0	19.5	52.6	1.8	20.2	0.4	5.5
광주	100.0	31.6	62.7	1.1	1.2	3.4	0.0
대전	100.0	35.1	54.3	1.5	5.3	3.1	0.7
울산	100.0	33.5	55.7	1.4	4.8	4.6	0.0
경기	100.0	45.3	44.3	1.9	3.6	0.9	4.0
강원	100.0	25.9	55.2	2.5	10.8	0.4	5.2
충북	100.0	47.8	42.7	2.6	1.4	3.9	1.6
충남	100.0	45.3	45.3	2.2	2.4	4.8	0.0
전북	100.0	47.9	45.9	1.7	1.4	3.1	0.0
전남	100.0	55.6	36.4	1.5	1.1	3.4	2.0
경북	100.0	51.9	38.1	2.1	3.6	3.9	0.4
경남	100.0	45.8	47.6	1.8	2.6	2.2	0.0
제주	100.0	50.6	24.8	6.6	9.5	6.2	2.3

① 2020년 다세대주택 비율이 단독주택 비율의 50% 이상인 행정구역은 5곳이다.

② 2021년 아파트의 전년 대비 증가율은 대구가 부산보다 더 높다.

③ 충북의 주택유형 구성비 순위는 2020년과 2021년이 동일하다.

④ 경기의 아파트 수 대비 주택 이외의 거처 수의 비율은 2020년이 2021년보다 높다.

⑤ 인천광역시의 2021년 단독주택의 수는 비거주용 건물 내 주택 수의 12배 미만이다.

※ H대리는 가을을 맞아 가족들과 1박 2일로 가평펜션으로 여행을 가기로 하였다. 다음은 가평에 가기 위한 대중교통수단별 운행요금 및 소요시간과 자가용 이용 시 현황에 대한 자료이다. 이어지는 질문에 답하시오. [40~42]

〈대중교통수단별 운행요금 및 소요시간〉

구분	운행요금			소요시간		
	수원역 ~ 서울역	서울역 ~ 청량리역	청량리역 ~ 가평역	수원역 ~ 서울역	서울역 ~ 청량리역	청량리역 ~ 가평역
기차	2,700원	–	4,800원	32분	–	38분
버스	2,500원	1,200원	3,000원	1시간 16분	40분	2시간 44분
지하철	1,850원	1,250원	2,150원	1시간 03분	18분	1시간 17분

※ 운행요금은 어른 요금이다.

〈자가용 이용 시 현황〉

구분	통행료	소요시간	거리
A길	4,500원	1시간 49분	98.28km
B길	4,400원	1시간 50분	97.08km
C길	6,600원	1시간 49분	102.35km

※ 거리에 따른 주유비는 124원/km이다.

> 조건
> • H대리 가족은 어른 2명, 아이 2명이다.
> • 아이 2명은 각각 만 12세, 만 4세이다.
> • 어린이 기차 요금(만 13세 미만)은 어른 요금의 50% 할인 적용하고, 만 4세 미만은 무료이다.
> • 어린이 버스 요금(만 13세 미만)은 어른 요금의 20% 금액이고, 만 5세 미만은 무료이다.
> • 어린이 지하철 요금(만 6세~만 12세)은 어른 요금의 40%이며, 만 6세 미만은 무료이다.

40 수원역 가까이에 사는 H대리는 가족과 함께 주말에 가평 펜션에 놀러갈 여행준비를 하고 있다. 가평에 가기 위해 대중교통을 이용하고자 하고, 수원역에서 가평까지 소요시간에 상관없이 기차를 반드시 세 구간 중 한 구간만 이용한다고 한다. 다음 중 최소비용으로 가는 방법과 그 비용은 얼마인가?

	교통수단	비용
①	지하철 → 지하철 → 기차	15,850원
②	버스 → 지하철 → 기차	15,800원
③	지하철 → 버스 → 기차	16,060원
④	기차 → 버스 → 지하철	15,900원
⑤	기차 → 지하철 → 지하철	16,260원

41　H대리는 수원역에서 가평역까지 기차를 반드시 한 번만 이용하기로 결정했다. 가평역까지 총 소요된 시간이 2시간 ~ 2시간 20분일 때, 다음 중 최소비용으로 가는 교통수단 순서는 무엇인가?(단, 환승시간은 무시한다)

① 지하철 → 지하철 → 기차
② 버스 → 지하철 → 기차
③ 지하철 → 버스 → 기차
④ 기차 → 버스 → 지하철
⑤ 기차 → 지하철 → 지하철

42　H대리는 가족과 상의 후 자가용으로 편하게 가평까지 가기로 하였다. 가는 길이 A ~ C길 세 가지가 있을 때, 최대비용과 최소비용의 차이는 얼마인가?(단, 비용은 통행료 및 총 주유비이며, 계산값은 일의 자리에서 반올림한다)

① 2,750원
② 2,800원
③ 2,850원
④ 2,900원
⑤ 2,950원

43 A씨와 B씨는 각각 해외에서 직구로 물품을 구매하였다. 해외 관세율이 다음과 같을 때, A와 B 중 어떤 사람이 더 관세를 많이 냈으며 그 금액은 얼마인가?

품목	관세(%)	부가세(%)
책	5	5
유모차, 보행기	5	10
노트북	8	10
스킨, 로션 등 화장품	6.5	10
골프용품, 스포츠용 헬멧	8	10
향수	7	10
커튼	13	10
카메라	8	10
신발	13	10
TV	8	10
휴대폰	8	10

※ 향수 화장품의 경우 개별소비세 7%, 농어촌특별세 10%, 교육세 30%가 추가
※ 100만 원 이상 전자제품(TV, 노트북, 카메라, 핸드폰 등)은 개별소비세 20%, 교육세 30%가 추가

〈구매 품목〉

• A : TV(110만 원), 스킨로션(5만 원), 휴대폰(60만 원), 스포츠용 헬멧(10만 원)
• B : 책(10만 원), 카메라(80만 원), 노트북(110만 원), 신발(10만 원)

① A, 91.5만 원   ② B, 90.5만 원
③ A, 94.5만 원   ④ B, 92.5만 원
⑤ B, 93.5만 원

44 한 회사에서 건물의 엘리베이터 여섯 대(1호기 ~ 6호기)를 6시간에 걸쳐 점검하고자 한다. 한 시간에 한 대씩만 검사한다고 할 때, 다음 〈조건〉에 근거하여 옳은 것은?

조건
- 제일 먼저 검사하는 것은 5호기이다.
- 가장 마지막에 검사하는 것은 6호기가 아니다.
- 2호기는 6호기보다 먼저 검사한다.
- 3호기는 두 번째로 먼저 검사하며, 그 다음으로 검사하는 것은 1호기이다.

① 6호기는 4호기보다 늦게 검사한다.
② 마지막으로 검사하는 엘리베이터는 4호기는 아니다.
③ 4호기 다음으로 검사할 것은 2호기이다.
④ 2호기는 세 번째로 먼저 검사한다.
⑤ 6호기는 1호기 다다음에 검사하며, 5번째로 검사하게 된다.

45 F공사에서는 농가소득 창출을 위한 농식품 생산 사업의 이익을 높이기 위해 다양한 방식을 고민하고 있다. 다음 정보를 통해 가장 많은 이익을 얻을 수 있는 방법으로 옳은 것은?

〈정보〉
- 상품 1개당 판매가격은 12,000원이며, 상품 1개당 생산 비용은 5,500원이다.
- 현재 상품의 한 달 생산량은 600개이며, 생산량 중 불량품을 제외하고 모두 판매한다.
- 현재 불량률은 15%이며, 불량률을 1% 감소시킬 때마다 추가 생산비용이 2만 원씩 생긴다.
- 불량률(%)$=\dfrac{(불량품\ 개수)}{(생산량)}\times100$
- 이익=(판매량)×(개당 판매 가격-개당 생산 비용)-(추가 생산 비용)

① 불량률을 5% 감소시킨다.
② 불량률을 10% 감소시킨다.
③ 불량률을 15% 감소시킨다.
④ 판매가격을 5% 올린다.
⑤ 생산량을 10% 증가시킨다.

46 세계 표준시는 본초 자오선인 0°를 기준으로 동서로 각각 180°, 360°로 나누어져 있으며 경도 15°마다 1시간의 시차가 생긴다. 동경 135°인 우리나라가 3월 14일 현재 오후 2시일 때, 동경 120°인 중국은 같은 날 오후 1시이고, 서경 75°인 뉴욕은 같은 날 자정이다. 이를 바탕으로 우리나라가 4월 14일 오전 6시일 때, 서경 120°인 LA의 시각을 구한 것으로 옳은 것은?

① 4월 13일, 오후 1시

② 4월 13일, 오후 5시

③ 4월 13일, 오후 9시

④ 4월 14일, 오전 3시

⑤ 4월 15일, 오후 2시

47 N의류회사는 제품의 판매촉진을 위해 TV광고를 기획하고 있는데, 다음은 광고모델 후보 5명에 대한 자료이다. 이를 토대로 향후 1년 동안 광고효과가 가장 클 것으로 예상되는 모델은 누구인가?

⟨광고모델별 1년 계약금 및 광고 1회당 광고효과⟩

(단위 : 천 원)

모델	1년 계약금	1회당 광고비	1회당 광고효과(예상)	
			수익 증대 효과	브랜드 가치 증대 효과
A	120,000		140,000	130,000
B	80,000		80,000	110,000
C	100,000	2,500	100,000	120,000
D	90,000		80,000	90,000
E	70,000		60,000	80,000
비고	• (총 광고효과)=(1회당 광고효과)×(1년 광고횟수) • (1회당 광고효과)=(1회당 수익 증대 효과)+(1회당 브랜드 가치 증대 효과) • (1년 광고횟수)=(1년 광고비)÷(1회당 광고비) • (1년 광고비)=1억 8천만 원−(1년 계약금)			

① A

② B

③ C

④ D

⑤ E

48 H공사는 후문 유휴지 개발을 위한 시공업체를 선정하고자 한다. 업체 선정방식 및 참가업체에 대한 평가정보가 다음과 같을 때, 최종적으로 선정될 업체는?

<선정방식>

- 최종점수가 가장 높은 업체를 선정한다.
- 업체별 최종점수는 경영건전성 점수, 시공실적 점수, 전력절감 점수, 친환경 점수를 합산한 값의 평균에 가점을 가산하여 산출한다.
- 해당 업체의 평가항목별 점수는 심사위원들이 부여한 점수의 평균값이다.
- 다음의 상황에 해당되는 경우 가점을 부여한다.

내용	가점
최근 5년 이내 무사고	1점
디자인 수상 실적 1회 이상	2점
입찰가격 150억 원 이하	2점

<참가업체 평가정보>

(단위 : 점)

구분	A업체	B업체	C업체	D업체	E업체
경영건전성 점수	85	91	79	84	88
시공실적 점수	79	82	81	75	71
전력절감 점수	71	74	72	83	77
친환경 점수	88	75	85	79	89
최근 5년 이내 사고 건수	1	-	3	2	-
디자인 수상 실적	2	1	-	-	-
입찰가격	220억 원	172억 원	135억 원	184억 원	110억 원

① A업체 ② B업체
③ C업체 ④ D업체
⑤ E업체

※ 다음은 호텔별 연회장 대여현황에 대한 자료이다. 이어지는 질문에 답하시오. [49~50]

<table>
<tr><th colspan="7">〈호텔별 연회장 대여 현황〉</th></tr>
<tr><th>건물</th><th>연회장</th><th>대여료</th><th>수용 가능 인원</th><th>회사로부터 거리</th><th colspan="2">비고</th></tr>
<tr><td>A호텔</td><td>연꽃실</td><td>140만 원</td><td>200명</td><td>6km</td><td colspan="2">2시간 이상 대여 시 추가비용 40만 원</td></tr>
<tr><td>B호텔</td><td>백합실</td><td>150만 원</td><td>300명</td><td>2.5km</td><td colspan="2">1시간 초과 대여 불가능</td></tr>
<tr><td rowspan="2">C호텔</td><td>매화실</td><td>150만 원</td><td>200명</td><td>4km</td><td colspan="2">이동수단 제공</td></tr>
<tr><td>튤립실</td><td>180만 원</td><td>300명</td><td>4km</td><td colspan="2">이동수단 제공</td></tr>
<tr><td>D호텔</td><td>장미실</td><td>150만 원</td><td>250명</td><td>4km</td><td colspan="2">–</td></tr>
</table>

49 총무팀에 근무하고 있는 이대리는 김부장에게 다음과 같은 지시를 받았다. 이대리가 연회장 예약을 위해 지불해야 하는 예약금은 얼마인가?

> 다음 주에 있을 회사창립 20주년 기념행사를 위해 준비해야 할 것들을 알려 줄게요. 먼저 다음 주 금요일 오후 6시부터 8시까지 사용 가능한 연회장 리스트를 뽑아서 행사에 적합한 연회장을 예약해 주세요. 연회장 대여를 위한 예산은 160만 원이고, 회사에서 거리가 가까워야 임직원들이 이동하기에 좋을 것 같아요. 행사 참석 인원은 240명이고, 이동수단을 제공해 준다면 우선적으로 고려하도록 하세요. 예약금은 대여료의 10%라고 하니 예약 완료하고 지불하도록 하세요.

① 14만 원   ② 15만 원
③ 16만 원   ④ 18만 원
⑤ 20만 원

50 회사창립 20주년 기념행사의 연회장 대여 예산이 200만 원으로 증액된다면, 이대리는 어떤 연회장을 예약하겠는가?

① A호텔 연꽃실   ② B호텔 백합실
③ C호텔 매화실   ④ C호텔 튤립실
⑤ D호텔 장미실

※ 다음은 Q회사의 신입사원 채용시험 결과와 합격자 선발기준이다. 이어지는 질문에 답하시오. **[51~52]**

〈신입사원 채용시험 상위 5명 전수(각 100점 만점)〉

구분	언어	수리	정보	상식	인성
A	90	80	90	80	90
B	80	90	80	90	90
C	90	70	100	90	80
D	80	90	100	100	80
E	100	80	70	80	90

〈합격자 선발기준〉

언어	수리	정보	상식	인성
30%	30%	10%	10%	20%

※ 위의 선발기준 가중치를 고려하여 채용시험 성적 총점을 산출하고 합격자를 정한다.

51 5명 중 상위 2명을 합격자로 선정하였을 때, 합격자를 바르게 짝지은 것은?

① A, B 　　　　　　　　　② A, D
③ B, C 　　　　　　　　　④ B, D
⑤ D, E

52 합격자 선발기준에서 인성에 대한 가중치를 높이고자 인성 점수와 수리 점수의 가중치를 서로 바꾸었을 때, 합격자를 바르게 짝지은 것은?

① A, B 　　　　　　　　　② A, D
③ A, E 　　　　　　　　　④ B, D
⑤ D, E

※ 다음은 2022년 R기업 하반기 신입사원 채용공고이다. 이어지는 질문에 답하시오. [53~54]

〈2022년 하반기 R기업 신입사원 채용공고〉

- 채용인원 및 선발분야 : 총 000명(기능직 000명, 행정직 000명)
- 지원 자격

구분	주요내용
학력	• 기능직 : 해당 분야 전공자 또는 관련 자격 소지자 • 행정직 : 학력 및 전공 제한 없음
자격	• 기능직의 경우 관련 자격증 소지 여부 확인 • 외국어 능력 성적 보유자에 한해 성적표 제출
연령	• 만 18세 이상(채용공고일 2022.10.23. 기준)
병역	• 병역법에 명시한 병역기피 사실이 없는 자 　(단, 현재 군복무 중인 경우 채용예정일 이전 전역 예정자 지원가능)
기타	• 2022년 하반기 신입사원 채용부터 지역별 지원 제한 폐지

- 채용전형 순서 : 서류전형 – 필기전형 – 면접전형 – 건강검진 – 최종합격
- 채용예정일 : 2022년 11월 15일

---

53 R기업 채용 Q&A 게시판에 다음과 같은 질문이 올라왔다. 질문에 대한 답변으로 옳은 것은?

> 안녕하세요.
> 이번 R기업 채용공고를 확인하고 지원하려고 하는데 지원 자격과 관련하여 여쭤보려고 합니다. 대학을 졸업하고 현재 군인 신분인 제가 이번 채용에서 행정직에 지원할 수 있는지 확인하고 싶어서요. 답변 부탁드립니다.

① 죄송하지만 이번 채용에서는 대학 졸업예정자만을 대상으로 하고 있습니다.
② 채용예정일 이전 전역 예정자라면 지원 가능합니다.
③ 기술직의 경우 필요한 자격증을 보유하고 있다면 누구든지 지원 가능합니다.
④ 지역별로 지원 제한이 있으므로 확인하시고 지원하시기 바랍니다.
⑤ 외국어 능력 성적을 보유하셔야 지원 가능합니다.

54 다음 중 R기업에 지원할 수 없는 사람은 누구인가?

① 최종학력이 고등학교 졸업인 A
② 관련 학과를 전공하고 기술직에 지원한 B
③ 2022년 11월 10일 기준으로 만 18세가 되는 C
④ 현재 군인 신분으로 2022년 11월 5일 전역 예정인 D
⑤ 외국어 능력 성적표를 제출하지 않은 E

55 일본 도쿄에 있는 거래처에 방문한 K씨는 회사에서 삿포로에 위치한 거래처에도 다녀오라는 연락을 받았다. 이때 K씨가 선택할 수 있는 A ~ E교통편과 결정조건이 다음과 같을 때, K씨가 선택할 교통편은?(단, 소수점 셋째 자리에서 반올림한다)

〈교통수단별 시간 및 요금〉

구분	교통수단	시간(시간)	편안함 계수	요금(원)
A	일반열차	10	5	50,000
B	일반열차	8	5	60,000
C	고속열차	6	7	80,000
D	고속열차	5	7	100,000
E	고속열차	2	10	150,000

※ 편안함 계수 : 1 ~ 10까지의 숫자로 산정하며, 계수가 클수록 편안하다.

〈교통수단의 결정조건〉

- 결정조건계수 : $\dfrac{(편안함계수)\times 700}{(시간)\times 1,000 + (요금)\times 0.5}$
- 결정조건계수가 가장 큰 교통수단을 선택한다.

① A   ② B
③ C   ④ D
⑤ E

※ 다음은 M공사의 성과급 지급기준 및 경영지원팀 A팀장, B대리, C주임, D주임, E사원에 대한 성과평가 결과에 대한 자료이다. 이어지는 질문에 답하시오. [56~57]

〈성과급 지급 기준〉

• 직원들의 성과급은 평정점수에 따라 지급한다.
• 평정점수는 성과평가 결과에 따라 다음 5등급으로 나눈 평가항목별 기준점수에 해당하는 각 점수의 총합으로 계산한다.

〈평가항목별 기준점수〉

(단위 : 점)

구분	업무량	업무수행 효율성	업무 협조성	업무처리 적시성	업무결과 정확성
탁월	10	25	25	20	20
우수	8	20	20	16	16
보통	6	15	15	12	12
부족	4	10	10	8	8
열등	2	5	5	4	4

〈평정점수 구간에 따른 직책별 성과급 지급액〉

구분	80점 이상	80점 미만 75점 이상	75점 미만 70점 이상	70점 미만
팀장	120만 원	100만 원	75만 원	40만 원
팀원	90만 원	80만 원	70만 원	45만 원

〈경영지원팀 성과평가 결과〉

구분	업무량	업무수행 효율성	업무 협조성	업무처리 적시성	업무결과 정확성
A팀장	탁월	부족	우수	보통	탁월
B대리	우수	열등	보통	우수	탁월
C주임	우수	탁월	탁월	열등	우수
D주임	탁월	부족	우수	보통	부족
E사원	우수	탁월	보통	우수	탁월

56 경영지원팀 팀원들의 성과급 지급액은 성과급 지급 기준에 따라 결정된다. 다음 〈보기〉의 설명 중 경영지원팀의 각 팀원에게 지급될 성과급에 대한 설명으로 옳은 것을 모두 고르면?

> **보기**
>
> ㉠ 평정점수가 높은 직원일수록 더 많은 성과급을 지급받는다.
> ㉡ 동일한 금액의 성과급을 지급받는 직원이 2명 이상 있다.
> ㉢ A팀장이 지급받을 성과급은 D주임이 지급받을 성과급의 2배 이상이다.
> ㉣ E사원이 가장 많은 성과급을 지급받는다.

① ㉠, ㉡
② ㉠, ㉢
③ ㉡, ㉢
④ ㉡, ㉣
⑤ ㉢, ㉣

PART 1

PART 2

57 성과급 지급액을 산정하던 중 성과평가 과정에서 오류가 발견되어, 다시 성과평가를 실시하였다. 성과평가를 다시 실시한 결과 다음과 같이 평가 결과가 수정되었다고 할 때, 두 번째로 많은 성과급을 지급받을 직원으로 옳은 것은?

> 〈경영지원팀 성과평가 결과 수정내용〉
>
> • B대리의 업무량 평가 : 우수 → 보통
> • C주임의 업무처리 적시성 평가 : 열등 → 우수
> • D주임의 업무수행 효율성 평가 : 부족 → 열등
> • E사원의 업무결과 정확성 평가 : 탁월 → 보통

① A팀장
② B대리
③ C주임
④ D주임
⑤ E사원

※ 다음은 D회사의 승진규정과 승진대상자 목록이다. 이어지는 질문에 답하시오. [58~59]

〈승진규정〉

제1조(승진시기) 승진은 매년 정기적으로 12월 31일 자로 실시함을 원칙으로 한다.

제2조(승진대상자)
각 부서장은 승진대상자를 추천하여 12월 10일까지 제출한다.

제3조(승진가능자)
다음의 요건을 갖춘 자를 승진가능자로 한다.
① 승진 후 5년 이상 실근무한 자
② 최근 3년간 근무성적 점수 평균이 B등급 이상인 자(단, A＞B＞C＞D)
③ 징계처분으로 인한 정직기간이 경과된 자

제4조(실근무 연수 계산)
① 실근무 연수 계산의 기준일자는 12월 31일로 한다.
② 실근무 연수 계산에 있어서 다음의 기간은 제외한다.
　1. 직위해제기간
　2. 징계처분으로 인한 정직기간
　3. 휴직기간

제5조(승진자 선정)
① 연간 승진자는 5명 이내로 한다.
② 승진대상자 중 승진가능자가 5명을 초과한다면, 최근 3년간 근무성적 점수 평균이 높은 순서대로 5명이 승진한다.

〈승진대상 목록〉

성명	부서	직급	승진일자	최근 3년간 근무성적 점수 평균	기타
한애리	관리부	대리	2015년 12월 31일	A	－
임수빈	생산부	대리	2012년 12월 31일	B	휴직기간 2013년(1년간)
이기찬	총무부	과장	2012년 12월 31일	D	직위해제기간 2019년(1년간)
황영미	인사부	차장	2016년 12월 31일	C	－
최선희	영업부	차장	2014년 12월 31일	B	－
윤영필	생산부	과장	2017년 12월 31일	A	－
고세영	영업부	대리	2018년 12월 31일	B	－
이진수	영업부	대리	2015년 12월 31일	C	－
김철홍	관리부	과장	2013년 12월 31일	B	－
한선희	관리부	차장	2014년 12월 31일	B	징계로 인한 정직기간 2020 ~ 2021년(2년간)
이선화	총무부	대리	2014년 12월 31일	A	－

58 다음 중 D회사에서 2020년 12월 31일 자로 승진하는 사람은 누구인가?

① 임수빈 대리
② 황영미 차장
③ 윤영필 과장
④ 한선희 차장
⑤ 이진수 대리

59 다음 중 D회사에서 2020년 12월 31일 자로 승진하는 사람은 총 몇 명인가?

① 1명
② 2명
③ 3명
④ 4명
⑤ 5명

60 Q제약회사는 상반기 신입사원 공개채용을 시행했다. 마지막으로 최종 면접자들의 점수를 확인하여 합격 점수 산출법에 따라 합격자를 선정하려고 한다. 총점이 80점 이상인 지원자가 합격한다고 할 때, 다음 중 합격자들을 모두 고르면?

〈최종 면접 점수〉

구분	A	B	C	D	E
직업기초능력	75	65	60	68	90
의사소통능력	52	70	55	45	80
문제해결능력	44	55	50	50	49

〈합격 점수 산출법〉

- (직업기초능력)×0.6
- (의사소통능력)×0.3
- (문제해결능력)×0.4
- 총점 : 80점 이상
- ※ 과락 점수(미만) : 직업기초능력 60점, 의사소통능력 50점, 문제해결능력 45점

① A, C
② A, D
③ B, E
④ C, E
⑤ D, E

제4회 영역분리형
모의고사

취약영역 분석

번호	O/×	영역	번호	O/×	영역	번호	O/×	영역
01			21			41		
02			22			42		
03			23			43		문제해결능력
04			24			44		
05			25		수리능력	45		
06			26			46		
07			27			47		
08		의사소통능력	28			48		
09			29			49		
10			30			50		
11			31			51		
12			32			52		
13			33			53		자원관리능력
14			34			54		
15			35			55		
16			36		문제해결능력	56		
17			37			57		
18		수리능력	38			58		
19			39			59		
20			40			60		

평가 문항	60문항	평가 시간	60분
시작시간	:	종료시간	:
취약 영역			

FINAL
제4회

영역분리형
모의고사

모바일 OMR
답안채점 / 성적분석
서비스

⏱ 응시시간 : 60분   📋 문항 수 : 60문항   정답 및 해설 p.068

| 01 | 의사소통능력

01 다음 문장들을 논리적 순서대로 바르게 나열한 것은?

> (가) 많은 전통적 인식론자는 임의의 명제에 대해 우리가 세 가지 믿음의 태도 중 하나만을 가질 수 있다고 본다.
>
> (나) 반면 베이즈주의자는 믿음은 정도의 문제라고 본다. 가령 각 인식 주체는 '내일 눈이 온다.'가 참이라는 것에 대하여 가장 강한 믿음의 정도에서 가장 약한 믿음의 정도까지 가질 수 있다.
>
> (다) 이처럼 베이즈주의자는 믿음의 정도를 믿음의 태도에 포함함으로써 많은 전통적 인식론자들과 달리 믿음의 태도를 풍부하게 표현한다.
>
> (라) 가령 '내일 눈이 온다.'는 명제를 참이라고 믿거나, 거짓이라고 믿거나, 참이라 믿지도 않고 거짓이라 믿지도않을 수 있다.

① (가) - (나) - (라) - (다)   ② (가) - (라) - (다) - (나)
③ (가) - (다) - (나) - (라)   ④ (가) - (라) - (나) - (다)
⑤ (나) - (가) - (다) - (라)

02 다음 빈칸에 들어갈 내용으로 가장 적절한 것은?

> 경기적 실업이란 경기 침체의 영향으로 기업 활동이 위축되고 이로 인해 노동에 대한 수요가 감소하여 고용량이 줄어들어 발생하는 실업이다. 다시 말해 경기적 실업은 노동 시장에서 노동의 수요와 공급이 균형을 이루고 있는 상태라고 가정할 때, 경기가 침체되어 물가가 하락하게 되면 _____ 경기적 실업은 다른 종류의 실업에 비해 생산량 측면에서 경제적으로 큰 손실을 발생시킬 수 있기에 경제학자들은 이를 해결하기 위한 정부의 역할에 대해 다양한 의견을 제시한다.

① 기업은 생산량을 줄이게 되고 이로 인해 노동에 대한 공급이 감소하여 발생한다.
② 기업은 생산량을 늘리게 되고 이로 인해 노동에 대한 수요가 증가하여 발생한다.
③ 기업은 생산량을 늘리게 되고 이로 인해 노동에 대한 공급이 감소하여 발생한다.
④ 기업은 생산량을 줄이게 되고 이로 인해 노동에 대한 수요가 감소하여 발생한다.
⑤ 기업은 생산량을 줄이게 되고 이로 인해 노동에 대한 수요가 증가하여 발생한다.

03 자동차 부품회사에 근무하는 J사원은 상사인 M사장으로부터 거래처에 보낼 문서 두 건에 대한 지시를 받았다. 그 내용은 '만찬 초대에 대한 감사장'과 '부품 가격 인상 건'에 대한 공문이었다. 다음 중 문서 작성 및 처리 방법으로 옳은 것은?

① 두 건의 문서를 별도로 작성하고 따로 발송하였다.

② 문서 두 건은 같은 회사로 보낼 것이므로 "가격인상에 대한 고지 및 초대에 대한 감사"라는 제목으로 사외문서 한 장으로 작성하였다.

③ 하나의 문서에 두 개의 제목(제목 : 부품가격 인상 건/제목 : 초대에 대한 감사)을 쓰고 문서 내용은 1, 2로 작성하였다.

④ 두 건의 문서를 별도로 작성하고 같은 봉투에 두 장의 문서를 함께 발송하였다.

⑤ 두 건의 문서를 별도로 작성하고 한 개의 클립으로 집어서 발송하였다.

04 다음 글을 읽고 추론한 내용으로 적절하지 않은 것은?

> 우리는 도시화, 산업화, 고도성장 과정에서 우리 경제의 뒷방살이 신세로 전락한 한국 농업의 새로운 가치에 주목해야 한다. 농업은 경제적 효율성이 뒤처져서 사라져야 할 사양 산업이 아니다. 전 지구적인 기후 변화와 식량 및 에너지 등 자원 위기에 대응하여 나라와 생명을 살릴 미래 산업으로서 농업의 전략적 가치가 크게 부각되고 있다. 농본주의의 기치를 앞세우고 농업 르네상스 시대의 재연을 통해 우리 경제가 당면한 불확실성의 터널을 벗어나야 한다.
>
> 우리는 왜 이런 주장을 하는가? 농업은 자원 순환적이고 환경 친화적인 산업이기 때문이다. 땅의 생산력에 기초해서 한계적 노동력을 고용하는 지연(地緣) 산업인 동시에 식량과 에너지를 생산하는 원천적인 생명 산업이기 때문이다. 물질적인 부의 극대화를 위해서 한 지역의 자원을 개발하여 이용한 뒤에 효용 가치가 떨어지면 다른 곳으로 이동하는 유목민적 태도가 오늘날 위기를 낳고 키워 왔는지 모른다. 급변하는 시대의 흐름에 부응하지 못하는 구시대의 경제 패러다임으로는 오늘날의 역사에 동승하기 어렵다. 이런 맥락에서, 지키고 가꾸어 후손에게 넘겨주는 정주민의 문화적 지속성을 존중하는 농업의 가치가 새롭게 조명 받는 이유에 주목할 만하다. 과학 기술의 눈부신 발전성과를 수용하여 새로운 상품과 시장을 창출할 수 있는 녹색 성장 산업으로서 농업의 잠재적 가치가 중시되고 있는 것이다.

① 산업화를 위한 국가의 정책 추진 과정에서 농업은 소외되어 왔다.

② 농업의 성장을 위해서는 먼저 과학 기술의 문제점을 성찰해야 한다.

③ 지나친 경제적 효율성 추구로 세계는 현재 자원 위기에 처해 있다.

④ 자원 순환적·환경 친화적 산업의 가치가 부각되고 있다.

⑤ 기존의 경제 패러다임으로는 미래 사회에 적응할 수 없다.

05 다음 글을 읽고 추론한 내용으로 가장 적절한 것은?

> 효(孝)가 개인과 가족, 곧 일차적인 인간관계에서 일어나는 행위를 규정한 것이라면, 충(忠)은 가족이 아닌 사람들과의 관계, 곧 이차적인 인간관계에서 일어나는 사회적 행위를 규정한 것이었다. 그런데 언제부터인가 우리는 효를 순응적 가치관을 주입하는 봉건 가부장제 사회의 유습이라고 오해하는가 하면, 충과 효를 동일시하는 오류를 저지르는 경향이 많아졌다. 다음을 보자.
> "부모에게 효도하고 형제를 사랑하는 사람은 윗사람의 명령을 거역하는 경우가 드물다. 또 윗사람의 명령을 어기지 않는 사람은 난동을 일으키는 경우도 드물다. 군자는 근본에 힘쓴다. 근본이 확립되면 도가 생기기 때문이다. 효도와 우애는 인(仁)의 근본이다."
> 위 구절에 담긴 입장을 기준으로 보면 효는 윗사람에 대한 절대 복종으로 연결된다. 곧 종족 윤리의 기본이 되는 연장자에 대한 예우는 물론이고 신분 사회의 엄격한 상하 관계까지 포괄적으로 인정하는 것이다. 하지만 이 구절만을 근거로 효를 복종의 윤리라고 보는 것은 성급한 판단이다. 왜냐하면 원래부터 효란 가족 윤리 또는 종족 윤리로서 사회 윤리였던 충보다 우선시되었을 뿐만 아니라, 유교의 기본 입장은 설사 부모의 명령이라 하더라도 옳고 그름을 가리지 않는 맹목적인 복종은 그 자체가 불효라고 보았기 때문이다.
> 유교에서는 부모와 자식의 관계가 자연에 의해서 결정된다고 한다. 이 때문에 부모와 자식의 관계는 인위적으로 끊을 수 없다고 본다. 이에 비해 임금과 신하의 관계는 공동의 목표를 위한 관계로서 의리에 의해서 맺어진 관계로 본다. 의리가 맞지 않는다면 언제라도 끊을 수 있다고 생각하는 것이다.

① 효는 봉건 가부장제 사회에서 규정된 가족 관계에서의 행위이다.
② 인(仁)의 원리에 따르면 충을 다하면 효는 자연스럽게 따라온다.
③ 충은 상호 신뢰를 바탕으로 이루어진 임금과 신하 사이의 관계에서 지켜져야 한다.
④ 유교적 윤리에 따르면 부모와 윗사람의 명령은 거역할 수 없다.
⑤ 임금의 명령으로 인해 부모에 대한 효를 지키지 못했다면 이는 불효가 아닐 것이다.

06 다음 중 발표 자료 준비 내용으로 적절하지 않은 것은?

① 파워포인트를 이용하여 발표 자료를 작성하였다.
② 신제품 개발에 대해 충분한 설명이 될 수 있게 가능한 많은 양의 자료를 입력하였다.
③ 같은 슬라이드를 사용하여 통일성을 강조하였으며 시인성 또한 향상시켰다.
④ 같은 페이지에는 같은 주제에 관련된 문장과 단락만을 중요 단어 중심으로 간략하게 입력하였다.
⑤ 관련 동영상 자료를 링크시켜 청중의 시선을 끌게 하였다.

07 다음은 미래교통전략연구소의 '교통정책 연구방향과 과제'에 대한 글이다. 이 글에서 획득할 수 있는 정보로 적절하지 않은 것은?

지금 인류 문명에 새로운 시대가 다가오고 있다. 인공지능, 사물인터넷(IoT), 증강현실(AR) 등 그간 경험하지 않은 신기술이 출현하고 있다. 인간의 역할과 삶의 방식, 사회경제 시스템, 산업구조 등을 근본적으로 바꿀 기술이다. 4차 산업혁명은 먼 미래가 아니라 이미 현실화되고 있다. 2016년 겪었던 '알파고 쇼크'는 4차 산업혁명이 가져올 변화의 위력을 보여준 사례이다.

교통 부문도 4차 산업혁명과 무관하지 않다. 교통수단·서비스·운영 등을 혁신할 신(新)교통기술이 출현하고 있다. 자율주행 자동차와 같이 상상이 현실이 되고 있고, 하이퍼루프(Hyperloop)처럼 항공기보다 월등히 빠른 초고속 교통수단이 개발 중이다. 신교통기술의 등장으로 교통체계, 이동 행태, 운수 산업, 교통안전 등은 급속한 변화가 예상된다.

4차 산업혁명과 신교통기술이 가진 산업적 의미와 국가 발전에 미치는 영향에 관해 연구할 것이다. 1차 산업혁명의 진행 과정에서 교통 부문이 중요한 변화를 이끌었다. 증기·가솔린 자동차, 증기기관차, 동력 비행기 등 이전 시기에 없던 신교통기술이 등장했기 때문이다. 그런 신교통기술은 산업 측면에서 중요한 의미가 있다. 자동차·철도·항공기 산업 등 이전 시기에 없던 신(新)산업이 등장하는 계기가 됐다는 점이다. 그 후 신산업은 20세기를 대표하는 주류 산업으로 발전했다. 신교통기술이 교통 부문의 혁신에 한정되지 않고 산업구조 변화와 신산업 발전에 중요한 역할을 한 것이다.

현재 4차 산업혁명의 진행 상황은 1차 산업혁명과 유사하다. 4차 산업혁명을 대표하는 주요 신기술인 자율주행 자동차, 드론, 하이퍼루프 등이 교통 부문과 관련이 있다. 1차 산업혁명 때 증기·가솔린 자동차, 증기기관차, 동력 비행기 등 교통 부문에서 신기술이 개발된 것과 같다. 더욱이 신교통기술이 도로·철도·항공 부문을 중심으로 등장하는 점도 1차 산업혁명과 마찬가지다.

1차 산업혁명의 진행 과정에 비추어 볼 때, 4차 산업혁명에서도 신산업이 출현할 것으로 예상된다. 드론, 자율주행 자동차, 하이퍼루프 등은 기존에 없던 신교통기술이기 때문이다. 신산업으로 발전할 수 있고 21세기 주류 산업으로 성장할 가능성이 크다. 그래서 자동차·철도 등과 전혀 관련이 없던 업체들이 신교통기술 사업에 진출하고 개발을 주도하고 있다. 그만큼 신교통기술이 가진 산업적 가치와 파급력을 주목하고 있다는 것이다. 신교통기술의 산업적 의미와 국가 발전에 미치는 영향에 대한 연구가 필요하고 중요한 것이다.

이처럼 파급력이 크고 폭넓기 때문에 신교통기술이 가져올 변화에 대한 검토가 필요한 것이다. 4차 산업혁명의 진행과 신교통기술의 출현에 대비하는 전략을 마련할 것이다. 즉, '국가 미래 교통 전략 2050' 보고서다. 국가 차원의 미래 전략을 수립하는 목적은 4차 산업혁명의 진행과 신교통기술의 출현을 도전의 기회로 삼고, 4차 교통 혁명 시대를 선도하기 위함이다. 이를 위해, 한국뿐 아니라 글로벌 차원에서 사회경제·교통물류 부문의 메가트렌드를 분석할 것이다. 또한 미래의 교통물류 미래상을 구상하고 그 영향에 관해 제시할 것이다. 미래변화에 대비한 정책 방향, 추진 과제, 관련 법·제도 정비 그리고 추진 계획도 포함한다.

① 국가 차원의 미래 전략 수립의 목적
② 신교통기술에 대비하기 위한 세부 전략
③ 1차 산업혁명과 4차 산업혁명의 유사점
④ 4차 산업혁명으로 인한 위력적인 변화 사례
⑤ '국가 미래 교통 전략 2050' 보고서 작성 방향

08 다음 글을 읽은 후 나눈 대화로 적절하지 않은 것은?

> A공단은 희귀 난치질환으로 장기간 투병 중인 저소득 가정 어린이에게 추억을 만들어주는 '제9회 A공단과 함께하는 건강 플러스 행복 캠프'를 개최했다.
>
> 2014년부터 매년 개최되어 올해로(2022년) 9회를 맞이한 이번 캠프에는 척수성근위축증, 지텔만증 후군, 골형성부전증 등 희귀 난치 질환을 앓고 있는 어린이와 가족, A공단 봉사단 등 총 80여 명이 참석했다. 장기간의 힘든 투병 생활과 경제적 여건으로 가족 간 여행이 어려웠던 어린이와 가족들은 제주도에서 아쿠아리움, 박물관 등을 방문하여 다양한 활동을 몸소 체험했다.
>
> 캠프에 참가한 희귀 난치질환 어린이들은 제주 J랜드의 후원으로 조성된 '새 생명의 길'에 직접 나무를 심고, 꿈과 희망을 담은 타임캡슐을 묻으며 환우와 가족들의 건강을 기원하는 시간을 가졌다. A공단의 기획상임이사는 "A공단은 건강 플러스 행복 캠프를 통해 희귀난치병 어린이들에게 오랜 치료 생활로 인한 정신적 스트레스를 풀고 가족 간 유대를 다질 기회를 제공하는 등 환우들이 치료의 어려움을 이겨낼 수 있도록 최선을 다할 것"이라고 밝혔다.
>
> 한편, A공단의 '희귀난치병 어린이 돕기 프로젝트'는 2007년부터 의료 사각지대에 있는 희귀 난치 질환 환아의 경제적·정서적 지원을 하는 사회공헌 활동으로 건강 플러스 행복 캠프 등 다양한 프로그램을 임직원들이 자발적으로 모금한 성금으로 실시하고 있다. 직원의 약 97%가 건강 플러스 행복 캠프의 성금 모금(약 19억 원)에 동참하였고, 이를 통해 지금까지 총 282명의 환우가 행복 캠프에 참여했다.

① 수빈 : A공단과 함께하는 건강 플러스 행복 캠프는 이번 캠프 이전에 이미 8차례나 개최되었네.
② 현우 : A공단의 희귀난치병 어린이 돕기 프로젝트도 올해로 8년이 되었군.
③ 지민 : 희귀난치병 어린이 돕기 프로젝트는 A공단의 임직원들이 모금한 성금으로 실시하는 거라던데?
④ 석용 : 건강 플러스 행복 캠프를 위해 직원들이 모은 약 19억 원의 성금으로 지금까지 총 280여 명의 환우가 행복 캠프에 참여할 수 있었어.
⑤ 재현 : 이번에 개최된 A공단의 건강 플러스 행복 캠프에서는 다른 기관의 도움으로 어린이들이 더욱 풍부한 체험 활동을 할 수 있었어.

A공단이 환자표본 자료 등을 제공할 때 부과하는 수수료를 규정에 반영할 예정이다. 환자표본 자료의 경우 건당 30만 원의 수수료를 부과하고 있지만, 수수료 산정 기준이 별도로 규정에 명시되어 있지 않다는 점이 지적돼 왔다.

현재 A공단은 환자표본 자료와 공공데이터 목록 이외 자료요청 등 사용자별 맞춤형 데이터를 제공할 때 관련 법령과 내부 운영 지침에 따라 일정 부분을 수수료로 부과하고 있다. 수수료는 자료이용료와 소프트웨어 개발비 등 적정비용을 산출해 내외 자문과 협의 과정을 거쳐 산출된 금액이다. 하지만 내부 감사에서 표본 데이터 수수료 산정 기준이 별도 규정에 명시되어 있지 않은 부분이 부적정하다고 지적된 바 있다.

이에 따라 A공단은 앞으로 규정을 개정할 때 해당 내용을 반영해 근거를 마련한다는 방침이다. A공단 빅데이터실 실장은 "현재 부과되는 수수료는 데이터의 양과 인건비 등 여러 부분을 감안해 책정한 것"이라며 "규정에 명시되지 않고 지침에 의해 수수료를 부과하고 있다는 지적이 있어 규정을 개정할 때 반영할 예정"이라고 설명했다.

데이터 수수료를 감면하거나 면제하는 경우도 있다. 학술연구나 정책연구, 창업기업 지원 등의 자료 활용에 따른 수수료를 감면하거나 면제해 주고 있으며, 지난해 8월부터는 보건의료 빅데이터 분석시스템 장기이용자에 대해 수수료를 감액해 주고 있다. 보건의료 빅데이터 분석시스템 수수료는 이용 기간에 따라 1일 5만 원으로 산정되어 있으며 1주 이상 사용할 경우 1일당 32,000원가량이다. 1개월 이상 사용할 경우 1일당 23,000원 수준으로 감액해 부과하고 있다.

한편 A공단은 민간 보험사에 제공해 온 환자표본 데이터 제공 서비스는 중단된 상황이라고 설명했다. 민간에서 활용이 가능하도록 비식별화 처리를 거친 환자표본 데이터를 민간 보험사에 제공해 왔지만, 지난 2017년 국정감사에서 데이터 제공 부분이 지적된 데 따른 것이다.

① A공단에서 환자표본 자료를 받기 위해서는 자료 1건당 30만 원의 수수료를 내야 한다.
② A공단에 공공데이터 목록 이외의 자료를 요청할 경우에도 수수료를 내야 한다.
③ A공단은 이용자의 자료 활용 방안에 따라 수수료를 감면해주거나 면제해주기도 한다.
④ 민간 보험사가 A공단에 환자표본 데이터를 요청할 경우에도 수수료를 내야 한다.
⑤ A공단의 보건의료 빅데이터 분석시스템을 장기 이용할 경우 수수료를 할인받을 수 있다.

A공단은 오는 5월 20일부터 약 6개월간 상급종합병원 및 300병상 이상 종합병원의 퇴원환자 약 25만 명을 대상으로 입원 기간 동안 환자가 경험한 의료서비스 수준을 확인하는 전화 설문조사를 실시한다. 2017년에 이어 두 번째로 실시되는 이번 평가는 의료소비자가 경험한 의료서비스 수준을 확인함으로써 국민이 체감할 수 있는 의료의 질을 향상시키고, 환자가 진료 과정의 파트너로서 함께 참여하는 환자 중심의 의료문화를 확산시키기 위해 시행되고 있다. 올해 평가는 상급종합병원 및 300병상 이상의 종합병원(총 154개)으로 대상이 확대되었고, 1일 이상 입원 경험이 있는 만 19세 이상의 성인 약 25만 명을 대상으로 한다.

평가 내용은 환자가 입원 기간 중 겪은 경험으로 세부 내용은 의료진이 환자의 이야기를 주의 깊게 들어주었는지, 퇴원 후 치료 계획 및 입원 중 회진 시간 등에 대한 정보를 제공받았는지, 치료 결정 과정에 참여 기회가 있었는지 등이다.

조사 기간은 오는 5월 20일부터 약 6개월간이며, 전문조사업체가 A공단의 위탁을 받아 전화 설문조사를 수행한다. 평가 대상자의 전화번호는 환자가 입원했던 병원을 통해 수집되며, 수집된 자료는 통계법 제33조(비밀의 보호)에 따라 엄격히 보호된다.

지난 2017년 처음으로 실시된 환자 경험 평가는 상급종합병원 및 500병상 이상의 종합병원(총 95개소)에 입원한 환자를 대상으로 전화 설문조사를 실시하여 평가했고, 그 결과 국민 누구나 병원 간의 서비스 수준을 확인할 수 있었다. 1차 조사 결과에서는 의료진이 환자를 대하는 태도가 높게 나타났으나, 의료진과 환자 간 의사소통, 정보제공 등 대인적 측면에서는 개선이 필요한 것으로 확인되었다.

10 다음 중 제시문의 제목으로 가장 적절한 것은?

① 환자 경험 평가 실시로 의료서비스의 전문성 향상을 가져오다!

② 전화로 실시하는 환자 경험 평가의 정확성에 의문을 가지다!

③ 처음 실시하는 환자 경험 평가가 지속되기 위해서는 노력이 필요합니다!

④ 환자가 직접 참여하는 환자 경험 평가, 확대 실시됩니다!

⑤ 복잡하기만 했던 환자 경험 평가가 간편해졌습니다!

11 다음 중 ⊙~⊕에 들어갈 내용이 바르게 연결된 것은?

〈환자 경험 평가 개요〉

• 평가 목적

_____⊙_____하여 국민이 체감할 수 있는 의료의 질을 향상시키고, 이를 통해 국민

건강 증진 및 _____⊙_____

• 평가 방법

 − 조사 기간 : _____⊙_____

 − 대상 : _____⊙_____

 − 방법 : _____⊙_____

 − 목표 : 총 24,050명의 입원 경험 수집(응답률 약 10% 이내 가정)

• 조사 내용

입원 중 경험한 의사 / 간호사 영역, 투약 및 치료과정, 병원 환경, 환자 권리보장 등 총 24개 문항

---

① ⊙ – 환자가 치료 받는 동안 경험한 의료서비스 수준을 확인

② ⊙ – 의사 중심의 의료문화 정착에 기여

③ ⊙ – 2021년 5월 20일부터 11월까지 수행(약 6개월간)

④ ⊙ – 상급종합병원 및 500병상 이상의 종합병원에 1일 이상 입원했던 사람

⑤ ⊙ – 구조화된 설문지를 활용한 방문 조사

12 다음 대화에서 발견되는 의사소통의 저해 요인으로 가장 적절한 것은?

• 신입사원 A : 이번 발표에서 실수가 너무 잦았어. 다음 발표도 잘 할 수 있을지가 너무 걱정이 돼.

• 신입사원 B : 내가 보기에 너는 이번 발표에서 복장과 말하는 태도가 문제였어. 다음에도 또 그
러면 문제가 될 것이 뻔해. 나중에 내가 하는 것을 보고 잘 따라해 봐.

---

① 의사소통 기법의 미숙

② 이해능력의 부족

③ 평가적이며 판단적인 태도

④ 잠재적인 의도

⑤ 선입견과 고정관념

13 다음 〈보기〉를 바탕으로 과학자들의 연구 과정을 설명했을 때, 적절하지 않은 것은?

아인슈타인은 우주는 정적인 상태로 존재해야 한다고 믿었다. 그러나 수학적 지식을 바탕으로 연구한 후, 그는 우주가 정적인 것이 아니라 팽창하거나 수축하는 동적인 것이라는 결과를 얻었다. 이런 결과를 아인슈타인은 받아들일 수 없었다. 그래서 우주가 정적인 상태로 존재하는 것처럼 보이게 하는 요소를 의도적으로 그의 이론에 삽입했다.

그러나 허블이 우주가 팽창하고 있다는 사실을 발견하고 난 후, 아인슈타인이 의도적으로 삽입한 요소는 의미가 없어졌다. 허블은 자신의 망원경으로 우주를 관측해 은하들이 지구로부터 멀어지는 속도가 지구와 은하 사이의 거리에 비례한다는 사실을 밝혀냈다. 허블의 연구 이후 우주의 팽창을 전제로 하는 우주론들이 등장했다. 가장 폭넓은 지지를 받은 이론은 가모프와 앨퍼가 제안한 대폭발 이론이다. 그들은 150억 년 전과 200억 년 전 사이의 어느 시점에 한 점에 모여 있던 질량과 에너지가 폭발하면서 우주가 시작되었다고 주장했다. 그러나 그들의 주장은 많은 논쟁을 불러일으켰다. 대폭발 이론이 정말로 옳다면 우주배경복사※가 관찰되어야 하는데 그것을 찾을 수 없었기 때문이다. 우주배경복사는 1960년대 펜지어스와 윌슨의 관측에 의해 비로소 발견되었고, 이로 인해 대폭발 이론은 널리 받아들여지게 되었다.

대폭발 이론이 입증되면서 과학자들은 우주가 과거에 어땠는지에 관심을 갖게 되었다. 우주의 팽창에 영향을 주는 힘은 중력이다. 중력이란 물질 사이에 서로 끌어당기는 힘이기 때문에 우주의 팽창을 방해한다. 만약 우주에 존재하는 물질의 질량이 우주의 팽창에 영향을 줄 정도로 충분히 크다면 어떻게 될까? 큰 중력에 의해 팽창 속도는 급격히 줄어들고 언젠가는 멈추었다가 다시 수축할 것이다. 과학자들은 우주의 팽창을 멈추게 하는 데 필요한 질량이 얼마인지 계산해 보았다. 그 결과 우주의 질량은 우주의 팽창을 저지할 만큼 충분하지 않다는 사실이 밝혀졌다. 그러나 최근 눈에 보이지는 않지만 우주의 질량을 증가시키는 물질이 있다는 것이 밝혀졌다. 과학자들은 이 물질을 암흑 물질이라고 불렀다. 암흑 물질이 많으면 우주 전체의 질량이 늘어나 팽창이 멈추게 될 수도 있다. 과학자들은 암흑 물질의 발견으로 우주의 팽창이 느려질 것이라고 추측했다. 이런 추측을 바탕으로 슈미트와 크리슈너는 초신성을 관측해 우주의 팽창 속도 변화를 연구했다. 연구 결과 놀랍게도 우주의 팽창 속도는 느려지는 것이 아니라 빨라지고 있었다. 그것은 질량에 작용하는 중력보다 더 큰 힘이 우주를 팽창시키고 있음을 뜻한다. 이것은 우주 공간이 에너지를 가지고 있다는 것을 의미한다. 과학자들은 이 에너지를 암흑 에너지라 부르기 시작했다.

※ 우주배경복사 : 우주 탄생 후 최초로 우주 공간으로 자유롭게 퍼진 빛

> **보기**
>
> 과학자들은 가설을 세우고 이를 검증하면서 이론을 정립해 가지만 개인적 신념이 이론 형성에 영향을 미치기도 한다. 이론은 실험이나 관측을 통해 만들어지기도 하고, 과학자의 지식을 기반으로 하여 정립되기도 한다. 특히 지식을 기반으로 정립된 이론은 후대 과학자들의 실증적인 방법에 의해 입증되기도 하고 수정되거나 버려지기도 한다.

① 가모프와 앨퍼는 허블이 망원경으로 관측한 결과를 이론으로 정립했다.
② 아인슈타인은 연구 결과보다 개인적 신념에 더 의지하여 이론을 정립했다.
③ 펜지어스와 윌슨은 가모프와 앨퍼의 이론을 입증하는 관측 결과를 내놓았다.
④ 슈미트와 크리슈너는 초신성 관측을 통해 가모프와 앨퍼의 이론을 수정했다.
⑤ 허블의 실증적인 방법에 의하여 우주 팽창에 대한 아인슈타인의 이론은 무의미해졌다.

14 다음 중 Q대리의 의사소통을 저해하는 요인으로 가장 적절한 것은?

> Q대리는 업무를 처리할 때 담당자들과 별도의 상의를 하지 않고 스스로 판단해서 업무를 지시한다. 담당자들은 Q대리의 지시 내용이 실제 업무 상황에 적합하지 않다고 생각하지만, Q대리는 자신의 판단에 확신을 가지고 자신의 지시 내용에 변화를 주지 않는다.

① 의사소통 기법의 미숙
② 잠재적 의도
③ 선입견과 고정관념
④ 평가적이며 판단적인 태도
⑤ 과거의 경험

15 다음 글의 문단을 논리적 순서대로 바르게 나열한 것은?

> (가) 2018년 정부 통계에 따르면, 우리 연안 생태계 중 갯벌의 면적은 산림의 약 4%에 불과하지만 연간 이산화탄소 흡수량은 산림의 약 37%이며 흡수 속도는 수십 배에 달합니다.
> (나) 연안 생태계는 대기 중 이산화탄소 흡수에 탁월합니다. 물론 연안 생태계가 이산화탄소를 얼마나 흡수할 수 있겠냐고 말하는 분도 계실 것입니다. 하지만 연안 생태계를 구성하는 갯벌과 염습지의 염생 식물, 식물성 플랑크톤 등은 광합성을 통해 대기 중 이산화탄소를 흡수하는데, 산림보다 이산화탄소 흡수 능력이 뛰어납니다.
> (다) 2019년 통계에 따르면 우리나라의 이산화탄소 배출량은 세계 11위에 해당하는 높은 수준입니다. 그동안 우리나라는 이산화탄소 배출을 줄이려 노력하고, 대기 중 이산화탄소 흡수를 위한 산림 조성에 힘써 왔습니다. 그런데 우리가 놓치고 있는 이산화탄소 흡수원이 있습니다. 바로 연안 생태계입니다.
> (라) 또한 연안 생태계는 탄소의 저장에도 효과적입니다. 연안의 염생 식물과 식물성 플랑크톤은 이산화탄소를 흡수하여 갯벌과 염습지에 탄소를 저장하는데 이 탄소를 블루카본이라 합니다. 산림은 탄소를 수백 년간 저장할 수 있지만 연안은 블루카본을 수천 년간 저장할 수 있습니다. 연안 생태계가 훼손되면 블루카본이 공기 중에 노출되어 이산화탄소 등이 대기 중으로 방출됩니다. 그러므로 블루카본이 온전히 저장되어 있도록 연안 생태계를 보호해야 합니다.

① (가) – (나) – (다) – (라)   ② (다) – (가) – (나) – (라)
③ (다) – (나) – (가) – (라)   ④ (다) – (라) – (나) – (가)
⑤ (나) – (다) – (가) – (라)

16 다음은 A ~ E의 NCS 직업기초능력평가 점수에 대한 자료이다. 이를 통해 표준편차가 가장 큰 순서대로 바르게 나열한 것은?

(단위 : 점)

구분	의사소통능력	수리능력	문제해결능력	조직이해	직업윤리
A	60	70	75	65	80
B	50	90	80	60	70
C	70	70	70	70	70
D	70	50	90	100	40
E	85	60	70	75	60

① D>B>E>C>A
② D>B>E>A>C
③ B>D>A>E>C
④ B>D>C>E>A
⑤ E>B>D>A>C

17 H씨는 4명의 친구에게 택배를 보내려고 우체국에 왔다. 택배비는 소포무게 3kg까지 4,000원이며, 초과분부터는 1kg당 300원이다. 또한 소포 3개 이상을 보내면 택배비 10%를 할인해 준다고 한다. H씨가 친구들에게 5kg인 소포를 하나씩 보낸다고 할 때, 총 택배비는 얼마인가?

① 16,000원
② 16,560원
③ 18,450원
④ 19,000원
⑤ 19,860원

18 다음은 2017 ~ 2021년 총 수출액 중 10대 수출 품목 비중 변화추이에 대한 그래프이다. 총 수출액이 두 번째로 적은 해는?

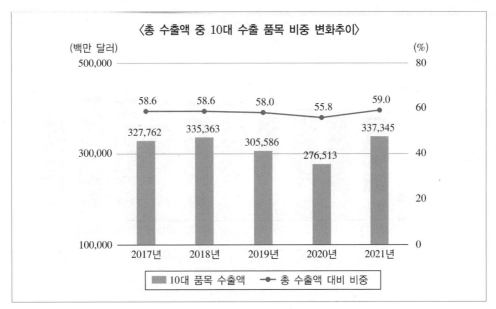

① 2017년
② 2018년
③ 2019년
④ 2020년
⑤ 2021년

※ 다음은 2012~2021년 1차 에너지 소비량 현황에 대한 그래프이다. 이어지는 질문에 답하시오. [19~20]

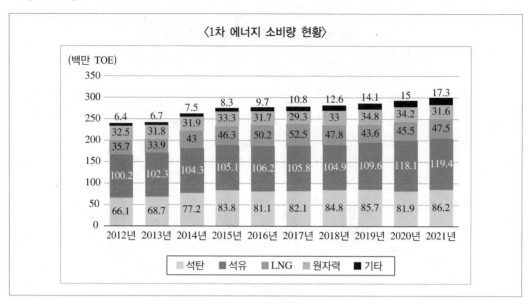

19 다음 중 2012년 대비 2021년에 소비량 증가율이 가장 큰 에너지는?

① 석탄   ② 석유
③ LNG   ④ 원자력
⑤ 기타

20 다음 〈보기〉의 설명 중 옳지 않은 것을 모두 고르면?(단, 변화율은 절댓값으로 비교한다)

보기

㉠ 전년 대비 2016년 소비량 변화율은 LNG가 원자력보다 크다.
㉡ 2013년 대비 2017년 석탄 소비량의 증가율은 30%를 초과한다.
㉢ 2017년부터 2020년까지 전년 대비 소비량의 증가추이는 석유와 기타 항목이 동일하다.

① ㉠   ② ㉢
③ ㉠, ㉡   ④ ㉡, ㉢
⑤ ㉠, ㉡, ㉢

21 다음은 A, B상품의 일 년 동안의 계절별 판매량을 나타낸 그래프이다. 이에 대한 내용으로 옳지 않은 것은?

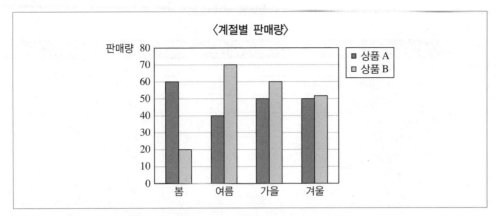

① A상품과 B상품의 연간 판매량은 모두 200 이상이다.

② 두 상품의 판매량의 차는 봄에서부터 시간이 지남에 따라 감소한다.

③ A상품과 B상품의 판매량의 합이 가장 적은 계절은 봄이다.

④ A상품 판매량의 표준편차가 B상품보다 크다.

⑤ B상품은 여름에 잘 팔리는 물건이다.

22 다음은 2016 ~ 2021년 연도별 우체국 분포현황이다. 이에 대한 설명으로 옳은 것은?

〈연도별 우체국 분포현황〉

(단위 : 개)

우체국 종류	2016년	2017년	2018년	2019년	2020년	2021년
지방우정청	9	9	9	9	9	9
4급국(서기관국)	121	121	120	138	138	139
5급국(사무관국)	133	135	138	180	171	169
6급국(주사국)	1,673	1,678	1,567	1,493	1,501	1,501
7급국(분국)	50	47	28	22	16	17
군우국	21	21	21	21	21	21
출장소	112	112	104	104	100	101
별정국	757	755	754	750	745	737
취급국	774	762	810	810	805	782
합계	3,650	3,640	3,551	3,527	3,506	3,476

① 5급국의 수와 6급국의 수는 2017년부터 2021년까지 전년 대비 증감추이가 동일하다.
② 4급국의 수는 2019년에 전년 대비 20% 이상 증가하였다.
③ 2018년 취급국의 수는 별정국의 수보다 15% 이상 많다.
④ 2020년 출장소 수 대비 군우국 수의 비율은 전년 대비 감소하였다.
⑤ 7급국이 전체 우체국 중 차지하는 비율은 2017년에 비해 2020년에 감소하였다.

23 다음은 2020 ~ 2021년 시도별 화재발생현황 총괄자료이다. 이에 대한 설명으로 옳지 않은 것은?

〈시도별 화재발생건수 및 피해자 현황〉

(단위 : 건, 명)

행정구역별	2020년			2021년		
	화재건수	사망자	부상자	화재건수	사망자	부상자
전국	43,413	306	1,718	44,178	345	1,852
서울특별시	6,443	40	236	5,978	37	246
부산광역시	2,199	17	128	2,609	19	102
대구광역시	1,739	11	83	1,612	8	61
인천광역시	1,790	10	94	1,608	7	90
광주광역시	956	7	23	923	9	27
대전광역시	974	7	40	1,059	9	46
울산광역시	928	16	53	959	2	39
세종특별자치시	300	2	12	316	2	8
경기도	10,147	70	510	9,799	78	573
강원도	2,315	20	99	2,364	24	123
충청북도	1,379	12	38	1,554	41	107
충청남도	2,825	12	46	2,775	19	30
전라북도	1,983	17	39	1,974	15	69
전라남도	2,454	21	89	2,963	19	99
경상북도	2,651	14	113	2,817	27	127
경상남도	3,756	29	101	4,117	24	86
제주도	574	1	14	751	5	19

① 2020년 화재건수 대비 사망자 수는 경기도가 강원도보다 많다.
② 2021년 화재로 인한 부상자 수는 충청남도가 충청북도의 30% 미만이다.
③ 대구광역시의 2021년 화재건수는 경상북도의 50% 이상이다.
④ 부산광역시의 경우, 화재로 인한 부상자 수가 2021년에 전년 대비 10% 이상 감소하였다.
⑤ 화재발생건수가 가장 많은 시·도는 2020년과 2021년에 동일하다.

24 다음은 2021년 노인의 연간 총소득을 항목에 따라 비율로 나타낸 자료이다. 〈보기〉 중 옳은 것을 모두 고르면?

〈2021년 노인 연간 총소득 항목별 비율〉

(단위 : %)

구분		근로소득	사업소득	재산소득	기타소득
결혼상태별	배우자 있음	30.3	14.8	10.0	44.9
	배우자 없음	43.4	9.1	5.4	42.1
가구형태별	노인독거	10.5	4.6	8.6	76.3
	노인부부	15.6	15.3	12.3	56.8
	자녀동거	60.8	12.0	5.4	21.8
	기타	33.5	20.0	3.0	43.5
교육수준별	무학(글자모름)	39.5	11.6	2.2	46.7
	무학(글자해독)	38.2	12.4	4.4	45
	초등학교	35.7	14.9	6.6	42.8
	중학교	34.9	15.7	9.1	40.3
	고등학교	33.4	11.6	11.0	44
	전문대학 이상	23.9	8.4	16.9	50.8
현 취업상태	취업중	34.7	27.6	4.4	33.3
	미취업	34.0	6.1	10.7	49.2

〈2021년 노인 기타소득 세부항목 비율〉

(단위 : %)

구분		사적이득소득	공적이전소득	사적연금소득
결혼상태별	배우자 있음	14.2	29.1	1.6
	배우자 없음	17.3	23.5	1.3
가구형태별	노인독거	34.3	39.9	2.1
	노인부부	18.5	36.4	1.9
	자녀동거	6.4	14.5	0.9
	기타	15.6	26.7	1.2
교육수준별	무학(글자모름)	20.0	24.8	1.9
	무학(글자해독)	18.5	24.8	1.7
	초등학교	16.2	25.5	1.1
	중학교	13.3	25.8	1.2
	고등학교	13.7	28.7	1.6
	전문대학 이상	11.7	36.7	2.4
현 취업상태	취업중	10.7	21.5	1.1
	미취업	17.3	30.3	1.6

> **보기**
>
> ㉠ 자녀와 동거하는 노인의 공적이전소득이 기타소득에서 차지하는 비중은 65% 이상이다.
>
> ㉡ 교육수준이 중학교인 노인의 사업소득은 전문대학 이상인 노인의 재산소득보다 많다.
>
> ㉢ 노인독거의 근로소득 비율은 노인독거 재산소득과 기타소득 비율 합의 20% 미만이다.
>
> ㉣ 취업중인 노인의 기타소득 중 사적이득소득과 사적연금소득의 차액은 배우자가 있는 노인의 공적이전소득과 사적연금소득의 차액보다 적다.

① ㉠, ㉢   ② ㉡, ㉣

③ ㉡, ㉢   ④ ㉠, ㉡, ㉣

⑤ ㉠, ㉢, ㉣

25 다음 〈조건〉에 따라 〈보기〉의 식을 연산할 때 결괏값은?

> **조건**
>
> • 기호 ◇는 그 기호의 양측의 수의 차를 제곱하는 연산이다.
> • 기호 ☆은 그 기호의 우측의 수에 5를 곱한 뒤, 좌측의 수에서 빼는 연산이다.

> **보기**
>
> $$(1 \diamond 4) ☆ 2$$

① -1 ② 2

③ -5 ④ 8

⑤ 10

26 다음은 지역별 국내 백미 생산량을 나타낸 자료이다. 이를 그래프로 나타낸 것으로 적절하지 않은 것은?

〈지역별 국내 백미 생산량〉

(단위 : ha, 톤)

구분	논벼		밭벼	
	면적	생산량	면적	생산량
서울 · 인천 · 경기	91,557	468,506	2	4
강원	30,714	166,396	0	0
충북	37,111	201,670	3	5
세종 · 대전 · 충남	142,722	803,806	11	21
전북	121,016	687,367	10	31
광주 · 전남	170,930	871,005	705	1,662
대구 · 경북	105,894	591,981	3	7
부산 · 울산 · 경남	77,918	403,845	11	26
제주	10	41	117	317
합계	777,872	4,194,617	862	2,073

① 지역별 논벼 면적의 구성비

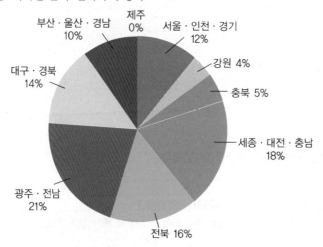

② 제주 지역 백미 생산면적 구성비

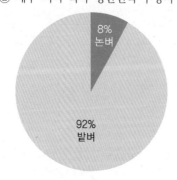

③ 제주를 제외한 지역별 1ha당 백미 생산량

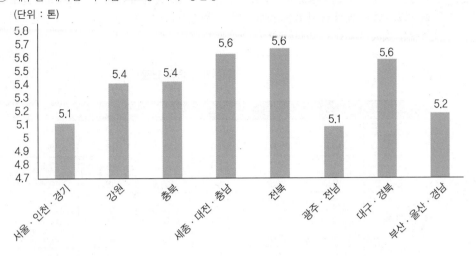

(단위 : 톤)

④ 논벼와 밭벼의 생산량 비교

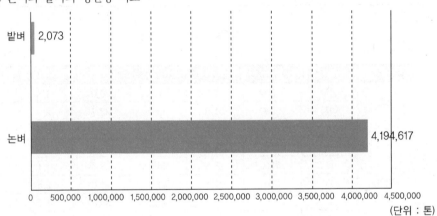

(단위 : 톤)

⑤ 지역별 밭벼의 생산비

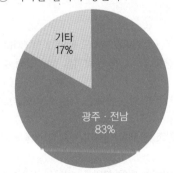

27 다음은 고등학생 5,000명을 대상으로 학교생활 및 교우관계에 대해 만족도를 조사한 표이다. 자료를 보고 〈보기〉에서 옳지 않은 것을 모두 고르면?(단, 설문지 선택지는 하나만 선택하고, 인원은 소수점 첫째 자리에서 버림한다)

〈학교생활 만족도 현황〉

(단위 : 명, %)

구분		인원	매우 만족	약간 만족	보통	약간 불만족	매우 불만족
성별	남자	2,500	15.6	31.2	40.6	9.8	2.8
	여자	2,500	10.9	31.6	43.4	12.6	1.5
지역	A	670	12.6	20.3	45.0	17.5	4.6
	B	820	12.2	37.8	38.3	10.5	1.2
	C	750	12.7	31.6	45.5	9.1	1.1
	D	620	11.9	29.6	41.0	14.2	3.2
	E	670	15.1	30.0	45.8	6.6	2.5
	F	500	13.0	30.5	42.3	12.2	2.0
	G	970	14.3	32.6	38.4	12.7	2.0

〈교우관계 만족도 현황〉

(단위 : 명, %)

구분		인원	매우 만족	약간 만족	보통	약간 불만족	매우 불만족
성별	남자	2,500	35.5	42.6	20.0	1.8	0.1
	여자	2,500	31.5	43.6	22.7	2.0	0.2
지역	A	670	27.5	43.3	25.7	3.5	–
	B	820	34.5	37.6	23.1	4.6	0.2
	C	750	28.8	46.3	23.6	1.1	0.2
	D	620	31.1	44.8	21.6	2.5	–
	E	670	33.1	45.2	20.6	1.1	–
	F	500	37.4	41.3	19.8	1.5	–
	G	970	37.4	41.1	19.6	1.6	0.3

보기

㉠ 학교생활 만족도에서 '매우 만족'을 택한 학생이 교우관계 만족도에서도 동일한 선택지를 택했다고 할 때, 교우관계에서 '매우 만족'을 택하고 학교생활에서 다른 선택지를 택한 학생 수는 500명 미만이다.

㉡ B지역에서 교우관계를 '보통'을 택한 학생 비율은 F지역의 '약간 만족'을 택한 학생 비율보다 낮지만 인원은 많다.

㉢ A, D, E지역의 교우관계에 '약간 불만족, 매우 불만족'을 택한 인원이 전체 인원에서 차지하는 비중은 2% 이하이다.

㉣ 학교생활 만족도는 모든 지역에서 '약간 불만족' 비율은 '매우 불만족' 비율의 4배 이상이다.

① ㉠

② ㉢

③ ㉡, ㉢

④ ㉠, ㉣

⑤ ㉠, ㉡, ㉣

28 다음은 2022년 1월의 성별·국적별 크루즈 이용객 현황이다. 이에 대한 설명으로 옳은 것은?

〈성별·국적별 크루즈 이용객 현황〉

(단위 : 명)

구분		여성	남성	합계
합계		1,584	2,409	3,993
아시아주	일본	2	2	4
	중국	65	18	83
	대만	7	2	9
	홍콩	9	7	16
	태국	22	51	73
	말레이시아	9	8	17
	필리핀	98	682	780
	인도네시아	10	89	99
	싱가포르	14	6	20
	미얀마	0	0	0
	베트남	3	2	5
	인도	18	362	380
	스리랑카	0	4	4
	이스라엘	20	21	41
	터키	1	1	2
	아시아주 기타	8	7	15
	아시아주 소계	286	1,262	1,548
미주	미국	831	757	1,588
	캐나다	177	151	328
	멕시코	182	144	326
	브라질	18	16	34
	미주 기타	90	79	169
	미주 소계	1,298	1,147	2,445

① 여성 크루즈 이용객이 가장 많은 국적의 전체 크루즈 이용객 중 남성 이용객의 비율이 50%를 초과한다.

② 브라질 국적의 남성 크루즈 이용객의 수는 인도네시아 국적의 남성 이용객 수의 20% 이상이다.

③ 아시아주 기타 및 미주 기타 국적을 제외하고, 여성 크루즈 이용객 대비 남성 크루즈 이용객의 비율이 가장 높은 국적은 필리핀이다.

④ 아시아주 전체 크루즈 이용객의 수는 미주 전체 크루즈 이용객의 수의 60% 이상이다.

⑤ 멕시코보다 여성 크루즈 이용객의 수와 남성 크루즈 이용객의 수가 모두 많은 국적은 2개이다.

29 다음은 연도별 해외 전체 스마트폰 평균 스크린 대 바디 비율에 대한 자료이다. 이를 바르게 나타낸 그래프로 옳은 것은?

〈전체 스마트폰 평균 스크린 대 바디 비율〉

(단위 : %)

구분	평균	최고 비율
2012년	33.1	52.0
2013년	35.6	56.9
2014년	43.0	55.2
2015년	47.5	60.3
2016년	53.0	67.6
2017년	58.2	72.4
2018년	63.4	78.5
2019년	60.2	78.0
2020년	64.1	83.6
2021년	65.0	82.2

※ 스크린 대 바디 비율은 전체 바디에서 스크린이 차지하는 비율이다.

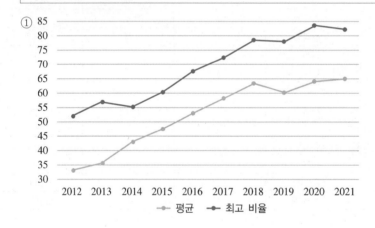

①

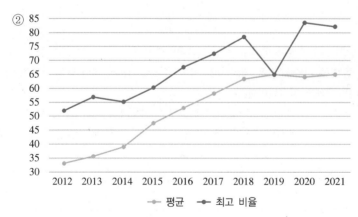

②

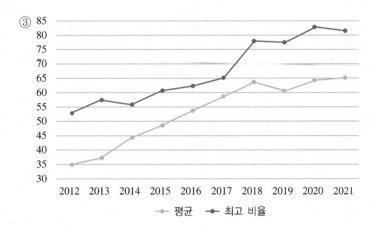

③

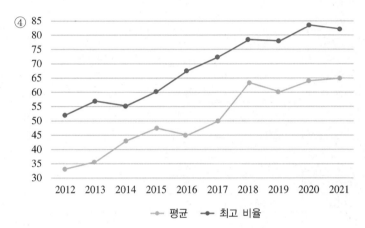

④

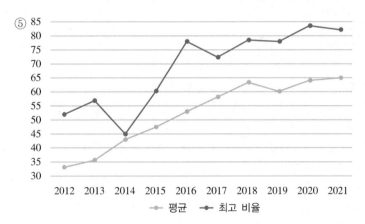

⑤

PART 1

PART 2

30 다음은 직장생활 중 직장인들의 스트레스 정도를 조사한 자료이다. 이에 대한 설명으로 옳은 것은?(단, 기준별로 전체 조사인원은 8,000명이며, 인원수는 소수점 첫째 자리에서 버림한다)

〈직장인 스트레스 정도〉

(단위 : %)

구분		매우 느낌	느끼는 편임	느끼지 않는 편임	전혀 느끼지 않음
성별	남자	17.0	56.3	21.7	5.0
	여자	16.0	53.7	24.7	5.6
연령	10대(13 ~ 19세)	7.4	44.8	30.1	17.7
	20대	19.1	52.9	22.0	6.0
	30대	20.8	57.3	19.1	2.8
	40대	19.6	58.3	18.7	3.4
	50대	14.6	57.8	23.3	4.3
	60대 이상	8.0	46.7	34.8	10.5
교육 정도	초졸 이하	7.7	43.1	38.2	11.0
	중졸	11.4	55.2	25.5	7.9
	고졸	16.8	56.1	22.0	5.1
	대졸 이상	18.7	56.4	21.1	3.8
혼인상태	미혼	17.6	55.3	21.6	5.5
	배우자 있음	16.6	55.6	23.1	4.7
	사별	8.0	43.5	35.3	13.2
	이혼	17.9	57.1	20.2	4.8
직업	전문관리	18.5	54.4	23.0	4.1
	사무	20.7	56.9	19.2	3.2
	서비스판매	17.0	55.3	22.4	5.3
	농어업	3.1	37.3	45.6	14.0
	기능노무	15.0	58.2	21.4	5.4

① 남자와 여자 직장인 각각 스트레스를 '매우 느낌'을 선택한 인원이 가장 많다.

② 교육 정도가 고졸 이하인 조사인원이 5,700명일 때, 대졸 이상인 직장인 중 '전혀 느끼지 않음'을 택한 인원은 55명 이상이다.

③ 사무, 서비스판매를 하는 직장인 중 스트레스를 '전혀 느끼지 않는 편임'을 택한 인원은 기능노무 직장인 중 '매우 느낌'을 택한 인원보다 20명 많다.

④ 40대 직장인 중 스트레스를 느끼는 인원은 60대 이상 직장인 중 전혀 느끼지 않는 인원의 5배 이상이다.

⑤ 미혼인 직장인의 조사인원이 2,800명, 이혼한 직장인의 조사인원이 1,600명일 때, 미혼인 직장인 중에서 스트레스를 '매우 느끼는' 인원이 이혼한 직장인 중에서 스트레스를 '느끼는 편'에 속하는 인원에서 차지하는 비중은 45% 이하이다.

31 S사는 신제품의 품번을 다음과 같은 〈규칙〉에 따라 정한다. 제품에 설정된 임의의 영단어가 'INTELLECTUAL'이라면 이 제품의 품번으로 옳은 것은?

〈규칙〉

1단계 : 알파벳 A ~ Z를 숫자 1, 2, 3, …으로 변환하여 계산한다.
2단계 : 제품에 설정된 임의의 영단어를 숫자로 변환한 값의 합을 구한다.
3단계 : 임의의 영단어 속 자음의 합에서 모음의 합을 뺀 값의 절댓값을 구한다.
4단계 : 2단계와 3단계의 값을 더한 다음 4로 나누어 2단계의 값에 더한다.
5단계 : 4단계의 값이 정수가 아닐 경우에는 소수 첫째자리에서 버림한다.

① 120
② 140
③ 160
④ 180
⑤ 200

32 다음 SWOT 분석 결과를 바탕으로 섬유 산업이 발전할 수 있는 방안으로 적절한 것을 〈보기〉에서 모두 고르면?

강점(Strength)	약점(Weakness)
• 빠른 제품 개발 시스템	• 기능 인력 부족 심화 • 인건비 상승
기회(Opportunity)	위협(Threat)
• 한류의 영향으로 한국 제품 선호 • 국내 기업의 첨단 소재 개발 성공	• 외국산 저가 제품 공세 강화 • 선진국의 기술 보호주의

보기

㉠ 한류 배우를 모델로 브랜드 홍보 전략을 추진한다.
㉡ 단순 노동 집약적인 소품종 대량 생산 체제를 갖춘다.
㉢ 소비지 기호를 빠르게 분석하여 제품 생산에 반영한다.
㉣ 선진국의 원천 기술을 이용한 기능성 섬유를 생산한다.

① ㉠, ㉡
② ㉠, ㉢
③ ㉡, ㉢
④ ㉡, ㉣
⑤ ㉢, ㉣

※ 다음은 S사의 냉장고에 사용되는 기호와 주문된 상품이다. 이어지는 질문에 답하시오. [33~36]

〈기호〉

기능		설치형태		용량(L)		도어	
김치보관	RC	프리 스탠딩	F	840	84	4도어	TE
독립냉각	EF	키친 핏	C	605	60	2도어	DA
가변형	RQ	빌트인	B	584	58	1도어	DE
메탈쿨링	AX	–	–	486	48	–	–
다용도	ED	–	–	313	31	–	–

AXRQB58DA	
AX, RQ	기능(복수선택 가능) → 메탈쿨링, 가변형 기능
B	설치형태 → 빌트인
58	용량 → 584L
DA	도어 → 2도어

〈주문된 상품〉

RCF84TE	EDC60DE	RQB31DA	AXEFC48TE
AXF31DE	EFB60DE	RQEDF84TE	EDC58DA
EFRQB60TE	AXF31DA	EFC48DA	RCEDB84TE

33 다음 글을 읽고 고객이 주문한 상품은 무엇인가?

> 안녕하세요? 냉장고를 주문하려고 합니다. 커버는 온도의 변화가 적은 메탈쿨링이 유행하던데 저도 그것을 사용하려고요. 기존 냉장고를 교체할 거여서 프리 스탠딩 형태가 맞을 것 같아요. 또 저 혼자 사니까 가장 작은 용량으로 문도 1개면 될 것 같은데 혹시 이번 주 안에 배달이 되나요?

① EDC60DE
② AXF31DE
③ AXEFC48TE
④ AXF31DA
⑤ RCEDB84TE

34 배달이 밀려서 주문된 상품 중 가변형 기능과 키친 핏 형태의 상품은 배송이 늦어진다고 할 때, 배송이 늦어지는 상품은 몇 개인가?

① 5개
② 6개
③ 7개
④ 8개
⑤ 9개

35 S사는 독립냉각 기능에 문제가 발견되어 주문된 상품 중 해당상품을 대상으로 무상수리를 진행하려 한다. 무상수리 대상이 되는 상품은 몇 개인가?

① 3개 ② 4개
③ 5개 ④ 6개
⑤ 7개

36 S사는 주문된 정보를 바탕으로 판매현황을 작성하려 한다. 다음 중 기능, 용량, 도어 각각 가장 인기가 없는 것의 기호로 옳은 것은?(단, 설치형태는 판매현황에 작성하지 않았다)

① RC48DE ② RQ58DA
③ RQ58DE ④ RC58DE
⑤ RC58DA

37 기획부 부서회의에 최부장, 김과장, 이대리, 조대리, 한사원, 박사원 중 일부만 회의에 참석할 예정이다. 다음 〈조건〉을 바탕으로 최부장이 회의에 참석했을 때, 회의에 참석하는 직원은 모두 몇 명인가?

> **조건**
> • 한사원이 회의에 참석하지 않으면 박사원도 참석하지 않는다.
> • 조대리가 회의에 참석하면 이대리는 참석하지 않는다.
> • 최부장이 회의에 참석하면 이대리도 참석한다.
> • 박사원이 회의에 참석하지 않으면 최부장도 참석하지 않는다.

① 1명 ② 2명
③ 3명 ④ 4명
⑤ 5명

※ A은행 직원들은 조합원 초청행사 안내 현수막을 설치하려고 한다. 이어지는 질문에 답하시오. [38~39]

- 현수막 설치 후보 장소 : 동사무소, O회사, 우체국, 주유소, 마트
- 현수막 설치일자 : 3월 29일 ~ 3월 31일

구분	동사무소	O회사	우체국	주유소	마트
설치가능 일자	3월 31일	3월 29일	3월 30일	3월 31일	4월 2일
게시기간	3월 31일 ~ 4월 15일	3월 29일 ~ 4월 18일	3월 30일 ~ 4월 8일	3월 31일 ~ 4월 8일	4월 2일 ~ 4월 25일
하루평균 유동인구	230명	300명	260명	270명	310명
설치비용	200만 원	300만 원	250만 원	200만 원	300만 원
게시비용	10만 원/일	8만 원/일	12만 원/일	12만 원/일	7만 원/일

※ 현수막은 유동인구가 가장 많은 2곳에 설치 예정
※ 유동인구가 하루 20명 이상 차이가 나지 않는 경우 게시기간이 긴 장소에 설치
※ 설치비용은 한 번만 지불

38 다음 중 안내 현수막을 설치할 장소들을 모두 고르면?(단, 설치장소 선정에 설치 및 게시 비용은 고려하지 않는다)

① 동사무소, O회사
② O회사, 우체국
③ 주유소, O회사
④ 주유소, 마트
⑤ 마트, 우체국

39 조합장의 지시로 다른 조건은 모두 배제하고 설치 및 게시 비용만 고려하여 가장 저렴한 곳에 현수막을 설치하기로 하였다. 현수막을 설치할 장소는?(단, 현수막은 장소마다 제시된 게시기간 모두 사용한다)

① 동사무소
② O회사
③ 우체국
④ 주유소
⑤ 마트

40 한 공사에서는 보고서를 통과시키기 위해서 총 6명(a ~ f)에게 결재를 받아야 한다. 다음 〈조건〉을 참고하여 최종 결재를 받아야 하는 사람이 c일 때, 세 번째로 결재를 받아야 할 사람은?

> **조건**
> • c 바로 앞 순서인 사람은 f이다.
> • b는 f와 c 보다는 앞 순서이다.
> • e는 b보다는 앞 순서이다.
> • e와 c는 d보다 뒤의 순서다.
> • a는 e보다 앞 순서이다.
> • 한 사람 당 한 번만 거친다.

① a   ② b
③ d   ④ e
⑤ f

41 미국, 영국, 중국, 프랑스에 파견된 4명의 외교관(A~D)는 1년에 한 번, 한 명씩 새로운 국가로 파견된다. 다음 〈조건〉을 참고할 때, 반드시 참인 것은?

> **조건**
> • 두 번 연속 같은 국가에 파견될 수는 없다.
> • A는 작년에 영국에 파견되어 있었다.
> • C와 D는 이번에 프랑스에 파견되지는 않는다.
> • D는 작년에 중국에 파견되어 있었다.
> • C가 작년에 파견된 나라는 미국이다.
> • B가 이번에 파견된 국가는 중국이다.

① A가 이번에 파견된 국가는 영국이다.
② C가 이번에 파견된 국가는 미국이다.
③ D가 이번에 파견된 국가는 프랑스다.
④ B가 작년에 파견된 국가는 프랑스일 것이다.
⑤ A는 영국, 또는 미국에 파견되었을 것이다.

※ 다음은 재료비 상승에 따른 분기별 국내 철강사 수익 변동을 조사하기 위해 수집한 자료이다. 이어지는 질문에 답하시오. [42~43]

〈제품가격과 재료비에 따른 분기별 수익〉

(단위 : 천 원/톤)

구분	2020년 4분기	2021년 1분기	2분기	3분기	4분기
제품가격	627	597	687	578	559
재료비	178	177	191	190	268
수익	449	420	496	388	291

※ (제품가격)＝(재료비)＋(수익)

〈제품 1톤당 소요되는 재료〉

(단위 : 톤)

철광석	원료탄	철 스크랩
1.6	0.5	0.15

42 다음 자료에 대한 내용으로 가장 적절한 것은?

① 수익은 지속해서 증가하고 있다.

② 모든 금액에서 2021년 4분기가 2020년 4분기보다 높다.

③ 재료비의 변화량과 수익의 변화량은 밀접한 관계가 있다.

④ 조사 기간에 수익이 가장 높을 때는 재료비가 가장 낮을 때이다.

⑤ 2021년 3분기에 이전 분기 대비 수익 변화량이 가장 큰 것으로 나타난다.

43 2022년 1분기에 재료의 단위가격이 철광석 70,000원, 원료탄 250,000원, 철 스크랩 200,000원으로 예상된다는 보고를 받았다. 2022년 1분기의 수익이 2021년 4분기와 같게 유지된다면, 제품가격은 얼마인가?

① 558,000원 ② 559,000원

③ 560,000원 ④ 578,000원

⑤ 597,000원

44 다음은 정보공개 대상별 정보공개수수료에 대한 자료이다. 다음 표에 따를 때, 〈보기〉의 정보열람인 중 정보공개수수료를 가장 많이 지급하는 사람부터 순서대로 나열한 것은?(단, 정보열람인들이 열람한 정보는 모두 공개대상인 성보이다)

〈정보공개 대상별 정보공개 방법 및 수수료〉

공개 대상	열람 · 시청	사본(종이 출력물) · 인화물 · 복제물
문서, 도면, 사진 등	• 열람 – 1일 1시간 이내 : 무료 – 1시간 초과 시 30분마다 1,000원	• 사본(종이출력물) – A3 이상 300원(1장 초과 시 100원/장) – B4250원(1장 초과 시 50원/장)
필름 테이프 등	• 녹음테이프(오디오자료)의 청취 – 1건이 1개 이상으로 이루어진 경우 　: 1개(60분 기준)마다 1,500원 – 여러 건이 1개로 이루어진 경우 　: 1건(30분 기준)마다 700원 • 영화필름의 시청 – 1편이 1캔 이상으로 이루어진 경우 　: 1캔(60분 기준)마다 3,500원 – 여러 편이 1캔으로 이루어진 경우 　: 1편(30분 기준)마다 2,000원 • 사진필름의 열람 – 1장 : 200원 – 1장 초과 시 50원/장	• 녹음테이프(오디오자료)의 복제 – 1건이 1개 이상으로 이루어진 경우 　: 1개마다 5,000원 – 여러 건이 1개로 이루어진 경우 　: 1건마다 3,000원 • 사진필름의 복제 – 1컷마다 6,000원 • 사진필름의 인화 – 1컷마다 500원
마이크로필름 슬라이드 등	• 마이크로필름의 열람 – 1건(10컷 기준)1회 : 500원 – 10컷 초과 시 1컷마다 100원 • 슬라이드의 시청 – 1컷마다 200원	• 사본(종이 출력물) – A3 이상 300원(1장 초과 시 200원/장) – B4250원(1장 초과 시 150원/장) • 마이크로필름의 복제 – 1롤마다 1,000원 • 슬라이드의 복제 – 1컷마다 3,000원

보기

• A : 공시지가에 관련된 문서와 지가비공개 대상에 대한 문서를 하루 동안 각각 3시간 30분씩 열람하고, 공시지가 관련 문서를 A3용지로 총 25장에 걸쳐 출력하였다.
• B : 한 캔에 포함된 두 편의 영화필름 중 20분짜리 독립유공자 업적 관련 한 편의 영화를 시청하고, 13컷으로 구성된 관련 슬라이드를 시청하였으며, 해당 슬라이드의 1컷부터 6컷까지를 복제하였다.
• C : 공단 사업연혁과 관련된 마이크로필름 2롤과 3건(1건이 1개)으로 이루어진 녹음테이프 자료를 복제하였고, 최근 해외협력사업과 관련된 사진필름 8장을 열람하였다.
• D : 하반기 공사 입찰계약과 관련된 문서의 사본을 B4용지로 35장을 출력하고, 작년 공사 관련 사진필름을 22장 열람하였다.

① A – B – C – D
② A – B – D – C
③ B – A – C – D
④ B – C – A – D
⑤ D – C – A – B

45 해외협력과 A사원, B주임, C대리, D대리, E과장 5명은 해외사업 추진을 위해 프랑스로 출장을 가게 되었다. 이들이 다음 〈조건〉에 따라 항공기 좌석에 앉는다고 할 때, 다음 중 반드시 옳은 설명은?

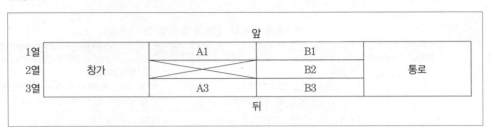

조건

- 2열에는 대리가 앉는다.
- E과장은 통로 쪽에 앉는다.
- A사원과 B주임은 이웃하여 앉을 수 없다.
- A2 좌석은 이미 예약되어 있어 해외협력과 직원들이 앉을 수 없다.
- 이웃하여 앉는다는 것은 앞뒤 혹은 좌우로 인접하여 앉는 것을 의미한다.

① A사원은 항상 창가 쪽에 앉는다.
② 대리끼리는 이웃하여 앉을 수 없다.
③ B주임이 A3에 앉으면 C대리는 B2에 앉는다.
④ E과장이 B1에 앉으면 B주임은 B3에 앉는다.
⑤ C대리가 3열에 앉으면 D대리는 2열에 앉는다.

46 다음은 K국 갑 ~ 무 공무원의 국외 출장 현황과 출장 국가별 여비 기준을 나타낸 자료이다. 이를 통해 출장 여비를 지급받을 때, 출장 여비를 가장 많이 지급받는 출장자부터 순서대로 바르게 나열한 것은?

〈K국 갑 ~ 무 공무원 국외 출장 현황〉

출장자	출장 국가	출장 기간	숙박비 지급 유형	1박 실지출 비용	출장 시 개인 마일리지 사용 여부
갑	A	3박 4일	실비 지급	$145	미사용
을	A	3박 4일	정액 지급	$130	사용
병	B	3박 5일	실비 지급	$110	사용
정	C	4박 6일	정액 지급	$75	미사용
무	D	5박 6일	실비 지급	$75	사용

※ 각 출장자의 출장 기간 중 매박 실지출 비용은 변동 없다.

〈출장 국가별 1인당 여비 지급 기준액〉

구분	1일 숙박비 상한액	1일 식비
A	$170	$72
B	$140	$60
C	$100	$45
D	$85	$35

> **조건**
> - (출장 여비)=(숙박비)+(식비)
> - 숙박비는 숙박 실지출 비용을 지급하는 실비 지급 유형과 출장국가 숙박비 상한액의 80%를 지급하는 정액 지급 유형으로 구분
>   - (실비 지급 숙박비)=(1박 실지출 비용)×(숙박일수)
>   - (정액 지급 숙박비)=(출장국가 1일 숙박비 상한액)×(숙박일수)×0.8
> - 식비는 출장 시 개인 마일리지 사용 여부에 따라 출장 중 식비의 20% 추가 지급
>   - (개인 마일리지 미사용 시 지급 식비)=(출장국가 1일 식비)×(출장일수)
>   - (개인 마일리지 사용 시 지급 식비)=(출장국가 1일 식비)×(출장일수)×1.2

① 갑 - 을 - 병 - 정 - 무
② 갑 - 을 - 병 - 무 - 정
③ 을 - 갑 - 정 - 병 - 무
④ 을 - 갑 - 병 - 무 - 정
⑤ 을 - 갑 - 무 - 병 - 정

※ N회사에서는 로컬푸드 홍보를 위해 로컬푸드 구매자를 대상으로 사은품을 증정하려고 한다. 이어지는 질문에 답하시오. [47~49]

〈사은품 세부 사항〉

- 로컬푸드 50,000원 이상 구매 고객에게 증정
- 로컬푸드 50,000원 이상(장바구니), 100,000원 이상(장바구니, 텀블러) 증정
- 장바구니 500개, 텀블러 200개 준비
- 사은품 증정 행사 4월 1일부터(사은품은 행사 전날까지 준비)

〈사은품 제작업체〉

구분	갑 업체	을 업체	병 업체	정 업체	무 업체
하루 생산가능 개수 (동시 생산 가능)	장바구니 100개 텀블러 100개	장바구니 130개 텀블러 80개	장바구니 150개 텀블러 150개	장바구니 90개 텀블러 80개	장바구니 200개 텀블러 100개
개당 제작 단가	장바구니 1,000원 텀블러 3,000원	장바구니 1,500원 텀블러 2,500원	장바구니 1,300원 텀블러 2,600원	장바구니 800원 텀블러 3,500원	장바구니 900원 텀블러 3,200원
기타	홍보문구 삽입 불가	총수량 600개 이상 구매 시 홍보문구 무료 삽입	홍보문구 삽입 시 개당 500원 추가	홍보문구 삽입 시 개당 200원 추가 (텀블러는 무료 이벤트 중)	홍보문구 삽입 시 개당 300원 추가

47 N회사에서 비용만을 고려할 때, 갑 ～ 무 업체 중 가장 저렴한 비용으로 사은품을 구매할 수 있는 업체는?(단, 홍보문구는 삽입하지 않는다)

① 갑 업체
② 을 업체
③ 병 업체
④ 정 업체
⑤ 무 업체

48 제작 요청일이 3월 28일이고 당일부터 제작을 시작한다면, 기한 안에 제작이 가능한 업체 중 제작 비용이 가장 저렴한 곳의 비용은?(단, 홍보문구는 삽입하지 않는다)

① 1,090,000원
② 1,100,000원
③ 1,170,000원
④ 1,250,000원
⑤ 1,300,000원

49 홍보효과를 높이기 위해 사은품에 로컬푸드 홍보문구를 삽입하려고 한다. 갑 ～ 무 업체 중 가장 저렴하게 사은품을 구매할 수 있는 업체는 어디인가?(단, 제작일정은 고려하지 않는다)

① 갑 업체
② 을 업체
③ 병 업체
④ 정 업체
⑤ 무 업체

50 다음은 외부 강의 사례금 상한선에 대한 규정이다. 이 상황에서 강의자들에게 지불해야 되는 외부 강의 사례금액의 상한액은 총 얼마인가?

〈외부 강의 금액 상한선〉

- 공무원과 그 밖에 다른 법률에 따라 그 자격·임용·교육훈련·복무·보수·신분보장 등에 있어서 공무원으로 인정된 사람 등의 공직자는 40만 원이 상한이다.
- 각급 학교 및 사립학교법에 따른 학교법인 각급 학교의 장과 교직원 및 학교 법인의 임직원은 100만 원이 상한이다.
- 언론중재 및 피해구제 등에 관한 법률에 따른 언론사 대표자와 그 임직원은 100만 원이 상한이다.
- 국립대학의 교수와 강사는 20만 원이 상한이다.
- 공공기관과 공직유관단체 및 그 기관의 장과 임직원은 40만 원이 상한이다.
- 강의의 상한액은 1시간 당 기준으로 하고, 1시간을 초과하여 강의 등을 하는 경우에는 강의 시간에 관계없이 1시간 초과분에 대하여 시간당 상한액의 100분의 150에 해당하는 금액을 추가 지급한다.
- 외부강의 상한액은 원고료, 출연료, 강의료 등 명목에 관계없이 일체의 사례금을 포함한다.

강의자	강의시간	기타
A국립대 M교수	1시간	–
B언론사 K기자	2시간	–
C병원 S병원장	2시간	–
D사립대 J강사	1시간	원고료 10만원 추가 요청

※ C병원은 공직유관단체이다.

① 410만 원
② 430만 원
③ 450만 원
④ 470만 원
⑤ 480만 원

※ 다음은 수발실에서 근무하는 직원들에 대한 3분기 근무평정 자료이다. 이어지는 질문에 답하시오.
[51~52]

〈정보〉

- 수발실은 공단으로 수신되거나 공단에서 발송하는 문서를 분류, 배부하는 업무를 한다. 문서 수발이 중요한 업무인 만큼, 공단은 매분기 수발실 직원별로 사고 건수를 조사하여 아래의 벌점 산정 방식에 따라 벌점을 부과한다.
- 공단은 이번 3분기 수발실 직원들에 대해 벌점을 부과한 후, 이를 반영하여 성과급을 지급하고자 한다.

〈벌점 산정방식〉

- 분기 벌점은 사고 유형별 건수와 유형별 벌점의 곱의 총합으로 계산한다.
- 전분기 무사고였던 직원의 경우, 해당분기 벌점에서 5점을 차감하는 혜택을 부여받는다.
- 전분기에 무사고였더라도, 해당분기 발신사고 건수가 4건 이상인 경우 벌점차감 혜택을 적용받지 못한다.

〈사고 건수당 유형별 벌점〉

(단위 : 점)

사고 종류	수신사고		발신사고	
	수신물 오분류	수신물 분실	미발송	발신물 분실
벌점	2	4	4	6

〈3분기 직원별 오류발생 현황〉

(단위 : 건)

직원	수신물 오분류	수신물 분실	미발송	발신물 분실	전분기 총사고 건수
A	–	2	–	4	2
B	2	3	3	–	–
C	2	–	3	1	4
D	–	2	2	2	8
E	1	–	3	2	–

51 벌점 산정방식에 따를 때, 수발실 직원 중 두 번째로 높은 벌점을 부여받는 직원은?

① A직원
② B직원
③ C직원
④ D직원
⑤ E직원

52 공단은 수발실 직원들의 등수에 따라 3분기 성과급을 지급하고자 한다. 수발실 직원들의 경우 해당 분기 벌점이 작을수록 부서 내 등수가 높다고 할 때, 다음 중 B직원과 E직원이 지급받을 성과급 총액은 얼마인가?

〈성과급 지급 기준〉

- 성과급＝(부서별 성과급 기준액)×(등수별 지급비율)
- 수발실 성과급 기준액 : 100만 원
- 등수별 성과급 지급비율

등수	1등	2 ~ 3등	4 ~ 5등
지급비율	100%	90%	80%

※ 분기당 벌점이 30점을 초과하는 경우 등수와 무관하게 성과급 기준액의 50%만 지급한다.

① 100만 원
② 160만 원
③ 180만 원
④ 190만 원
⑤ 200만 원

53 Q기업의 차대리는 여름휴가를 맞아 가족끼리 태국여행을 가기로 하였다. 출국 날짜 한 달 전에 예약을 하면 특가로 갈 수 있는 상품들이 있어 조사 중이다. 남편과 함께 비즈니스 석 또는 이코노미 석으로 가기 원하며, 한국에서 출발시각은 점심식사를 한 후 오후 1시 30분부터 오후 5시 사이였으면 한다. 다음은 차대리가 조사한 여행사별 상품에 대한 자료이다. 차대리 부부가 7월 또는 8월 여행으로 원하는 여행상품을 선택할 때, 한국에서 비행기 출발시각은 언제이며, 총 금액은 얼마인가?(단, 가장 저렴한 상품을 고르고, 출발시각은 선택한 여행상품에서 제일 이른 시각으로 선택한다)

〈여행사별 태국여행 상품〉(1인당)

구분	상품 금액	기간	좌석
A여행사	345,000원		이코노미, 비즈니스
B여행사	300,000원	2박 3일	이코노미, 퍼스트 클래스
C여행사	382,000원		비즈니스, 퍼스트 클래스
D여행사	366,000원		이코노미, 비즈니스

※ 상품 금액은 이코노미 좌석일 때의 금액이며, 비즈니스 석으로 바꾸면 상품 금액의 3배, 퍼스트클래스는 4배의 금액이다.
※ 이코노미 석과 비즈니스 석이 해당 여행사에 모두 있을 시, 이코노미 석 상품으로 선택한다.

〈여행사별 출국날짜 및 시각〉

구분	출국 날짜	출국 시각
A여행사	7월 01일 ~ 8월 31일(매주 월, 수, 토)	오전 10시, 11시, 오후 3시, 4시 30분
B여행사	6월 22일 ~ 9월 25일(매주 목, 금)	오후 5시 20분, 7시 15분
C여행사	8월 01일 ~ 9월 14일(매주 수요일)	오전 09시, 11시, 오후 7시, 8시 30분
D여행사	6월 10일 ~ 8월 22일(매주 화, 수, 일)	오전 5시, 8시, 오후 2시, 4시 30분

〈여행사별 할인 혜택〉

구분	할인 혜택
A여행사	출국 한 달 전까지 예약 시 10% 할인
B여행사	3인 이상 예약 시 자녀(초등학생)1명 반값 초등생 없을 시 성인 한 명 20% 할인
C여행사	4인 이상 예약 시 동반 어린이 무료
D여행사	2인 이상 예약 시 상품 금액 5만 원씩 할인

	출발 시각	총 금액
①	오후 2시	621,000원
②	오후 2시	632,000원
③	오후 3시	621,000원
④	오후 3시	632,000원
⑤	오후 3시	642,000원

54 육아휴직급여를 담당하는 인사부 A사원은 최근 신청인원 명단을 받아 휴직기간 동안 지급될 급여를 계산해 보고해야 한다. 육아휴직급여 지원이 아래와 같을 때 세 사람이 받을 수 있는 급여액을 모두 너한 것은?

〈육아휴직급여〉

근로자가 만 8세 이하 또는 초등학교 2학년 이하의 자녀를 양육하기 위하여 남녀고용평등과 일·가정 양립 지원에 관한 법률 제19조에 의한 육아휴직을 30일 이상 부여받은 경우 지급되는 급여입니다.

■ 해당조건 및 혜택
- 육아휴직 기간 : 1년 이내
- 육아휴직 첫 3개월 동안은 월 통상임금의 100분의 80(상한액 : 월 150만 원, 하한액 : 월 70만 원), 나머지 기간에 대해서는 월 통상임금의 100분의 40(상한액 : 월 100만 원, 하한액 : 월 50만 원)을 지급함
- 아빠의 달 : 동일한 자녀에 대하여 부모가 순차적으로 휴직할 경우 두 번째 사용자의 첫 3개월 급여는 통상임금의 100%(최대 150만 원, 둘째 아이에 대해서는 200만 원)을 지원

〈신청인원〉

신청인	성별	자녀	통상임금	육아휴직기간	비고
A씨	여	6살(첫째)	220만 원	8개월	–
B씨	남	3살(둘째)	300만 원	1년	아빠의 달, 두 번째 사용자
C씨	남	8살(첫째)	90만 원	6개월	–

① 2,580만 원
② 2,739만 원
③ 2,756만 원
④ 2,912만 원
⑤ 3,125만 원

※ 다음은 K공단의 인턴 필기시험 결과에 따른 〈면접대상자 선발방식〉에 대한 자료이다. 이어지는 질문에 답하시오. [55~56]

〈응시자별 필기시험 점수〉

(단위 : 점)

응시자	경제학	회계학	경영학	재정학	조직학
A	74	85	79	81	94
B	96	86	64	84	85
C	84	79	75	80	96
D	88	87	77	76	84
E	87	80	76	79	90

〈면접대상자 선발방식〉

• 방식 1 : 최저점을 제외한 과목별 점수의 평균이 가장 높은 응시자 2명을 선발한다.
• 방식 2 : 최고점을 제외한 과목별 점수의 평균이 80점 이상인 응시자를 선발한다.
• 방식 3 : (선발점수)=(과목별 점수 총합)+(최고점−최저점)×2의 점수가 높은 응시자 3명을 선발한다.
• 모든 방식에서 동점자가 발생할 경우, 경영학 점수가 더 높은 응시자를 우선시한다.

55 응시자별 필기시험 결과에 따라 면접대상자를 선발할 때, 이에 대한 〈보기〉의 설명 중 옳은 것을 모두 고르면?

보기

㉠ 어느 방식을 따르든 B는 면접대상자로 선발된다.
㉡ '방식 2'에 따라 면접대상자를 선발할 때, 3명의 응시자가 면접대상자로 선발된다.
㉢ A는 세 가지 방식 중 두 가지 방식에 면접대상자로 선발된다.

① ㉠
② ㉢
③ ㉠, ㉡
④ ㉡, ㉢
⑤ ㉠, ㉡, ㉢

56 K공단에서는 위 3가지 면접대상자 선발방식을 종합하여 다음과 같은 선발방식을 확정하였다. 다음 선발방식을 차례대로 적용하여 면접대상자를 선발할 때, 가장 높은 점수로 면접대상자로 선발될 응시자는?

〈면접대상자 선발방식〉

• 회계학과 재정학의 평균이 80점 이상인 응시자만을 면접대상자 후보로 한다.
• 조직학이 90점 미만인 응시자는 경제학이 90점 이상인 경우에만 면접대상자가 될 수 있다.
• 각 과목에 대해 다음과 같이 가중치를 부여하여 구한 가중평균이 가장 높은 응시자 2명을 면접대 상자로 선발한다.

구분	경제학	회계학	경영학	재정학	조직학
가중치	3	1	2	1	1

• 두 번째 조건까지 해당되는 응시자가 2명일 경우, 세 번째 조건에서 면접대상자는 한 명만 선발한다.

① A응시자   ② B응시자
③ C응시자   ④ D응시자
⑤ E응시자

※ K공사는 제주지부에 대한 기술지원을 위해 파견팀을 구성하고자 한다. 다음은 파견팀장 선발에 대한 내용이다. 이어지는 질문에 답하시오. [57~58]

〈제주지부 기술지원팀장 선발방식〉

- 지원자 중 선발점수가 가장 높은 1인을 파견팀장으로 선발한다.
- 기준에 따라 산정한 학위 점수(30점), 파견근무 점수(30점), 관련분야 근무경력 점수(30점)에 가점(최대 10점)을 합산하여 선발점수(100점)를 산정한다.
- 선발점수 최고점자가 2인 이상인 경우, 관련분야 근무경력이 더 긴 지원자를 선발한다.
- 청렴분야에서 수상실적이 있을 경우 1점을 추가로 가산한다.
- 학위 점수(30점)

학위	학사	석사	박사
점수	20	25	30

- 파견근무 점수(30점)

파견근무횟수	없음	1회	2회	3회	4회 이상
점수	16	21	24	27	30

- 관련경력 점수(30점)

관련분야 근무경력	6개월 미만	6개월 이상 1년 미만	1년 이상 3년 미만	3년 이상 5년 미만	5년 이상
점수	10	18	24	28	30

- 가점 사항(최대 10점)

항목	연구실적분야 수상실적	업무실적분야 수상실적	청렴분야 수상실적	공학계열 석사학위 이상
가점	1개당 2점	1개당 2점	1개당 1점	1점

〈파견팀장 지원자 현황〉

지원자	학위	파견근무횟수	관련분야 근무경력	수상경력
A	컴퓨터공학 학사	3회	4년 10개월	연구우수 1회
B	경영학 박사	–	7년 2개월	업무우수 1회
C	철학 석사	6회	1년 1개월	–
D	생명과학 박사	2회	2년 7개월	–
E	전자공학 석사	1회	5년 9개월	청렴 2회

57 다음 방식에 따라 제주지부 기술지원팀장을 선발할 때, 파견팀장으로 선발될 지원자는?

① A지원자   ② B지원자

③ C지원자   ④ D지원자

⑤ E지원자

PART 1

PART 2

58 인사위원회의 권고에 따라 관련경력 점수 산정기준이 다음과 같이 변경되었다. 변경된 기준에 따를 때, 파견팀장으로 선발될 지원자는?

〈관련경력 점수 변경사항〉

• 변경된 기준

관련분야 근무경력	12개월 미만	12개월 이상 18개월 미만	18개월 이상 32개월 미만	32개월 이상 50개월 미만	50개월 이상 70개월 미만	70개월 이상
점수	18	22	24	26	28	30

① A지원자   ② B지원자

③ C지원자   ④ D지원자

⑤ E지원자

※ C베이커리 사장은 새로운 직원을 채용하기 위해 아르바이트 공고문을 게재하였다. 지원한 사람이 다음 과 같을 때, 이어지는 질문에 답하시오. **[59~60]**

■ 아르바이트 공고문
- 업체명 : C베이커리
- 업무내용 : 고객응대 및 매장관리
- 지원자격 : 경력, 성별, 학력 무관 / 나이 : 20 ~ 40세
- 근무조건 : 6개월 / 월 ~ 금요일 / 08:00 ~ 20:00(협의 가능)
- 급여 : 희망 임금
- 연락처 : 010-1234-1234

■ 아르바이트 지원자 명단

성명	성별	나이	근무가능시간	희망 임금	기타
김갑주	여	28	08:00 ~ 16:00	시급 8,000원	• 1일 1회 출근만 가능함
강을미	여	29	15:00 ~ 20:00	시급 7,000원	• 최소 2시간 이상 연속 근무하여
조병수	남	25	12:00 ~ 20:00	시급 7,500원	야 함
박정현	여	36	08:00 ~ 14:00	시급 8,500원	
최강현	남	28	14:00 ~ 20:00	시급 8,500원	
채미나	여	24	16:00 ~ 20:00	시급 7,500원	
한수미	여	25	10:00 ~ 16:00	시급 8,000원	

※ 근무시간은 지원자가 희망하는 근무시간대 내에서 조절 가능함

59 C베이커리 사장은 최소비용으로 가능한 최대인원을 채용하고자 한다. 매장에는 항상 2명의 직원이 근무하고 있어야 하며, 기존 직원 1명은 오전 8시부터 오후 3시까지 근무한다. 지원자 명단을 참고 하였을 때, 채용할 지원자는?(단, 최소비용을 최대비용보다 우선한다)

① 김갑주, 강을미, 조병수
② 김갑주, 강을미, 박정현, 채미나
③ 김갑주, 강을미, 조병수, 채미나, 한수미
④ 강을미, 조병수, 박정현, 최강현, 채미나
⑤ 강을미, 조병수, 박정현, 최강현, 채미나, 한수미

60 59번에서 결정한 인원을 채용하여 급여를 주 단위로 지급한다면, 사장이 주마다 지급해야 하는 총 급여는?(단, 기존 직원의 시급은 8,000원으로 계산한다)

① 805,000원
② 855,000원
③ 890,000원
④ 915,000원
⑤ 1,000,000원

현재 나의 실력을 객관적으로 파악해 보자!

모바일 OMR
답안채점 / 성적분석 서비스

도서에 수록된 모의고사에 대한 객관적인 결과(정답률, 순위)를 종합적으로 분석하여 제공합니다.

OMR 입력

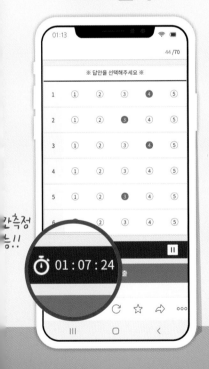

성적분석

채점결과

※OMR 답안채점 / 성적분석 서비스는 등록 후 30일간 사용 가능합니다.

참여 방법

도서 내 모의고사 우측 상단에 위치한 QR코드 찍기 →
 로그인 하기 →
 '시작하기' 클릭 →
 '응시하기' 클릭 →
 나의 답안을 모바일 OMR 카드에 입력 →
 '성적분석 & 채점결과' 클릭 →
 현재 내 실력 확인하기

2023 · 최신판

합격의 공식 | SD에듀

▲합격의 모든 것

NCS
핵심영역

단기완성.zip + 무료 NCS 특강

의사소통능력 · 수리능력
문제해결능력 · 자원관리능력

NCS직무능력연구소 편저

정답 및 해설

SD에듀
(주)시대고시기획

01	02	03	04	05	06	07	08	09	10	11	12	13	14	15	16	17	18	19	20
③	③	③	②	④	④	③	④	③	⑤	④	③	③	③	⑤	④	④	②	①	①
21	22	23	24	25	26	27	28	29	30	31	32	33	34	35	36	37	38	39	40
①	④	④	①	①	②	④	①	③	②	③	③	④	②	③	④	③	②	⑤	③
41	42	43	44	45	46	47	48	49	50										
②	②	④	③	③	②	③	④	③	④										

01

정답 ③

문장의 형태소 중에서 조사나 선어말어미, 어말어미 등으로 쓰인 문법적 형태소의 개수를 파악해야 한다.
이, 니, 과, 에, 이, 었, 다 → 총 7개

오답분석

① 이, 을, 었, 다 → 총 4개
② 는, 가, 았, 다 → 총 4개
④ 는, 에서, 과, 를, 았, 다 → 총 6개
⑤ 에, 이, 었, 다 → 총 4개

02

정답 ③

'피상적(皮相的)'은 '사물의 판단이나 파악 등이 본질에 이르지 못하고 겉으로 나타나 보이는 현상에만 관계하는 것'을 의미한다.
제시된 문장에서는 '표면적(表面的)'과 반대되는 뜻의 단어를 써야 하므로 '본질적(本質的)'이 적절하다.

오답분석

① 정례화(定例化) : 어떤 일이 일정하게 정하여진 규칙이나 관례에 따르도록 하게 하는 것
② 중장기적(中長期的) : 길지도 짧지도 않은 중간쯤 되는 기간에 걸치거나 오랜 기간에 걸치는 긴 것
④ 친환경(親環境) : 자연환경을 오염하지 않고 자연 그대로의 환경과 잘 어울리는 일. 또는 그런 행위나 철학
⑤ 숙려(熟慮) : 곰곰이 잘 생각하는 것

03

정답 ③

'서슴다'는 '행동이 선뜻 결정되지 않고 머뭇대며 망설이다. 또는 선뜻 결정하지 못하고 머뭇대다'는 뜻으로, '서슴치 않다'가 아닌 '서슴지 않다'가 어법상 옳다.

오답분석

① '잠거라'가 아닌 '잠가라'가 되어야 어법상 옳은 문장이다.
② '담궈'가 아니라 '담가'가 되어야 어법상 옳은 문장이다.
④ '염치 불구하고'가 아니라 '염치 불고하고'가 되어야 어법상 옳은 문장이다.
⑤ '뒷뜰'이 아니라 '뒤뜰'이 되어야 어법상 옳은 문장이다.

04

제시문의 시작은 '2022 K-농산어촌 한마당'에 대해 처음 언급하며 화두를 던지는 (가)가 적절하다. 이후 K-농산어촌 한마당 행사에 대해 자세히 설명하는 (다)가 오고, 행사에서 소개된 천일염과 관련 있는 음식인 김치에 대해 언급하는 (나)가 오는 것이 자연스럽다.

05

실험실의 수를 x개라 하면, 학생의 수는 $20x+30$명이다. 실험실 한 곳에 25명씩 입실시킬 경우 $x-3$개의 실험실은 모두 채워지고 2개의 실험실에는 아무도 들어가지 않는다. 그리고 나머지 실험실 한 곳에는 최소 1명에서 최대 25명이 들어간다. 이를 표현하면 다음과 같다.

$25(x-3)+1 \leq 20x+30 \leq 25(x-2) \rightarrow 16 \leq x \leq 20.8$

위의 식을 만족하는 범위 내에서 가장 작은 홀수는 17이므로 최소한의 실험실은 17개이다.

06

기존 사원증은 가로와 세로의 길이 비율이 1 : 2이므로 가로 길이를 $x$cm, 세로 길이를 $2x$cm라 하자. 기존 사원증 대비 새 사원증의 가로 길이 증가폭은 $(6-x)$cm, 세로 길이 증가폭은 $(9-2x)$cm이다. 문제에 주어진 디자인 변경 비용을 적용하여 식으로 정리하면 다음과 같다.

$2,800+(6-x)\times12\div0.1\text{cm}+(9-2x)\times22\div0.1\text{cm}=2,420$원

$2,800+720-120x+1,980-440x=2,420$원

$560x$원$=3,080$원 $\rightarrow x=5.5$

따라서 기존 사원증의 가로 길이는 5.5cm, 세로 길이는 11cm이며, 둘레는 $(5.5\times2)+(11\times2)=33$cm이다.

07

A공장에서 45시간 동안 생산된 제품은 총 45,000개이고, B공장에서 20시간 동안 생산된 제품은 총 30,000개로 두 공장에서 생산된 제품은 총 75,000개이다. 또한, 두 공장에서 생산된 불량품은 총 $(45+20)\times45=2,925$개이다. 따라서 생산된 제품 중 불량품의 비율은 $2,925\div75,000\times100=3.9\%$이다.

08

연속교육은 하루 안에 진행되어야 하므로 4시간 연속교육으로 진행되어야 하는 문제해결능력 수업은 하루 전체를 사용해야 한다. 따라서 5일 중 1일은 문제해결능력 수업만 진행되며, 나머지 4일에 걸쳐 나머지 3과목의 수업을 진행한다. 수리능력 수업은 3시간 연속교육, 자원관리능력 수업은 2시간 연속교육이며, 하루 수업은 총 4교시로 구성되므로 수리능력 수업과 자원관리능력 수업은 같은 날 진행되지 않는다. 수리능력 수업의 총 교육시간은 9시간으로, 최소 3일이 필요하므로 자원관리능력 수업은 하루에 몰아서 진행해야 한다. 그러므로 문제해결능력 수업과 수리능력 수업을 배정하는 경우의 수는 $5\times4=20$가지이다. 문제해결능력 수업과 자원관리능력 수업이 진행되는 이틀을 제외한 나머지 3일간은 매일 수리능력 수업 3시간과 의사소통능력 수업 1시간이 진행되며, 수리능력 수업 후에 의사소통능력 수업을 진행하는 경우와 의사소통능력 수업을 먼저 진행하고 수리능력 수업을 진행하는 경우로 나뉜다. 따라서 이에 대한 경우의 수는 $2^3=8$가지이다. 그러므로 주어진 규칙을 만족하는 경우의 수는 모두 $5\times4\times2^3=160$가지이다.

09

보기의 정부 관계자들은 향후 청년의 공급이 줄어들게 되는 인구구조의 변화가 문제해결에 유리한 조건을 형성한다고 말하였다. 그러나 기사에 따르면 이러한 인구구조의 변화가 곧 문제해결이나 완화로 이어지지 않는다고 설명하고 있으므로, 정부 관계자의 태도로 ③이 가장 적절하다.

10

제시문에서 지하철역 주변, 대학교, 공원 등을 이용한 현장 홍보와 방송, SNS 등을 이용한 온라인 홍보를 진행한다고 하였으며, 이러한 홍보 방식은 특정한 계층군이 아닌 일반인들을 대상으로 하는 홍보 방식이다.

오답분석

① 제시문에 등장하는 협의체에는 산업부가 포함되어 있지 않다. 포함된 기관은 국무조정실, 국토부, 행안부, 교육부, 경찰청이다.
② 전동킥보드인지 여부에 관계없이 안전기준을 충족한 개인형 이동장치여야 자전거도로 운행이 허용된다.
③ 개인형 이동장치로 인한 사망사고는 최근 3년간 지속적으로 증가하였다.
④ 13세 이상인 사람 중 원동기 면허 이상의 운전면허를 소지한 사람에 한해 개인형 이동장치 운전이 허가된다.

11

'에너지효율화, 특화사업, 지능형 전력그리드 등 3개 분과로 운영된다. 또한 ㈜한국항공조명, ㈜유진테크노, ㈜미래이앤아이가 분과 리더 기업으로 각각 지정돼 커뮤니티 활성화를 이끌 예정이다.'라고 하였으므로 2개의 리더 그룹이라는 내용은 적절하지 않다.

오답분석

① '나주시와 한국전력공사는 협약을 통해 기업 판로 확보와 에너지산업 수요·공급·연계 지원 등 특구기업과의 동반성장 플랫폼 구축에 힘쓸 계획이다.'라고 하였으므로 옳은 내용이다.
② '나주시는 혁신산업단지에 소재한 에너지신기술연구원에서'라고 하였으므로 옳은 내용이다.
③ '한국전력공사, 강소특구 44개 기업과 전남 나주 강소연구개발특구 기업 커뮤니티 협약을 체결했다.'라고 하였으므로 옳은 내용이다.
⑤ '협약 주체들은 강소특구 중장기 성장모델과 전략수립 시 공동으로 노력을 기울이고, 적극적인 연구개발(R&D) 참여를 통해'라고 하였으므로 옳은 내용이다.

12

섭씨 510도라는 환경에서 zT가 3.1이라고 하였으므로 '어떤 환경에서든'이라는 조건은 옳지 않다.

13

넛지효과란 직접적인 규제, 처벌 등을 제외하고 부드러운 개입으로 사람들의 변화를 유도하는 것을 말한다. 그렇기 때문에 ③과 같이 직접적인 문구를 통해 사람들의 행동을 바꾸려는 것은 넛지효과의 예시로 적절하지 않다.

14

220V 이용 시 가정에서 전기에 노출될 경우 위험성은 더 높을 수 있다고 언급하였으므로 전기 안전성을 높이기 위해서 전환한다는 내용은 적절하지 않다.

오답분석

① '한국도 처음 전기가 보급될 때는 11자 모양 콘센트의 110V를 표준전압으로 사용했다.'라고 하였으므로 옳은 내용이다.
② 일본과 미국이 220V로 전환하지 못하는 이유 중 하나가 다수의 민영 전력회사로 운영되기 때문이라고 하였기 때문에 옳은 내용이다.
④ '전압이 높을수록 저항으로 인한 손실도 줄어들고 발전소에서 가정으로 보급하는 데까지의 전기 전달 효율이 높아진다.'라고 하였으므로 옳은 내용이다.
⑤ 전압이 다른 콘센트와 제품을 연결해 사용하면 제품이 망가지고 화재나 폭발이 일어나거나, 정상적으로 작동하지 않는 문제가 있을 수 있다고 언급하였으므로 옳은 내용이다.

15

⑤

(다)에서 '부산 국제원자력산업전'에 대한 전반적인 설명과 함께 처음 언급한 후, (나)에서 한전이 국제원자력산업전에 무엇을 출품했는지를 서술하고, (가)에서 플랫폼과 구체적인 내용에 대해 상세히 서술하는 것으로 마무리하는 것이 적절하다.

16

정답 ④

각 직원의 항목별 평가점수의 합과 그에 따른 급여대비 성과급 비율은 다음과 같다.

직원	평가점수	비율	성과급
A	82	200%	320만 원×200%=640만 원
B	74	100%	330만 원×100%=330만 원
C	67	100%	340만 원×100%=340만 원
D	66	100%	360만 원×100%=360만 원
E	79	150%	380만 원×150%=570만 원
F	84	200%	370만 원×200%=740만 원

따라서 수령하는 성과급의 차이가 A와 가장 적은 직원은 E이다.

17

정답 ④

평가기준에 따라 각 사람이 받는 점수는 다음과 같다.
• A : 20(석사)+5(스페인어 구사 가능)+20(변호사 자격 보유)+10(장애인)=55점
• B : 10(대졸)+20(일본어 구사 가능)=30점
• C : 10(대졸)+20(경력 3년)+10(국가유공자)=40점
• D : 60(경력 7년)+5(아랍어 구사 가능)=65점
• E : 30(박사)+10(이학 석사 이상)+20(독일어 구사 가능)=60점
따라서 서류전형 점수가 가장 높은 사람은 D지원자이다.

18

정답 ②

연보라색을 만들기 위해서는 흰색과 보라색이 필요하다. 흰색은 주어진 5가지 물감 중 하나이며, 보라색은 빨간색과 파란색 물감의 혼합으로 만들 수 있는데, 빨간색은 주어지는 물감이지만 파란색은 주어지지 않았으며, 다른 물감의 조합으로도 만들어 낼 수 없는 색상이다. 따라서 연보라색은 만들 수 없다.

19

정답 ①

모든 직원들이 각기 다른 부서를 희망하였으므로 희망부서가 밝혀지지 않은 직원들의 희망부서는 다음과 같다.

구분	기존부서	희망부서	배치부서
A	회계팀	인사팀	?
B	국내영업팀	해외영업팀	?
C	해외영업팀	국내영업팀, 회계팀, 홍보팀 중 1	?
D	홍보팀	국내영업팀, 회계팀 중 1	홍보팀
E	인사팀	국내영업팀, 회계팀, 홍보팀 중 1	해외영업팀

인사이동 후 각 부서에 1명의 직원이 근무하게 되었으므로, A, B, C는 각각 인사팀, 국내영업팀, 회계팀에 1명씩 배치되었다. B는 다른 1명과 근무부서를 맞바꾸었는데, E가 인사팀에서 해외영업팀으로 이동하였고, D는 홍보팀에 그대로 근무하기 때문에 C, D, E는 그 상대가 될 수 없다. 따라서 B는 A가 근무하던 회계팀으로 이동하였고, A는 B가 근무하던 국내영업팀으로 이동하였음을 알 수 있다. 그리고 C는 남은 인사팀에 배치된다. 이를 정리하면 다음의 표와 같다.

구분	기존부서	희망부서	배치부서
A	회계팀	인사팀	국내영업팀
B	국내영업팀	해외영업팀	회계팀
C	해외영업팀	국내영업팀, 회계팀, 홍보팀 중 1	인사팀
D	홍보팀	국내영업팀, 회계팀 중 1	홍보팀
E	인사팀	국내영업팀, 회계팀, 홍보팀 중 1	해외영업팀

따라서 본인이 희망한 부서에 배치된 사람은 없다.

20
정답 ①

차장 직급에 지급되는 기본 교통비는 26,000원이며, 출장지까지의 거리가 204km이므로 추가 여비 20,000원이 책정된다. 출장지인 세종특별자치시는 구체적인 기준이 명시되지 않은 지역으로 기본 교통비와 추가 여비의 합산 금액에 5%를 가산한 금액이 국내출장여비 기준금액이므로 다음과 같은 식이 성립한다.

$(26,000+20,000) \times 1.05 = 48,300$원

지급액을 백 원 단위에서 올림하면 김차장이 받을 수 있는 여비는 49,000원이다.

21
정답 ①

토론이란 어떤 주제에 대하여 찬성하는 측과 반대하는 측이 서로 맞서, 각자 해당 주제에 대한 논리적인 의견을 제시함으로써, 상대방의 근거가 이치에 맞지 않다는 것을 증명하는 논의이다.

22
정답 ④

개인의 인맥은 핵심 인맥과 그 핵심 인맥으로부터 연결되거나 우연한 사건으로 연결되어진 파생 인맥, 또 그러한 파생 인맥을 통하여 계속하여 연결되어지는 인맥 등 끝없이 확장할 수 있는 영역이다.

오답분석

① 개인 차원에서의 인적자원관리란 정치적, 경제적 또는 학문적으로 유대관계가 형성된 사람들과의 관계뿐만 아니라 더 나아가 자신이 알고 있는 모든 사람들과의 관계를 관리하는 것을 의미한다.

② 자신과 직접적으로 관계가 형성된 사람들을 핵심 인맥, 이러한 핵심 인맥을 통해 관계가 형성되거나 우연한 계기로 관계가 형성된 사람들을 파생 인맥이라 지칭한다.

③ 개인은 핵심 인맥뿐만 아니라 파생 인맥을 통해서도 다양한 정보를 획득할 수 있으며, 정보를 전파하는 것은 개인 차원에서의 인적자원관리 외의 것에 해당한다.

⑤ 인적자원관리를 위해 능동성, 개발가능성, 전략적 자원을 고려하는 것은 개인 차원에서의 인적자원관리가 아닌 조직 차원에서 조직의 실적을 높이기 위해 고려해야 하는 사항에 해당한다.

23
정답 ④

ㄴ. 능동적이고 반응적인 성격의 인적자원은 기업의 관리 여하에 따라 기업 성과에 기여하는 정도도 확연히 달라진다.

ㄹ. 기업의 성과는 자원을 얼마나 효율적으로 잘 활용하였는지에 따라 달려있다. 따라서 기업의 성과를 높이기 위해 전략적으로 인적자원을 활용하여야 한다.

오답분석

ㄱ. 자원 자체의 양과 질에 의해 기업 성과 기여도가 달라지는 수동적 성격의 물적자원과 달리, 인적자원은 개인의 욕구와 동기, 태도와 행동 및 만족감에 따라 그 기여도가 달라지는 능동적 성격의 자원에 해당한다.

ㄷ. 인적자원은 자연적인 성장뿐만 아니라 장기간에 걸쳐 개발될 수 있는 잠재력과 자질을 지니고 있다.

24
정답 ①

미러링은 무의식적인 행위로 호감이 있는 대상의 행동, 표정, 말투 등을 자각하지 못한 채 따라하는 것을 말한다.

오답분석

② 미러링은 상대방의 행동, 표정, 말투 등에 대해 일부 또는 정체에 대해 마치 거울을 보는 것 같이 모방하는 행위를 말한다.
③ 상대방과의 행동이나 언어 등이 같아지게 되면 무의식적으로 친근감과 편안함을 느끼게 되어 유대감이 형성된다.
④ 미러링을 통해 상호 간의 언어적 또는 비언어적 행위가 유사해지면 무의식적으로 친근감과 편안함을 느끼게 되고, 이는 상호간의 이해도와 대화 몰입도의 향상을 가져오게 된다.
⑤ 동조효과란 외부의 영향으로 자신의 행동이 변화되는 것을 말한다. 따라서 미러링을 통해 상대방의 행동이 자신에게 투영되어 자신의 행동이 상대방과 같이 변화하게 되므로 이는 동조효과에 해당한다.

25
정답 ①

경청의 유형은 공감적 경청, 비판적 경청, 사실적 경청의 세 가지로 분류할 수 있다. 먼저 공감적 경청 유형이란 말하는 사람이 현재 무엇을 전달하고자 하는지 즉, 말하는 사람의 숨은 의도는 무엇인지 또 말하는 사람의 정서 상태는 어떠한지에 대해 주의를 기울이며 듣는 유형을 말한다. 그리고 비판적 경청 유형이란 상대방이 말하는 내용에 대해 있는 그대로 받아들이는 것이 아닌 말하는 내용의 참과 거짓을 구분하며 듣는 유형을 말한다. 마지막으로 사실적 경청 유형이란 말하는 상대방의 언어적 표현뿐만 아니라 비언어적 표현에 대해서도 생각하며 듣는 유형을 말한다.
따라서 보기 A의 경우는 상대방의 의도와 기분을 생각하며 듣는 공감적 경청 유형에, B는 상대방의 말의 옳고 그름을 생각하며 듣는 비판적 경청 유형에 해당한다.

26
정답 ②

사구체의 혈압은 동맥의 혈압에 따라 변화가 있을 수 있지만, 생명 유지를 위해서 일정하게 유지된다고 하였으므로 혈액 속 성분에 따라 유동적으로 변화한다는 내용은 옳지 않다.

오답분석

① 내피세포에 있는 구멍보다 작은 단백질은 단백질과 같이 음전하를 띠는 당단백질에 의해 여과된다.
③ 사구체의 모세 혈관에는 다른 신체 기관의 모세 혈관보다 높은 혈압이 발생한다고 하였으므로 옳은 내용이다.
④ 혈액을 통해 운반된 노폐물이나 독소는 주로 콩팥의 사구체를 통해 일차적으로 여과된다고 하였으므로 사구체가 우리 몸의 여과를 전적으로 담당하는 것은 아니다.

27
정답 ④

종이 접는 횟수는 산술적으로 늘어나는 데 비해 이로 인해 생기는 반원의 호 길이의 합은 기하급수적으로 커지기 때문에 종이의 길이가 한정되어 있다면, 종이를 무한하게 접는 것은 불가능하다.

28
정답 ①

강제 부동산 경매는 채무자의 동의 과정 없이 채권자의 신청으로 시작된다. 다만 채무자에게 경매가 개시되었다는 사실을 알려야 한다는 내용만 언급되어 있다.

오답분석

② 강제 부동산 경매 절차에 경매개시결정 정본을 채무자에게 보내야 하는 과정이 있으므로 이 과정이 없다면, 제대로 진행되고 있다고 보기 어렵다.
③ 기일입찰방법은 매각 기일과 매각 장소가 모두 정해져 있기 때문에 옳은 내용이다.
④ 매각 기일에 매수 신청인이 정해진 장소로 가야 하는 것은 기일입찰방법에 대한 설명이며, 기간입찰방법에서는 정해진 장소에 가 있지 않아도 된다고 하였으므로 옳은 내용이다.

29

정답 ③

(나)에서 물벗 나눔 장터 행사에 대한 소개와 취지를 언급한 뒤, (다)에서 행사의 구체적인 내용을 설명하고, 마지막으로 (가)에서 지난 물벗 나눔 장터 행사에 대해 설명하며 글을 마무리하는 순서가 가장 적절하다.

30

정답 ②

참석자 수를 x개, 테이블의 수를 y개라 하면 x와 y의 관계는 다음과 같다.
$x=3y+15 \cdots \bigcirc$
5명씩 앉게 할 경우 테이블이 2개가 남으므로 다음과 같은 부등식 역시 성립한다.
$5(y-3)+1 \leq x \leq 5(y-2) \cdots \bigcirc$
$\bigcirc$과 $\bigcirc$을 연립하면 $5(y-3)+1 \leq 3y+15 \leq 5(y-2)$이며, 모든 변에서 $5y$를 빼면 $-14 \leq -2y+15 \leq -10$이므로 $12.5 \leq y \leq 14.5$이다. 해당 범위 내 짝수는 14가 유일하므로 테이블은 14개이며, 참석자 수는 $(3 \times 14)+15=57$명이다.

31

정답 ③

오답분석
① 마가 1등 혹은 6등이 아니기 때문에 옳지 않다.
② 가가 나의 바로 다음에 결승선을 통과하지 않았기 때문에 옳지 않다.
④ 다와 바의 등수가 2등 이상 차이 나지 않고, 가가 나보다 먼저 결승선을 통과하였기 때문에 옳지 않다.

32

정답 ③

오답분석
①·② 나와 라가 다른 섹션에 앉았기 때문에 옳지 않다.
④ 바와 마가 다른 섹션에 앉았고, 다가 2명 있는 섹션에 배정받았기 때문에 옳지 않다.

33

정답 ④

각 부서에서 회신한 내용에 따르면 각 부서별 교육 가능 일자는 다음과 같다.
• 기획부문 : 5/31, 6/2, 6/3 중 1일, 6/8, 6/9 중 1일
• 경영부문 : 5/30, 6/3, 6/7, 6/8, 6/9
• 수자원환경부문 : 6/8
• 수도부문 : 6/7, 6/8, 6/9
• 그린인프라부문 : 6/2, 6/3, 6/7, 6/8, 6/9
수자원환경부문은 가능한 날이 6/8 하루뿐이므로 기획부문의 교육 2주 차 일정이 6/9, 수도부문의 교육일정이 6/7로 정해진다.

일	월	화	수	목	금	토
5/29 휴일	5/30	5/31	6/1 지방선거일	6/2	6/3	6/4 휴일
6/5 휴일	6/6 현충일	6/7 수도	6/8 수자원환경	6/9 기획	6/10 걷기 행사	6/11 휴일

교육 2주 차 일정이 모두 확정된 가운데 아직 배정되어야 하는 일정은 경영부문 교육 2회와 기획부문, 그린인프라부문 교육 각 1회이다. 이 부서들의 1주 차 가능일정은 다음과 같다.
• 기획부문 : 5/31, 6/2, 6/3
• 경영부문 : 5/30, 6/3
• 그린인프라부문 : 6/2, 6/3
경영부문은 이틀의 일정이 필요하므로 5/30, 6/3에는 경영부문이 배정된다. 이에 따라 그린인프라부문의 일정이 6/2, 기획부문의 일정이 5/31이 된다.

일	월	화	수	목	금	토
5/29 휴일	5/30 경영	5/31 기획	6/1 지방선거일	6/2 그린인프라	6/3 경영	6/4 휴일
6/5 휴일	6/6 현충일	6/7 수도	6/8 수자원환경	6/9 기획	6/10 걷기 행사	6/11 휴일

34

정답 ②

K공사의 2021년 인건비는 매월 42,300,000원이다. 이 중 대표이사의 급여 6,000,000원을 제외한 36,300,000원에 대해 물가상승률의 60%인 3%를 인상하기로 합의하였으므로 총 인상액은 1,089,000원이고, 2022년에는 매월 43,389,000원을 인건비로 지출하게 된다. K공사의 임직원 총원은 12명이므로 임직원 1인당 평균 인건비는 3,615,750원이다.

35

정답 ③

- 신입직원이 7명인데, 20대가 30대보다 많으므로 최소 4명 이상이 20대이다. 7명 중 30대 3명의 나이가 알려져 있으므로 나이를 알 수 없는 B, D는 모두 20대이다. 영업팀으로 배속될 두 직원의 전공이 같으므로 가능한 조합은 (A, B), (A, F), (B, F), (C, D), (E, G)의 다섯 가지이다.
- 7명의 신입직원 중 G는 영업팀이 아닌 인사팀에 배속될 예정이므로 (E, G)는 제외된다. (C, D)는 두 사람 모두 20대로만, (B, F)는 두 사람 모두 남성으로만 구성되므로 제외된다.
- 조건 3에 따라 A의 성별이 여성임을 알 수 있다. (A, B) 조합의 경우 A가 30대 여성이며, B는 20대 남성이므로 이 조합은 조건 5를 만족하지 않는데, (A, F) 조합의 경우는 A가 30대 여성, F가 30대 남성이므로 조건 5를 만족한다.

따라서 영업팀에 배속될 직원은 A, F이다.

36

정답 ④

기업이 고객을 상대로 몇 가지의 대안을 미리 만들어 제시하는 것은 2급 가격차별의 방식에 해당한다.

오답분석
① '완전경쟁시장은 다수의 수요자와 공급자가 존재하고 상품의 동질성을 전제'한다고 하였으므로 옳은 설명이다.
② 1급 가격차별은 '개별 소비자들이 지불할 수 있는 금액인 지불용의 금액을 알고 있어 소비자 각각에게 최대 가격을 받고 판매를 하는 것'이라고 하였으므로 옳은 설명이다.
③ '소비자가 상품을 소량 구매할 때보다 대량 구매할 때 단위당 가격을 깎아주는 방식이 2급 가격차별에 해당한다.'라고 하였으므로 옳은 설명이다.
⑤ '독점기업은 시장 전체에서 유일한 공급자'라고 하였으므로 옳은 설명이다.

37

정답 ③

국토교통부 소속 공무원 본인뿐만 아니라 배우자, 직계존비속 등 이해관계에 얽힌 사람들도 일부 예외를 제외하고는 제재의 대상이라고 하였으므로 지문의 내용으로 적절하지 않다.

오답분석
① 각 부서별로 제한받는 부동산은 다르다고 하였으므로 옳은 내용이다.
② 근무 또는 결혼 등 일상생활에 필요한 부동산의 취득은 허용하고 있다고 하였으므로 결혼으로 인한 부동산 취득은 일상생활에 필요한 취득으로 보고 있으므로 옳은 내용이다.
④ '국토부 소속 공무원은 직무상 알게 된 부동산에 대한 정보를 이용해 재물이나 재산상 이익을 취득하거나 그 이해관계자에게 재물이나 재산상 이익을 취득하게 해서는 안 된다.'고 지침에 명시되어 있으므로 옳은 내용이다.
⑤ 감사담당관은 부당한 부동산 취득을 적발했을 경우 6개월 이내 자진 매각 권고, 직위변경 및 전보 등 조치 요구 등 적절한 조치를 취할 수 있다고 하였으므로 옳은 내용이다.

38

정답 ②

2021년과 2020년 휴직자 수를 구하면 다음과 같다.

- 2021년 : 550,000×0.2=110,000명
- 2020년 : 480,000×0.23=110,400명

따라서 2021년 휴직자 수는 2020년 휴직자 수보다 적다.

오답분석

① 2017년부터 2021년까지 연도별 전업자의 비율은 68%, 62%, 58%, 52%, 46%로 감소하는 반면에, 겸직자의 비율은 8%, 11%, 15%, 21%, 32%로 증가하고 있다.

③ 연도별 전업자 수를 구하면 다음과 같다.
- 2017년 : 300,000×0.68=204,000명
- 2018년 : 350,000×0.62=217,000명
- 2019년 : 420,000×0.58=243,600명
- 2020년 : 480,000×0.52=249,600명
- 2021년 : 550,000×0.46=253,000명

따라서 전업자 수가 가장 적은 연도는 2017년이다.

④ 2020년과 2017년의 겸직자 수를 구하면 다음과 같다.
- 2020년 : 480,000×0.21=100,800명
- 2017년 : 300,000×0.08=24,000명

따라서 2020년 겸직자 수는 2017년의 $\frac{100,800}{24,000}=4.2$배이다.

⑤ 2017년과 2021년의 휴직자 수를 구하면 다음과 같다.
- 2017년 : 300,000×0.06=18,000명
- 2021년 : 550,000×0.2=110,000명

따라서 2017년 휴직자 수는 2021년 휴직자 수의 $\frac{18,000}{110,000}\times100 ≒ 16\%$이다.

39

정답 ⑤

전체 입사자 중 고등학교 졸업자 수와 대학원 졸업자 수를 정리하면 다음과 같다.

- 2017년 : 고등학교 10+28=38명, 대학원 36+2=38명
- 2018년 : 고등학교 2+32=34명, 대학원 55+8=63명
- 2019년 : 고등학교 35+10=45명, 대학원 14+2=16명
- 2020년 : 고등학교 45+5=50명, 대학원 5+4=9명
- 2021년 : 고등학교 60+2=62명, 대학원 4+1=5명

전체 입사자 중 고등학교 졸업자 수는 2018년까지 감소하다가 그 이후 증가하였고, 대학원 졸업자 수는 2018년까지 증가하다가 그 이후 감소하였음을 알 수 있다. 따라서 두 수치는 서로 반비례하고 있다.

오답분석

① 2017년부터 2021년까지 연도별 여성 입사자 수는 각각 50명, 80명, 90명, 100명, 110명으로 매년 증가하고 있는 반면에, 남성 입사자 수는 150명, 140명, 160명, 160명, 170명으로 2018년(140명)에는 전년(150명) 대비 감소하였고, 2020년(160명)에는 전년(160명)과 동일하였다.

② 연도별 전체 입사자 수를 정리하면 다음과 같다.
- 2017년 : 150+50=200명
- 2018년 : 140+80=220명(전년 대비 20명 증가)
- 2019년 : 160+90=250명(전년 대비 30명 증가)
- 2020년 : 160+100=260명(전년 대비 10명 증가)
- 2021년 : 170+110=280명(전년 대비 20명 증가)

따라서 전년 대비 전체 입사자 수가 가장 많이 증가한 연도는 2019년이다.

③ 전체 입사자 중 여성이 차지하는 비율을 구하면 다음과 같다.

- 2017년 : $\frac{50}{150+50} \times 100 = 25\%$
- 2018년 : $\frac{80}{140+80} \times 100 \fallingdotseq 36\%$
- 2019년 : $\frac{90}{160+90} \times 100 = 36\%$
- 2020년 : $\frac{100}{160+100} \times 100 \fallingdotseq 38\%$
- 2021년 : $\frac{110}{170+110} \times 100 \fallingdotseq 39\%$

따라서 전체 입사자 중 여성이 차지하는 비율이 가장 높은 연도는 2021년이다.

④ 연도별 남성 입사자 수와 여성 입사자 수의 대학교 졸업자 수를 정리하면 다음과 같다.

- 2017년 : 남성 80명, 여성 5명
- 2018년 : 남성 75명, 여성 12명
- 2019년 : 남성 96명, 여성 64명
- 2020년 : 남성 100명, 여성 82명
- 2021년 : 남성 102명, 여성 100명

따라서 여성 입사자 중 대학교 졸업자 수는 매년 증가하고 있는 반면에, 남성 입사자 중 대학교 졸업자 수는 2018년까지는 전년 대비 감소하다가 이후 다시 증가하고 있음을 알 수 있다.

40   정답 ③

2020년과 2018년의 20·30대의 자차 보유자 수는 다음과 같다.
- 2020년 : 550+300+420+330=1,600천 명
- 2018년 : 320+180+300+200=1,000천 명

따라서 2020년 20·30대의 자차 보유자 수는 2018년의 $\frac{1,600}{1,000} = 1.6$배이다.

오답분석

① 연도별 20대 남성과 여성의 자차 보유자 수의 차이를 구하면 다음과 같다.
- 2017년 : 200−120=80천 명
- 2019년 : 450−220=230천 명
- 2021년 : 680−380=300천 명
- 2018년 : 320−180=140천 명
- 2020년 : 550−300=250천 명

따라서 20대 남성과 여성의 자차 보유자 수의 차이는 매년 증가하고 있음을 알 수 있다.

② 2017년과 2021년의 연령대별 남성의 자차 보유자 수를 표로 정리하면 다음과 같다.

구분	2017년	2021년
20세 이상 30세 미만	200	680
30세 이상 40세 미만	280	640
40세 이상 50세 미만	320	580
50세 이상 60세 미만	350	550
60세 이상	420	520

따라서 2017년에는 연령대가 증가할수록 자차 보유자 수가 높은 반면, 2021년에는 그 반대임을 알 수 있다.

④ 2018년 여성의 자차 보유자 수는 180+200+320+330+170=1,200천 명이다. 따라서 2018년 전체 자차 보유자 중 여성의 비율은 $\frac{1,200}{3,600} \times 100 \fallingdotseq 33.3\%$이다.

⑤ 연도별 전체 자차 보유자 중 40대 여성이 차지하는 비율을 구하면 다음과 같다.

- 2017년 : $\frac{300}{3,000} \times 100 = 10\%$
- 2018년 : $\frac{320}{3,600} \times 100 \fallingdotseq 8.9\%$
- 2019년 : $\frac{450}{4,050} \times 100 \fallingdotseq 11.1\%$
- 2020년 : $\frac{300}{4,000} \times 100 = 7.5\%$
- 2021년 : $\frac{400}{4,500} \times 100 \fallingdotseq 8.9\%$

따라서 그 비율이 가장 높은 연도와 가장 낮은 연도의 차이는 11.1−7.5=3.6%p이다.

41

분산자원 통합 관리 시스템과 분산자원 관리 센터는 지난해에 마련했다고 하였으므로 올해 신설한다는 것은 옳지 않다.

오답분석

① 올해 1월부터 전력중개 예측제도에 참여한 발전사업자들은 수익을 받을 수 있다고 하였으므로 옳은 내용이다.
③ '특히 날씨 변동이 심해 발전량 예측이 어려운 제주지역'이라고 하였으므로 옳은 내용이다.
④ '전력중개사업은 ~ 발전량 예측제도에 참여로 수익을 창출하는 에너지플랫폼 사업이다.'라고 하였으므로 옳은 내용이다.

42

정답 ②

제시된 자료에서 직접비용 항목만 구분하여 정리하면 다음과 같다.

	4월			5월	
번호	항목	금액(원)	번호	항목	금액(원)
1	원료비	680,000	1	원료비	720,000
2	재료비	2,550,000	2	재료비	2,120,000
4	장비 대여비	11,800,000	4	장비 구매비	21,500,000
8	사내 인건비	75,000,000	8	사내 인건비	55,000,000
–	–	–	9	외부 용역비	28,000,000
–	합계	90,030,000	–	합계	107,340,000

따라서 J사의 4월 대비 5월의 직접비용은 17,310,000원 증액되었다.

43

정답 ④

외국인의 경우, 공단뿐만 아니라 지자체에도 신고할 필요 없이 자동으로 가입처리가 된다. 따라서 거소지의 지방자치단체에 신고할 필요가 없다.

44

정답 ③

ㄱ. 민원요기요 증명서 발급 및 확인란에서 보험료 납부확인서 발급이 가능하고, 보험료 조회란에서 4대보험료 계산이 가능하다.
ㄷ. 민원요기요 보험료 고지서란에서 송달지 변경신청이 가능하며, 증명서 발급 및 확인란에서 증명서 진위확인이 가능하다.

오답분석

ㄴ. 민원요기요 보험료 고지서란에서 재발급이 가능하다.

45

정답 ③

ㄴ. 날짜 작성 시에는 연도와 월일을 함께 기입하고, 날짜 다음에 마침표를 찍되, 만일 날짜 다음에 괄호가 사용되는 경우 마침표는 찍지 않는다.
ㄹ. 공문서 작성 시에는 한 장에 담아내는 것을 원칙으로 한다.
ㅁ. 공문서 작성을 마친 후에는 '내용 없음'이 아닌 '끝'이라는 문구로 마무리하여야 한다.

오답분석

ㄱ. 회사 외부 기관에 송달되는 공문서는 누가, 언제, 어디서, 무엇을, 어떻게, 왜가 명확히 드러나도록 작성하여야 한다.
ㄷ. 복잡한 내용을 보다 정확히 전달하기 위해, 항목별로 구분하여 작성하여야 하며, 이때에는 '–다음–' 또는 '–아래–'와 같은 표기를 사용할 수 있다.

46

공정 보상의 원칙은 모든 근로자에게 평등한 근로의 대가를 지급하는 것이 아닌, 공헌도에 따라 노동의 대가를 달리 지급함으로써 공정성을 갖도록 하는 것이다.

오답분석

① 알맞은 인재를 알맞은 자리에 배치하여 해당 업무에 가장 적합한 인재를 배치하는 것이 적재적소 배치의 원리이다.

③ 종업원의 직장 내에서의 직위와 근로환경을 보장함으로써 근로자에게 신뢰를 주어 업무에 안정적으로 임할 수 있게 하는 것이 종업원 안정의 원칙이다.

④ 근로자가 창의성 향상을 통해 새로운 것을 생각해낼 수 있도록 이에 필요한 다양한 기회의 장을 마련하여, 그 결과에 따라 적절한 보상을 제공하는 것이 창의력 계발의 원칙이다.

47

정답 ④

외적 시간낭비 요인이란 외부에서 일어나는 영향으로 시간이 낭비되는 것으로 본인이 조절할 수 없는 영역이다. 반면, 내적 시간낭비 요인이란 내부적 이유로 인해 시간이 낭비되는 것으로 이는 자신과 관련이 있다. ①·②·③은 자신과 관련된 요인으로 내적 시간낭비 요인에 해당하나, ④는 동료 직원 즉, 외적 요인에 의한 것으로 외적 시간낭비 요인에 해당한다.

48

정답 ④

• 각 국가에는 최소 1명의 직원이 꼭 방문해야 하며, 그중 1개의 국가에는 2명의 직원이 방문해야 한다. 2명이 방문하는 국가는 조건 ㄴ에 따라 미국이며, 방문자 중 1명은 B이다. 각 직원은 1개의 국가만 방문하므로 B는 일본, 중국, 독일을 방문하지 않는다.

• 조건 ㄱ에 따라 A는 중국을 방문하지 않고, 조건 ㄷ에 따라 C는 일본과 중국 중 한 국가를 방문하므로 미국과 독일에는 방문하지 않는다. 또한 조건 ㄹ에 따라 D는 일본과 독일에는 방문하지 않으며, 마지막으로 조건 ㅁ에 따라 E는 미국과 독일에는 방문하지 않는다. 이를 정리하면 다음 표와 같다.

구분	A	B	C	D	E
미국		○	×		×
일본		×		×	
중국	×	×			
독일		×	×	×	×

• 모든 국가에는 1명 이상의 직원이 방문해야 하는데, 독일의 경우 B, C, D, E 모두 방문할 수 없다. 따라서 A가 독일로 출장을 가게 된다.

• A의 출장지가 독일로 정해짐에 따라 B와 함께 미국으로 출장을 가는 직원은 D로 정해진다. 그리고 C와 E는 각각 일본과 중국으로 1명씩 출장을 가게 된다.

구분	A	B	C	D	E
미국	×	○	×	○	×
일본	×	×		×	
중국	×	×		×	
독일	○	×	×	×	×

오답분석

①·② A는 독일은 방문한다.

③·⑤ D는 B와 함께 미국을 방문한다.

49

정답 ③

H씨가 납입한 전세보증금은 5억 원이며, 이 상품의 대출한도는 두 가지 기준에 따라 정해진다. 금액 기준으로는 최대 5억 원이지만 임차보증금의 80% 이내이므로 H씨가 최종적으로 받은 대출금은 4억 원이다. 따라서 H씨의 월납 이자는 400,000,000×0.036÷12=1,200,000원이므로 6개월간 지불한 이자는 7,200,000원이다.

50

정답 ④

돈을 모으는 생활 습관을 만들기 위해서는 '이번 주에 4번 배달음식을 먹었다면, 3번으로 줄이는 등 실천할 수 있도록 조정해가는 것이 필요합니다.'라고 하였으므로 행동을 완전히 바꾸는 것보다는 실천할 수 있는 방법으로 점진적인 개선이 도움이 된다.

PART 1

핵심영역 분석
정답 및 해설

01	02	03	04	05	06	07	08	09	10
①	⑤	③	③	②	④	②	③	⑤	④
11	12	13	14	15					
④	②	②	①	③					

01

정답 ①

제시문은 싱가포르가 어떻게 자동차를 규제하고 관리하는지를 설명하고 있다.

02

정답 ⑤

먼저 하나의 사례를 제시하면서 글의 서두가 전개되고 있으므로 이와 비슷한 사례를 제시하고 있는 (다)가 이어지는 것이 적절하다. 이어서 (다) 사례의 내용이 비현실적이라고 언급하고 있는 (나)가 오는 것이 어울리며, 다음으로 (나)에서 언급한 사물인터넷과 관련된 설명의 (라)로 이어지는 것이 자연스럽다. 마지막으로 (가)는 (라)에서 언급한 지능형 전력망을 활용함으로써 얻게 되는 효과를 설명하는 내용이므로 문단의 순서는 (다) – (나) – (라) – (가) 순이 적절하다.

03

정답 ③

ⓒ 네 번째 문단에서 소비자물가가 아니라 소비자물가의 상승률이 남은 상반기 동안 1% 미만의 수준에서 등락하다가 하반기에 들어 1%대 중반으로 상승할 것임을 알 수 있다.

ⓒ 세 번째 문단에 따르면, 국내의 수출이 하락세로 진입한 것이 아니라 수출의 증가세가 둔화된 것뿐이다.

오답분석

㉠ 두 번째 문단에 따르면, 미 연방준비은행의 통화정책 정상화가 온건한 속도로 이루어짐에 따라 국제금융시장의 변동성이 축소되는 경향이 지속되었음을 알 수 있다. 그러므로 미 연준의 통화정책의 변동성이 커진다면 국제금융시장의 변동성도 확대될 것임을 예측할 수 있다.

㉣ 마지막 문단에 따르면, 금융통화위원회는 국내 경제가 잠재성장률 수준에서 크게 벗어나지 않으면서 수요측면의 물가상승압력도 크지 않기 때문에 통화정책 기조를 유지할 것이라고 하였다. 따라서 국내 경제성장률은 잠재성장률 수준을 유지하더라도, 수요 측면에서의 물가상승압력이 급증한다면 완화기조를 띠고 있는 통화정책 기조를 변경할 수 있을 것이라 추론할 수 있다.

04

정답 ③

필자는 현재 에너지 비용을 지원하는 단기적인 복지 정책은 효과가 지속되지 않고, 오히려 에너지 사용량이 늘어나 에너지 절감과 같은 환경 효과를 볼 수 없으므로 '효율형'과 '전환형'의 복합적인 에너지 복지 정책을 추진해야 한다고 주장한다. 따라서 에너지 비용을 지원하는 정책의 효과가 지속되지 않는다는 데에는 ⓒ이, 일자리 창출 효과의 '효율형' 정책과 환경 보호 효과의 '전환형' 정책을 복합적으로 추진해야 한다는 데에는 ⓒ이 각각 논거로 사용될 수 있다.

05

정답 ②

제시문에서는 인지부조화의 개념과 과정을 설명한 후, 이러한 인지부조화를 감소시키는 행동에 자기방어적인 행동을 유발하는 비합리적인 면이 있음을 지적하며, 이러한 행동이 부정적 결과를 초래할 수 있다고 밝히고 있다.

06

정답 ④

먼저 A공단이 '장애인 자립・자활 지원 협약식'을 가졌다는 내용의 (다) 문단이 오는 것이 적절하며, 이러한 협약의 상세 내용을 설명하는 (라) 문단이 그 뒤에 오는 것이 어울린다. 이어서 A공단의 장애인 자립・자활을 위한 구체적인 지원 방안을 설명하는 (나) 문단이 오는 것이 자연스러우며, 마지막으로는 장애인 자립・자활 지원 협약을 통한 기대 효과를 나타내는 (가) 문단이 오는 것이 적절하다.

07

정답 ②

제시문에서는 파레토 법칙의 개념과 적용사례를 설명한 후, 파레토 법칙이 잘못 적용된 사례를 통해 함부로 다양한 사례에 적용하는 것이 잘못된 해석을 낳을 수 있음을 지적하고 있다.

08
정답 ③

제시문은 허균의 『유재론』으로 중국의 사례와 대비해서 우리나라에서 인재를 버리는 것은 하늘을 거스르는 것임을 밝히고, 인재를 차별 없이 등용할 것을 강한 어조로 촉구하고 있다.

09
정답 ⑤

네 번째 문단에 따르면 2000년대 초 연준의 금리 인하는 국공채에 투자했던 퇴직자들의 소득을 감소시켰고, 노년층에서 정부로, 정부에서 금융업으로 부의 대규모 이동이 이루어져 불평등을 심화시켰다. 따라서 금융업으로부터 정부로 부가 이동하였다는 것은 글의 내용으로 적절하지 않다.

오답분석
① 두 번째 문단에 따르면 부동산 거품 대응 정책에서는 주택 담보 대출에 대한 규제가 금리 인상보다 더 효과적인 정책이다.
② 2000년대 초 연준의 저금리 정책으로 주택 가격이 상승하여 주택 시장의 거품을 초래하였고, 주식 가격 역시 상승하였지만 이에 대한 이득은 대체로 부유층에 집중되었다.
③ 세 번째 문단에 따르면 2000년대 초는 대부분의 부문에서 설비 가동률이 낮은 상황이었기 때문에 당시의 저금리 정책이 오히려 주택 시장의 거품을 초래하였다.
④ 마지막 문단에 따르면 2000년대 초 연준이 고용 증대를 기대하고 시행한 저금리 정책은 노동을 자본으로 대체하는 투자를 증대시킴으로써 오히려 실업률이 떨어지지 않는 구조를 만들었다.

10
정답 ④

'왜?'라는 질문은 보통 진술을 가장한 부정적·추궁적·강압적인 표현이므로 사용하지 않는 것이 좋다.

11
정답 ④

상대방의 말을 들으면서 그 내용을 요약하면 메시지를 이해하고 앞으로의 내용을 예측하는 데 도움이 된다.

12
정답 ②

제시문에서 우려하고 있는 것은 외환 위기라는 표면적인 이유로 무조건 외제 상품을 배척하는 행위이다. 즉 문제의 본질을 잘못 이해하여 임기응변식의 대응을 하는 것에 문제를 제기하고 있다. 이럴 때 쓸 수 있는 관용적 표현은 '언 발에 오줌 누기'이다.

오답분석
① 다른 사람의 본이 되지 않는 사소한 언행도 자신의 지식과 인격을 수양하는 데에 도움이 됨
③ 성미가 몹시 급함
④ 일이 이미 잘못된 뒤에는 손을 써도 소용이 없음
⑤ 위급한 상황에 처해도 정신만 바로 차리면 위기를 벗어날 수 있음

13
정답 ②

제시문의 마지막 문장을 통해 핀테크는 보는 관점에 따라 금융업에 있어서 해체 요인, 또는 통합 요인으로 작용됨을 알 수 있다. 따라서 어떤 원칙이 있는 것이 아니라 이렇게도 저렇게도 해석될 수 있음을 설명하는 ②가 가장 적절하다.

14
정답 ①

제시된 글의 문맥에 따르면 인공지능은 컴퓨터가 인간과 같이 인간의 지능 활동을 수행하는 것을 의미한다. 따라서 ㉠에는 컴퓨터가 인간의 지능 활동을 본뜨거나 본받는다는 의미의 '모방(模倣)'이 적절하다.
• 모방(模倣) : 다른 것을 본뜨거나 본받음
• 창조(創造) : 전에 없던 것을 처음으로 만듦

오답분석
㉡ 응용(應用) : 어떤 이론이나 이미 얻은 지식을 구체적인 개개의 사례나 다른 분야의 일에 적용하여 이용함
㉢ 비약적(飛躍的) : 지위나 수준 따위가 갑자기 빠른 속도로 높아지거나 향상되는 것
㉣ 관련(關聯) : 둘 이상의 사람, 사물, 현상 등이 서로 관계를 맺어 매여 있음. 또는 그 관계
㉤ 시도(試圖) : 어떤 것을 이루어 보려고 계획하거나 행동함

15
정답 ③

먼저 각국에서 추진 중인 오픈뱅킹에 관해 설명하는 (다) 문단이 오는 것이 적절하며, 그다음으로는 우리나라에서 추진하고 있는 오픈뱅킹 정책을 이야기하며 지난해 시행된 오픈뱅킹시스템에 관해 설명하는 (나) 문단과 올해 도입된 마이데이터 산업에 관해 설명하는 (라) 문단이 차례로 오는 것이 어울린다. 마지막으로 이러한 오픈뱅킹 정책을 성공적으로 시행하기 위해서는 현재의 오픈뱅킹시스템에 대한 법적 근거와 효율적 문제 해결 체계를 갖춰야 한다는 내용의 (가) 문단이 오는 것이 자연스럽다.

01	02	03	04	05	06	07	08	09	10
①	⑤	⑤	④	②	⑤	②	④	①	⑤
11	12	13	14	15					
④	③	③	③	②					

01
정답 ①

A소금물과 B소금물의 소금의 양을 구하면 각각 $300 \times 0.09 = 27g$, $250 \times 0.112 = 28g$이다. 이에 따라 C소금물의 농도는 $\frac{27+28}{300+250} \times 100 = \frac{55}{550} \times 100 = 10\%$이다. 소금물을 덜어내도 농도는 변하지 않으므로 소금물은 $550 \times 0.8 = 440g$이고, 소금의 양은 44g이다. 따라서 소금을 10g 더 추가했을 때의 소금물의 농도는 $\frac{44+10}{440+10} \times 100 = \frac{54}{450} \times 100 = 12\%$이다.

02
정답 ⑤

우람이네 집에서 도서관까지의 거리를 $x$km라 하면, 집에서 출발하여 도서관에 갔다가 집을 거쳐 우체국에 가는 데 걸리는 시간은 $\left(\frac{x}{5} + \frac{x+10}{3}\right)$시간이다. 이때, 걸리는 시간이 4시간 이내여야 하므로

$\frac{x}{5} + \frac{x+10}{3} < 4$

$\rightarrow 3x + 5(x+10) < 60$

$\rightarrow 8x < 10$

$\rightarrow x < \frac{5}{4}$

따라서 도서관은 집에서 $\frac{5}{4}$ km 이내에 있어야 한다.

03
정답 ⑤

7일 중 4일은 수영을 하는 경우의 수는 $_7C_4 = {}_7C_3 = \frac{7 \times 6 \times 5}{3 \times 2} = 35$가지이고, 2일은 세 종목 중 두 종목을 골라

운동을 할 수 있기 때문에 $_3C_2 \times {}_3C_2 \times 2! = 18$가지이다. 마지막으로 남은 하루는 세 종목에서 한 종목을 택하는 것으로 3가지 경우가 있다. 따라서 철수가 일주일 동안 가능한 운동 계획의 경우의 수는 $35 \times 18 \times 3 = 1,890$가지이다.

04
정답 ④

광고 경기 체감도가 $80 \sim 99$점이라 선택한 수도권 업체 수는 $5,128 \times 0.305 = 1,564$개이다. 또한 체감도가 120점 이상인 경상권 업체 수는 $1,082 \times 0.118 = 128$개이다. 따라서 광고 경기 체감도가 $80 \sim 99$점이라 답한 수도권 업체 수는 체감도가 120점 이상이라 답한 경상권 업체 수의 $1,564 \div 128 = 12$배이다.

05
정답 ②

매년 A, B, C 각 대학교의 입학자와 졸업자의 차이는 57명으로 일정하다. 따라서 빈칸에 들어갈 수는 $514 - 57 = 457$이다.

06
정답 ⑤

평상시에 12층까지 올라가는 데 걸리는 시간은 엘리베이터를 이용할 때 75초, 비상계단을 이용할 때 410초로, 335초의 차이가 난다. 엘리베이터를 이용하는 것보다 계단을 이용할 때 12층에 빨리 도착하는 시각이 저녁 8시 x분이라 하면

$\frac{x}{2} \times 35 \geq 335 \rightarrow \frac{x}{2} \geq \frac{67}{7} = 9.5 \rightarrow x \geq 19.2$

따라서 저녁 8시 20분부터는 계단을 이용하면 12층에 빨리 도착한다.

07
정답 ②

취업 관련 도서를 선호하는 3학년 학생 수는 $368 \times 0.066 = 24$명이고, 철학·종교 도서를 선호하는 1학년 학생 수는 $375 \times 0.03 = 11$명이다. 따라서 취업 관련 도서를 선호하는 3학년 학생 수 대비 철학·종교 도서를 선호하는 1학년 학생 수의 비율은 $\frac{11}{24} \times 100 = 46\%$이다.

08　정답 ④

스스로 탐색하여 독서프로그램 정보를 획득한 남성의 수는 $137 \times 0.22 \fallingdotseq 30$명이며, 관공서, 도서관 등의 안내에 따라 독서프로그램 정보를 획득한 여성의 수는 $181 \times 0.205 \fallingdotseq 37$명이다. 따라서 관공서, 도서관 등의 안내에 따라 독서프로그램 정보를 획득한 여성의 수 대비 스스로 탐색하여 독서프로그램 정보를 획득한 남성의 수의 비율은 $\dfrac{30}{37} \times 100 \fallingdotseq 81.1\%$이다.

09　정답 ①

㉠ 전체 헌혈 중 단체헌혈이 차지하는 비율

- 2017년 : $\dfrac{962}{962+1{,}951} \times 100 \fallingdotseq 33\%$
- 2018년 : $\dfrac{965}{965+2{,}088} \times 100 \fallingdotseq 31.6\%$
- 2019년 : $\dfrac{940}{940+2{,}143} \times 100 \fallingdotseq 30.5\%$
- 2020년 : $\dfrac{953}{953+1{,}913} \times 100 \fallingdotseq 33.3\%$
- 2021년 : $\dfrac{954}{954+1{,}975} \times 100 \fallingdotseq 32.6\%$
- 2022년 : $\dfrac{900}{900+1{,}983} \times 100 \fallingdotseq 31.2\%$

따라서 조사기간 동안 매년 20%를 초과한다.

㉡ 전년 대비 단체헌혈의 변화율

- 2018년 : $\dfrac{965-962}{962} \times 100 = 0.3\%$
- 2019년 : $\dfrac{940-965}{965} \times 100 \fallingdotseq -2.6\%$
- 2020년 : $\dfrac{953-940}{940} \times 100 \fallingdotseq 1.4\%$
- 2021년 : $\dfrac{954-953}{953} \times 100 \fallingdotseq 0.1\%$이다.

따라서 변화율이 가장 큰 해는 2019년임을 알 수 있다.

오답분석

㉢ 2019년 대비 2020년 개인헌혈의 감소율은
$\dfrac{1{,}913-2{,}143}{2{,}143} \times 100 \fallingdotseq -10.7\%$이다.

㉣ 2020년부터 2022년 동안 헌혈률 전년 대비 증감추이는 '감소 – 증가 – 감소'이고, 개인헌혈은 '감소 – 증가 – 증가'로 증감추이가 다르다.

10　정답 ⑤

보전관리지역 지가변동률 대비 농림지역 지가변동률의 비율은 경기도가 $\dfrac{3.04}{2.1} \times 100 \fallingdotseq 144.8\%$, 강원도가 $\dfrac{2.49}{1.23} \times 100 \fallingdotseq 202.4\%$로 강원도가 더 높다.

오답분석

① 부산광역시의 경우 전년 대비 공업지역의 지가는 감소하였으나, 농림지역 지가는 불변이다.

② 전라북도의 상업지역의 지가변동률은 충청북도의 주거지역의 지가변동률의 $\dfrac{1.83}{1.64} = 1.12$배이므로 12% 더 높다.

③ 대구광역시의 공업지역 지가변동률과 경상남도의 보전관리지역 지가변동률의 차이는 $|-0.97-1.77| = 2.74\%$p이다.

④ 경기도의 경우, 전국 평균 지가변동률인 3.14%보다 평균 지가변동률이 3.23%로 더 높지만, 주거지역 지가변동률은 3.47%로 전국 평균인 3.53%보다 낮다.

11　정답 ④

㉠ 2022년 여성 국회의원 수가 전년도 대비 동일한 국가는 한국, 인도, 벨기에, 덴마크, 러시아 총 5개국이다.

㉡ 2020년과 2021년에서 유럽 7개국 여성 국회의원 수가 가장 적은 국가에서 첫 번째부터 네 번째까지는 '크로아티아 – 체코 – 오스트리아 – 벨기에'이며, 2022년에는 '크로아티아 – 체코 – 벨기에 – 오스트리아'이다.

㉣ 2021년 유럽 7개국 여성 국회의원 총인원은 아시아 6개국 여성 국회의원 총인원의 $\dfrac{388}{899} \times 100 \fallingdotseq 43\%$를 차지한다.

오답분석

㉢ 3년 동안 중국의 여성 국회의원 수는 한국, 인도, 일본의 4배 이상이다.

(단위 : 명)

구분	중국	한국, 인도, 일본 인원의 4배
2022년	709	$(51+64+47) \times 4$ $= 162 \times 4 = 648$
2021년	699	$(51+64+44) \times 4$ $= 159 \times 4 = 636$
2020년	699	$(49+65+45) \times 4$ $= 159 \times 4 = 636$

12

정답 ③

A, B, C의 휴일을 식으로 표현하면 다음과 같다(n은 자연수).

- A : $14n-2$, $14n-1$, $14n$
- B : $6n$
- C : $8n-1$, $8n$

B의 휴일은 반드시 짝수이므로 위의 경우 중 $14n-1$과 $8n-1$은 제외하고, 휴일을 나열하면 다음과 같다.

- A의 휴일($14n-2$) : 12, 26, 40, 54, 68 82, 96, …
- A의 휴일($14n$) : 14, 28, 42, 56, 70, 84, 98, …
- B의 휴일($6n$) : 6, 12, 18, … 90, 96

따라서 A, B, C의 휴일이 처음으로 같아지는 날은 96일째 날이다.

13

정답 ③

A의 식단을 끼니별로 나누어 칼로리를 계산하면 다음과 같다. 이때, 주어진 칼로리 정보를 g에 비례하여 칼로리를 계산하여야 하는 것에 주의한다.

끼니	식단
아침	우유식빵 280kcal, 사과잼 110kcal, 블루베리 30kcal
점심	현미밥 360kcal, 갈비찜 597kcal, 된장찌개 88kcal, 버섯구이 30kcal, 시금치나물 5kcal
저녁	현미밥 180kcal, 미역국 176kcal, 고등어구이 285kcal, 깍두기 50kcal, 연근조림 48kcal

따라서 하루에 섭취하는 열량은 $280+110+30+360+597+88+30+5+180+176+285+50+48=2,239$kcal이다.

14

정답 ③

2015년 대비 2019년 수급자 수의 증가율

: $\dfrac{1,646-1,469}{1,469} \times 100 ≒ 12.0\%$

15

정답 ②

제시된 선택지의 연도별 수급률 대비 수급자 수의 값은 다음과 같다.

- 2014년 : $\dfrac{1,550}{3.1} ≒ 500$
- 2016년 : $\dfrac{1,394}{2.7} ≒ 516.3$
- 2018년 : $\dfrac{1,329}{2.6} ≒ 511.2$
- 2019년 : $\dfrac{1,646}{3.2} ≒ 514.4$
- 2022년 : $\dfrac{1,744}{3.4} ≒ 512.9$

따라서 연도별 수급률 대비 수급자 수의 값이 가장 큰 해는 2016년이다.

01	02	03	04	05	06	07	08	09	10
④	⑤	②	②	②	④	⑤	③	③	④

11	12	13	14	15
④	④	①	①	①

01

정답 ④

D팀은 파란색을 선택하였으므로 보라색을 사용하지 않고, B와 C팀도 보라색을 사용한 적이 있으므로 A팀은 보라색을 선택한다. B팀은 빨간색을 사용한 적이 있고, 파란색과 보라색은 사용할 수 없으므로 노란색을 선택한다. C팀은 나머지 빨간색을 선택한다.

A	B	C	D
보라색	노란색	빨간색	파란색

따라서 항상 참인 것은 ④이다.

오답분석

①·③·⑤ 주어진 정보만으로는 판단하기 힘들다.
② A팀의 상징색은 보라색이다.

02

정답 ⑤

주어진 조건에 따라 거쳐야 할 과정 순서를 배치해보면 다음과 같은 두 가지의 경우가 가능하다.

경우 1)

첫 번째	두 번째	세 번째	네 번째	다섯 번째	여섯 번째	일곱 번째
C	A	E	G	F	D	B

경우 2)

첫 번째	두 번째	세 번째	네 번째	다섯 번째	여섯 번째	일곱 번째
C	A	E	G	F	B	D

따라서 네 번째로 해야 할 과정은 G이다.

03

정답 ②

'자사 보유 전세버스 현황'에서 소형 버스(RT)를 찾으면 RT - 23 - KOR - 07 - 0628, RT - 16 - USA - 09 - 0712, RT - 25 - KOR - 18 - 0803, RT - 25 - DEU - 12 - 0904, RT - 16 - DEU - 23 - 1501 등의 5대이다. 이 가운데 독일(DEU)에서 생산된 것은 2대이다. 따라서 소형 버스 중에 독일에서 만든 것은 전체의 40%를 차지하므로 ②는 옳지 않다.

오답분석

① 전체 20대의 버스 중에 대형 버스(BX)는 9대이다(45%).
③ 대형 버스(BX) 중 28인승은 BX - 28 - DEU - 24 - 1308, BX - 28 - USA - 22 - 1404, BX - 28 - USA - 15 - 1012 등의 3대이며, 독일(DEU)과 미국(USA)에서 생산되었다.
④ 중형 버스(MF)는 MF - 35 - DEU - 15 - 0910, MF - 35 - KOR - 15 - 1206, MF - 35 - DEU - 20 - 1110, MF - 35 - KOR - 17 - 0901, MF - 35 - KOR - 16 - 0804, MF - 35 - DEU - 20 - 1005 등의 6대이다. 이 중형 버스들의 모델 종류는 4종(15번, 16번, 17번, 20번)이고, 2008 ~ 2012년에 생산되었다.
⑤ 미국에서 생산된 버스는 BX - 45 - USA - 11 - 0712, RT - 16 - USA - 09 - 0712, BX - 28 - USA - 22 - 1404, BX - 45 - USA - 19 - 1108, BX - 28 - USA - 15 - 1012, BX - 45 - USA - 14 - 1007 등의 6대이다. 모두 소형이거나 대형 버스이며, 2007년, 2010년, 2011년, 2014년에 생산되었다.

04

정답 ②

첫 번째 조건과 세 번째 조건의 대우(E가 근무하면 B도 근무한다)를 통해 A가 근무하면 E와 B가 근무한다는 결론이 도출된다. 두 번째 조건과 네 번째 조건에서 B가 근무하면 D는 근무하지 않고, C와 F도 근무하지 않는다는 결론이 도출된다. 따라서 두 조는 (A, B, E), (C, D, F)이며, D와 E는 같은 날에 근무할 수 없다.

05

[정답] ②

주어진 조건에 따라 A가 해야 할 일의 순서를 배치해보면 다음 표와 같이 두 가지 경우가 가능하다.

1)

월	화	수	목	금	토	일
d	c	f	a	i	b	h

2)

월	화	수	목	금	토	일
d	c	a	f	i	b	h

따라서 화요일에 하게 될 일은 c이다.

06

[정답] ④

오늘이 9월 2일이 월요일 오전 9시라는 점을 유의하며 문제를 푼다.
- 고객 D : 9월 4일 수요일 오후에 배송을 하면, 수요일 오후나 목요일 오전에 사이에 도착하므로 희망 배송시기인 목요일 오후에 어긋난다.
- 고객 E : △△동은 장거리 배송으로 1일이 추가되기 때문에 9월 4일 수요일 오전에 배송을 해야 목요일 오후에 배송된다.

오답분석

① 금일(월요일) 오전에 배송을 하면 금일(월요일) 오후에 배송되므로 희망 배송시기인 월요일 오후가 적절하다.
② 배송 물품 집하장은 지하 1층 고객만족센터 우측 보관소이므로 적절하다.
③ 9월 3일 화요일 오후에 배송하면 화요일 오후에서 수요일 오전에 배송되므로 수요일 오전 배송을 희망하는 고객 C를 위한 것이다.
⑤ 9월 3일 화요일 오후에 배송을 희망하는 고객이 없으므로 오전에는 배송을 준비할 필요가 없다.

07

[정답] ⑤

같은 조가 될 수 있는 20대는 김헨리, 안화사, 방성훈, 김충재이다. 안화사는 김충재와 같은 총무팀이므로 같은 조가 될 수 없고, 김헨리와 방성훈 중 나이 차가 6세 이하인 김헨리와 같은 조가 되고, 방성훈과 김충재가 같은 조가 된다. 30대는 전현무, 이시언, 박나래, 김사랑, 한혜진, 정려원이다. 20대 조에서 남녀 조가 나왔으므로 나머지는 모두 동성 조가 되어야 하므로 전현무와 이시언이 같은 조가 되고, 나머지는 정려원, 한혜진, 박나래, 김사랑이다. 이때 박나래와 김사랑은 나이가 7세 차이로 같은 조가 될 수 없다.
따라서 가능한 조 편성 경우는 다음과 같다.

1)

안화사, 김헨리	김충재, 방성훈	전현무, 이시언	박나래, 정려원	김사랑, 한혜진

2)

안화사, 김헨리	김충재, 방성훈	전현무, 이시언	박나래, 한혜진	김사랑, 정려원

08

[정답] ③

나이 많은 순서대로 나열하면 '전현무>김사랑>이시언>한혜진>정려원>박나래>방성훈>김헨리>김충재>안화사'이다. 따라서 맨 앞과 맨 뒤에서 차례대로 짝을 지어 조를 만들면 전현무(39) - 안화사(22), 김사랑(37) - 김충재(24), 이시언(36) - 김기안(27), 한혜진(35) - 방성훈(29), 정려원(32) - 박나래(30)가 된다.

09

[정답] ③

조선시대의 미(未)시는 오후 1~3시를, 유(酉)시는 오후 5~7시를 나타낸다. 오후 2시부터 4시 30분까지 운동을 하였다면, 조선시대 시간으로 미(未)시 정(正)부터 신(申)시 정(正)까지 운동을 한 것이 되므로 옳지 않다.

오답분석

① 초등학교의 점심 시간이 오후 1시부터 2시까지라면, 조선시대 시간으로 미(未)시(1~3시)에 해당한다.
② 조선시대의 인(寅)시는 현대 시간으로 오전 3~5시를 나타낸다.
④ 축구 경기가 전반전 45분과 후반전 45분으로 총 90분 동안 진행되었으므로 조선시대 시간으로 한시진(2시간)이 되지 않는다.
⑤ 조선시대의 술(戌)시는 오후 7~9시를 나타내므로 오후 8시 30분은 술(戌)시에 해당한다.

10

[정답] ④

㉠ R씨가 복용하는 약 중 임부 금기에 해당하는 약은 '스○○, 고○○'으로 각각 제품 코드는 '643504520, 661700051'이다.
㉢ 용량 주의에 해당하는 약 중 '네○○'에 대한 내용이다.

오답분석

㉡ R씨가 복용하는 약 중 병용 금기는 없다.
㉣ 의약품 안전 사용 서비스는 주로 의사와 약사가 부적절한 약물 사용을 줄이기 위해 이용하지만 일반인도 이용할 수 있다.

11

[정답] ④

모든 컴퓨터 구매 시 각각 사는 것보다 세트로 사는 것이 한 세트(모니터+본체)당 약 5만 원에서 10만 원 정도 이득이다. 하지만 혜택에 해당되는 조건에서는 비용을 비교해 봐야 한다. 다음은 컴퓨터별 구매 비용을 계산한 것이다.
- A컴퓨터 : $(80 \times 15) = 1,200$만 원
- B컴퓨터 : $(75 \times 15) - 100 = 1,025$만 원
- C컴퓨터 : $(20 \times 10) + (20 \times 0.85 \times 5) + (60 \times 15)$ $= 1,185$만 원 또는 $70 \times 15 = 1,050$만 원

- D컴퓨터 : 66×15=990만 원
- E컴퓨터 : 65×15=975만 원(∵ 성능평가에서 '하'를 받아 조건을 만족하지 못한다)

따라서 D컴퓨터 세트를 구매하는 것이 990만 원으로 가장 저렴하다.

12 정답 ④

E농가는 조합원 농가가 아니고 가구당 소득수준이 180만 원이 넘으므로 대상에서 제외되고, 입주 시기가 3년 이상 지나지 않은 F농가도 대상에서 제외된다. 또한 가구당 소득수준이 1,000만 원 이상인 B농가도 대상에서 제외된다. 봉사활동 대상농가가 될 수 있는 A, C, D농가의 우선순위를 따져야 하므로, 입주 시기가 가장 빠른 D농가가 가장 높은 우선순위를 갖게 된다.

13 정답 ①

A농가와 B농가는 소득수준이 가구당 500만 원 이상이므로 대상에서 제외되고, D농가와 E농가는 조합원 농가가 아니므로 대상에서 제외된다. 그리고 F농가는 입주한 지 5년 이상 지나지 않았으므로 대상에서 제외된다. 따라서 C농가만이 봉사활동의 대상이 된다.

14 정답 ①

각각의 창고에 해당되는 수를 환산점수 공식에 대입하면
- A창고 : 600÷60×4=40점
- B창고 : 900÷75×8=96점
- C창고 : 560÷50×10=112점
- D창고 : 1,000÷100×6=60점
- E창고 : 600÷30×3=60점

따라서 K공단이 택할 창고는 가장 낮은 환산점수(40점)를 받은 A창고이다.

15 정답 ①

C창고는 거리가 10km로 10km 미만이어야 한다는 조건을 만족하지 못한다. E창고는 냉장시설을 보유하지 않아 사용할 수 없다. 나머지 A, B, D창고를 비교하면

구분	시설	거리	비용(3년)
A창고	냉장시설 보유, 환기시설 보유	4km	600×3 =1,800만 원
B창고	냉장시설 보유	8km	900×3 =2,700만 원
D창고	냉장시설 보유	6km	1,000×3 =3,000만 원

D창고는 비용이 3,000만 원으로 지불할 수 있는 금액을 초과한다. 따라서 K공단은 A창고와 B창고 중 거리도 가깝고, 비용도 저렴하며, 냉장시설은 물론, 환기시설까지 보유하고 있는 A창고를 계약한다.

01	02	03	04	05	06	07	08	09	10	11	12	13	14	15					
④	③	⑤	①	④	③	③	④	④	④	⑤	①	②	①	③					

01

[정답] ④

ⅰ) 연봉 3,600만 원인 H사원의 월 수령액은 3,600만÷12=3,000,000원이다.
   월평균 근무시간은 200시간이므로 시급은 300만÷200=15,000원/시간이다.
ⅱ) 야근 수당
   H사원이 평일에 야근한 시간은 2+3+1+3+2=11시간이므로 야근 수당은 15,000×11×1.2=198,000원이다.
ⅲ) 특근 수당
   H사원이 주말에 특근한 시간은 2+3=5시간이므로 특근 수당은 15,000×5×1.5=112,500원이다.
식대는 야근·특근 수당에 포함되지 않으므로 H사원의 이번 달 야근·특근 근무 수당의 총액은 198,000+112,500=310,500원이다.

02

[정답] ③

임유리 직원은 첫째 주 일요일 6시간, 넷째 주 토요일 5시간으로 월 최대 10시간 미만인 당직규정을 어긋나므로 당직 일정을 수정해야 한다.

03

[정답] ⑤

다른 직원들의 휴가 일정과 겹치지 않고, 주말과 공휴일이 아닌 평일이며, 전체 일정도 없는 3월 21~22일이 가장 적절하다.

오답분석

① 3월 1일은 공휴일이므로 휴가일로 적절하지 않다.
② 3월 5일은 D공단 전체회의 일정이 있어 휴가를 사용하지 않는다.
③ 3월 10일은 주말이므로 휴가일로 적절하지 않다.
④ 3월 19일은 유부장 휴가일이므로 휴가일로 적절하지 않다.

04

[정답] ①

전체회의 일정과 공휴일(삼일절), 주말을 제외하면 3월에 휴가를 사용할 수 있는 날은 총 20일이다. 직원이 총 12명이므로 한 명당 2일 이상 휴가를 사용할 수 없다. 따라서 한 사람당 1일 휴가를 사용할 수 있다.

05

[정답] ④

경로별 거리의 총합은 다음과 같다.
• 경로 1 : 46.5+127+92.2+72.77=338.47km
• 경로 2 : 31.5+127+92.2+93.7=344.4km

- 경로 3 : $145.2+92.2+22.3+87.69=347.39$km
- 경로 4 : $30.6+120.3+72.7+104.56=328.16$km
- 경로 5 : $37.4+57.2+31.3+202.53=328.43$km

따라서 C과장이 집에서 출장지까지 회사 차로 이동하는 최단 거리의 경로는 328.16km인 '경로 4'이다.

06

정답 ③

각 문화생활에 신청한 직원의 수와 정원을 비교하면 다음과 같다.

(단위 : 명)

구분	연극 '지하철 1호선'	영화 '강철비'	음악회 '차이코프스키'	미술관 '마네·모네'
신청인원	14	26	13	4
정원	20	30	10	30

음악회의 신청인원이 정원 3명을 초과하여 다시 신청을 해야한다. 자료에서 정원이 초과된 인원은 1인당 금액이 비싼 문화생활 순으로 남은 정원을 채운다고 했으므로 그 순서는 '음악회 – 연극 – 미술관 – 영화' 순이다. 따라서 3명은 정원이 남은 연극을 신청하게 되어 연극의 신청인원은 14+3=17명이 된다.
문화생활 정보의 기타 사항을 보면 연극과 영화는 할인 조건에 해당되므로 할인 적용을 받는다. 따라서 이번 달 문화생활 티켓 구매에 필요한 예산은 $(17\times20,000\times0.85)+(26\times12,000\times0.5)+(10\times50,000)+(4\times13,000)=997,000$원이다.

07

정답 ③

조건에서 남성은 B등급 이상인 호텔을 선호한다고 하였으므로, K·M·W호텔이 이에 해당한다. M호텔은 2인실이 없으므로 제외되며, K·W호텔 숙박비와 식비(조식 1, 중식 2, 석식 1)는 다음과 같다.
- K호텔 : $(170,000)\times3+(10,000\times3\times6)=69$만 원
- W호텔 : $(150,000)\times3+(7,500\times4\times6)=63$만 원

따라서 가장 저렴한 W호텔에서 숙박하며, 비용은 63만 원이다.
여성도 B등급 이상인 호텔을 선호한다고 했으므로 K·M·H호텔 중 M호텔은 2인실이 없어 제외되며, K·H호텔 중에서 역과 가장 가까운 K호텔에 숙박한다. 따라서 K호텔의 비용은 $170,000\times2+10,000\times3\times4=46$만 원이다.

08

정답 ④

울산, 대구, 강원을 제외한 지역에서 갑상선 초음파 검사 진료비의 최고 금액이 20만 원 이상인 지역은 서울, 인천, 경기, 충남이다. 네 지역의 2019년부터 2021년까지 갑상선 수술 진료비 평균 금액은 다음과 같다.
- 서울 : $\dfrac{784.1+770.1+812.3}{3}=\dfrac{2,366.5}{3}≒788.8$천 원
- 인천 : $\dfrac{816.4+815.2+879.1}{3}=\dfrac{2,510.7}{3}=836.9$천 원
- 경기 : $\dfrac{729.6+724.3+764.7}{3}=\dfrac{2,218.6}{3}≒739.5$천 원
- 충남 : $\dfrac{693.1+699.4+723.2}{3}=\dfrac{2,115.7}{3}≒705.2$천 원

진료비 평균 금액과 초음파 검사 진료비 합을 구하면 서울은 788,800+229,350=1,018,150원이고, 인천은 836,900+206,000=1,042,900원, 경기는 739,500+209,000=948,500원, 충남은 705,200+214,100=919,300원이다. 따라서 H씨는 비용이 가장 낮은 충남에서 진료를 받을 것이다.

09

정답 ④

ⅰ) 1, 2팀에서 팀장 또는 주임이 지정휴무를 사용하게 되면 다른 팀에서 지정휴무에 대한 대체근무를 해야 하므로 4번의 대체근무가 필요하다. 하지만 3팀의 경우 주임이 2명이기 때문에 대체근무 횟수의 최소화를 위해 2명의 주임이 동시에 지정휴무를 사용할 수 없다. 그렇기 때문에 3팀의 주임이 지정휴무를 쓰게 되더라도 대체가 필요 없다. 단, 3팀의 팀장이 지정휴무를 사용할 경우 대체가 필요하다. 지정휴무로 인한 대체는 총 5번이다.

ⅱ) 10월 1일 1팀이 야간이고 2팀이 비번이었으면 1팀의 팀장이 여행가는 27일의 1팀 근무는 비번으로 시작한다. 비번 - 휴무 - 주간1 - 주간2 - 야간1이기 때문에 연차 실 사용일은 3일이고, 3번의 추가 대체근무가 필요하다.

따라서 지정휴무로 인한 대체근무 5번과 연차로 인한 대체근무 3번으로 총 8번이 필요하다.

10

정답 ④

인쇄할 홍보자료는 20×10=200부이며, 200×30=6,000페이지이다. 이를 활용하여 업체당 인쇄비용을 구하면 다음 표와 같다.

구분	페이지 인쇄비용	유광표지 비용	제본비용	총비용
A인쇄소	6,000×50 =30만 원	200×500 =10만 원	200×1,500 =30만 원	30+10+30=70만 원
B인쇄소	6,000×70 =42만 원	200×300 =6만 원	200×1,300 =26만 원	42+6+26=74만 원
C인쇄소	6,000×70 =42만 원	200×500 =10만 원	200×1,000 =20만 원	42+10+20=72만 원 → 200부 중 100부 5% 할인 → (할인 안 한 100부 비용)+(할인한 100부 비용) =36+(36×0.95)=70만 2천 원
D인쇄소	6,000×60 =36만 원	200×300 =6만 원	200×1,000 =20만 원	36+6+20=62만 원
E인쇄소	6,000×100 =60만 원	200×200 =4만 원	200×1,000 =20만 원	60+4+20=84만 원 → 20% 할인 적용 84×0.8=67만 2천 원

따라서 D인쇄소에서 인쇄하는 것이 가장 저렴하다.

11

정답 ⑤

선택지에 해당되는 교통편의 비용을 계산하면 다음과 같다.

① 대형버스 1대 : 500,000원
② 소형버스 1대+렌터카 1대 : 200,000+130,000=330,000원
③ 소형버스 1대+택시 1대 : 200,000+(120,000×2)=440,000원
④ 렌터카 3대 : (80,000×3×0.95)+(50,000×3)=378,000원
⑤ 대중교통 13명 : 13,400×13×2×0.9=313,560원

따라서 다섯 가지 교통편 조합 중 가장 저렴한 방법은 대중교통을 13명이 이용하는 것이다.

12

정답 ①

A업체와 B업체의 가격과 보온성 평가점수가 별 8개로 동일하므로, 모든 부문의 별 개수 총합을 비교해야 한다. A업체는 별 17개, B업체는 별 14개이다. 따라서 G회사는 A업체에서 근무복을 구매할 것이다.

13

정답 ②

100만 원 한도 내에서 15명의 근무복을 구매하려면 한 벌당 구매가격이 100÷15≒6.67만 원보다 저렴해야 한다. 이 조건을 만족하는 A업체와 B업체만 비교할 때, 가격과 보온성 평가점수의 합이 A업체와 B업체 모두 별 8개이므로 가격이 더 저렴한 B업체의 근무복을 구매한다.

14

조건에 따라 자동차를 대여할 수 없는 날을 표시하면 다음과 같다.

〈2월 달력〉

일	월	화	수	목	금	토
	1	2 × 짝수 날 점검	3	4 × 짝수 날 점검	5	6 × 짝수 날 점검
7	8	9 × 업무	10 × 업무	11 × 설 연휴	12 × 설 연휴	13 × 설 연휴
14	15 × 출장	16 × 출장	17	18	19	20
21	22	23	24 × C 대여 예약	25 × C 대여 예약	26 × C 대여 예약	27
28						

따라서 B자동차를 대여할 수 있는 날은 주말을 포함한 18~20일, 19~21일, 20~22일, 21~23일이므로 수요일(17일)이 자동차를 대여할 수 있는 첫 날이 될 수 없다.

15

먼저 모든 면접위원의 입사 후 경력은 3년 이상이어야 한다는 조건에 따라 A, E, F, H, I, L직원은 면접위원으로 선정될 수 없다. 이사 이상의 직급으로 6명 중 50% 이상 구성되어야 하므로 자격이 있는 C, G, N은 반드시 면접위원으로 포함한다. 다음으로 인사팀을 제외한 부서는 두 명 이상 구성할 수 없으므로 이미 N이사가 선출된 개발팀은 더 선출할 수 없고, 인사팀은 반드시 2명을 포함해야 하므로 D과장은 반드시 선출된다. 이를 정리하면 다음과 같다.

구분	1	2	3	4	5	6
경우 1	C이사	D과장	G이사	N이사	B과장	J과장
경우 2	C이사	D과장	G이사	N이사	B과장	K대리
경우 3	C이사	D과장	G이사	N이사	J과장	K대리

따라서 B과장이 면접위원으로 선출됐더라도 K대리가 선출되지 않는 경우도 있다.

CHAPTER 04 자원관리능력 · **27**

PART 2

최종점검 모의고사
정답 및 해설

01	02	03	04	05	06	07	08	09	10	11	12	13	14	15	16	17	18	19	20
④	③	③	③	④	③	①	④	④	⑤	①	⑤	③	⑤	④	②	⑤	①	②	③
21	22	23	24	25	26	27	28	29	30	31	32	33	34	35	36	37	38	39	40
③	④	①	④	③	①	③	⑤	③	②	④	④	③	⑤	③	⑤	④	①	⑤	①
41	42	43	44	45	46	47	48	49	50										
④	④	③	③	④	①	①	④	⑤	②										

01

정답 ④

문단을 논리적인 구성에 맞게 배열하려면 각 문단의 첫 부분과 마지막 부분을 살펴봐야 한다. 연결어나 지시어가 없고, 글의 전체적 주제를 제시하는 문단이 가장 처음에 올 가능성이 높다. 따라서 사랑과 관련하여 여러 형태의 빛 신호를 가지고 있는 반딧불이를 소개하고, 이들이 단체로 빛을 내면 장관을 이룬다는 내용의 (라) 문단이 맨 처음에 와야 한다. 다음으로는 (라)의 마지막 내용과 연결되는 반딧불이 집단의 불빛으로 시작해 반딧불이의 단독행동으로 끝이 나는 (나) 문단이 이어지는 것이 자연스럽다. 그리고 단독으로 행동하기 좋아하는 반딧불이가 짝을 찾는 모습을 소개한 (마) 문단이 이어져야 하며, 그러한 특성을 이용해 먹잇감을 찾는 반딧불이의 종류를 이야기하는 (가) 문단이 오는 것이 옳다. (다) 문단은 (가) 문단에 이어지는 내용이므로 그 뒤에 배치되어야 한다.

02

정답 ③

보기의 '벨의 특허와 관련된 수많은 소송'은 (나) 바로 뒤의 문장에서 언급하는 '누가 먼저 전화를 발명했는지'에 대한 소송을 의미한다. (다)의 앞부분에서는 이러한 소송이 치열하게 이어졌음을 이야기하지만, (다)의 뒷부분에서는 벨이 무혐의 처분과 함께 최초 발명자라는 판결을 받았음을 이야기한다. 따라서 소송이 종료되었다는 보기의 문장은 (다)에 들어가는 것이 가장 적절하다.

03

정답 ③

두 번째 조건에서 사원 양옆과 앞자리는 비어있을 수 없다고 했으므로 B, C, E, F, G를 제외한 A, D자리는 빈자리가 된다. 세 번째 조건에서 지점장 앞자리에 이상무 또는 최부장이 앉으며, 첫 번째 조건을 보면 같은 직급은 옆자리로 배정할 수 없어 한 대리는 ③처럼 F 또는 G에 앉을 수 있다. 따라서 F와 G에 과장 두 명이 앉으면 성대리 양옆 중 한 자리에 '한대리'가 앉아야 하므로 적절하지 않다.

지점장	빈자리	B	성대리	C	빈자리
	최부장 또는 이상무	김사원	F	이사원	G

오답분석

① 지점장 앞자리 A는 빈자리이다.
② A와 D는 빈자리이다.
④ B, C, F, G자리 중 한 곳을 최부장이 앉으면, E에는 이상무가 앉게 된다.
⑤ 한대리가 앉을 수 있는 자리는 F 또는 G이다.

04

ⅰ) 월요일에 진료를 하는 경우 첫 번째 명제에 의해, 수요일에 진료를 하지 않는다. 그러면 네 번째 명제에 의해, 금요일에 진료를 한다. 또한 세 번째 명제의 대우에 의해, 화요일에 진료를 하지 않는다. 따라서 월요일, 금요일에 진료를 한다.

ⅱ) 월요일에 진료를 하지 않는 경우 두 번째 명제에 의해, 화요일에 진료를 한다. 그러면 세 번째 명제에 의해, 금요일에 진료를 하지 않는다. 또한 네 번째 명제의 대우에 의해, 수요일에 진료를 한다. 따라서 화요일, 수요일에 진료를 한다.

05

㉠ A=100, B=101, C=102이다. 따라서 Z=125이다.
㉡ C=3, D=4, E=5, F=6이다. 따라서 Z=26이다.
㉢ P가 17임을 볼 때, J=11, Y=26, Z=27이다.
㉣ Q=25, R=26, S=27, T=28이다. 따라서 Z=34이다.
따라서 해당하는 Z값을 모두 더하면 125+26+27+34=212이다.

06

① 5일에 L공단 단합대회로 사내행사가 있으므로 홍보행사를 진행할 수 없다.
② 10일부터 12일까지 가래떡 데이 홍보행사가 있으므로 홍보행사를 진행할 수 없다.
④ 21일에 1인 가구 대상 소포장 농산물 홍보행사가 있으므로 홍보행사를 진행할 수 없다.
⑤ 명절선물세트 홍보는 설 연휴 이전에 마쳐야 하므로 적절하지 않다.

07

입사순서는 해당 월의 누적 입사순서이므로 'W05180401'은 4월의 첫 번째 입사자임을 나타낼 뿐, 해당 사원이 생산부서 최초의 여직원인지는 알 수 없다.

08

M01190903	W03191005	M05190912	W05190913	W01191001	W04191009
W02190901	M04191101	W01190905	W03190909	M02191002	W03191007
M03190907	M01190904	W02190902	M04191008	M05191107	M01191103
M03190908	M05190910	M02191003	M01190906	M05191106	M02191004
M04191101	M05190911	W03191006	W05191105	W03191104	M05191108

여성(W) 입사자 중 기획부(03)에 입사한 사원은 모두 5명이다.

09

네 번째 문단과 다섯 번째 문단에 따르면 디지털 영상 안정화 기술은 소프트웨어를 이용하여 프레임 간 피사체의 위치 차이를 줄여 영상을 보정한다.

① 다섯 번째 문단에서 '위치 차이만큼 보정하여 흔들림의 영향을 줄이면 보정된 동영상은 움직임이 부드러워진다.'라고 하였으므로, 동영상의 움직임은 연속된 프레임에서 동일한 피사체의 위치 차이가 작을수록 부드러워짐을 알 수 있다.
② 두 번째 문단에서 '일반적으로 카메라는 렌즈를 통해 들어온 빛이 이미지 센서에 닿아 피사체의 상이 맺히고'라고 하였으므로, 광학 영상 안정화 기술을 사용하지 않는 일반적인 카메라에도 이미지 센서가 필요함을 알 수 있다.

③ 첫 번째 문단에서 '손의 미세한 떨림으로 인해 영상이 번져 흐려지고'라고 하였고, 두 번째 문단에서 '카메라가 흔들리면 이미지 센서 각각의 화소에 닿는 빛의 세기가 변한다.'라고 하였으므로, 보정 기능이 없는 상태에서 손 떨림이 있으면 이미지 센서 각각의 화소에 닿는 빛의 세기가 변한다는 것을 알 수 있다.

⑤ 두 번째 문단의 '화소마다 빛의 세기에 비례하여 발생한 전기 신호가 저장 매체에 영상으로 저장된다.'라는 문장과 '이미지 센서 각각의 화소에 닿는 빛의 세기'라는 문장을 통해, 디지털카메라의 저장 매체에는 이미지 센서 각각의 화소에서 발생하는 전기 신호가 영상으로 저장된다는 것을 알 수 있다.

10 정답 ⑤

두 번째 문단에 따르면 OIS 기술이 작동되면 자이로 센서가 카메라의 움직임을 감지하여 방향과 속도를 제어 장치에 전달한다.

오답분석

① 세 번째 문단에 따르면 카메라가 흔들리면 이미지 센서가 아니라 제어 장치에 의해 코일에 전류가 흐른다.

② 네 번째 문단에 따르면 OIS 기술은 렌즈의 이동 범위에 한계가 있어 보정할 수 있는 움직임의 폭이 좁다.

③ 세 번째 문단에 따르면 카메라가 흔들리면 자기장과 전류의 직각 방향으로 전류의 크기에 비례하는 힘이 발생한다.

④ 두 번째 문단에 따르면 카메라가 흔들리면 렌즈 모듈이 아니라 제어 장치가 렌즈를 이동시키면 피사체의 상이 유지되면서 영상이 안정된다.

11 정답 ①

보기의 '이 둘'은 제시문의 산제와 액제를 의미하므로 이 둘에 대해 설명하고 있는 위치에 들어가야 함을 알 수 있다. 또 상반되는 사실을 나타내는 두 문장을 이어 줄 때 사용하는 접속어 '하지만'을 통해 산제와 액제의 단점을 이야기하는 보기 문장 앞에는 산제와 액제의 장점에 관한 내용이 와야 함을 알 수 있다. 따라서 (가)에 들어가는 것이 가장 적절하다.

12 정답 ⑤

(다)는 '다시 말하여'라는 뜻의 부사 '즉'으로 시작하여, '경기적 실업은 자연스럽게 해소될 수 없다.'는 주장을 다시 한번 설명해주는 역할을 하므로 제시된 글 바로 다음에 위치하는 것이 자연스럽다. 다음으로는 이처럼 경기적 실업이 자연스럽게 해소될 수 없는 이유 중 하나인 화폐환상 현상을 설명하는 (나) 문단이 오는 것이 적절하다. 마지막으로 화폐환상 현상으로 인해 실업이 지속되는 것을 설명하고, 정부의 적극적 역할을 해결책으로 제시하는 케인스학파의 주장을 이야기하는 (가) 문단이 오는 것이 적절하다. 따라서 (다) – (나) – (가) 순서로 연결되어야 한다.

13 정답 ③

2012 ~ 2021년 평균 부채 비율을 구하면 다음과 같다.

$$\frac{61.6+100.4+86.5+80.6+79.9+89.3+113.1+150.6+149.7+135.3}{10}=104.7\%$$

따라서 10년간 평균 부채 비율은 90% 이상이다.

오답분석

① 2015년 대비 2016년 자본금 증가폭은 $33,560-26,278=7,282$억 원으로, 2013 ~ 2021년 중 자본금의 변화가 가장 컸다.

② 전년 대비 부채 비율이 증가한 해는 2013년, 2017년, 2018년, 2019년이다. 네 해의 부채 비율 증가폭을 계산하면 다음과 같다.

- 2013년 : $100.4-61.6=38.8\%$p
- 2017년 : $89.3-79.9=9.4\%$p
- 2018년 : $113.1-89.3=23.8\%$p
- 2019년 : $150.6-113.1=37.5\%$p

따라서 부채 비율이 전년 대비 가장 많이 증가한 해는 2013년이다.

④·⑤ 제시된 자료를 통해 확인할 수 있다.

14

매우 노력함과 약간 노력하는 사람의 비율 합은 다음과 같다.

구분	남성	여성	취업	실업 및 비경제활동
비율	13.6+43.6=57.2%	23.9+50.1=74.0%	16.5+47.0=63.5%	22.0+46.6=68.6%

따라서 남성이 여성보다 비율이 높고, 취업자보다 실업 및 비경제활동 사람들의 비율이 높다.

오답분석

① 전혀 노력하지 않음'과 '매우 노력함'은 일의 '약간 노력함'과 '별로 노력하지 않음'에 비해 숫자의 크기가 현저히 작음을 알 수 있다. 따라서 '약간 노력함'과 '별로 노력하지 않음'만 정확하게 계산해 보면 된다.
  • 약간 노력함 : 41.2+39.9+46.7+52.4+50.4+46.0+44.8=321.4%
  • 별로 노력하지 않음 : 39.4+42.9+36.0+29.4+25.3+21.6+20.9=215.5%
  따라서 약간 노력하는 사람 수가 더 많음을 알 수 있다.
② 10세 이상 국민 중 환경오염 방지를 위해 매우 노력하는 사람의 비율이 가장 높은 연령층은 31.3%인 70세 이상이다.
③ 우리나라 국민 중 환경오염 방지를 위해 전혀 노력하지 않는 사람의 비율이 가장 높은 집단은 6.4%로 20~29세이다.
④ 20~29세 연령층에서는 별로 노력하지 않는 사람의 비중이 제일 높다.

15

B씨는 15t 화물트럭을 이용하므로 B씨의 차종은 4종에 해당하며, 4종의 km당 주행요금은 62.9원이다. 이를 바탕으로 B씨의 고속도로 통행요금을 구하면 다음과 같다.
• 서울 → 영천
  – 개방식 6차로 비용 : 720+(180×62.9×1.2)=14,306.4≒14,306원
  – 폐쇄식 4차로 비용 : 900+(150.4×62.9)=10,360.16원≒10,360원
• 영천 → 부산 : (900×0.5)+(44.4×62.9×0.5)=1,846.38≒1,846원
따라서 B씨가 지불해야 할 고속도로 통행요금은 14,306+10,360+1,846=26,512원이다.

16

물품관리대장에서 관리팀에서 2013년에 구매한 문구류(MN – 13 – 0010)는 찾을 수 없다.

오답분석

① 총무팀에서 2018년에 구매한 사무용 가구 : ST – 18 – 0100
③ 대출팀에서 2008년에 구매한 사무용 가구 : LA – 08 – 0100
④ 신용팀에서 2012년에 구매한 전자기기 : CD – 12 – 1000
⑤ 판매팀에서 2017년에 구매한 문구류 : SL – 17 – 0010

17

ST – 10 – 0100은 총무팀에서 2010년에 구매한 회의실 책상이다. 구매한 지 11년(10년 이상) 정도 경과했으므로 교체할 수 있다.

오답분석

① MN – 17 – 1000은 관리팀에서 2017년에 구매한 TV이다. 구매하고 4년 정도밖에 되지 않아 교체할 수 없다.
② ST – 18 – 0100은 총무팀에서 2018년에 구매한 회의실 의자이나. 구매하고 3년 정도밖에 되지 않아 교체할 수 없다.
③ CD – 12 – 1000은 신용팀에서 2012년에 구매한 노트북 컴퓨터다. 구매하고 9년 정도밖에 되지 않아 교체할 수 없다.
④ MN – 13 – 0100은 관리팀에서 2013년에 구매한 사무실 책상이다. 구매하고 8년 정도밖에 되지 않아 교체할 수 없다.

18

파손된 물품은 볼펜, TV, 사무실 서랍장, 회의실 의자이며, 각각의 중고판매 시 수익금은 다음과 같다.

- 볼펜 : $0.3 \times 20 \times 0 = 0$원
- TV : $120 \times 0.55 = 66$만 원
- 사무실 서랍장 : $10 \times 3 \times 0.35 = 10.5$만 원
- 회의실 의자 : $5 \times 10 \times 0.55 = 27.5$만 원

따라서 총판매수익금은 $66 + 10.5 + 27.5 = 104$만 원이다.

19

[정답] ②

고객지원팀에서는 고객과 직접 상호작용하고 고객의 민원에 대응하며 고객의 다양한 의견들을 수집한다. 따라서 고객지원팀에서 VOC(Voice Of Customer)를 수집하는 업무를 담당하는 이사원에게 협조를 요청해야 한다.

20

[정답] ③

직장에서 업무와 관련된 이메일을 보낼 때는 메일을 받는 상대가 내용을 쉽게 알 수 있도록 적절한 제목을 붙인다.

21

[정답] ③

'기가 IoT 에어닥터' 상품 안내에 따르면 해당 상품은 LTE 스마트폰에서만 사용 가능하다. 따라서 LTE 스마트폰이 아닌 3G 스마트폰을 대상으로 하는 '3G 뭉치면올래' 상품은 '기가 IoT 에어닥터' 상품에 가입하려는 고객에게 추천할 상품으로 적절하지 않다.

22

[정답] ④

고객의 문의 내용에 따라 2년 약정으로 해당 상품에 가입할 경우 매월 5,500원의 서비스 이용료가 청구되며, 단말대금을 36개월로 분할 상환할 경우 매월 4,400원의 단말대금이 청구된다. 또한 2년 약정의 경우 설치비가 면제되지 않으므로 가입 당월에는 11,000원이 1회 부과된다. 따라서 가입 당월에는 설치비와 매월 서비스 이용료, 단말대금의 총금액인 $5,500 + 4,400 + 11,000 = 20,900$원을 납부해야 하며, 약정 기간 내에는 매월 $5,500 + 4,400 = 9,900$원을 납부해야 한다. 만약 약정 기간이 종료된 이후 단말대금을 내는 동안에 서비스를 계속 이용할 경우에는 7,700원의 서비스 이용료가 청구되므로 매월 $7,700 + 4,400 = 12,100$원을 납부해야 한다.

23

[정답] ①

대규모 점포까지의 평균 접근 시간은, 승용차를 이용할 때와 대중교통 / 도보를 이용할 때의 합이 40분으로 일정하다. 따라서 빈칸인 서구에서 승용차로 대규모 점포에 갈 경우 평균 접근 시간은 $40 - 27.74 = 12.26$분이다.

24

[정답] ④

ㄴ. 2021년 1분기의 영업이익률은 $\frac{-278}{9,332} \times 100 ≒ -2.98\%$이며, 4분기의 영업이익률은 $\frac{-998}{9,192} \times 100 ≒ -10.86\%$이다. 따라서 2021년 4분기의 영업이익률은 1분기보다 감소하였음을 알 수 있다.

ㄹ. 2021년 3분기의 당기순손실은 직전 분기 대비 $\frac{1,079-515}{515} \times 100 ≒ 109.51\%$ 증가하였으므로 100% 이상 증가하였음을 알 수 있다.

오답분석

ㄱ. 영업손실이 가장 적은 1분기의 영업이익이 가장 크다.

ㄷ. 2021년 2분기와 4분기의 매출액은 직전 분기보다 증가하였으나, 3분기의 매출액은 2분기보다 감소하였다.

25

기계가 1대씩 늘어날수록 생산할 수 있는 제품 개수는 2개씩 늘어난다. 이를 등차수열로 나타내면 첫째항 $a=5$이고, 공차 $d=2$인 $a_n=a+d(n-1) \rightarrow a_n=5+2(n-1) \rightarrow a_n=2n+3$이 된다.

따라서 기계 30대를 사용하여 생산할 수 있는 제품의 개수는 $a_{30}=(2\times30)+3=63$개이다.

26

먼저 각 부처가 포럼에 참석한다고 가정하여 이를 정하면 다음과 같다.

- a : 산업단지처가 포럼에 참석한다.
- b : 기술심사처가 포럼에 참석한다.
- c : 사업계획실이 포럼에 참석한다.
- d : 총무고객처가 포럼에 참석한다.
- e : 공공분양사업처가 포럼에 참석한다.
- f : 비상계획실이 포럼에 참석한다.
- g : 스마트도시개발처가 포럼에 참석한다.

a ~ g를 바탕으로 주어진 조건은 다음과 같이 정리할 수 있다.

1) a → ~b(b → ~a)
2) c → ~d
3) e → f
4) ~g → ~b
5) g, e, b 중 하나 이상은 참석할 수 없다.
6) e → b
7) ~b → c

a → ~b이므로 일곱 번째 조건과 두 번째 조건에 따라 a → ~b → c → ~d가 성립되고, 여섯 번째 조건의 대우(~b → ~e)에 따라 a → ~b → ~e가 성립한다.

따라서 공공분야사업처는 포럼에 참석하지 않는다.

27

네 번째 문단에 따르면 콜링우드는 예술을 통해 우리의 감정이 정리되었으면 굳이 타인에게 전달하지 않더라도 예술은 그 소임을 충분히 완성했다고 보았다. 따라서 ③의 경우처럼 불면의 밤을 보내며 시를 완성했다면, 그 시는 불면을 일으키는 혼란한 감정을 잘 정리해 예술로서의 소임을 다한 것이므로 그 시를 불태워 버려 타인에게 전달하지 않아도 무방한 것이다.

28

보기에서는 4비트 컴퓨터가 처리하는 1워드를 초과한 '10010'을 제시하며, 이를 '오버플로'라 설명한다. 이때 (마)의 바로 앞 문장에서는 0111에 1011를 더했을 때 나타나는 '10010'을 언급하고 있으며, (마)의 바로 뒤 문장에서는 부호화 절댓값에는 이 '오버플로'를 처리하는 규칙이 없다는 점을 설명하고 있다. 따라서 보기의 문장은 (마)에 들어가는 것이 가장 적절하다.

29

제시된 보기의 문장에서는 사행 산업 역시 매출의 일부를 세금으로 추가 징수하는 경우가 있지만, 게임 산업은 시행 산업이 아닌 문화 콘텐츠 산업이라고 주장한다. 따라서 글의 흐름상 보기의 문장은 게임 산업이 이미 세금을 납부하고 있다는 내용 뒤에 오는 것이 자연스럽다. (다)의 앞 문장에서는 게임 업체가 이미 매출에 상응하는 세금을 납부하고 있음을 이야기하므로 (다)에 들어가는 것이 가장 적절하다.

30

정답 ②

- 국문 명함 중 50장이 고급종이로 제작되었으므로 일반종이로 제작된 명함의 수량은 $130-50=80$장이다.
  (1인당 국문 명함 제작비)=(일반종이 80장)+(고급종이 50장)$[10,000+(2,500×3)]+(10,000×1.1)=28,500$원
- 영문 명함의 수량 : 70장
  (1인당 영문 명함 제작비)$=15,000+(3,500×2)=22,000$원
따라서 1인당 명함 제작비는 $28,500+22,000=50,500$원이고, 총비용은 808,000원이므로 신입사원의 수는 $808,000÷50,500$ $=16$명이다.

31

정답 ④

제시된 자료의 ○, ◑, ●을 점수로 변환하고, 빈칸을 a ~ f로 나타내면 다음과 같다.
이때 계산의 편의성을 위해 심사위원 A ~ D의 총점도 함께 나타낸다.

정책＼심사위원	A	B	C	D	합계
가	1.0	1.0	0.5	0	2.5
나	1.0	1.0	0.5	1.0	3.5
다	0.5	0	1.0	0.5	2.0
라	a	1.0	0.5	e	a+e+1.5
마	1.0	c	1.0	0.5	c+2.5
바	0.5	0.5	0.5	1.0	2.5
사	0.5	0.5	0.5	1.0	2.5
아	0.5	0.5	1.0	f	f+2.0
자	0.5	0.5	d	1.0	d+2.0
차	b	1.0	0.5	0	b+1.5
평균(점)	0.55	0.70	0.70	0.50	
총점(점)	5.5	7.0	7.0	5.0	

심사위원별 총점을 이용하여 a ~ f를 도출하면 다음과 같다.
- 심사위원 A : $1.0+1.0+0.5+a+1.0+0.5+0.5+0.5+0.5+b=a+b+5.5=5.5 \rightarrow a+b=0$
  a와 b는 0, 0.5, 1.0 중 하나이므로 $a=0$, $b=0$이다.
- 심사위원 B : $1.0+1.0+0+1.0+c+0.5+0.5+0.5+0.5+1.0=c+6.0=7.0 \rightarrow c=1.0$
- 심사위원 C : $0.5+0.5+1.0+0.5+1.0+0.5+0.5+1.0+d+0.5=d+6.0=7.0 \rightarrow d=1.0$
- 심사위원 D : $0+1.0+0.5+e+0.5+1.0+1.0+f+1.0+0=e+f+5.0=5.0$
  e와 f는 0, 0.5, 1.0 중 하나이므로 $e=0$, $f=0$이다.
구한 a ~ f를 바탕으로 정책 라·마·아·자·차의 총점을 구하면 다음과 같다.
- 정책 '라'의 총점 : $a+e+1.5=0+0+1.5=1.5$
- 정책 '마'의 총점 : $c+2.5=1.0+2.5=3.5$
- 정책 '아'의 총점 : $f+2.0=0+2.0=2.0$
- 정책 '자'의 총점 : $d+2.0=1.0+2.0=3.0$
- 정책 '차'의 총점 : $b+1.5=0+1.5=1.5$
따라서 폐기할 정책은 '다', '라', '아', '차'이다.

32

마지막 문단에 따르면, 근로자는 2022년 4월 1일부터 2023년 2월 말까지 약 11개월 동안 국내여행경비를 사용할 수 있다.

오답분석

① 첫 문단에 따르면, 휴가지원 사업에 따를 때, 국내여행 경비 40만 원에서 기업의 부담비율은 $\frac{10}{40} \times 100 = 25\%$, 근로자의 부담비

율은 $\frac{20}{40} \times 100 = 50\%$로 근로자의 부담비율이 가장 높다.

② 첫 문단에서 2월 11일부터 3월 11일까지가 신청기간이며, 2022년은 평년(2월 말일은 28일)이므로 총 29일이다.

③ 네 번째 문단에 따르면, 대기업의 경우에도 휴가지원 사업에 참여하고 있음을 알 수 있다.

⑤ 두 번째 문단에 따르면, 근로자 개인이 아니라 기업도 신청이 가능함을 알 수 있다.

33

① 버스+버스 : $1,300 + (300 \times 4) + 1,200 + (100 \times 3) = 4,000$원
② 버스+지하철 : $1,300 + (300 \times 4) + 1,000 + (200 \times 3) = 4,100$원
③ 지하철+버스 : $1,250 + (200 \times 2) + 1,200 + (100 \times 3) = 3,150$원
④ 지하철+지하철 : $1,250 + (200 \times 2) + 1,000 + (200 \times 3) = 3,250$원
⑤ 버스+택시 : $1,300 + (300 \times 4) + 3,600 = 6,100$원
따라서 G시청까지 지하철을 이용하고, G시청에서 C회사까지 버스를 이용하는 것이 가장 저렴하다.

34

① 버스+버스 : 5시(버스 탑승) → 5시 46분(버스 하차) → 6시(버스 탑승) → 6시 23분(버스 하차)
② 버스+지하철 : 5시(버스 탑승) → 5시 46분(버스 하차) → 5시 50분(지하철 탑승) → 6시 2분(지하철 하차)
③ 지하철+버스 : 5시 20분(지하철 탑승) → 5시 48분(지하철 하차) → 6시(버스 탑승) → 6시 23분(버스 하차)
④ 지하철+지하철 : 5시 20분(지하철 탑승) → 5시 48분(지하철 하차) → 5시 50분(지하철 탑승) → 6시 2분(지하철 하차)
⑤ 택시+버스 : 5시(택시 탑승) → 5시 13분(택시 하차) → 5시 30분(버스 탑승) → 5시 53분(버스 하차)
따라서 택시를 타고 버스로 환승하면 C회사의 퇴근시간 전까지 도착할 것이다.

35

발급 신청 단계에서 "훈련수강 신청(훈련기관)"이라고 쓰여 있으므로 훈련받을 기관에 가서 수강 신청함을 알 수 있다.

오답분석

① 금액적인 지원 부분에 대한 상세 내용은 적혀있지 않다.
② '구직신청을 한 만 15세 이상의 실업자'도 대상이기 때문에 가능하다.
④ '비진학 예정의 고교 3학년 재학생(소속학교장의 인정 필요)'으로 학년의 제한이 있다.
⑤ '1차 상담'에서 거주지 관할 고용센터 방문이라고 되어 있기 때문에 거주지인 사당 관할 고용센터를 방문하면 된다.

PART 1

PART 2

36
정답 ⑤

제출 서류품목에 보면 필수항목 2개, 선택 4개이다. 필수항목 외에 2차 상담에서 필요한 서류를 보면 신분증, 동영상 시청확인증(출력), 본인명의 통장 3가지 서류가 추가로 총 5개가 필요하다. 여기에 [선택]은 4개가 있지만 A씨는 취업을 목적이기 때문에 '자영업 활동 내역서(창업 목적용)'는 필요하지 않으므로 [선택]은 최대 3개가 될 수 있다. 또한, 2차 상담이 진행되는 동안 직업심리검사를 받아야 한다고 한다면 이를 증빙할 서류 1개가 더 필요하기 때문에 최종적으로 최대 5+3+1=9개가 된다.

오답분석

① 1차 기초상담은 선택사항으로 본인이 필요한 서류를 지참하여 2차 상담을 곧바로 받을 수 있다.
② 필수항목인 온라인 강좌를 듣기 위해서는 회원가입이 되어 있어야 한다.
③ 2차 상담 전에 반드시 들어야 할 강좌는 '훈련안내 동영상' 시청을 하고, 시청확인증을 출력해야 한다.
④ 2차 상담에 꼭 필요한 서류 5개(신분증, 개인정보 수집이용 동의서, 내일배움카드 발급 신청서, 동영상 시청확인증(출력), 본인명의 통장(신한, 농협, 우리, 제일, 우체국 중 1개)과 2차 상담에서 직업심리검사를 받아야 한다면 이를 증빙할 서류 1개[직업심리검사(고용센터에서 요구한 경우) ▶ 결과출력]까지 총 6개이다.

37
정답 ④

선결업무와 묶어서 생각해야 한다. 다음은 일정 순서를 표로 나타낸 것이다.

1일	2일	3일	4일	5일	6일	7일	8일	9일	10일	11일
A	A	A	B	D	D	D	D	D	D	D
A	A	A	E	E	E	E	E			
C	C	C	C	C	C	F	F	F		

D업무는 A업무와 B업무를 끝마친 후 실시해야 하므로 A(3일)+B(1일)+D(7일)=11일이 걸린다. E업무는 A업무 다음으로 실시해야 하므로 A(3일)+E(5일)=8일이 걸린다. F업무는 B, C업무를 끝낸 후 시작해야 하지만 B, C업무는 묶어진 업무가 아니므로 두 업무 중 기간이 더 걸리는 C업무가 끝난 후 시작하면 C(6일)+F(3일)=9일이 걸린다. 가장 오래 걸리는 업무기간이 모든 업무를 완료하는 최소 소요기간이므로 최소 소요기간은 11일이 된다.

38
정답 ①

㉠ B업무의 필요기간이 4일로 연장된다면 3일이 늘어난 것이므로 D업무를 마칠 때까지 3+4+7=14일이 소요된다.
㉡ D업무의 선결업무가 없다면 가장 마지막에 마치는 업무는 F가 되고 모든 업무를 마치는 데 최소 9일이 소요된다.

오답분석

㉢ E업무의 선결업무에 C업무가 추가된다면 최소 소요기간은 6+5=11일이 된다(A, C는 동시에 진행해도 된다).
㉣ C업무의 필요기간이 2일 연장되면 C(8일)+F(3일)=11로 최소 소요기간은 변하지 않는다.

39
정답 ⑤

적극적 경청의 4가지 구성요소는 몰입, 입장전환, 수용, 완전성이다.

40
정답 ①

먼저 16진법으로 표현된 수를 10진법으로 변환하여야 한다.
43=(4×16)+3=67
41=(4×16)+1=65
54=(5×16)+4=84
변환된 수를 아스키 코드표를 이용하여 해독하면 67=C, 65=A, 84=T임을 확인할 수 있다.
따라서 철수가 장미에게 보낸 문자의 의미는 CAT이다.

41

정답 ④

발행형태가 4로 전집이기 때문에 한 권으로만 출판된 것이 아님을 알 수 있다.

오답분석

① 국가번호가 05(미국)로 미국에서 출판되었다.
② 서명식별번호가 1011로 1011번째 발행되었다. 441은 발행자의 번호로 이 책을 발행한 출판사의 발행자번호가 441라는 것을 의미한다.
③ 발행자번호는 441로 세 자리로 이루어져 있다.
⑤ 도서의 내용이 710(한국어)이지만 도서가 한국어로 되어 있는지는 알 수 없다.

42

정답 ④

조건에 따라 최고점과 최저점을 제외한 3명의 면접관의 평균과 보훈 가점을 더한 총점은 다음과 같다.

구분	총점	순위	구분	총점	순위
A	$\frac{80+85+75}{3}=80$점	7위	G	$\frac{80+90+95}{3}+10\fallingdotseq98.33$점	1위
B	$\frac{75+90+85}{3}+5\fallingdotseq88.33$점	3위	H	$\frac{90+80+85}{3}=85$점	4위
C	$\frac{85+85+85}{3}=85$점	4위	I	$\frac{80+80+75}{3}+5\fallingdotseq83.33$점	5위
D	$\frac{80+85+80}{3}\fallingdotseq81.67$점	6위	J	$\frac{85+80+85}{3}\fallingdotseq83.33$점	5위
E	$\frac{90+95+85}{3}+5=95$점	2위	K	$\frac{85+75+75}{3}+5\fallingdotseq83.33$점	5위
F	$\frac{85+90+80}{3}=85$점	4위	L	$\frac{75+90+70}{3}\fallingdotseq78.33$점	8위

따라서 총점이 가장 높은 6명의 합격자를 면접을 진행한 순서대로 나열하면 G-E-B-C-F-H 순이다.

43

정답 ③

5만 미만에서 10만~50만 미만의 투자건수 비율을 합하면 된다. 따라서 28+20.9+26=74.9%이다.

44

정답 ③

100만~500만 미만에서 500만 미만의 투자건수 비율을 합하면 11.9+4.5=16.4%이다.

45

정답 ④

고령자 경제활동 참가율을 보면, 2021년 7월부터 12월까지 매월 전월 대비 1.2%p씩 증가하는 것을 알 수 있다. 따라서 2021년 10월의 고령자 경제활동 참가율은 67.7+1.2=68.9%이다.

46

정답 ①

각 과목별 의무 교육 이수 시간은 다음과 같다.

구분	글로벌경영	해외사무영어	국제회계
의무 교육 시간	$\dfrac{15점}{1점/h}=15시간$	$\dfrac{60점}{1점/h}=60시간$	$\dfrac{20점}{2점/h}=10시간$

이제까지 B과장이 이수한 시간을 계산해 보면, 글로벌경영과 국제회계의 초과 이수 시간은 2+14=16시간이며, 해외사무영어의 부족한 시간은 10시간이다. 초과 이수 시간을 점수로 환산하면 3.2점이고, 이 점수를 부족한 해외사무영어 점수 10점에서 제외하면 6.8점이 부족하다.

따라서 미달인 과목은 해외사무영어이며, 부족한 점수는 6.8점임을 알 수 있다.

47

정답 ①

계산편의를 위하여 항공편별 소요시간을 분으로 나타내고, 각 경로별 항공편에 소요되는 총시간을 계산하면 다음과 같다.

① 145+20+110+135+65=475분

② 145+120+110+245+65=685분

③ 45+110+20+250+65=490분

④ 45+110+245+250+145=795분

⑤ 65+245+110+120+145=685분

따라서 ①~⑤ 중 항공편 이동 소요시간이 가장 짧은 경로는 ①이다.

48

정답 ④

마지막 방문지에 방문할 때까지의 항공편 경비를 묻고 있으므로, 부산으로 돌아오는 경비는 계산할 필요가 없다. 경로별 항공편 총 경비를 계산하면 다음과 같다.

① 520,000+45,000+331,000+310,000=1,206,000원

② 542,000+331,000+350,000+1,125,000=2,348,000원

③ 117,000+331,000+45,000+1,125,000=1,618,000원

④ 205,000+310,000+331,000+45,000=891,000원

⑤ 205,000+1,050,000+331,000+350,000=1,936,000원

따라서 항공편 총 경비가 가장 저렴한 경로는 ④이다.

49

정답 ⑤

D대리의 청렴도 점수를 a점으로 가정하고, 승진심사 평점 계산식을 세우면

$(60\times0.3)+(70\times0.3)+(48\times0.25)+(a\times0.15)=63.6점 \rightarrow 0.15a=63.6-51 \rightarrow a=\dfrac{12.6}{0.15}=84$

따라서 D대리의 청렴도 점수는 84점임을 알 수 있다.

50

정답 ②

B과장의 승진심사 평점은 $(80\times0.3)+(72\times0.3)+(78\times0.25)+(70\times0.15)=75.6점$이다.

따라서 승진후보에 들기 위해 필요한 점수는 80-75.6=4.4점임을 알 수 있다.

01	02	03	04	05	06	07	08	09	10	11	12	13	14	15	16	17	18	19	20
③	④	②	⑤	④	②	③	③	③	③	①	③	⑤	②	③	④	②	④	⑤	②
21	22	23	24	25	26	27	28	29	30	31	32	33	34	35	36	37	38	39	40
②	③	①	①	③	⑤	④	①	④	①	②	②	②	②	④	⑤	④	⑤	②	③
41	42	43	44	45	46	47	48	49	50										
③	①	⑤	③	③	①	④	⑤	①	④										

01
[정답] ③

기성용 부장은 본인 결혼, 조현우 차장은 자녀 돌잔치, 이미연 과장은 모친 회갑으로 현금과 화환을 모두 받을 수 있다. 이외에는 화환 및 꽃다발만을 받거나, 본인과 배우자가 각각 화환 및 꽃다발 혹은 현금 중 하나를 받는다.

02
[정답] ④

다섯 번째 조건에 따라 C항공사는 제일 앞 번호인 1번 부스에 위치하며, 세 번째 조건에 따라 G면세점과 H면세점은 양 끝에 위치한다. 이때 네 번째 조건에서 H면세점 반대편에는 E여행사가 위치한다고 하였으므로 5번 부스에는 H면세점이 올 수 없다. 따라서 5번 부스에는 G면세점이 위치한다. 또한 첫 번째 조건에 따라 같은 종류의 업체는 같은 라인에 위치할 수 없으므로 H면세점은 G면세점과 다른 라인인 4번 부스에 위치하고, 4번 부스 반대편인 8번 부스에는 E여행사가, 4번 부스 바로 옆인 3번 부스에는 F여행사가 위치한다. 나머지 조건에 따라 부스의 위치를 정리하면 다음과 같다.

1) 경우 1

C항공사	A호텔	F여행사	H면세점
복도			
G면세점	B호텔	D항공사	E여행사

2) 경우 2

C항공사	B호텔	F여행사	H면세점
복도			
G면세점	A호텔	D항공사	E여행사

따라서 항상 참이 되는 것은 ④이다.

03
[정답] ②

농촌 신청 인력을 순서대로 정리하면, 김정현은 8월에 진행되는 파종 작업이면서 일당이 8만 원 이상인 D농가(양파 파종 작업)와 연결된다.

희망 작업이 없는 박소리는 5월에 경기에서 진행되고 일당이 10만 원 이상인 C농가(모내기 작업)에 배정되고, 마찬가지로 희망 작업이 없는 이진수는 7~9월에 진행되는 일당이 5만 원 이상인 A농가(고추 수확 작업)에서 일하게 된다.

김동혁은 10월에 충남에서 신청되는 수확 작업이면서 일당이 10만 원 이상인 E농기(고구마 수확 작업)에 배정되고, 합설후우 3 ~4월에 진행되는 파종 작업이면서 일당이 8만 원 이상인 곳을 원하므로 B농가(감자 파종 작업)와 연결된다.

자원봉사자 서수민은 봉사 가능 기간 및 지역에 부합하는 농가가 없어 배정할 수 없다. 마지막으로 자원봉사자 최영재는 4~6월에 진행되는 모내기 작업인 C농가에서 일하게 될 것이다.

따라서 B농가는 2명이 필요인력이지만 조건을 만족하는 인력이 1명뿐이므로 원하는 인력을 모두 공급받기 어려운 농가이다.

04

① A농가 : 이진수(1명)에게 6일간(8월 28일 ~ 9월 2일) 일당 10만 원 제공 → 60만 원
② B농가 : 한성훈(1명)에게 2일간(3월 20일 ~ 3월 21일) 일당 10만 원 제공 → 20만 원
③ C농가 : 박소리(1명)에게 2일간(5월 27일 ~ 5월 28일) 일당 20만 원 제공 → 40만 원, 최영재는 자원봉사자이므로 보수를
   지급하지 않는다.
④ D농가 : 김정현(1명)에게 1일간(8월 25일) 일당 8만 원 제공 → 8만 원
⑤ E농가 : 김동혁(1명)에게 6일간(10월 3일 ~ 10월 8일) 일당 15만 원 제공 → 90만 원

05

구인농가에는 현장실습교육비를 최대 3일간 인력 1인당 2만 원씩 지급하고, 일자리 참여자에게 교통비는 일당 5천 원, 숙박비는
작업일수에서 하루를 제외하고 일당 2만 원씩 제공한다. 교통비와 숙박비 지급에서 자원봉사자는 제외한다.
• 이진수 : A농가 6일간 작업, $(3\times2)+(6\times0.5)+(5\times2)=19$만 원
• 한성훈 : B농가 2일간 작업, $(2\times2)+(2\times0.5)+(1\times2)=7$만 원
• 박소리 : C농가 2일간 작업, $(2\times2)+(2\times0.5)+(1\times2)=7$만 원
• 김정현 : D농가 1일간 작업, $(1\times2)+(1\times0.5)=2.5$만 원
• 김동혁 : E농가 6일간 작업, $(3\times2)+(6\times0.5)+(5\times2)=19$만 원
최영재는 C농가에서 2일간 작업하지만 자원봉사자로 교통비와 숙박비를 제외한 현장실습교육비($2\times2=4$만 원)만 지급받는다. 따
라서 R회사에서 지급하는 지원금은 총 $19+7+7+2.5+19+4=58.5$만 원이다.

06

논쟁에서는 먼저 상대방의 주장을 들어주어야 한다.

07

상대방의 이야기를 들을 때 자신의 경험과 연결 지어 생각해보면 이해와 집중에 더 도움이 된다.

08

11월 21일의 팀미팅은 워크숍 시작 시각 전 오후 1시 30분에 끝나므로 3시에 출발 가능하며, 22일의 일정은 없다. 따라서 11월
21 ~ 22일이 워크숍 날짜로 가능하다.

오답분석

① 11월 9 ~ 10일 : 다른 팀과 함께하는 업무가 있는 주로 워크숍 불가능
② 11월 18 ~ 19일 : 19일은 주말이므로 워크숍 불가능
④ 11월 28 ~ 29일 : E대리 휴가로 모든 팀원 참여 불가능
⑤ 11월 29 ~ 30일 : 말일이므로 워크숍 불가능

09

디젤차량 운전면허 소지자는 디젤기관차, 디젤동차, 증기기관차, 철도장비 운전면허에 따라 운전할 수 있는 차량을 운전할 수 있다.
따라서 A씨는 보기의 디젤기관차(ⓒ), 증기기관차(ⓔ), 그리고 철도장비 운전면허 소지자가 운전할 수 있는 사고복구용 기중기(ⓜ)
를 모두 운전할 수 있다.

오답분석

철도차량 운전면허 소지자는 철도차량 종류에 관계없이 차량기지 내에서 시속 25km 이하로 운전하는 철도차량을 운전할 수 있으
나, 이때 다른 운전면허의 철도차량을 운전하려면 별도의 교육훈련을 받아야 한다.

ⓐ 고속철도차량 : 고속철도차량 운전면허 소지자
ⓑ 전기기관차 : 제1종 전기차량 운전면허 소지자
ⓒ 노면전차 : 노면전차 운전면허 소지자

10

정답 ③

- 2017년 대비 2018년 사고 척수의 증가율 : $\frac{2,362-1,565}{1,565} \times 100 ≒ 50.9\%$

- 2017년 대비 2018년 사고 건수의 증가율 : $\frac{2,101-1,330}{1,330} \times 100 ≒ 58.0\%$

11

정답 ①

연도별 사고 건수당 평균 인명피해를 구하면 다음과 같다.

① 2017년 : $\frac{710}{1,330} ≒ 0.53$명/건

② 2018년 : $\frac{395}{2,101} ≒ 0.19$명/건

③ 2019년 : $\frac{411}{2,307} ≒ 0.18$명/건

④ 2020년 : $\frac{523}{2,582} ≒ 0.20$명/건

⑤ 2021년 : $\frac{455}{2,671} ≒ 0.17$명/건

따라서 사고 건수당 평균 인명피해가 가장 많은 연도는 2017년이다.

12

정답 ③

'1권 이상'의 성인 독서율은 2019년 대비 2021년 사례수 증가율만큼 증가한다. (가)의 50대 성인 독서율의 경우, 2019년 대비 2021년 사례수가 $\frac{1,200-1,000}{1,000} \times 100 = 20\%$ 증가하였다. 따라서 '1권 이상'의 성인 독서율 (가)에 들어갈 수치는 $60 \times 1.2 = 72\%$ 가 된다.

13

정답 ⑤

든든대출은 사회초년생을 대상으로 하고 있지만 2,000만 원 이상 대출 시 사은품 제공, 예금상품 동시 가입 시 금리 우대를 제공한다. 신뢰대출은 혜택에 자사 예금상품이 있는 경우 200만 원 한도로 무이자 대출을 제공한다. 고객의 문의 내용을 보았을 때, 100만 원 정도 대출하기를 원하고, N은행 예금상품을 사용하므로 신뢰대출로 무이자 대출이 가능하다. 따라서 고객에게 '신뢰대출'을 추천하는 것이 가장 적절하다.

14

정답 ②

고객은 2년 동안 상환할 수 있는 상품을 원하고 있으므로 3개월 이내 상환해야 하는 이지대출은 이용할 수 없다. 또한, 만 36세이므로 사회초년생 대상 대출인 든든대출도 가입할 수 없고, 자사 상품 가입 내용이 없어 신뢰대출도 받을 수 없다. 일사천리대출은 스마트폰 전용 상품으로 고객이 스마트폰 사용을 하지 않아 가입할 수 없다. 따라서 고객에게 적절한 대출상품은 일반 고객 대상으로 세종하고, 디지너 우대근리를 적용받을 수 있는 '안심대출'이다.

15

정답 ③

스마트폰 전용 상품 가입이 가능하므로 고객이 가입할 수 있는 대출상품은 안심대출과 일사천리대출이다. 안심대출의 경우 3.6%의 이자에서 다자녀 우대를 받아 3.3%의 이자를 적용받고, 일사천리대출도 같은 3.3%의 이자를 적용받는다. 따라서 다른 혜택내용을 비교하면, 일사천리대출은 추가로 스마트폰 액세서리 상품권 1만 원권을 제공하므로 '일사천리대출'을 선택한다.

16

정답 ④

글쓴이는 아담 스미스의 '보이지 않는 손'에 대해 반박하기 위해 정부가 개인의 이익 활동을 제한하지 않으면 발생할 수 있는 문제점을 예를 들어 설명하고 있다. 수용 한계가 넘은 상황에서 개인의 이익을 위해 상대방의 이익을 침범한다면, 상대방도 자신의 이익을 늘리기 위해 사육 두수를 늘릴 것이다. 이러한 상황이 장기화 된다면 두 번째 단락에서 말했던 것과 같이 '목초가 줄어들어 그 목초지에서 양을 키워 얻을 수 있는 전체 생산량이 줄어든다' 따라서 ㉠ '양을 키워 얻을 수 있는 전체 생산량이 줄어든다.'고 이는 ㉡ '한 사회의 전체 이윤이 감소하는' 결과를 초래한다.

17

정답 ②

국내 바이오헬스의 전체 기술력은 바이오헬스 분야에서 최고 기술을 보유하고 있는 미국 대비 78% 수준으로 약 3.8년의 기술격차를 보인다. 이는 기술격차를 줄이는 데 필요한 시간을 나타내는 것이므로 미국이 우리나라보다 3.8년 앞서 투자를 시작했다는 의미로 볼 수 없다. 따라서 미국이 우리나라보다 3년 이상 앞서 투자했다는 내용은 옳지 않다.

18

정답 ④

㉠·㉡·㉢은 첫 번째 문단에서, ㉣은 첫 번째 문단과 네 번째 문단에서 확인할 수 있다.

오답분석

㉣ 첫 번째 문단에서 창의적 사고는 반성적 사고의 체화를 통해서 이루어진다고 하였고, 네 번째 문단에서 창의력을 위해서는 유사 응용문제 풀이를 반성적 사고 속에서 반복적으로 수행하여 반성적 사고의 체화 단계에까지 도달하여야 한다고 하였다. 그러므로 창의적 사고와 유사 응용문제 풀이의 반복이 관련이 없다는 것은 옳지 않은 내용이다.

19

정답 ⑤

㉠ 현재 주택을 소유한 노년층은 소득 축적 기회가 적었고 현재도 특별한 소득이 없다면 역시 금융 소비자가 될 것이므로 역모기지론 정책이 효과적으로 시행될 수 있다.

㉡ 만 65세 이상인 가구주의 주택 소유 비율이 높을수록 역모기지론 정책이 효과적으로 시행될 수 있다.

㉢ 역모기지론을 이용할 수 있는 대상자는 공시가격 8억 원 이하의 주택을 한 채만 소유하고 있는 만 65세 이상의 중산·서민층이므로, 만 65세 이상의 노인들이 보유하고 있는 주택의 공시가격이 대부분 8억 원 이하라면 역모기지론 정책이 효과적으로 시행될 수 있다.

㉣ 86%에 달하는 노인들이 양로원이나 기타 사회복지시설을 이용하는 것보다 자기 집에 그대로 머물러 살기를 원한다고 응답했다면 노인들의 집을 담보로 삼아 금융을 소비하는 역모기지론 정책이 효과적으로 시행될 수 있다.

20

정답 ②

첫 번째 문단에서는 높아지는 의료보장제도의 필요성에 대해 언급하고 있으며, 두 번째 문단과 세 번째 문단에서는 의료보장제도의 개념에 대하여 이야기하고 있다. 마지막 문단에서는 이러한 의료보장제도의 유형으로 의료보험 방식과 국가보건서비스 방식에 대해 설명하고 있다. 따라서 글의 주제로 가장 적절한 것은 각 문단의 중심 내용을 포괄할 수 있는 ②이다.

21

정답 ②

가장 구성비가 큰 항목은 국민연금으로 57%이며, 네 번째로 구성비가 큰 항목은 사적연금으로 8.5%이다. 따라서 가장 구성비가 큰 항목의 구성비 대비 네 번째로 구성비가 큰 항목의 구성비의 비율은 $\frac{8.5}{57.0} \times 100 = 14.9\%$이다.

22

정답 ③

곡물별 2019년과 2020년의 소비량의 변화는 다음과 같다.

- 소맥 소비량의 변화 : $679-697=-18$
- 옥수수 소비량의 변화 : $860-883=-23$
- 대두 소비량의 변화 : $258-257=1$

따라서 소비량의 변화가 가장 작은 곡물은 대두이다.

23

정답 ①

50대 해외·국내여행 평균횟수는 매년 1.2회씩 증가한다. 따라서 빈칸에 들어갈 수는 $31.2+1.2=32.4$이다.

24

정답 ①

- 1 ~ 4월까지의 총 반품금액에 대한 4월 반품금액의 비율의 경우, 우선 2월 반품금액을 구하면

1,700,000원−(2월 반품금액)−160,000원−30,000원=1,360,000원

따라서 2월 반품금액은 150,000원이다. 다음으로 4월 반품금액을 구하면,

300,000원+150,000원+180,000원+(4월 반품금액)=900,000원이므로, 4월 반품금액은 270,000원이며, 1 ~ 4월까지의 총

반품금액에 대한 4월 반품금액의 비율은 $\frac{270,000}{900,000}\times100=30\%$이다.

- 1 ~ 4월까지의 총 배송비에 대한 1월 배송비의 비율의 경우, 우선 3월 배송비를 구하면

2,200,000원−180,000원−140,000원−(3월 배송비)=1,840,000원

따라서 3월 배송비는 40,000원이다. 다음으로 1월 배송비를 구하면

(1월 배송비)+30,000원+40,000원+60,000원=160,000원이므로, 1월 배송비는 30,000원이며, 1 ~ 4월까지의 총 배송비에 대

한 1월 배송비의 비율은 $\frac{30,000}{160,000}\times100=18.75\%$이다.

$\therefore 30\%-18.75\%=11.25\%$

25

정답 ③

최나래, 황보연, 이상윤, 한지혜는 업무성과 평가에서 상위 40%(인원이 10명이므로 4명)에 해당하지 않으므로 대상자가 아니다. 업무성과 평가 결과에서 40% 이내에 드는 사람은 4명까지이지만 B를 받은 사람 4명을 동순위자로 보아 6명이 대상자 후보가 된다. 6명 중 박희영은 통근거리가 50km 미만이므로 대상자에서 제외된다. 나머지 5명 중에서 자녀가 없는 김성배, 이지규는 우선순위에서 밀려나고, 나머지 3명 중에서는 통근거리가 가장 먼 순서대로 이준서, 김태란이 동절기 업무시간 단축 대상자로 선정된다.

26

정답 ⑤

공모전의 상금 및 부상에 들어가는 비용은 $(300+30)+(200+15)+(100+10)\times2+(50+5)\times5=1,040$만 원이다.

27

정답 ④

지원자격 미충족 시 본선에 진출할 수 없고, 지원서 제출기간을 넘어서 제출한 경우에도 본선에 진출할 수 없다. 참가번호 10번, 15번은 팀원 수가 10명을 초과하고, 참가번호 11번, 13번은 평균거주기간이 1년 미만이다. 참가번호 6번, 10번, 11번은 지원서 제출일이 기한을 지났다. 따라서 참가번호 6번, 10번, 11번, 13번, 15번의 다섯 팀은 본선에 진출할 수 없다.

28

정답 ①

상금과 부상을 받을 수 있는 팀은 총 9팀이므로, 본선에 진출하지 못한 5개 팀(참가번호 6번, 10번, 11번, 13번, 15번)을 제외하고 나머지 11개 팀 중 9개 팀이 상금과 부상을 받을 수 있다. 가산점을 부여하는 아이디어를 제시한 팀(1번, 3번, 7번)들은 상금과 부상을 받을 수 있고, 나머지 팀 중 제출일이 빠른 순서는 12번, 9번, 4번, 5번, 8번, 2번, 16번, 14번이다. 따라서 시상에 해당되는 팀들은 참가번호 1번, 3번, 7번, 12번, 9번, 4번, 5번, 8번, 2번이다.

오답분석

② 참가번호 6번은 지원서 제출 기한이 지나 지원서를 제출해 본선에 진출하지 못한다.
③ 참가번호 10번은 팀원 수가 10명을 초과하고, 제출 기간이 지나서 지원서를 제출해 본선에 진출하지 못한다.
④ 참가번호 14번은 가산점을 부여하는 아이디어를 제시하지 않았고, 지원서 제출일이 느리므로 최종 시상을 받을 수 없다.
⑤ 참가번호 15번은 팀원 수가 10명을 초과하여 본선에 올라가지 못한다.

29

정답 ④

오답분석

① 재질이 티타늄, 용도가 일반이므로 옳지 않다.
② 용도가 선박이므로 옳지 않다.
③ 재질이 크롬 도금, 직경이 12mm이므로 옳지 않다.
⑤ 재질이 티타늄, 직경이 12mm이므로 옳지 않다.

30

정답 ①

수리능력과 자원관리능력 점수의 합을 표로 나타내면 다음과 같다.

(단위 : 점)

성명	수리능력	자원관리능력	합계
이진기	74	84	158
박지민	82	99	181
최미정	66	87	153
김남준	53	95	148
정진호	92	91	183
김석진	68	100	168
황현희	80	92	172

따라서 높은 점수를 받아 총무팀에 배치될 사람은 박지민과 정진호이다.

31

정답 ②

개인별 필기시험과 면접시험 총점에 가중치를 적용하여 환산점수를 구하면 다음 표와 같다.

(단위 : 점)

성명	필기시험 총점	면접시험 총점	환산점수
이진기	$92+74+84=250$	$60+90=150$	$(250 \times 0.7)+(150 \times 0.3)=220$
박지민	$89+82+99=270$	$80+90=170$	$(270 \times 0.7)+(170 \times 0.3)=240$
최미정	$80+66+87=233$	$80+40=120$	$(233 \times 0.7)+(120 \times 0.3)=199.1$
김남준	$94+53+95=242$	$60+50=110$	$(242 \times 0.7)+(110 \times 0.3)=202.4$
정진호	$73+92+91=256$	$50+100=150$	$(256 \times 0.7)+(150 \times 0.3)=224.2$
김석진	$90+68+100=258$	$70+80=150$	$(258 \times 0.7)+(150 \times 0.3)=225.6$
황현희	$77+80+92=249$	$90+60=150$	$(249 \times 0.7)+(150 \times 0.3)=219.3$

따라서 환산점수에서 최저점을 받아 채용이 보류되는 사람은 최미정임을 알 수 있다.

32

일방적으로 듣기만 하고 의사표현을 잘 안하는 것도 의사소통의 문제에 해당한다.

오답분석

최대리 : 표현 능력 혹은 이해 능력이 부족하거나, 무책임한 경우에 일방적으로 듣기만하거나 말하기만 한다
임주임 : 상대가 특정 내용을 알고 있을 것이라고 착각하는 것은 평가적이고 판단적인 태도에서 비롯된다.
양대리 : 전달하지 않아도 알고 있을 것이라는 생각은 과거의 경험에 기반한 선입견, 고정관념에 해당한다.

33

정답 ②

오답분석

ㄴ. 지나치게 과업에 집중한 대화는 과업이 아닌 다른 부분에 소홀하게 하며 원활한 의사소통을 저해할 수 있다.
ㄷ. 상호신뢰가 부족하면 업무상이라도 하지 못한 말들이 있기 때문에 효율성이 낮을 수 있다.

34

정답 ②

A공단의 '4·4·4 안전 점검의 날'을 맞아 기관장 주재로 주요 작업장과 시설 및 작업근로자에 대한 안전 점검을 실시하였다는 내용이 기사의 주요 내용이므로 기사문의 제목으로 ②가 가장 적절하다.

오답분석

① 의료서비스 안전을 위한 국민 의료 안전망 구축은 A공단이 추진 계획 중인 전략목표이므로 현재 완료된 사항으로 볼 수 없다.
③ A공단이 실시한 이번 안전 점검에서는 전 사옥이 아닌 제2사옥 건설 현장의 주요 작업장과 시설에 대한 안전 점검을 실시하였다.
④ A공단은 이미 지난 3월 안전기본계획을 수립하였으며, 이는 기사 전체 내용을 포괄하는 제목으로 적절하지 않다.
⑤ A공단은 근로자와 시설 이용객 모두의 안전 보호를 위한 점검을 했으며, 근로자 및 이용객의 생명·안전 보호 강화를 전략목표로 설정하였다. 즉, A공단은 근로자와 이용객 모두의 안전을 위해 노력하고 있으므로 한쪽의 안전만을 위한다는 내용은 적절하지 않다.

35

정답 ④

기사문에 따르면 A공단은 정부에서 발표한 공공기관 안전강화 종합대책에 따라 지난 3월 「안전기본계획」을 수립하였고, 지난 4월 기획상임이사가 직접 안전관리 업무를 진두지휘하는 안전중심경영추진단을 출범시켰다.

오답분석

① A공단은 매월 4일, 14일, 24일을 '4·4·4 안전 점검의 날'로 지정하고, 산업재해 예방을 위한 테마별 안전 점검과 다양한 캠페인을 전개하고 있다.
② A공단은 국민의 생명 보호 의료 안전망 강화를 위해 총 24개의 과제가 아닌 5개 과제를 추진한다.
③ 시설·설비·건축물 등 안전 취약 부분 보강은 근로자 및 이용객의 생명·안전 보호 강화를 위한 과제이다.
⑤ 의약품 유통관리 안전망 구축 및 운영 과제는 국민의 생명 보호 의료 안전망 강화를 위한 과제이다.

36

정답 ⑤

각 업체의 선정점수를 항목별로 동일한 가중치로 합산하여 계산하면 다음과 같다.

구분	A업체	B업체	C업체	D업체	E업체
선정점수	67	75	72	72	73

입찰가격 점수가 10점 미만인 B업체가 제외되며, 건축안정성 점수가 17점 미만인 업체는 없으므로 이로 인해 제외되는 업체는 없다. C업체는 내진설계를 포함하지 않아 제외된다. 따라서 나머지 업체인 A, D, E업체 중 선정점수가 가장 높은 E업체가 선정된다.

37

정답 ④

A~E씨의 진료 날짜를 2018년 1월 이후를 기준으로 구분한 후, 현행 본인부담금 제도와 개선된 본인부담금 제도를 적용하여 본인부담금을 계산하면

- A씨 : 17,000×0.3(∵ 현행)=5,100원
- B씨 : 1,500원(∵ 진료비 1만 5천 원 이하)
- C씨 : 23,000×0.2(∵ 개선)=4,600원
- D씨 : 24,000×0.3(∵ 현행)=7,200원
- E씨 : 27,000×0.3(∵ 개선)=8,100원

따라서 A~E씨의 본인부담금의 합은 5,100+1,500+4,600+7,200+8,100=26,500원이다.

38

정답 ⑤

제시된 조건에 따라 경제적 효율성을 계산해보면 다음과 같다.

- A자동차 : $\left(\dfrac{2,000}{11\times500}+\dfrac{10,000}{51,000}\right)\times100≒55.97\%$
- B자동차 : $\left(\dfrac{2,000}{12\times500}+\dfrac{10,000}{44,000}\right)\times100≒56.06\%$
- C자동차 : $\left(\dfrac{1,500}{14\times500}+\dfrac{10,000}{29,000}\right)\times100≒55.91\%$
- D자동차 : $\left(\dfrac{1,500}{13\times500}+\dfrac{10,000}{31,000}\right)\times100≒55.33\%$
- E자동차 : $\left(\dfrac{900}{7\times500}+\dfrac{10,000}{33,000}\right)\times100≒56.02\%$

경제적 효율성이 가장 높은 자동차는 B자동차이지만 외부 손상이 있으므로 선택할 수 없고, B자동차 다음으로 효율성이 가장 높은 자동차는 E자동차이며, 외부 손상이 없다. 따라서 S사원이 매입할 자동차는 E자동차이다.

39

정답 ②

성과급을 계산하면 다음과 같다.

(단위 : 만 원)

성명	성과평가 점수(점)	성과평가 순위(등급)	월 급여	성과급
장도연	64	9(C)	350	350×0.9=315
문세윤	75	7(B)	350	350×1=350
이혜리	42	10(D)	280	280×0.8=224
김기범	89	2(A)	280	280×1.1=308
신동엽	80	5(B)	500	500×1=500
김동현	65	8(C)	430	430×0.9=387
양세찬	83	4(B)	240	240×1=240
홍윤화	93	1(S)	500	500×1.2=600
이용진	77	6(B)	240	240×1=240
이국주	88	3(A)	430	430×1.1=473

따라서 홍윤화가 600만 원으로 가장 많은 성과급을 받는다.

40

등급별 비율이 모두 같아진다는 것은 등급별 해당되는 직원 수가 모두 2명씩이라는 말이다. 선택지에 나와 있는 직원들만 기존 성과급과 개편된 규정에 따른 성과급의 차이를 비교하면 다음과 같다.

(단위 : 만 원)

성명	성과평가 순위(등급 변경)	기존 성과급	개편된 성과급	성과급 변동
장도연	9(C → D)	350×0.9=315	350×0.8=280	280−315=−35
문세윤	7(B → C)	350×1=350	350×0.9=315	315−350=−35
김기범	2(A → S)	280×1.1=308	280×1.2=336	336−308=28
양세찬	4(B → A)	240×1=240	240×1.1=264	264−240=24
홍윤화	1(S → S)	500×1.2=600	500×1.2=600	600−600=0

따라서 가장 많이 성과급이 늘어난 직원은 김기범이다.

41

초입금액은 낮을수록 높은 점수를 준다는 것에 유의하면서 금융상품별 등수와 점수를 매기면 다음과 같다.

(단위 : 등, 점)

구분	초입금액		이익률		안정성		만족도		가입률	
	등수	점수	등수	점수	등수	점수	등수	점수	등수	점수
A상품	5	1	1	5	5	1	5	1	2	4
B상품	2	4	3	3	3	3	3	3	3	3
C상품	1	5	5	1	1	5	4	2	1	5
D상품	4	2	4	2	2	4	1	5	5	1
E상품	3	3	2	4	4	2	2	4	4	2

• A상품 : 1+5+1+1+4=12점
• B상품 : 4+3+3+3+3=16점
• C상품 : 5+1+5+2+5=18점
• D상품 : 2+2+4+5+1=14점
• E상품 : 3+4+2+4+2=15점

따라서 18점으로 가장 높은 점수를 받은 상품은 C상품이다.

42

고객의 요구사항을 보면 초입금액, 이익률, 안정성만 고려하여 점수를 합산한다. 단, 초입금액이 높은 것을 선호한다는 조건에 유의해서 초입금액이 높을수록 높은 점수를 부여한다.

• A상품 : 5+5+1=11점
• B상품 : 2+3+3=8점
• C상품 : 1+1+5=7점
• C상품 : 4+2+4=10점
• E상품 : 3+4+2=9점

따라서 고객에게 가장 적설한 A상품을 추천해 준다.

43

정답 ⑤

4월 전월 대비 수출액은 감소했고, 5월 전월 대비 수출액은 증가했는데, ⑤의 그래프에서는 반대로 나타나 있다.

44

정답 ③

㉧의 납부할 금액은 ◎의 환자부담 총액에서 ㉦의 이미 납부한 금액을 제외한 금액이다. 이때, ◎의 환자부담 총액은 (㉠－㉥)＋㉢＋㉣＋㉤이다.

㉠ : 10,000＋50,000＋30,000＋8,000＋14,000＋40,000＋50,000＋20,000＋35,000＋80,000＝337,000원

㉢ : 14,000원

㉣ : 60,000원

㉤ : 600,000원

㉥ : 7,000원

◎ : 337,000－7,000＋14,000＋60,000＋600,000＝1,004,000원

㉦ : 100,000원

따라서 ㉧은 1,004,000－100,000＝904,000원이다.

45

정답 ③

여가활동의 주된 목적이 대인관계라고 응답한 인원의 수는 학력별로 다음과 같다.

학력	해당 인원수
초졸 이하	923×0.043≒40명
중졸	1,452×0.056≒81명
고졸	4,491×0.054≒243명
대졸 이상	3,632×0.047≒171명

따라서 여가활동의 주된 목적이 대인관계라고 응답한 인원수가 많은 순서로 나열하면 '고졸 – 대졸 이상 – 중졸 – 초졸 이하'이다.

46

정답 ①

㉠ '스트레스 해소'로 응답한 인원은 고졸 중 구성비가 중졸 중 구성비와 비교해 1.1%p 더 높은 것이지, 1.1% 더 많다고 할 수 없다. 또한, 고졸 중 해당항목 응답자 수는 4,491×0.152≒683명, 중졸에서는 1,452×0.141≒205명으로 고졸 중 '스트레스 해소'를 선택한 인원은 중졸 인원 중 동일한 항목을 선택한 인원수의 3배 이상이다.

㉡ 중졸에서 응답률이 가장 낮은 항목은 '가족과의 시간', '자기계발', '대인관계'이며, 대졸 이상에서는 '시간 보내기', '자기계발', '대인관계'이다.

오답분석

㉢ '시간 보내기'로 응답한 인원은 고졸이 4,491×0.029≒130명으로 초졸 이하의 923×0.138≒127명보다 많다.

㉣ '자기계발'로 응답한 대졸 이상 인원수는 3,632×0.022≒80명, '건강'으로 응답한 중졸 인원수는 1,452×0.126≒183명보다 적다.

47

정답 ④

첫 번째 조건에 따르면 '있다'의 응답비율이 가장 높은 지역인 인천의 응답비율은 4.5%이며, 응답률을 4배 하여도 4.5% 이하인 지역은 A～E 중 C와 E뿐이다. 따라서 경남은 C와 E 중 하나임을 알 수 있다.

두 번째 조건에 따르면 B와 D가 대전, 전남 중 하나씩임을 알 수 있다.

세 번째 조건에 따르면 가능한 경우는 E가 '경남', B가 '대전'인 경우뿐이다. 따라서 D는 '전남'임을 알 수 있다.

네 번째 조건에 따르면 '없다'의 응답비율이 9번째로 낮은 지역은 A이다. 따라서 A가 '대구'이고, C는 울산이 된다.

기호	지역
A	대구
B	대전
C	울산
D	전남
E	경남

48

정답 ⑤

변경된 내용에 따라 첫 번째 조건에 따른 판단이 달라진다.

변경된 첫 번째 조건에 따르면 '있다'의 응답비율이 가장 높은 지역인 인천의 '있다' 응답비율은 3.8%이며, A~E지역 중 '있다'의 응답비율을 4배 하여도 3.8% 이하인 지역은 E뿐이다. 따라서 경남은 E에 해당한다.

두 번째 조건에 따르면 B와 D가 대전, 전남 중 하나씩임을 알 수 있다.

세 번째 조건에 따르면 가능한 경우는 B가 대전이거나, D가 대전인 경우뿐이다.

네 번째 조건에 따르면 응답비율이 9번째로 작은 지역은 A이다. 따라서 A가 대구임을 알 수 있다.

정정된 내용에 따라 B와 D가 대전인지 전남인지 알 수 없지만, C는 울산이다.

기호	지역
A	대구
B	대전 or 전남
C	울산
D	전남 or 대전
E	경남

49

정답 ①

가중평균을 이용하여 합격생 수를 구하면 빠르게 풀 수 있다. 합격률이 $x\%$라 가정하면 불합격률은 $(1-x)\%$이다.

조건에 따라 방정식을 세우면

$80x + 50(1-x) = 54.5 \rightarrow 30x = 4.5 \rightarrow x = 0.15$

따라서 합격률은 15%이며 1차 합격한 응시생은 $2,500 \times 0.15 = 375$명이다.

50

정답 ④

형의 나이 중 십의 자리 숫자를 A, 일의 자리 숫자를 B, 동생의 나이 중 십의 자리 숫자를 C, 일의 자리 숫자를 D라고 하자.

A+C = 5 … ㉠

B+D = 11 … ㉡

A, C는 1~9인 자연수이고, B, D는 0~9의 정수이다.

(A, C) = (4, 1), (3, 2) (A가 C보다 크다)

(B, D) = (5, 6) (4, 7) (3, 8), (2, 9) (B가 D보다 작다)

형과 동생의 나이 차가 최소가 되려면 십의 자리의 차가 (3, 2)가 되어야 한다. 이를 바탕으로 (B, D)를 적용하여 형과 동생의 나이와 차를 나타내면 다음과 같다.

형	동생	나이 차
35	26	9
34	27	7
33	28	5
32	29	3

따라서 형과 동생의 나이 차이가 최소일 때, 동생의 나이는 29살이다.

01	02	03	04	05	06	07	08	09	10	11	12	13	14	15	16	17	18	19	20
④	④	④	②	③	①	③	③	⑤	④	②	④	④	②	①	②	④	⑤	⑤	②
21	22	23	24	25	26	27	28	29	30	31	32	33	34	35	36	37	38	39	40
③	④	③	④	⑤	③	①	⑤	⑤	①	⑤	③	③	④	④	③	④	⑤	④	④
41	42	43	44	45	46	47	48	49	50	51	52	53	54	55	56	57	58	59	60
⑤	③	④	⑤	⑤	①	④	⑤	②	④	⑤	④	②	③	③	⑤	①	⑤	③

01

정답 ④

오답분석

① 허리와 엉덩이 등 여성의 신체가 과장되어 있다.
② 구체적인 제작연대가 밝혀지지 않았으며 대략적인 추측이다.
③ 모델에 대해서는 밝혀진 것이 없다.
⑤ 출산, 다산의 상징이라는 의견이 지배적이다.

02

정답 ④

④의 내용은 글 전체를 통해서 확인할 수 있다. 나머지는 본문의 내용에 어긋난다.

03

정답 ④

제7조 제5항에 따르면, 소속기관장은 요양급여와 휴업급여의 통합 청구가 가능함을 안내하여야 한다.

오답분석

① 제6조 제3항에 따르면 해당 근로자가 공단에 신고한 특수형태근로종사자에 해당하는지 여부를 확인하는 것은 부서장이 아닌 소속기관장이다.
② 제7조 제1항에 따르면, 근로자는 최초로 요양급여를 신청하려는 때에 요양급여신청서, 초진소견서를 반드시 제출하여야 하지만, 별지 제3 - 2호의 업무상질병 전문소견서는 소속기관장의 요구가 있는 경우에만 제출하면 된다.
③ 제7조 제3항에 따르면 3년이 아니라 5년간 보관하도록 하여야 한다.
⑤ 제7조의 2 제1항 제1호에 따르면, 대리인으로 선임 가능한 인원은 배우자, 직계존속·비속 또는 형제자매이지, 자신의 조카는 그 대상이 아니다.

04

정답 ②

고야가 이성의 존재를 부정했다는 내용은 제시되어 있지 않다. 다섯 번째 문장인 '세상이 완전히 이성에 의해서만 지배되지 않음을 표현하고 있을 뿐이다.'를 통해 ②의 내용이 적절하지 않음을 알 수 있다.

05

정답 ③

제9조 제1항에 따르면, 자율준수관리자는 경쟁법규 위반 가능성이 높은 분야의 임직원을 대상으로 반기당 2시간 이상의 교육을 실시하여야 한다. 따라서 반기당 4시간의 교육을 실시하는 것은 세칙에 부합한다.

오답분석

① 제6조 제2항에 따르면, 임직원은 담당 업무 수행 중 경쟁법규 위반사항 발견 시, 지체 없이 이를 자율준수관리자에게 보고하여야 한다.

② 제7조 제1항에 따르면, 자율준수관리자는 경쟁법규 자율준수를 위한 매뉴얼인 자율준수 편람을 제작 및 배포하여야 하는 의무를 지닌다.

④ 제10조 제2항과 제3항에 따르면, 자율준수관리자는 경쟁법규 위반을 행한 임직원에 대하여 관련 규정 교육이수의무를 부과할 수 있으나, 직접 징계할 수는 없고, 징계 등의 조치를 요구할 수 있다.

⑤ 제11조 제3항에 따르면, 자율준수이행 관련 자료를 작성하여 5년간 보관하여야 하는 것은 자율준수관리자가 아니라 자율준수담당자이다.

06

정답 ①

甲은 국가의 개인의 사적 영역에 대한 관여는 최소 수준으로 제한해야 하므로 사회 복지의 대상도 일부 사람으로 국한하고 민간 부문이 개인 복지의 중요한 역할을 담당해야 한다는 입장이며, 乙은 국가가 사회 제도를 통해 모든 국민에게 보편적 복지 서비스를 제공해야 한다는 입장이다. 따라서 甲과 乙의 주장을 도출할 수 있는 질문으로 ①이 가장 적절하다.

07

정답 ③

제시문을 요약하면 다음과 같다.

• 얼굴을 맞대고 하는 접촉이 매체를 통한 접촉보다 결정적인 영향력을 미친다.

• 새 어형이 전파되는 것은 매체를 통해서보다 사람과의 직접적인 접촉에 의해서라는 것이 더 일반적인 견해이다.

• 매체를 통한 것보다 자주 접촉하는 사람들을 통해 언어 변화가 진전된다는 사실은 언어 변화의 여러 면을 바로 이해하는 핵심적인 내용이라 해도 좋을 것이다.

따라서 ㉠에는 직접 접촉과 간접 접촉에 따라 영향력에 차이가 있다는 내용이 오는 것이 가장 적절하다.

08

정답 ③

제시문은 소비자들이 같은 가격의 제품일 경우 이왕이면 겉모습이 더 아름다운 것을 추구한다는 내용이다. 따라서 '같은 조건이라면 좀 더 낫고 편리한 것을 택함'의 뜻을 지닌 '같은 값이면 다홍치마'가 가장 적절하다.

09

정답 ⑤

'알맞다'는 일정한 기준이나 조건, 정도 등에 넘치거나 모자라지 않다는 뜻의 형용사이므로, 어간 '알맞-'에 '-는'이 아닌 '-은'이 붙어야 한다. 'ㄹ'을 제외한 받침 있는 형용사 어간 뒤에 붙어) 앞말이 관형어 구실을 하게 하는 어미는 '-은'이다.

오답분석

① 얇은 허리와 팔, 다리 → 가는 허리와 팔다리. 허리·다리·몸통 등 가늘고 긴 물체의 둘레나 너비, 부피 등과 관련하여서는 '가늘다'가 쓰여야 한다. 또한 '팔다리'는 국어사전에 한 단어로 등재된 합성어이다.

② 몇일 → 며칠. 어원이 분명하지 아니한 것은 원형을 밝히어 적지 아니하므로(한글맞춤법 제27항 붙임2), '몇일'이 아닌 '며칠'이 되어야 한다. 만약에 '몇+일(日)'이라면 '실질형태소+실질형태소'의 결합이기 때문에, ㄴ첨가+비음화 규칙에 따라 '몇일 → 멷일 → 멷닐 → 면닐'이 되어 [면닐]로 소리가 나야 한다. 그러나 [며칠]로 발음하고 있기 때문에, 실질형태소 '일(日)'로 보기 어려우며, 실제로 며칠의 옛말 '며츨'은 지금은 사라진 접미사 '-을'이 붙어서 만들어진 파생어였다는 설도 있다. 따라서 어원이 분명하다고 볼 수 없으므로 소리 나는 대로 '며칠'로 적는 것이다.

③ 서슴치 → 서슴지. ㉢의 기본형은 '서슴다'로, 본래 '하'가 없는 말이다. 따라서 어간 '서슴-'에 어미 '-지'가 붙어 '서슴지'가 되어야 한다.

④ 늘여 → 늘려. 본래보다 많거나 크게 하다는 의미의 동사는 '늘리다'이다.

10

기획안은 본인이 생각한 것을 상대방으로 하여금 받아들여지게 하는 것, 즉 '설득'이 목적인 문서이다. 그러므로 처음부터 최대한 완벽하게 작성해서 제출해야 한다. 물론 피드백을 받는 경우가 대부분이지만 수용할 만한 기획서이고 제출자가 열심히 준비했다는 인상을 주는 것이 중요하기 때문이다.

11

정답 ②

제시된 글에는 두 개의 판이 만나고 있으며 서로 멀어지고 있다는 정보만 있을 뿐, 어느 판이 더 빠르고 느린지 절대 속도에 대한 자세한 정보는 없다.

오답분석

① 세 번째 문단의 '열점이 거의 움직이지 않는다는 것을 알아내고, 그것을 판의 절대 속도를 구하는 기준점으로 사용하였다. 과학자들은 지금까지 지구상에서 100여 개의 열점을 찾아냈는데, 그중의 하나가 바로 아이슬란드에 있다.'는 내용으로 알 수 있다.
③ 두 번째 문단의 '지구에서 판의 경계가 되는 곳은 여러 곳이 있다. 그러나 아이슬란드는 육지 위에서 두 판이 확장되는 희귀한 지역이다.'라는 내용으로 알 수 있다.
④ 첫 번째 문단의 '지구의 표면은 크고 작은 10여 개의 판으로 이루어져 있다. 아이슬란드는 북아메리카 판과 유라시아 판의 경계선인 대서양 중앙 해령에 위치해 있다.'는 내용으로 알 수 있다.
⑤ 두 번째 문단의 '아이슬란드의 중심부를 지나는 대서양 중앙 해령의 갈라진 틈이 매년 약 15cm씩 벌어지고 있다.'는 내용으로 알 수 있다.

12

정답 ④

ⓛ 2020년 2월 2일에 혼인하였고 2순위 입주자격 조건을 충족하는 C가 2022년 5월 13일에 두 명의 입양아에 대한 입양신고를 하였을 때, 입양의 경우 입양신고일 기준이므로 C가 입양한 아동의 입양신고일은 모집공고일인 2022년 5월 11일까지 완료되었어야 한다. 하지만 그 이후에 이루어졌으므로, 1순위 입주자격을 취득하지 못한다.
ⓔ 경기도에 거주하는 신혼부부전세임대 입주대상자인 E가 현재 거주지인 경기도에서 전세금이 13,000만 원인 주택에 지원하려면, 경기도는 수도권에 해당되므로 13,000만 원 중 지원한도액 12,000만 원을 초과하는 1,000만 원을 부담하여야 한다.

오답분석

ⓐ 소득·자산기준을 충족하며 2018년 4월 11일에 혼인한 무주택세대구성원 A와 B가 생계·의료급여 수급자인 경우, 모집공고일인 2022년 5월 11일 기준 혼인한 지 4년 차이므로 입주자격이 있으며, B가 임신 중인 경우 1순위로 입주자격을 부여받는다.
ⓒ 지원대상 주택 부분을 보면, 1인 가구의 경우 60m² 이하 주택으로 제한한다.

13

정답 ④

'신청방법'을 보면 F는 2022년 5월 11일부터 모집공고기간 내에 L청약센터가 아닌 주소지, 즉 울산광역시의 관할 행정복지센터에 입주신청을 하면 된다.

오답분석

① F는 모집공고일 기준 혼인 6년 차이며, 무주택자이므로 무주택세대에 해당한다. 또한, 월평균소득이 420만 원으로 전년도 도시근로자 5인가구당 월평균소득의 70%인 670×0.7＝469만 원 이하이며, 자녀가 있으므로 신혼부부전세임대주택의 1순위 입주자격을 보유하고 있다.
② F가 신청하려는 주택의 전세금은 지원한도액을 초과하므로, 입주자로 선정되면 지원받는 금액은 지원한도액인 9,500만 원이다.
③ F가 입주자로 선정된다면, '임대규칙'에서 보면 이때의 임대보증금은 9,500×0.05＝475만 원이며, 매월 지불할 월임대료는 (9500−475)×0.01＝90만 2,500원이다.
⑤ F가 2022년 2차 신혼부부전세임대 입주대상자로 최종선정된 경우, 최초 임대를 통해 2024년까지, 1차 재계약을 통해 2026년까지, 2차 재계약을 통해 2028년까지, 3차 재계약을 통해 2030년까지, 4회 재계약을 통해 2032년까지 임대할 수 있다.

54 · NCS 핵심영역 단기완성.zip

14

수직 계열화에서 사용자 중심으로 산업 패러다임이 변화되고 있음을 제시하는 (나) 문단이 가장 먼저 오는 것이 적절하며, 그다음으로 가스경보기를 예로 들어 수평적 연결에 대해 설명하는 (다) 문단이 어울린다. 그 뒤를 이어 이러한 수평적 연결이 사물인터넷 서비스로 새롭게 성장한다는 (가) 문단이, 마지막으로는 다양해지는 사물인터넷 서비스에 대해 설명하는 (라) 문단이 오는 것이 자연스럽다.

15

정답 ①

평균 세율은 세액을 과세 표준으로 나눈 값이므로 과세 표준 금액이 3,000만 원이고, 세액이 '1,000만 원×10%+2,000만 원×20% =500만 원'인 경우 평균 세율은 약 16.7%(500÷3,000×100)가 된다.

16

정답 ②

전년 대비 난민 인정자 증감률을 구하면 다음과 같다.

- 2019년
  - 남자 : $\frac{35-39}{39} \times 100 ≒ -10.3\%$
  - 여자 : $\frac{22-21}{21} \times 100 ≒ 4.8\%$
- 2020년
  - 남자 : $\frac{62-35}{35} \times 100 ≒ 77.1\%$
  - 여자 : $\frac{32-22}{22} \times 100 ≒ 45.5\%$
- 2021년
  - 남자 : $\frac{54-62}{62} \times 100 ≒ -12.9\%$
  - 여자 : $\frac{51-32}{32} \times 100 ≒ 59.4\%$

따라서 ②의 2020년과 2021년의 수치가 옳지 않다.

17

정답 ④

㉠ 영어 관광통역안내사 자격증 취득자는 2020년에 344명으로 2019년 대비 감소하였으며, 스페인어 관광통역안내사 자격증 취득자는 2021년에 3명으로 2020년 대비 감소하였다.

㉢ 태국어 관광통역안내사 자격증 취득자 수 대비 베트남어 관광통역안내사 자격증 취득자 수의 비율은 2018년에 $\frac{4}{8} \times 100 = 50\%$,

2019년에 $\frac{15}{35} \times 100 ≒ 42.9\%$로 2019년에 전년 대비 감소하였다.

㉣ 2019년에 불어 관광통역 안내사 자격증 취득자 수는 전년 대비 불변인 반면, 스페인어 관광통역안내사 자격증 취득자 수는 전년 대비 증가하였다.

오답분석

㉡ 2019 ~ 2021년의 일어 관광통역안내사 자격증 취득자 수의 8배는 각각 2,128, 1,096, 1,224인데, 중국어 관광통역안내사 자격증 취득자 수는 2,468, 1,963, 1,418로 이보다 많으므로 8배 이상이다.

18

정답 ⑤

2021년 서울특별시의 1인 가구 수는 전국의 1인 가구 수의 $\frac{1,172}{5,613} \times 100 ≒ 21\%$이다.

오답분석

① 1인 가구 수는 전국적으로 2019년 5,238천 가구, 2020년 5,434천 가구, 2021년 5,613천 가구로 해마다 증가하고 있다.

② 전체 가구 수는 전국적으로 2019년 19,092천 가구, 2020년 19,354천 가구, 2021년 19,590천 가구로 해마다 증가하고 있다.

③ 2021년 서울특별시 전체 가구 수 중에서 1인 가구가 차지하는 비중은 $\frac{1,172}{3,789} \times 100 ≒ 31\%$이다.

④ 대전광역시와 울산광역시의 1인 가구 수의 합은 인천광역시의 1인 가구 수보다 항상 크다는 것을 아래 표에서 알 수 있다.

(단위 : 천 가구)

구분	대전광역시와 울산광역시 1인 가구 수 합	인천광역시
2019년	171+104=275	245
2020년	178+107=285	256
2021년	185+110=295	266

19

정답 ⑤

2020년 관광수입이 가장 많은 국가는 중국(44,400백만 달러)이며, 가장 적은 국가는 한국(17,300백만 달러)이다. 각 국가의 2021년 관광지출 대비 관광수입 비율을 계산하면 다음과 같다.

• 한국 : $\frac{13,400}{30,600} \times 100 ≒ 43.8\%$

• 중국 : $\frac{32,600}{257,700} \times 100 ≒ 12.7\%$

따라서 두 국가의 비율 차이는 43.8−12.7=31.1%p이다.

20

정답 ②

• 2012년의 전년 대비 유엔 정규분담률 증가율 : $\frac{2.26-2.173}{2.173} \times 100 ≒ 4.0\%$

• 2018년의 전년 대비 유엔 정규분담률 증가율 : $\frac{2.039-1.994}{1.994} \times 100 ≒ 2.3\%$

21

정답 ③

농도를 알 수 없는 소금물의 소금 농도를 $x\%$라고 하자.

(소금물 농도)$=\frac{(소금의 양)}{(소금물의 양)} \times 100$

$(0.13 \times 400)+(0.07 \times 200)+\left(\frac{x}{100} \times 100\right)=0.22 \times 700 \rightarrow 52+14+x=154 \rightarrow x=88$

따라서 농도를 모르는 소금물의 농도는 88%이다.

22

수인이는 베트남 현금 1,670만 동을 환전하기 위해 수수료를 제외한 한국 돈은 $1,670 \times 483 = 806,610$원이다. 우대사항에서 50만 원 이상 환전 시 70만 원까지 수수료에서 0.1%p 낮아지므로, 70만 원의 수수료는 0.4%가 적용되고 나머지는 0.5%가 적용되어 총 수수료를 구하면 $700,000$원$\times 0.004 + (806,610 - 700,000) \times 0.005 = 2,800 + 533.05 ≒ 3,330$원이다. 따라서 수수료와 수인이가 원하는 금액을 환전하는 데 필요한 총 금액은 $806,610 + 3,330 = 809,940$원임을 알 수 있다.

23

2020년 10월부터 2021년 3월까지 각 지역마다 미세먼지 농도가 가장 높은 달이 3월인 지역은 '수원, 안양, 성남, 광명, 과천'으로 다섯 곳이다.

오답분석

① 2020년 10 ~ 12월까지 미세먼지 농도의 합이 $150\mu g/m^3$ 이상인 지역은 막대그래프에서 $140\mu g/m^3$이 넘는 지역만 확인한다. 따라서 시흥과 파주 지역의 각 미세먼지 농도의 합을 구하면 시흥 한 곳만이 $150\mu g/m^3$ 이상이다.
   - 시흥 : $46 + 53 + 52 = 151\mu g/m^3$
   - 파주 : $45 + 53 + 50 = 148\mu g/m^3$
② 2021년 1월 미세먼지 농도의 전월(2020년 12월) 대비 증감률이 0%인 지역은 안양이다. 안양의 2021년 2월 미세먼지 농도는 $46\mu g/m^3$로 $45\mu g/m^3$ 이상이다.
④ 미세먼지 현황이 좋아졌다는 것은 미세먼지 농도가 낮아졌다는 것이며, 반대로 농도가 높아지면 현황이 나빠졌다는 뜻이다. 2021년 1월 대비 2월의 미세먼지 농도는 모든 지역에서 낮아졌고, 3월은 모든 지역에서 농도가 다시 높아졌다.
⑤ 2020년 10월의 미세먼지 농도가 $35\mu g/m^3$ 미만인 지역은 '수원, 성남, 과천, 의왕, 하남'이며, 다섯 곳의 2021년 2월 미세먼지 농도 평균은 $\dfrac{42 + 43 + 43 + 43 + 43}{5} ≒ 43\mu g/m^3$이다.

24

2016년 남성과 여성의 연평균 임금에 대한 2021년 남성과 여성의 연평균 임금의 비를 구하면 다음과 같다.
   - 남성 : $\dfrac{3,010,000 - 2,569,000}{2,569,000} \times 100 ≒ 17.2\%$
   - 여성 : $\dfrac{1,946,000 - 1,654,000}{1,654,000} \times 100 ≒ 17.7\%$

따라서 2021년 남성과 여성의 연평균 임금은 2016년 대비 20% 미만 증가했다.

오답분석

① 여성의 연평균 임금에 대한 남성의 연평균 임금은 비율은 $\dfrac{(\text{남성 대비 비율})}{100}$의 역수를 취하여 구할 수 있다. 즉 $\dfrac{100}{(\text{남성 대비 비율})}$이 1.5배 이상이어야 한다. $\dfrac{100}{(\text{남성 대비 비율})} = 1.5$배 이상이 나오려면 남성 대비 비율이 66.6% 이하여야 하므로, 2016년부터 2021년까지 남성의 연평균 임금은 여성의 연평균 임금의 1.5배 이상이다.
② 2018년과 2017년의 남녀 임금차이를 남성 대비 비율로 비교해보면 2018년의 비율이 낮으므로 우리나라 남녀 임금격차는 2017년보다 크다는 것을 알 수 있다.
③ 2020년 남성 대비 여성임금의 비율은 2019년에 비해 증가한 것을 알 수 있다.
⑤ 2021년 우리나라의 남녀 임금격차 비율은 (100 − 남성 대비 비율)이므로, $100 - 64.7 = 35.3\%$이다. 다른 나라들과 비교하면 우리나라보다 남녀 임금격차 비율이 큰 OECD 회원국은 없다.

25

5년 동안 전체 사고 발생 수는 262,814+270,646+284,286+273,097+266,051=1,356,894건이고, 자전거사고 발생 수는 6,212+4,571+7,498+8,529+5,330=32,140건이다. 따라서 전체 사고 발생 수 중 자전거사고 발생 수의 비율은 $\frac{32,140}{1,356,894} \times 100 \fallingdotseq 2.37\%$로 3% 미만이다.

오답분석

① 연도별 화재사고 발생 수의 5배와 도로교통사고 발생 수를 비교하면 다음과 같다.

구분	화재사고 건수 5배	도로교통사고 건수
2017년	40,932×5=204,660건	215,354건
2018년	42,135×5=210,675건	223,552건
2019년	44,435×5=222,175건	232,035건
2020년	43,413×5=217,065건	220,917건
2021년	44,178×5=220,890건	216,335건

2021년에는 화재사고 건수의 5배가 도로교통사고 발생 수보다 많으므로 옳지 않은 설명이다.
② 환경오염사고 발생 수는 2019년부터 2021년까지 전년보다 감소하므로 증가와 감소가 반복됨은 옳지 않다.
③ 환경오염사고 발생 수는 2020년부터 가스사고 발생 수보다 적다.
④ 매년 사고 발생 총 건수를 구하면 다음과 같다.

구분	매년 사고 발생 총 건수
2017년	215,354+40,932+72+244+6,212=262,814건
2018년	223,552+42,135+72+316+4,571=270,646건
2019년	232,035+44,435+72+246+7,498=284,286건
2020년	220,917+43,413+122+116+8,529=273,097건
2021년	216,335+44,178+121+87+5,330=266,051건

2017~2021년까지 사고 발생 수는 증가했다가 감소하는 추세이다.

26

3과 5의 최소공배수는 15이므로 K씨가 근무하는 주차장에서는 15분 동안 1×5=5대가 나가고 3×3=9대가 들어온다. 따라서 15분마다 9-5=4대만큼 늘어난다. 현재 주차장에 156대가 주차되어 있으므로 44대가 더 들어와야 하므로 $15 \times \frac{44}{4} = 165$분 후에 주차장에 200대의 차가 다 주차된다. 165분은 2시간 45분이므로 주차장에 200대의 차가 다 주차되는 시간은 오전 10시 12분+2시간 45분=오후 12시 57분이다.

27

1팀에 속한 사람이 모두 만나 한 번씩 경기하는 횟수는 5+4+3+2+1=15번이고, 마찬가지로 2팀에 속한 사람이 경기하는 횟수는 6+5+4+3+2+1=21번이다.
각 팀의 1, 2위가 본선에 진출하여 경기하는 횟수는 2명씩 준결승 경기 각각 2번, 결승전 1번, 3·4위전 1번으로 총 4번이다.
따라서 경기를 관람하는데 필요한 총비용은 [(21+15)×20,000]+(4×30,000)=720,000+120,000=840,000원이다.

28

정답 ⑤

- 2018년 아동 10만 명당 안전사고 사망자 수의 전년 대비 증감률 : $\frac{2.93-3.86}{3.86} \times 100 \fallingdotseq -24.1\%$

- 2020년 아동 10만 명당 안전사고 사망자 수의 전년 대비 증감률 : $\frac{2.81-3.15}{3.15} \times 100 \fallingdotseq -10.8\%$

29

정답 ⑤

2021년 11월 공산품 물가지수는 85.71이므로 2020년 11월에 비해 공산품의 물가는 $100-85.71=14.29\%$ 감소하였음을 알 수 있다. 따라서 공산품 분야의 2020년 11월 물가지수를 250이라고 한다면, 2021년 11월 물가는 $250 \times (1-0.1429) \fallingdotseq 214.30$이다.

오답분석

① 해당 지수는 2020년 동월을 기준이므로, 2020년 11월 정밀기기 분야의 물가지수를 100이라고 하였을 때 2021년 11월 정밀기기 분야의 물가지수는 76.03임을 의미한다. 따라서 2021년 11월 정밀기기 분야의 전년 동월 대비 감소율은 $\frac{76.03-100}{100} \times 100$
$= -23.97\%$이다.

② 2022년 2월 농산물 분야의 수출물가지수는 2020년 2월 농산물 분야의 물가를 기준으로 산출된 것이고, 2022년 2월 수산물 분야의 수출물가지수는 2020년 2월 수산물 분야의 물가를 기준으로 산출된 것이므로 기준이 다르기 때문에 서로 다른 분야의 수출물가지수로 물가를 비교할 수 없다.

③ 수출물가지수는 2020년 동월을 기준으로 하고 있으므로, 2022년 1월은 2020년 1월 기준으로, 그 전월인 2021년 12월은 2020년 12월을 기준으로 했기 때문에 주어진 자료로는 비교할 수 없다.

④ 전년 동월 대비 물가가 증가한 분야의 수출물가지수는 100을 초과할 것이다. 2021년 11월과 2021년 12월에 수출물가지수가 100을 넘는 분야는 각각 6개 분야로 동일하다.

30

정답 ①

자료 1에 따르면 2016년에 생산가능인구는 12명 증가했다.

오답분석

② 자료 1에 따르면 2019년과 2020년의 경제활동참가율은 같지만, 전체적으로는 경제활동참가율이 감소하고 있다.

③ 자료 2에 따르면 전년과 비교했을 때, 2015년, 2016년, 2019년, 2021년에는 비례관계를, 2018년과 2020년에는 반비례관계를 보인다.

④ 분모가 작고, 분자가 크면 비율이 높다. 따라서 자료 2에서 고용률이 낮고 실업률이 높은 2018년과 2019년의 비율만 비교하면 된다. 2018년은 $\frac{8.1}{40.5}=0.2$, 2019년은 $\frac{8}{40.3} \fallingdotseq 0.1985$이다.

⑤ 자료 1에서 2014년과 비교했을 때, 2015년에 경제활동인구가 202명으로 가장 많이 감소했다.

31

정답 ⑤

기업 대표이지만 VIP이므로 고객 코드는 ㄷ, 대출신청을 하였으므로 업무는 Y, 업무내용은 B가 적절하며 접수창구는 VIP실인 00번이 된다.

32

정답 ③

기록 현황을 정리하면 다음과 같다.

ㄱXa10	ㄴYA05	ㄴYB03	ㄱXa01	ㄱYB03
10번 창구 없음 잘못된 기록	기업고객 대부계 대출상담 5번창구	기업고객 대부계 대출신청 3번창구	개인고객 수신계 예금 1번창구	개인고객 대부계 대출신청 3번창구
ㄱXab02	ㄷYC00	ㄴYA01	ㄴYA05	ㄴYAB03
개인고객 수신계 예금 · 적금 2번창구	VIP고객 대부계 대출완료 VIP실	기업고객 대부계 대출상담 1번창구	기업고객 대부계 대출상담 5번창구	기업고객 대부계 대출상담 · 신청 3번창구
ㄱYAB00	ㄱYaA04	ㄱXb02	ㄷYB0	ㄱXa04
개인-VIP실 불가 잘못된 기록	대부계-예금 불가 잘못된 기록	개인고객 수신계 적금 2번창구	0번 창구 없음 잘못된 기록	개인고객 수신계 예금 4번창구

따라서 잘못된 기록은 4개이다.

33

정답 ③

예금 – 3회, 적금 – 2회, 대출상담 – 4회, 대출신청 – 3회, 대출완료 – 1회
따라서 가장 많이 기록된 업무내용은 대출상담이다.

34

정답 ④

A, B → 대출상담과 대출신청을 나타내는 코드
Y → 대부계 업무를 나타내는 코드
ㄴ → 기업고객을 나타내는 코드
04 → 4번 창구를 나타내는 코드

35

정답 ④

대리와 과장이 2박 3일간 부산 출장비로 받을 수 있는 총액은 다음과 같다.
• 일비 : $(30,000 \times 3) + (50,000 \times 3) = 240,000$원
• 교통비 : $(3,200 \times 2) + (121,800 \times 2) + 10,300 = 260,300$원
• 숙박비 : $(120,000 \times 2) + (150,000 \times 2) = 540,000$원
• 식비 : $(8,000 \times 3 \times 3) + (10,000 \times 3 \times 3) = 162,000$원
따라서 총액은 $240,000 + 260,300 + 540,000 + 162,000 = 1,202,300$원이다.

36

정답 ③

사원 2명과 대리 1명이 1박 2일간 강릉 출장을 다녀와서 받을 수 있는 총액은 다음과 같다.
• 일비 : $(20,000 \times 2 \times 2) + (30,000 \times 2) = 140,000$원
• 교통비 : 0원($\because$ 자가용 이용)
• 숙박비 : $(80,000 \times 3) = 240,000$원
• 식비 : $(6,000 \times 3 \times 2 \times 2) + (8,000 \times 3 \times 2) = 120,000$원
따라서 3명의 출장비는 $140,000 + 240,000 + 120,000 = 500,000$원이다.

37
정답 ④

주어진 소건에 따라 고등학교의 학급 배치를 추론해보면 다음과 같다.

5층	8반, 3반
4층	6반, 1반
3층	2반, 5반
2층	4반, 7반
1층	학급 없음(교장실 교무실)

7반은 2층에 있으며, 문제에서 1층에는 교장실과 교무실만 있고 학급이 없다고 했다.

38
정답 ⑤

㉠ 2014년 회계상 부채의 구성비는 $\frac{32.8}{130.6} \times 100 = 25.1\%$이고, 2015년에는 $\frac{34.2}{138.1} \times 100 = 24.8\%$로, 2015년에 전년 대비 구성비가 감소하였다.

㉡ 2015년의 경우, 이자부담 부채비율은 전년 대비 증가하였으나, 부채비율은 전년 대비 감소하였다.

㉣ K공사의 금융부채 증가규모는 자료의 기간 중 2012년부터 감소세가 시작되었다. 2017년은 금융부채 증가규모의 감소가 아니라, 금융부채 증가규모가 0 이하로 하락하기 시작하며 금융부채의 감소가 시작된 시점이다.

㉤ 2012 ~ 2021년 전년 대비 금융부채 증가규모에 따르면, 2020년과 2019년에는 전년 대비 금융부채의 증가규모가 −6.8조 원으로 동일한 것이지, 감소율이 동일한 것이 아니다. 2년 연속 전년 대비 감소폭이 동일하다면, 최근의 감소율이 더 높다.

오답분석

㉢ 부채비율 대비 이자부담 부채비율은 2018년에 $\frac{252}{376} \times 100 = 67.0\%$이고, 2019년은 $\frac{213}{342} \times 100 = 62.3\%$로 2019년에 전년 대비 감소하였다.

39
정답 ④

경기의 아파트 수 대비 주택 이외의 거처 수의 비율은 구성비만으로도 구할 수 있다. 2020년은 $\frac{4.0}{44.3} \times 100 = 9.0\%$이며, 2021년은 $\frac{4.4}{55.4} \times 100 = 7.9\%$로 2020년이 더 높다.

오답분석

① 2020년 다세대주택 비율이 단독주택 비율의 50% 이상인 행정구역은 서울특별시, 인천광역시 2곳뿐이다.

② 해당 자료는 구성비를 나타내는 자료이므로, 아파트 수를 알 수 없다. 따라서 지역별 아파트의 전년 대비 증가율은 비교할 수도 없다.

③ 충북의 주택유형 구성비 순위는 2020년에 '단독주택 – 아파트 – 비거주용 건물 내 주택 – 연립주택 – 주택 이외의 거처 – 다세대주택' 순서이며, 2021년에는 '아파트 – 단독주택 – 주택 이외의 거처 – 다세대주택 – 연립주택 – 비거주용 건물 내 주택' 순서이다.

⑤ 인천광역시의 2021년 단독주택의 수는 비거주용 건물 내 주택의 수의 $\frac{19.0}{1.2} = 15.8$배이다.

40

정답 ④

H대리의 가족은 어른 2명과 어린이 2명이므로, 보기에 해당하는 교통수단 이용순서에 따라 조건에 부합하는 요금을 계산하면 다음 표와 같다.

구분	교통수단	비용		총 비용
		어른	어린이	
①	지하철 → 지하철 → 기차	(1,850원+1,250원+4,800원)×2명=15,800원	(1,850원×0.4)+(1,250원×0.4)+(4,800원×0.5×2명)=6,040원	21,840원
②	버스 → 지하철 → 기차	(2,500원+1,250원+4,800원)×2명=17,100원	(2,500원×0.2)+(1,250원×0.4)+(4,800원×0.5×2명)=5,800원	22,900원
③	지하철 → 버스 → 기차	(1,850원+1,200원+4,800원)×2명=15,700원	(1,850원×0.4)+(1,200원×0.2)+(4,800원×0.5×2명)=5,780원	21,480원
④	기차 → 버스 → 지하철	(2,700원+1,200원+2,150원)×2명=12,100원	(2,700원×0.5×2명)+(1,200원×0.2)+(2,150원×0.4)=3,800원	15,900원
⑤	기차 → 지하철 → 지하철	(2,700원+1,250원+2,150원)×2명=12,200원	(2,700원×0.5×2명)+(1,250원×0.4)+(2,150원×0.4)=4,060원	16,260원

따라서 수원역에서 가평역까지 소요시간에 상관없이 기차를 한 번 이용하여 최소비용으로 가는 방법은 '기차 → 버스 → 지하철'이며, 비용은 15,900원임을 알 수 있다.

41

정답 ⑤

교통수단 순서에 소요시간 및 총 비용은 다음과 같다.

구분	교통수단	소요시간	총 비용
①	지하철 → 지하철 → 기차	63분+18분+38분=119분	21,840원
②	버스 → 지하철 → 기차	76분+18분+38분=132분	22,900원
③	지하철 → 버스 → 기차	63분+40분+38분=141분	21,480원
④	기차 → 버스 → 지하철	32분+40분+77분=149분	15,900원
⑤	기차 → 지하철 → 지하철	32분+18분+77분=127분	16,260원

따라서 소요시간이 120 ~ 140분인 교통수단 순서는 ② · ⑤이며, 그중 최소비용으로 가는 교통수단 순서는 16,260원인 '기차 → 지하철 → 지하철'이다.

42

정답 ③

A ~ C길을 이용할 때 드는 비용(통행료+총 주유비)은 다음과 같다.

- A길 : 4,500+(124×98.28) ≒ 16,690원
- B길 : 4,400+(124×97.08) ≒ 16,440원
- C길 : 6,600+(124×102.35) ≒ 19,290원

따라서 최대비용 C길과 최소비용 B길의 금액 차이는 19,290-16,440=2,850원이다.

43

정답 ④

전자제품의 경우 관세와 부가세가 모두 동일하며, 전자제품의 가격이 다른 가격보다 월등하게 높기 때문에 대소비교는 전자제품만 비교해도 된다. 이 중 A의 TV와 B의 노트북은 가격이 동일하기 때문에 굳이 계산할 필요가 없고 TV와 노트북을 제외한 휴대폰과 카메라만 비교하면 된다. B의 카메라가 A의 휴대폰보다 비싸기 때문에 B가 더 많은 관세를 낸다.

구분	전자제품	전자제품 외
A	TV(110만), 휴대폰(60만)	스킨로션(5만), 스포츠용 헬멧(10만)
B	노트북(110만), 카메라(80만)	책(10만), 신발(10만)

B가 내야 할 세금을 계산해보면, 우선 전자제품은 모두 18%(관세 8%+부가세10%)의 세율로 $190 \times 0.18 = 34.2$만 원과 노트북은 100만 원을 초과하므로 특별과세 $110 \times 0.5 = 55$만 원이 더 과세된다. 나머지 품목들의 세금은 책은 $10 \times 0.1 = 1$만 원, 신발은 $10 \times 0.23 = 2.3$만 원이다. 따라서 B가 내야 할 관세 총액은 $34.2 + 55 + 1 + 2.3 = 92.5$만 원이다.

44 정답 ⑤

주어진 조건에 따라 엘리베이터의 점검 순서를 추론해보면 다음과 같다.

첫 번째	5호기
두 번째	3호기
세 번째	1호기
네 번째	2호기
다섯 번째	6호기
여섯 번째	4호기

1호기 다음은 2호기, 그 다음이 6호기이고, 6호기는 5번째로 검사하는 것이 맞다.

45 정답 ⑤

각각의 방법에서 이익을 구하면 다음과 같다.
① $(600 \times 0.9) \times (12,000-5,500) - (20,000 \times 5) = 540 \times 6,500 - 100,000 = 3,410,000$원
② $(600 \times 0.95) \times (12,000-5,500) - (20,000 \times 10) = 570 \times 6,500 - 200,000 = 3,505,000$원
③ $600 \times (12,000-5,500) - (20,000 \times 15) = 600 \times 6,500 - 300,000 = 3,600,000$원
④ $(600 \times 0.85) \times (12,600-5,500) = 510 \times 7,100 = 3,621,000$원
⑤ $(600 \times 1.1 \times 0.85) \times (12,000-5,500) = 561 \times 6,500 = 3,646,500$원
따라서 생산량을 10% 증가시키는 것이 가장 많은 이익을 얻을 수 있다.

46 정답 ①

경도를 이용한 시간 구하는 법
• 같은 동경 혹은 서경에 위치했을 때 : [(큰 경도)−(작은 경도)]÷15°
• 동경과 서경에 각각 위치했을 때 : [(동경)+(서경)]÷15°
이에 따라 우리나라와 LA의 시차는 $(135°+120°) \div 15 = 17$시간이다.
따라서 한국이 4월 14일 오전 6시일 때 LA의 시각은

4월 14일 오전 6시
−   17시간
4월 13일 오후 1시

47 정답 ②

주어진 자료를 토대로 모델별 향후 1년 동안의 광고효과를 계산하면 다음과 같다.

(단위 : 백만 원, 회)

모델	1년 광고비	1년 광고횟수	1회당 광고효과	총 광고효과
A	$180-120=60$	$60 \div 2.5=24$	$140+130=270$	$24 \times 270=6,180$
B	$180-80=100$	$100 \div 2.5=40$	$80+110=190$	$40 \times 190=7,600$
C	$180-100=80$	$80 \div 2.5=32$	$100+120=220$	$32 \times 220=7,040$
D	$180-90=90$	$90 \div 2.5=36$	$80+90=170$	$36 \times 170=6,120$
E	$180-70=110$	$110 \div 2.5=44$	$60+80=140$	$44 \times 140=6,160$

따라서 광고효과가 가장 높은 B가 TV광고 모델로 가장 적절하다.

48

선정방식에 따라 업체별 경영건전성 점수, 시공실적 점수, 전력절감 점수, 친환경 점수를 합산한 값의 평균에 가점을 가산하여 최종점수를 구하면 다음과 같다.

(단위 : 점)

구분	A업체	B업체	C업체	D업체	E업체
경영건전성 점수	85	91	79	84	88
시공실적 점수	79	82	81	75	71
전력절감 점수	71	74	72	83	77
친환경 점수	88	75	85	79	89
평균	80.75	80.5	79.25	80.25	81.25
가점	수상 2점	무사고 1점, 수상 2점	입찰가격 2점	–	무사고 1점, 입찰가격 2점
최종점수	82.75	83.5	81.25	80.25	84.25

따라서 선정될 업체는 최종점수가 84.25점으로 가장 높은 E업체이다.

49

A호텔 연꽃실은 2시간 이상 사용할 경우 추가비용이 발생하고, 수용 인원도 적절하지 않다. B호텔 백합실은 1시간 초과 대여가 불가능하며, C호텔 매화실은 이동수단을 제공하지만 수용 인원이 적절하지 않다.

나머지 C호텔 튤립실과 D호텔 장미실을 비교했을 때, C호텔의 튤립실은 예산초과로 예약할 수 없고, D호텔 장미실은 대여료와 수용 인원의 조건이 맞으므로 이대리는 D호텔의 연회장을 예약하면 된다. 따라서 이대리가 지불해야 하는 예약금은 D호텔 대여료 150만 원의 10%인 15만 원임을 알 수 있다.

50

예산이 200만 원으로 증액되었을 때, 조건에 해당하는 연회장은 C호텔 튤립실과 D호텔 장미실이다. 예산 내에서 더 저렴한 연회장을 선택해야 한다는 조건은 없고, 이동수단이 제공되는 연회장을 우선적으로 고려해야 하므로 이대리는 C호텔 튤립실을 예약할 것이다.

51

신입사원 채용시험 영역별 점수에 가중치를 적용하여 총점을 구하면 다음과 같다.

구분	언어	수리	정보	상식	인성	총점
A	90×0.3=27	80×0.3=24	90×0.1=9	80×0.1=8	90×0.2=18	86
B	80×0.3=24	90×0.3=27	80×0.1=8	90×0.1=9	90×0.2=18	86
C	90×0.3=27	70×0.3=21	100×0.1=10	90×0.1=9	80×0.2=16	83
D	80×0.3=24	90×0.3=27	100×0.1=10	100×0.1=10	80×0.2=16	87
E	100×0.3=30	80×0.3=24	70×0.1=7	80×0.1=8	90×0.2=18	87

따라서 가장 높은 87점을 받은 D, E지원자가 합격자임을 알 수 있다.

52

선발기준의 변화된 가중치에 맞춰 총점을 계산하면 다음과 같다.

구분	언어	수리	정보	상식	인성	총점
A	$90 \times 0.3 = 27$	$80 \times 0.2 = 16$	$90 \times 0.1 = 9$	$80 \times 0.1 = 8$	$90 \times 0.3 = 27$	87
B	$80 \times 0.3 = 24$	$90 \times 0.2 = 18$	$80 \times 0.1 = 8$	$90 \times 0.1 = 9$	$90 \times 0.3 = 27$	86
C	$90 \times 0.3 = 27$	$70 \times 0.2 = 14$	$100 \times 0.1 = 10$	$90 \times 0.1 = 9$	$80 \times 0.3 = 24$	84
D	$80 \times 0.3 = 24$	$90 \times 0.2 = 18$	$100 \times 0.1 = 10$	$100 \times 0.1 = 10$	$80 \times 0.3 = 24$	86
E	$100 \times 0.3 = 30$	$80 \times 0.2 = 16$	$70 \times 0.1 = 7$	$80 \times 0.1 = 8$	$90 \times 0.3 = 27$	88

따라서 합격자는 A, E지원자로 바뀐다.

53

병역부문에서 채용예정일 이전 전역 예정자는 지원이 가능하다고 제시되어 있다.

오답분석

① 이번 채용에서 행정직에 학력상의 제한은 없다.
③ 자격증을 보유하고 있더라도 채용예정일 이전 전역 예정자가 아니라면 지원할 수 없다.
④ 지역별 지원 제한은 2022년 하반기 신입사원 채용부터 폐지되었다.
⑤ 외국어 능력 성적은 필수사항이 아니다.

54

공고일(2022. 10. 23.) 기준으로 만 18세 이상이어야 지원 자격이 주어진다.

오답분석

① 행정직에 학력 제한이 없으므로 A는 행정직에 지원가능하다.
② 기술직에 관련학과 전공자이므로 B는 지원가능하다.
④ 채용예정일 이전에 전역 예정이므로 D는 지원가능하다.
⑤ 외국어 능력 성적표는 필수사항이 아니므로 E는 지원가능하다.

55

각 교통편에 대한 결정조건계수를 계산하면 다음과 같다.

- A : $\dfrac{5 \times 700}{(10 \times 1,000) + (50,000 \times 0.5)} = \dfrac{3,500}{35,000} = 0.1$
- B : $\dfrac{5 \times 700}{(8 \times 1,000) + (60,000 \times 0.5)} = \dfrac{3,500}{38,000} ≒ 0.092$
- C : $\dfrac{7 \times 700}{(6 \times 1,000) + (80,000 \times 0.5)} = \dfrac{4,900}{46,000} ≒ 0.11$
- D : $\dfrac{7 \times 700}{(5 \times 1,000) + (100,000 \times 0.5)} = \dfrac{4,900}{55,000} ≒ 0.09$
- E : $\dfrac{10 \times 700}{(2 \times 1,000) + (150,000 \times 0.5)} = \dfrac{7,000}{77,000} ≒ 0.09$

따라서 K씨가 선택할 교통편은 결정조건계수가 0.11로 가장 큰 C이다.

제3회 영역분리형 모의고사 • 65

56

성과급 지급기준에 따라 각 직원의 평가항목별 점수와 평정점수 및 이에 따른 성과급 지급액을 계산하면 다음과 같다.

구분	업무량	업무수행 효율성	업무 협조성	업무처리 적시성	업무결과 정확성	평점 점수(점)	성과급(만 원)
A팀장	10	10	20	12	20	72	75
B대리	8	5	15	16	20	64	45
C주임	8	25	25	4	16	78	80
D주임	10	10	20	12	8	60	45
E사원	8	25	15	16	20	84	90

ⓛ B대리와 D주임은 둘 다 45만 원의 성과급을 지급받는다.
ⓔ E사원이 90만 원으로 가장 많은 성과급을 받는다.

오답분석

㉠ 성과급은 평정점수 자체가 아닌 그 구간에 따라 결정되므로 평정점수는 달라도 지급받는 성과급이 동일한 직원들이 있을 수 있다. B대리는 D주임보다 평정점수가 더 높지만 두 직원은 동일한 성과급을 지급받는다.
ⓒ A팀장의 성과급은 75만 원으로, D주임이 지급받을 성과급의 2배인 45×2=90만 원보다 작다.

57

수정된 성과평가 결과에 따라 각 직원들의 평점점수와 성과급을 정리하면 다음과 같다.

구분	업무량	업무수행 효율성	업무 협조성	업무처리 적시성	업무결과 정확성	평점 점수(점)	성과급(만 원)
A팀장	10	10	20	12	20	72	75
B대리	6	5	15	16	20	62	45
C주임	8	25	25	16	16	90	90
D주임	10	5	20	12	8	55	45
E사원	8	25	15	16	12	76	80

따라서 두 번째로 많은 성과급을 지급받는 직원은 80만 원을 지급받는 E사원이다.

58

임수빈 대리는 승진 후 휴직기간을 제외하고 실근무 연수 7년이며, 3년간 근무성적 점수 평균은 B로 승진할 수 있는 요건을 갖추었으므로 승진하였다.

오답분석

② 황영미 차장은 승진 후 실근무 연수(4년), 근무성적 점수(C) 평균 미달이다.
③ 윤영필 과장은 승진 후 실근무 연수 3년으로 미달이다.
④ 한선희 차장은 징계로 인한 정직기간이 경과되지 않아서 승진이 불가능하다.
⑤ 이진수 대리는 근무성적 점수(C) 평균 미달이다.

59

정답 ⑤

58번 문제에서 알아본 승진가능자에 해당 안되는 직원들을 제외하고, 나머지 직원들 중 이기찬 과장은 근무성적 점수(D) 평균 미달, 고세영 대리는 승진 후 실근무 연수(2년) 미달로 승진할 수 없다. 따라서 한애리 대리, 임수빈 대리, 최선희 차장, 김철홍 과장, 이선화 대리 총 5명이 승진할 수 있다.

60

정답 ③

A와 D는 각각 문제해결능력과 의사소통능력에서 과락이므로 제외한다.

합격 점수 산출법에 따라 계산하면

- B : 39+21+22=82점
- C : 36+16.5+20=72.5점
- E : 54+24+19.6=97.6점

따라서 B와 E가 합격자이다.

01	02	03	04	05	06	07	08	09	10	11	12	13	14	15	16	17	18	19	20
④	④	①	②	③	②	②	②	④	④	③	③	④	①	③	②	②	③	⑤	④
21	22	23	24	25	26	27	28	29	30	31	32	33	34	35	36	37	38	39	40
④	⑤	①	①	①	⑤	⑤	④	④	④	④	②	②	③	②	④	④	②	④	④
41	42	43	44	45	46	47	48	49	50	51	52	53	54	55	56	57	58	59	60
④	⑤	①	④	⑤	④	⑤	①	④	④	④	③	③	③	②	②	⑤	②	③	④

01
정답 ④

(나)는 '반면', (다)는 '이처럼', (라)는 '가령'으로 시작하므로 첫 번째 문장으로 어울리지 않는다. 따라서 (가)가 첫 번째 문장으로 적절하다. 다음으로 전통적 인식론자의 의견을 예시로 보여준 (라)가 어울리며, 이어서 그와 반대되는 베이즈주의자의 의견이 제시되는 (나)가 자연스럽다. 마지막으로 (나)의 내용을 결론짓는 (다)의 순서로 배열되는 것이 가장 적절하다.

02
정답 ④

첫 번째 문장에서 경기적 실업이란 노동에 대한 수요가 감소하여 고용량이 줄어들어 발생하는 실업이라고 하였으므로, 기업이 생산량을 줄임으로써 노동에 대한 수요가 감소한다는 내용이 와야 한다.

03
정답 ①

두 건의 문서는 같은 거래처로 발송될 것이지만, 두 건의 내용의 연관성이 적으므로 별도로 작성하여 별도의 봉투에 넣어 발송하는 것이 바람직하다.

04
정답 ②

농업은 과학 기술의 발전성과를 수용하여 새로운 상품과 시장을 창출할 수 있는 잠재적 가치를 가지고 있으므로 농업의 성장을 위해서는 과학 기술의 문제점을 성찰하기보다는 과학 기술을 어떻게 활용할 수 있는지를 고민해보는 것이 적절하다. 따라서 과학 기술의 문제점을 성찰해야 한다는 ②는 적절하지 않다.

05
정답 ③

인간관계에서 일어나는 사회적 행위를 규정한 것이 '충'이므로 충은 임금과 신하 사이의 관계에서 지켜져야 할 사회 윤리이다. 이러한 임금과 신하의 관계는 공동의 목표를 위한 관계로서 의리에 의해서 맺어진 관계이므로 임금과 신하의 관계는 상호 신뢰를 바탕으로 이루어짐을 추론할 수 있다.

06

발표 자료 작성 시 무조건적으로 많은 양의 자료를 입력하는 것은 청자의 집중력을 분산시킬 수 있다. 꼭 필요한 검증된 자료만 사용하는 것이 바람직하다.

07

정답 ②

여섯 번째 문단에서는 '국가 미래 교통 전략 2050' 보고서를 통해 산업혁명의 진행과 신교통기술의 출현에 대비하는 전략을 마련할 것임을 이야기하고 있다. 따라서 해당 보고서의 작성 방향에 관해서만 이야기하고 있는 제시문을 통해서는 신교통기술에 대비하기 위한 세부 전략에 대한 정보를 파악할 수 없다.

오답분석

① 여섯 번째 문단을 통해 국가 차원의 미래 전략을 수립하는 목적은 4차 산업혁명의 진행과 신교통기술의 출현을 도전의 기회로 삼고, 4차 교통 혁명 시대를 선도하기 위함임을 알 수 있다.

③ 네 번째 문단을 통해 1차 산업혁명과 4차 산업혁명 모두 교통 부문과 관련이 있다는 유사점을 확인할 수 있다.

④ 첫 번째 문단을 통해 4차 산업혁명으로 인한 위력적인 변화 사례인 '알파고 쇼크'를 확인할 수 있다.

⑤ 여섯 번째 문단을 통해 글로벌 차원에서의 메가트렌드 분석, 미래의 교통물류 미래상 구상과 그 영향, 미래 변화에 대비한 정책 방향, 추진 과제 포함 등 '국가 미래 교통 전략 2050' 보고서의 작성 방향을 확인할 수 있다.

08

정답 ②

희귀난치병 어린이 돕기 프로젝트는 2007년부터 시작되었으므로 2022년 올해로 15년이 되었다.

오답분석

① 매년 개최되는 'A공단과 함께하는 건강 플러스 행복 캠프'는 올해(2022년)로 9회를 맞이하였으므로 이번 캠프 이전에 8차례 개최되었음을 알 수 있다.

③ A공단의 임직원들이 자발적으로 모금한 성금으로 희귀난치병 어린이 돕기 프로젝트의 다양한 프로그램을 실시한다.

④ 건강 플러스 행복 캠프를 위하여 직원의 약 97%가 성금 모금에 동참하여 약 19억 원을 모았고, 이를 통해 총 282명의 환우가 행복 캠프에 참여했다.

⑤ 이번 캠프에 참가한 희귀 난치질환 어린이들이 나무를 심은 '새 생명의 길'은 제주 J랜드의 후원으로 조성되었다.

09

정답 ④

A공단이 민간 보험사에 제공해 왔던 환자표본 데이터 제공 서비스는 현재 중단된 상황이다.

10

정답 ④

2017년에 실시한 환자 경험 평가에서는 상급종합병원 및 500병상 이상 종합병원의 총 95개소에 입원한 환자를 대상으로 하였으나, 이번에 실시되는 환자 경험 평가에서는 상급종합병원 및 300병상 이상 종합병원 총 154개소의 입원 환자로 대상이 확대되었다. 따라서 글의 제목으로 환자 경험 평가가 확대 실시된다는 내용의 ④가 가장 적절하다.

오답분석

① 환자 경험 평가는 의료서비스의 전문성 향상보다는 국민이 체감할 수 있는 의료의 질 향상과 환자 중심의 의료문화 확산에 기여하려는 목적에서 실시되고 있다.

② 환자 경험 평가의 정확성에 대한 의문은 나타나 있지 않으며, 오히려 이를 통해 의료의 질이 향상되고, 환자 중심의 의료문화가 확산될 것이라고 기대하고 있다.

③ 이번에 실시되는 환자 경험 평가는 2017년에 이어 두 번째이다.

11

오답분석

① ㉠ : 환자가 입원한 기간 동안 경험한 의료서비스 수준을 확인

② ㉡ : 환자 중심의 의료문화 정착에 기여

④ ㉣ : 상급종합병원 및 300병상 이상의 종합병원에 1일 이상 입원했던 만 19세 이상의 성인

⑤ ㉤ : 구조화된 설문지를 활용한 전화 조사

12

정답 ③

신입사원 B는 A의 고충을 들어주고 이해하려는 것이 아니라 자신의 위치와 입장에서 판단하며 행동을 평가하고 있다. 타인과의 의사소통에서 평가적이고 판단적인 태도는 의사소통을 저해하는 요인 중에 하나이다.

13

정답 ④

가모프와 앨퍼는 대폭발 이론을 제안했으며, 슈미트와 크리슈너는 초신성 관측을 통해 우주의 팽창 속도가 빨라지고 있다는 사실을 밝혔다. 즉, 슈미트와 크리슈너의 관측은 가모프와 앨퍼의 이론을 바탕으로 한걸음 더 나아가 구체화한 것이지 그들의 이론을 수정한 것은 아니다.

14

정답 ①

Q대리의 의사소통을 저해하는 요인은 '일방적인 말하기와 듣기'를 하는 무책임한 마음이다. 다른 이들의 의견을 듣지 않고 일방적으로 말하고 듣는 것은 의사소통의 저해 요인이 된다.

15

정답 ③

먼저 이산화탄소 흡수원의 하나인 연안 생태계를 소개하는 (다)문단이 오는 것이 적절하며, 다음으로 이러한 연안 생태계의 장점을 소개하는 (나)문단이 오는 것이 어울린다. 다음으로는 (나)에서 언급한 연안 생태계의 장점 중 갯벌의 역할을 부연 설명하는 (가)문단이 오는 것이 자연스러우며, (가)문단 뒤로는 '또한'으로 시작하며 연안 생태계의 또 다른 장점을 소개하는 (라)문단이 오는 것이 적절하다. 따라서 (다) - (나) - (가) - (라) 순으로 나열해야 한다.

16

정답 ②

A ~ E의 평균은 모두 70점으로 같으며 분산은 다음과 같다.

• A : $\dfrac{(60-70)^2+(70-70)^2+(75-70)^2+(65-70)^2+(80-70)^2}{5}=50$

• B : $\dfrac{(50-70)^2+(90-70)^2+(80-70)^2+(60-70)^2+(70-70)^2}{5}=200$

• C : $\dfrac{(70-70)^2+(70-70)^2+(70-70)^2+(70-70)^2+(70-70)^2}{5}=0$

• D : $\dfrac{(70-70)^2+(50-70)^2+(90-70)^2+(100-70)^2+(40-70)^2}{5}=520$

• E : $\dfrac{(85-70)^2+(60-70)^2+(70-70)^2+(75-70)^2+(60-70)^2}{5}=90$

표준편차는 분산의 양의 제곱근이므로 표준편차를 큰 순으로 나열한 것과 분산을 큰 순으로 나열한 것은 같다. 따라서 표준편차가 큰 순서대로 나열하면 D>B>E>A>C이다.

17

정답 ②

소포 하나당 택배비는 $4,000+(5-3)\times300=4,600$원이다. 소포가 4개이므로 총 택배비는 $4,600\times4=18,400$원이다.
또한 택배가 3개 이상이면 택배비는 10% 할인을 받기 때문에 H씨가 실제로 지불하는 택배비는 $18,400\times0.9=16,560$원임을 알
수 있다.

18

정답 ③

총 수출액은 10대 품목수출액을 총 수출액 대비 비중으로 나누고 100을 곱하여 총 수출액을 구하면 다음과 같다.

① 2017년 : $327,762\times\dfrac{100}{58.6}≒559,321$백만 달러

② 2018년 : $335,363\times\dfrac{100}{58.6}≒572,292$백만 달러

③ 2019년 : $305,586\times\dfrac{100}{58}≒526,872$백만 달러

④ 2020년 : $276,513\times\dfrac{100}{55.8}≒495,543$백만 달러

⑤ 2021년 : $337,345\times\dfrac{100}{59}≒571,771$백만 달러

따라서 총 수출액이 두 번째로 적은 해는 2019년이다.

19

정답 ⑤

1차 에너지원에 따른 2012년 대비 2021년에 소비량 증가율은 각각 다음과 같다.

① 석탄 : $\dfrac{86.2-66.1}{66.1}\times100≒30.4\%$

② 석유 : $\dfrac{119.4-100.2}{100.2}\times100≒19.2\%$

③ LNG : $\dfrac{47.5-35.7}{35.7}\times100≒33.1\%$

④ 원자력 : $\dfrac{31.6-32.5}{32.5}\times100≒-2.8\%$

⑤ 기타 : $\dfrac{17.3-6.4}{6.4}\times100≒170.3\%$

따라서 소비량 증가율이 가장 큰 에너지는 '기타'이다.

20

정답 ④

ⓒ 2013년 대비 2017년 석탄 소비량의 증가율은 $\dfrac{82.1-68.7}{68.7}\times100≒19.5\%$로 30% 미만이다.

ⓒ 2017년부터 2020년까지 전년 대비 소비량의 증가추이는 석유는 '감소 – 감소 – 증가 – 증가'이고, 기타 항목은 계속 증가하였다.

오답분석

㉠ 전년 대비 2016년도 소비량 변화율은 LNG가 $\dfrac{50.2-46.3}{46.3}\times100≒8.4\%$고, $\dfrac{31.7-33.3}{33.3}\times100≒-4.8\%$인 원자력보다 크다.

21

자료의 분포는 B상품이 더 고르지 못하므로 표준편차는 B상품이 더 크다.

오답분석

① • A : $60+40+50+50=200$
  • B : $20+70+60+51=201$
② 시간이 지남에 따라 둘의 차는 점차 감소한다.
③ 봄 판매량의 합은 80으로 가장 적다.
⑤ 여름에 B상품의 판매량이 가장 많다.

22

7급국이 전체 우체국 중 차지하는 비율은 2017년에 $\frac{47}{3,640}\times100 ≒ 1.3\%$, 2020년에 $\frac{16}{3,506}\times100 ≒ 0.5\%$로 2017년에 비해 2020년에 감소하였으므로 옳은 설명이다.

오답분석

① 5급국의 수는 2017년부터 2021년까지 전년 대비 '증가 – 증가 – 증가 – 감소 – 감소'하였으나, 6급국의 수는 '증가 – 감소 – 감소 – 증가 – 불변'하였으므로 증감추이가 상이하다. 따라서 옳지 않은 설명이다.

② 2019년 4급국 수의 전년 대비 증가율은 $\left(\frac{138-120}{120}\right)\times100 ≒ 15\%$이므로 옳지 않은 설명이다.

③ 2018년 취급국 수는 별정국 수보다 $\left(\frac{810-754}{754}\right)\times100 ≒ 7.4\%$ 더 많으므로 15% 미만이다. 따라서 옳지 않은 설명이다.

④ 출장소 수 대비 군우국 수의 비율은 2019년에 $\frac{21}{104}\times100 ≒ 20.2\%$, 2020년에 $\frac{21}{100}\times100=21\%$로 2020년에 전년 대비 증가하였다. 따라서 옳지 않은 설명이다.

23

2020년 화재건수 대비 사망자 수는 경기도의 경우 $\frac{70}{10,147} ≒ 0.007$명/건으로 $\frac{20}{2,315} ≒ 0.009$명/건인 강원도보다 적다.

오답분석

② 2021년 화재로 인한 부상자 수는 충청남도가 30명으로 107명인 충청북도의 $\frac{30}{107}\times100 ≒ 28\%$이므로 30% 미만이므로 옳은 설명이다.

③ 대구광역시의 2021년 화재건수는 1,612건으로 경상북도의 50%인 $2,817\times0.5=1,408.5$건 이상이므로 옳은 설명이다.

④ 부산광역시의 경우, 화재로 인한 부상자 수가 2021년에 102명, 2020년에 128명으로 2021년 전년 대비 증감율은 $\left(\frac{102-128}{128}\right)\times100 ≒ -20.3\%$이므로 전년 대비 10% 이상 감소하였다.

⑤ 화재발생건수가 가장 많은 시·도는 2020년과 2021년에 모두 경기도이므로 옳은 설명이다.

24

㉠ 자녀와 동거하는 노인의 공적이전소득이 기타소득에서 차지하는 비중은 $\frac{14.5}{21.8} \times 100 \doteqdot 66.5\%$이다.

㉢ 노인독거의 근로소득 비율은 노인독거 재산소득과 기타소득 비율 합의 $\frac{10.5}{8.6+76.3} \times 100 = \frac{10.5}{84.9} \times 100 \doteqdot 12.4\%$를 차지한다.

오답분석

㉡·㉣ 자료에서 정확한 소득금액이 주어지지 않아 알 수 없는 내용이다.

25

정답 ①

$(1 \diamondsuit 4) ☆ 2 = (4-1)^2 ☆ 2 = 9 ☆ 2 = 9 - (2 \times 5) = -1$

26

정답 ⑤

전체 밭벼 생산량은 2,073톤이고, 광주·전남 지역의 밭벼 생산량은 1,662톤이다. 비율을 구하면, $\frac{1,662}{2,073} \times 100 \doteqdot 80.17\%$이므로 ⑤의 그래프는 옳지 않다.

27

정답 ⑤

㉠ 학교생활 만족도에서 '매우 만족'을 택한 학생 수는 $2,500 \times (0.156 + 0.109) \doteqdot 662$명이고, 교우관계 만족도에서도 동일한 선택지를 택한 학생 수는 $2,500 \times (0.355 + 0.315) = 1,675$명이다. 따라서 교우관계에서 '매우 만족'을 택하고 학교생활에서 다른 선택지를 택한 학생 수는 $1,675 - 662 = 1,013$명이다.

㉡ B지역에서 교우관계를 '보통'을 택한 학생 비율은 23.1%이고, F지역의 '약간 만족'을 택한 학생 비율인 41.3%보다 낮고 인원도 $820 \times 0.231 \doteqdot 189$명인 B지역이 F지역 $500 \times 0.413 \doteqdot 206$명보다 17명 적다.

㉣ A, E지역 학생은 학교생활 만족도에서 '약간 불만족' 비율은 '매우 불만족' 비율의 4배 미만이다.

오답분석

㉢ A, D, E지역의 교우관계에 '약간 불만족, 매우 불만족'을 택한 인원이 전체 인원에서 차지하는 비중은

$$\frac{(670 \times 0.035) + (620 \times 0.025) + (670 \times 0.011)}{5,000} \times 100 \doteqdot \frac{45}{5,000} \times 100 = 0.9\%이다.$$

28

정답 ④

아시아주 전체 크루즈 이용객의 수는 미주 전체 크루즈 이용객의 수의 $\frac{1,548}{2,445} \times 100 \doteqdot 63\%$이다.

오답분석

① 여성 크루즈 이용객이 가장 많은 국적은 미국이며, 미국의 전체 크루즈 이용객 중 남성 이용객 비율은 50% 이하이다.

② 브라질 국적의 남성 크루즈 이용객의 수는 16명으로 인도네시아 국적의 남성 크루즈 이용객 수(89명)의 $\frac{16}{89} \times 100 \doteqdot 18\%$이다.

③ 남성 이용객 수가 더 많은 나라 중 인도의 경우 남성 크루즈 이용객의 수가 여성 크루즈 이용객의 수의 20배인 $18 \times 20 = 360$명보다 더 많은 것을 알 수 있다. 다른 국가 중 남성 크루즈 이용객의 수가 여성 크루즈 이용객의 수의 20배를 초과하는 경우는 없으므로 여성 크루즈 이용객 대비 남성 크루즈 이용객의 비율이 가장 높은 국적은 인도이다.

⑤ 멕시코보다 여성 크루즈 이용객의 수와 남성 크루즈 이용객의 수가 모두 더 많은 국적은 미국뿐이다.

제4회 영역분리형 모의고사 · **73**

29

오답분석

② 2019년도 최고 비율이 자료보다 낮다.
③ 2016년과 2017년의 최고 비율 수치가 자료보다 낮다.
④ 2016년과 2017년의 평균 스크린 대 바디 비율이 자료보다 낮다.
⑤ 2014년 최고 비율이 자료보다 낮고, 2016년 최고 비율은 높다.

30

정답 ②

교육 정도가 고졸 이하인 조사인원이 5,700명일 때, 대졸 이상인 직장인 중 '전혀 느끼지 않음'을 택한 인원은 $(8,000-5,700)$
$\times 0.038 \fallingdotseq 87$명이다.

오답분석

① 남자와 여자 직장인 각각 스트레스를 '느끼는 편임'을 선택한 인원이 가장 많다.
③ 직업에 따른 인원수를 알 수 없으므로 인원 비교를 할 수 없다.
④ 연령대 전체 조사대상 인원만 알고 있으므로 연령별 조사한 인원은 비교할 수 없다.
⑤ 미혼인 직장인이 스트레스를 매우 느끼는 인원이 이혼한 직장인의 스트레스 정도가 느끼는 편에 속하는 인원에서 차지하는

비중은 $\dfrac{2,800 \times 0.176}{1,600 \times 0.571} \times 100 = \dfrac{492}{913} \times 100 \fallingdotseq 53.9\%$이므로 45% 이상이다.

31

정답 ④

알파벳 순서에 따라 숫자로 변환하면 다음과 같다.

A	B	C	D	E	F	G	H	I	J	K	L	M
1	2	3	4	5	6	7	8	9	10	11	12	13
N	O	P	Q	R	S	T	U	V	W	X	Y	Z
14	15	16	17	18	19	20	21	22	23	24	25	26

'INTELLECTUAL'의 품번을 규칙에 따라 정리하면 다음과 같다.
1단계 : 9(I), 14(N), 20(T), 5(E), 12(L), 12(L), 5(E), 3(C), 20(T), 21(U), 1(A), 12(L)
2단계 : $9+14+20+5+12+12+5+3+20+21+1+12=134$
3단계 : $|(14+20+12+12+3+20+12)-(9+5+5+21+1)|=|93-41|=52$
4단계 : $(134+52) \div 4+134=46.5+134=180.5$
5단계 : 180.5를 소수 첫째자리에서 버림하면 180이다.
따라서 제품의 품번은 '180'이다.

32

정답 ②

㉠ 한류의 영향으로 한국 제품을 선호하므로 한류 배우를 모델로 하여 적극적인 홍보 전략을 추진한다.
㉢ 빠른 제품 개발 시스템이 있기 때문에 소비자 기호를 빠르게 분석하여 제품 생산에 반영한다.

오답분석

㉡ 인건비 상승과 외국산 저가 제품 공세 강화로 인해 적절한 대응이라고 볼 수 없다.
㉣ 선진국은 기술 보호주의를 강화하고 있으므로 적절한 대응이라고 볼 수 없다.

33

정답 ②

- 메탈쿨링=AX
- 프리 스탠딩=F
- 313L=31
- 1도어=DE

오답분석

① EDC60DE : 다용도, 키친 핏, 605L, 1도어
③ AXEFC48TE : 메탈쿨링, 독립냉각, 키친 핏, 486L, 4도어
④ AXF31DA : 메탈쿨링, 프리 스탠딩, 313L, 2도어
⑤ RCEDB84TE : 김치 보관, 다용도, 빌트인, 840리터, 4도어

34

정답 ③

가변형 기능을 가진 상품은 'RQ', 키친 핏 형태의 상품은 'C'이다. 따라서 주문된 상품 중 가변형 기능과 키친 핏 형태가 포함되어 있는 것은 'EDC60DE, RQB31DA, AXEFC48TE, RQEDF84TE, EDC58DA, EFRQB60TE, EFC48DA' 총 7개이다.

35

정답 ②

주문된 상품 중 무상수리 대상이 되는 상품은 'AXEFC48TE, EFB60DE, EFRQB60TE, EFC48DA' 총 4개이다.

36

정답 ④

주문된 상품의 판매현황은 다음과 같다.

기능		용량(L)		도어	
김치보관	2개	840	3개	4도어	5개
독립냉각	4개	605	3개	2도어	4개
가변형	3개	584	1개	1도어	3개
메탈쿨링	3개	486	2개	–	–
다용도	4개	313	3개	–	–

따라서 김치보관, 584L, 1도어가 가장 인기가 없음을 알 수 있다.

37

정답 ④

세 번째 조건에 따라 최부장이 회의에 참석하면 이대리도 회의에 참석한다. 이대리가 회의에 참석하면 두 번째 조건의 대우인 '이대리가 회의에 참석하면 조대리는 참석하지 않는다.'에 따라 조대리는 회의에 참석하지 않는다.
또한 최부장이 회의에 참석하면 네 번째 조건의 대우인 '최부장이 회의에 참석하면 박사원도 회의에 참석한다.'에 따라 박사원도 회의에 참석하게 된다. 박사원이 회의에 참석하면 첫 번째 조건의 대우인 '박사원이 회의에 참석하면 한사원도 회의에 참석한다.'에 따라 한사원도 회의에 참석하게 된다. 따라서 최부장이 회의에 참석하면 이대리, 박사원, 한사원도 함께 참석하므로 총 4명이 회의에 참석한다.

38

정답 ②

유동인구가 가장 많은 마트 앞에는 설치가능 일자가 일치하지 않아 설치할 수 없고, 나머지 장소에는 설치가 가능하다. 유동인구가 많은 순서대로 살펴보면 O회사, 주유소, 우체국 순이지만 주유소는 우체국과 유동인구가 20명 이상 차이가 나지 않으므로 게시기간이 긴 우체국(2일)에 설치한다. 따라서 O회사와 우체국에 설치한다.

39

정답 ④

(단위 : 만 원, 일)

구분	동사무소	O회사	우체국	주유소	마트
설치비용	200	300	250	200	300
하루 게시비용	10	8	12	12	7
게시기간	16	21	10	9	24
합계비용	200+(10×16) =360	300+(8×21) =468	250+(12×10) =370	200+(12×9) =308	300+(7×24) =468

따라서 주유소에 설치하는 것이 308만 원으로 가장 저렴하다.

40

정답 ④

주어진 조건에 따라 결재 받을 사람 순서를 배치해보면 다음 표와 같다.

1)

첫 번째	두 번째	세 번째	네 번째	다섯 번째	여섯 번째
a	d	e	b	f	c

2)

첫 번째	두 번째	세 번째	네 번째	다섯 번째	여섯 번째
d	a	e	b	f	c

따라서 세 번째로 결재를 받아야 할 사람은 e이다.

41

정답 ④

주어진 조건을 정리해보면 다음과 같다.

구분	미국	영국	중국	프랑스
올해	D	C	B	A
작년	C	A	D	B

따라서 항상 참인 것은 ④이다.

42

정답 ⑤

2021년 3분기의 이전 분기 대비 수익 변화량(−108)이 가장 크다.

오답분석

① 수익의 증가는 2021년 2분기에 유일하게 관찰된다.
② 재료비를 제외한 금액은 2021년 4분기가 2020년 4분기보다 낮다.
③ (제품가격)=(재료비)+(수익)이므로 수익의 변화량은 제품가격의 변화량과 밀접한 관계가 있다.
④ 조사 기간에 수익이 가장 높을 때는 2021년 2분기이고, 재료비가 가장 낮을 때는 2021년 1분기이다.

43

정답 ①

2022년 1분기의 재료비는 $(1.6×70{,}000)+(0.5×250{,}000)+(0.15×200{,}000)=267{,}000$원이다.
2022년 1분기의 제품가격은 (2022년 1분기 수익)+(2022년 1분기 재료비)이며, 2022년 1분기의 수익이 2021년 4분기와 같게 유지된다고 하였으므로 291,000원이다.
따라서 2022년 1분기 제품가격은 267,000+291,000=558,000원이다.

44

정보공개 대상별 정보공개수수료 자료를 바탕으로 각 보기의 정보열람인들이 지급할 금액을 정리하면 다음과 같다.
이때, A가 열람한 문서는 각 1일 1시간 이내는 무료이고 출력한 문서도 첫 장이 가격만 다르다는 점과, C가 열람한 사진필름은
첫 장은 200원, 두 번째 장부터 50원이라는 점, D가 출력한 문서는 첫 장의 가격만 다르며, 열람한 사진필름에 대해서도 첫 상반
가격이 다르다는 점에 주의한다.

구분	정보공개수수료
A	$(5\times1,000)\times2+[300+(25-1)\times100]=12,700$원
B	$2,000+(13\times200)+(6\times3,000)=22,600$원
C	$(2\times1,000)+(3\times5,000)+[200+(8-1)\times50]=17,550$원
D	$[250+(35-1)\times50]+[200+(22-1)\times50]=3,200$원

따라서 지급할 정보공개수수료가 큰 사람부터 나열하면 'B−C−A−D' 순서이다.

45

2열에는 C대리와 D대리 중 한 명이 앉아야 하므로, C대리가 3열에 앉으면 D대리가 2열에 앉아야 한다.

오답분석

① A사원이 B1, B주임이 A3, C대리와 D대리가 A1과 B2, E과장이 B3에 앉는 경우도 가능하다.
② 통로 쪽 좌석 B1, B2, B3 중 B2에는 대리 중 한 명이 앉고, B1, B3 중 한 곳에 E과장이 앉고 나머지 대리 한 명이 남은
   통로 좌석에 앉는다면 대리끼리 이웃하여 앉을 수 있다.
③ ①에서 반례로 들었던 경우가 ③의 반례이기도 하다. B주임이 A3에 앉았지만 D대리가 B2에 앉을 수 있기 때문이다.
④ E과장이 B1에 앉더라도, 2열에 앉지 않은 대리 1명과 A사원이 각각 B3, A1에 앉는 경우, B주임이 A3에 앉을 수 있다.

46

제시된 자료와 조건을 이용해 갑~무의 출장 여비를 구하면 다음과 같다.
• 갑의 출장 여비
  − 숙박비 : $145\times3=\$435(\because$ 실비 지급$)$
  − 식비 : $72\times4=\$288(\because$ 마일리지 미사용$)$
  ∴ 갑의 출장 여비 : $435+288=\$723$
• 을의 출장 여비
  − 숙박비 : $170\times3\times0.8=\$408(\because$ 정액 지급$)$
  − 식비 : $72\times4\times1.2=\$345.6(\because$ 마일리지 사용$)$
  ∴ 을의 출장 여비 : $408+345.6=\$753.6$
• 병의 출장 여비
  − 숙박비 : $110\times3=\$330(\because$ 실비 지급$)$
  − 식비 : $60\times5\times1.2=\$360(\because$ 마일리지 사용$)$
  ∴ 병의 출장 여비 : $330+360=\$690$
• 정의 출장 여비
  − 숙박비 : $100\times4\times0.8=\$320(\because$ 정액 지급$)$
  − 식비 : $45\times6=\$270(\because$ 마일리지 미사용$)$
  ∴ 정의 출장 여비 : $320+270=\$590$
• 무의 출장 여비
  − 숙박비 : $75\times5=\$375(\because$ 실비 지급$)$
  − 식비 : $35\times6\times1.2=\$252(\because$ 마일리지 사용$)$
  ∴ 무의 출장 여비 : $375+252=\$627$
따라서 출장 여비를 가장 많이 지급받는 출장자부터 순서대로 나열하면 '을−갑−병−무−정'이다.

47
정답 ⑤

① 갑 업체 : $(1,000\times500)+(3,000\times200)=1,100,000$원
② 을 업체 : $(1,500\times500)+(2,500\times200)=1,250,000$원
③ 병 업체 : $(1,300\times500)+(2,600\times200)=1,170,000$원
④ 정 업체 : $(800\times500)+(3,500\times200)=1,100,000$원
⑤ 무 업체 : $(900\times500)+(3,200\times200)=1,090,000$원
따라서 가장 저렴하게 구매할 수 있는 업체는 '무 업체'이다.

48
정답 ①

사은품 증정 행사가 4월 1일이므로, 3월 28일부터 3월 31일까지 4일간 제작을 완료해야 한다. 업체별 총소요시간은

구분	장바구니	텀블러	총소요시간
갑 업체	500÷100=5일	200÷100=2일	5일
을 업체	500÷130=3.84일	200÷80=2.5일	4일
병 업체	500÷150=3.33일	200÷150=1.33일	4일
정 업체	500÷90=5.55일	200÷80=2.5일	6일
무 업체	500÷200=2.5일	200÷100=2일	3일

따라서 '을', '병', '무' 업체에서 제작이 가능하며, 업체 중 '무' 업체의 총제작비용은 $(900\times500)+(3,200\times200)=1,090,000$원으로 가장 저렴하다.

49
정답 ④

① 갑 업체 : 홍보문구 삽입 불가
② 을 업체 : $(1,500\times500)+(2,500\times200)=1,250,000$원(총수량 700개 구매로 홍보문구 무료 삽입)
③ 병 업체 : $[(1,300+500)\times500]+[(2,600+500)\times200]=1,520,000$원
④ 정 업체 : $[(800+200)\times500]+(3,500\times200)=1,200,000$원(텀블러 홍보문구 무료 이벤트)
⑤ 무 업체 : $[(900+300)\times500]+[(3,200+300)\times200]=1,300,000$원
따라서 '정 업체'가 텀블러 홍보문구 무료 이벤트와 함께 제작비용이 가장 저렴한 업체이다.

50
정답 ④

위 규정에 따라 사례금액의 상한을 산출하면 다음과 같다.

구분	강의시간	기타	사례금액 상한
A국립대 M교수	1시간	–	20만 원
B언론사 K기자	2시간	–	250만 원
C병원 S병원장	2시간	–	100만 원
D사립대 J강사	1시간	원고료 10만 원 추가 요청	100만 원
합계			470만 원

B언론사 K기자와 C병원 S병원장의 경우, 1시간을 초과하여 강의를 하므로, 기본 1시간+상한금액의 1.5배에 해당하는 추가금액이 상한액이다. 따라서 총 사례금액의 상한은 470만 원이다.

51

정답 ④

문제의 조건에 따라 사고 건수당 벌점을 고려하여 직원별 벌점을 계산하면 다음과 같다.

(단위 : 점)

직원	수신물 오분류	수신물 분실	미발송	발신물 분실	벌점차감 혜택	총 벌점
A	–	2×4=8	–	4×6=24	×	32
B	2×2=4	3×4=12	3×4=12	–	○(−5)	23
C	2×2=4	–	3×4=12	1×6=6	×	22
D	–	2×4=8	2×4=8	2×6=12	×	28
E	1×2=2	–	3×4=12	2×6=12	×	26

B, E는 전분기 총사고 건수가 0건으로 이번 분기 차감 혜택이 적용되어야 하지만 E의 경우, 이번 분기 발신사고 건수가 5건으로 혜택을 받지 못한다.

따라서 두 번째로 높은 벌점을 부여받는 수발실 직원은 D직원(28점)이다.

52

정답 ③

벌점이 낮을수록 등수가 높으므로 이를 고려해 각 직원이 지급받을 성과급을 계산하면 다음과 같다.

직원	총 벌점	등수	지급비율	성과급 지급액
A	32점	5	50%(30점 초과)	50만 원
B	23점	2	90%	90만 원
C	22점	1	100%	100만 원
D	28점	4	80%	80만 원
E	26점	3	90%	90만 원

따라서 B직원과 E직원이 지급받을 성과급 총금액은 90+90=180만 원이다.

53

정답 ③

A∼D여행사 상품의 출국 날짜는 모두 차대리 부부가 원하는 날짜 7월 또는 8월이 포함되어 있으며, 좌석도 비즈니스 석 또는 이코노미 석 둘 중에 하나 이상이 모든 여행사에 포함되어 있다. 마지막으로 출발 시각을 보면 B여행사와 C여행사는 오후 1시 30분부터 오후 5시 사이에 출발하는 비행기가 없으므로 A여행사와 D여행사 상품 중 차대리가 선택할 이코노미 석 여행상품으로 부부가 지불해야 할 금액을 비교하면 다음과 같다.

– A여행사 : 345,000원×2명×0.9=621,000원
– D여행사 : (366,000원−50,000원)×2명=632,000원

따라서 차대리가 남편과 선택할 여행상품은 A여행사의 이코노미 석 상품으로 출발 시각은 오후 3시이며, 지불해야 할 총 금액은 621,000원이다.

54

③

ⅰ) A씨(8개월)
- 처음 3개월 : 220×0.8=176만 원→150만 원(∵ 상한액)
  → 150×3=450만 원
- 나머지 기간 : 220×0.4=88만 원
  →88×5=440만 원
∴ 450+440=890만 원

ⅱ) B씨(1년, 아빠의 달+둘째)
- 처음 3개월 : 300×1.0=300만 원→200만 원(∵ 상한액)
  → 200×3=600만 원
- 나머지 기간 : 300×0.4=120만 원→100만 원(∵ 상한액)
  → 100×9=900만 원
∴ 600+900=1,500만 원

ⅲ) C씨(6개월)
- 처음 3개월 : 90×0.8=72만 원→72×3=216만 원
- 나머지 기간 : 90×0.4=36만 원→50만 원(∵ 하한액)
  → 50×3=150만 원
∴ 216+150=366만 원

따라서 세 사람이 받을 수 있는 육아휴직급여는 890+1,500+366=2,756만 원이다.

55

②

방식별 응시자들의 최종점수를 나타내면 다음과 같다.
방식 1) 각 응시자의 최저점을 제외한 과목별 점수의 평균은 다음과 같다.

구분	A응시자	B응시자	C응시자	D응시자	E응시자
총점 (점)	$\dfrac{85+79+81+94}{4}$ $=84.75$	$\dfrac{96+86+84+85}{4}$ $=87.75$	$\dfrac{84+79+80+96}{4}$ $=84.75$	$\dfrac{88+87+77+84}{4}$ $=84$	$\dfrac{87+80+79+90}{4}$ $=84$

A와 C 중 A가 경영학 점수가 더 높으므로, A와 B가 선발된다.

방식 2) 각 응시자의 최고점을 제외한 과목별 점수의 평균은 다음과 같다.

구분	A응시자	B응시자	C응시자	D응시자	E응시자
총점 (점)	$\dfrac{74+85+79+81}{4}$ $=79.75$	$\dfrac{86+64+84+85}{4}$ $=79.75$	$\dfrac{84+79+75+80}{4}$ $=79.5$	$\dfrac{87+77+76+84}{4}$ $=81$	$\dfrac{87+80+76+79}{4}$ $=80.5$

평균 80점 이상인 응시자인 D와 E가 선발된다.

방식 3) 각 응시자의 (선발점수)=(과목별 점수 총합)+(최고점−최저점)×2를 구하면

구분	A응시자	B응시자	C응시자	D응시자	E응시자
총점 (점)	413+(94−74)×2 =453	415+(96−64)×2 =479	414+(96−75)×2 =456	412+(88−76)×2 =436	412+(90−76)×2 =440

A, B, C응시자가 선발된다.
따라서 A가 방식 1과 방식 3에 따를 때 면접대상자로 선발되므로 ©은 옳은 설명이다.

오답분석
㉠ 방식 2에 따를 때는 B가 선발되지 못한다.
㉡ 방식 2에 따르면 D와 E 이렇게 2명의 응시자만 선발된다.

56

정답 ②

첫 번째 조건에 따르면 회계학과 재정학의 평균이 79.5점인 C, E응시자는 면접대상자 후보에서 제외된다.

구분	A응시자	B응시자	C응시자	D응시지	E응시자
평균(점)	$\dfrac{85+81}{2}=83$	$\dfrac{86+84}{2}=85$	$\dfrac{79+80}{2}=79.5$	$\dfrac{87+76}{2}=81.5$	$\dfrac{80+79}{2}=79.5$

또한 두 번째 조건에 따라 남은 응시자인 A, B, D 중 조직학이 90점 미만인 B, D응시자 중 D는 경제학이 90점 미만이므로 후보에서 제외되며, 면접대상자로 선발될 응시자는 A와 B이다.

마지막으로 과목별 가중치를 고려하여 A와 B응시자의 가중평균을 계산하면

• A응시자 : $[(74×3)+85+(79×2)+81+94]÷8=80$점
• B응시자 : $[(96×3)+86+(64×2)+84+85]÷8=83.875$점

따라서 B응시자가 가장 높은 점수를 받으므로 최종 면접대상자로 선발된다.

57

정답 ⑤

파견팀장 선발 방식에 따라 지원자들의 선발점수를 산출하면 다음과 같다.

지원자	학위 점수	파견근무 점수	관련경력 점수	가점	선발점수
A	20	27	28	2	77
B	30	16	30	2	78
C	25	30	24	–	79
D	30	24	24	–	78
E	25	21	30	(1×2)+1	79

선발점수 최고점자가 C와 E로 2인 이상이므로, 관련분야 근무경력이 더 긴 E를 파견팀장으로 선발한다.

58

정답 ②

변경된 관련경력 점수 산정기준에 따라 지원자들의 선발점수를 산출하면 다음과 같다.

지원자	학위 점수	파견근무 점수	관련경력 점수	가점	선발점수
A	20	27	28	2	77
B	30	16	30	2	78
C	25	30	22	–	77
D	30	24	24	–	78
E	25	21	28	(1×2)+1	77

선발점수 최고점자가 B와 D로 2인 이상이므로, 관련분야 근무경력이 더 긴 B를 파견팀장으로 선발한다.

59

③

사장은 최소비용으로 최대인원을 채용하고자 한다. 이를 위해서는 가장 낮은 임금의 인원을 최우선으로 배치하되, 같은 임금의 인원은 가용시간 내에 분배하여 배치하는 것이 적절하다. 이를 적용하면 다음과 같이 인원을 배치할 수 있다.

8시부터 근무는 김갑주가 임금이 가장 낮다. 이후 10시부터는 임금이 같은 한수미도 근무할 수 있으므로, 최대인원을 채용하는 목적에 따라 한수미가 근무한다. 그다음 중복되는 12시부터는 임금이 더 낮은 조병수가 근무하며, 15시부터 기존직원이 부재하므로 2명이 근무하기 위해 임금이 가장 낮은 강을미가 15시부터 20시까지 근무한다. 조병수 다음으로 중복되는 14시부터 가능한 최강현은 임금이 비싸므로 근무하지 않는다(∵ 최소비용이 최대인원보다 우선하기 때문). 다음으로 중복되는 16시부터는 채미나가 조병수와 임금이 같으므로 채미나가 근무한다.

근무시간	월		화		수		목		금	
08:00 ~ 09:00	기존 직원	김갑주	기존 직원	김갑주	기존 직원	김갑주	기존 직원	김갑주	기존 직원	김갑주
09:00 ~ 10:00										
10:00 ~ 11:00		한수미		한수미		한수미		한수미		한수미
11:00 ~ 12:00										
12:00 ~ 13:00		조병수		조병수		조병수		조병수		조병수
13:00 ~ 14:00										
14:00 ~ 15 00										
15:00 ~ 16:00	강을미	채미나	강을미	채미나	강을미	채미나	강을미	채미나	강을미	채미나
16:00 ~ 17:00										
17:00 ~ 18:00										
18:00 ~ 19:00										
19:00 ~ 20:00										

60

④

하루 지출되는 직원별 급여액은 다음과 같다.

- 기존 직원 : $8,000 \times 7 = 56,000$원
- 김갑주, 한수미 : $8,000 \times 2 = 16,000$원
- 조병수, 채미나 : $7,500 \times 4 = 30,000$원
- 강을미 : $7,000 \times 5 = 35,000$원

→ $56,000 + (16,000 \times 2) + (30,000 \times 2) + 35,000 = 183,000$원

∴ (총 주 급여) $= 183,000 \times 5 = 915,000$원

학습플래너

| Date 202 . . . | D-5 | 공부시간 **3H50M** |

◉ 사람으로서 할 수 있는 최선을 다한 후에는 오직 하늘의 뜻을 기다린다.

◉

◉

과목	내용	체크
NCS	의사소통능력 학습	○

MEMO

학습플래너

Date	.	.	.	D-		공부시간	H	M

◎
◎
◎

과목	내용	체크

MEMO

Date . . .	D-	공부시간	H	M

◎
◎
◎

과목	내용	체크

MEMO

학습플래너

Date	.	.	.	D-	공부시간	H	M

◎

◎

◎

과목	내용	체크

MEMO

| Date . . . | D- | 공부시간 | H M |

◉

◎

◎

과목	내용	체크

MEMO

학습플래너

과목	내용	체크
Date . . .	D-	공부시간 H M

◎
◎
◎

과목	내용	체크

MEMO

| Date . . . | D- | | 공부시간 | H M |

- ◎
- ◎
- ◎

과목	내용	체크

MEMO

학습플래너

Date	.	.	.	D-	공부시간	H	M

- ◎
- ◎
- ◎

과목	내용	체크

MEMO

최종점검 모의고사 영역통합형 답안카드

	①	②	③	④	⑤		①	②	③	④	⑤		①	②	③	④	⑤
1	①	②	③	④	⑤	21	①	②	③	④	⑤	41	①	②	③	④	⑤
2	①	②	③	④	⑤	22	①	②	③	④	⑤	42	①	②	③	④	⑤
3	①	②	③	④	⑤	23	①	②	③	④	⑤	43	①	②	③	④	⑤
4	①	②	③	④	⑤	24	①	②	③	④	⑤	44	①	②	③	④	⑤
5	①	②	③	④	⑤	25	①	②	③	④	⑤	45	①	②	③	④	⑤
6	①	②	③	④	⑤	26	①	②	③	④	⑤	46	①	②	③	④	⑤
7	①	②	③	④	⑤	27	①	②	③	④	⑤	47	①	②	③	④	⑤
8	①	②	③	④	⑤	28	①	②	③	④	⑤	48	①	②	③	④	⑤
9	①	②	③	④	⑤	29	①	②	③	④	⑤	49	①	②	③	④	⑤
10	①	②	③	④	⑤	30	①	②	③	④	⑤	50	①	②	③	④	⑤
11	①	②	③	④	⑤	31	①	②	③	④	⑤						
12	①	②	③	④	⑤	32	①	②	③	④	⑤						
13	①	②	③	④	⑤	33	①	②	③	④	⑤						
14	①	②	③	④	⑤	34	①	②	③	④	⑤						
15	①	②	③	④	⑤	35	①	②	③	④	⑤						
16	①	②	③	④	⑤	36	①	②	③	④	⑤						
17	①	②	③	④	⑤	37	①	②	③	④	⑤						
18	①	②	③	④	⑤	38	①	②	③	④	⑤						
19	①	②	③	④	⑤	39	①	②	③	④	⑤						
20	①	②	③	④	⑤	40	①	②	③	④	⑤						

※ 본 답안지는 마킹연습용 모의 답안지입니다.

성 명

지원분야

문제지 형별기재란
ⓐ
ⓑ
형 ( )

수 험 번 호

⓪	①	②	③	④	⑤	⑥	⑦	⑧	⑨
⓪	①	②	③	④	⑤	⑥	⑦	⑧	⑨
⓪	①	②	③	④	⑤	⑥	⑦	⑧	⑨
⓪	①	②	③	④	⑤	⑥	⑦	⑧	⑨
⓪	①	②	③	④	⑤	⑥	⑦	⑧	⑨
⓪	①	②	③	④	⑤	⑥	⑦	⑧	⑨
⓪	①	②	③	④	⑤	⑥	⑦	⑧	⑨

감독위원 확인
㊞

성 명

지원 분야

문제지 형별기재란

(형)

Ⓐ
Ⓑ

수험번호

	○	○	○	○	○	○	○
①	①	①	①	①	①	①	①
②	②	②	②	②	②	②	②
③	③	③	③	③	③	③	③
④	④	④	④	④	④	④	④
⑤	⑤	⑤	⑤	⑤	⑤	⑤	⑤
⑥	⑥	⑥	⑥	⑥	⑥	⑥	⑥
⑦	⑦	⑦	⑦	⑦	⑦	⑦	⑦
⑧	⑧	⑧	⑧	⑧	⑧	⑧	⑧
⑨	⑨	⑨	⑨	⑨	⑨	⑨	⑨

감독위원 확인

㊞

문항	①	②	③	④	⑤	문항	①	②	③	④	⑤	문항	①	②	③	④	⑤
1	①	②	③	④	⑤	21	①	②	③	④	⑤	41	①	②	③	④	⑤
2	①	②	③	④	⑤	22	①	②	③	④	⑤	42	①	②	③	④	⑤
3	①	②	③	④	⑤	23	①	②	③	④	⑤	43	①	②	③	④	⑤
4	①	②	③	④	⑤	24	①	②	③	④	⑤	44	①	②	③	④	⑤
5	①	②	③	④	⑤	25	①	②	③	④	⑤	45	①	②	③	④	⑤
6	①	②	③	④	⑤	26	①	②	③	④	⑤	46	①	②	③	④	⑤
7	①	②	③	④	⑤	27	①	②	③	④	⑤	47	①	②	③	④	⑤
8	①	②	③	④	⑤	28	①	②	③	④	⑤	48	①	②	③	④	⑤
9	①	②	③	④	⑤	29	①	②	③	④	⑤	49	①	②	③	④	⑤
10	①	②	③	④	⑤	30	①	②	③	④	⑤	50	①	②	③	④	⑤
11	①	②	③	④	⑤	31	①	②	③	④	⑤	51	①	②	③	④	⑤
12	①	②	③	④	⑤	32	①	②	③	④	⑤	52	①	②	③	④	⑤
13	①	②	③	④	⑤	33	①	②	③	④	⑤	53	①	②	③	④	⑤
14	①	②	③	④	⑤	34	①	②	③	④	⑤	54	①	②	③	④	⑤
15	①	②	③	④	⑤	35	①	②	③	④	⑤	55	①	②	③	④	⑤
16	①	②	③	④	⑤	36	①	②	③	④	⑤	56	①	②	③	④	⑤
17	①	②	③	④	⑤	37	①	②	③	④	⑤	57	①	②	③	④	⑤
18	①	②	③	④	⑤	38	①	②	③	④	⑤	58	①	②	③	④	⑤
19	①	②	③	④	⑤	39	①	②	③	④	⑤	59	①	②	③	④	⑤
20	①	②	③	④	⑤	40	①	②	③	④	⑤	60	①	②	③	④	⑤

※ 본 답안지는 마킹연습용 모의 답안지입니다.

최종점검 모의고사 영역분리형 답안카드

성 명	

지원 분야	

문제지 형별기재란

형 ( )   Ⓐ Ⓑ

수험번호

감독위원 확인

(인)

좋은 책을 만드는 길
독자님과 함께하겠습니다.

도서나 동영상에 궁금한 점, 아쉬운 점, 만족스러운 점이
있으시다면 어떤 의견이라도 말씀해 주세요.
SD에듀는 독자님의 의견을 모아 더 좋은 책으로 보답하겠습니다.

www.sdedu.co.kr

2023 최신판 NCS 핵심영역 단기완성.zip + 무료NCS특강

개정3판1쇄 발행	2023년 03월 10일(인쇄 2022년 10월 21일)
초 판 발 행	2020년 01월 10일(인쇄 2019년 10월 24일)
발 행 인	박영일
책 임 편 집	이해욱
편 저	NCS직무능력연구소
편 집 진 행	유정화 · 강승혜 · 하진형 · 김서연
표지디자인	조혜령
편집디자인	배선화 · 곽은슬
발 행 처	(주)시대고시기획
출 판 등 록	제 10-1521호
주 소	서울시 마포구 큰우물로 75 [도화동 538 성지 B/D] 9F
전 화	1600-3600
팩 스	02-701-8823
홈 페 이 지	www.sdedu.co.kr
I S B N	979-11-383-3596-6 (13320)
정 가	24,000원

NCS
핵심영역

단기완성.zip + 무료 NCS 특강

의사소통능력 · 수리능력
문제해결능력 · 자원관리능력

기업별 맞춤 학습 "기업별 NCS" 시리즈

공기업 취업의 기초부터 합격까지! 취업의 문을 여는 Hidden Key!

기업별 기출문제 "기출이 답이다" 시리즈

역대 기출문제와 주요 공기업 기출문제를 한 권에! 합격을 위한 One Way!

시험 직전 마무리 "봉투모의고사" 시리즈

실제 시험과 동일하게 마무리! 합격을 향한 Last Spurt!

※ **기업별 시리즈** : 부산교통공사/한국가스공사/LH 한국토지주택공사/한국공항공사/건강보험심사평가원/국민연금공단/
인천국제공항공사/한국수력원자력/한국중부발전/한국환경공단/부산환경공단/한국국토정보공사/SR/신용보증기금&기
술보증기금/도로교통공단/한국지역난방공사/한국마사회/한국도로공사/강원랜드/발전회사/항만공사 등

※도서의 이미지 및 구성은 변동될 수 있습니다.

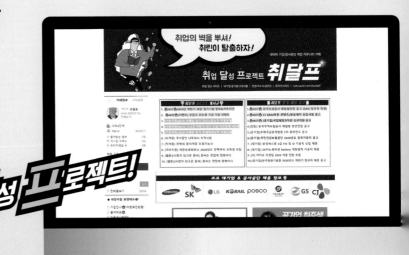